경제학의 이해

Principles of Economics

송 지 영

청목출판사

머리말

오늘날을 살아가는 우리들은 하루에도 몇 번씩 경제와 관련된 소식을 들으며 또한 경험하면서 생활하고 있다. 이와 같이 항상 경제를 접하고 살아가는 우리들은 다른 어떤 분야보다도 경제에 대한 관심을 소홀히 할 수 없게 되었을 뿐만 아니라, 나아가서 합리적인 경제활동을 하지 않으면 안 되게 되었다. 이와 같은 관점에서 볼 때, 제반 경제문제를 연구대상으로 하여 합리적인 경제활동을 모색하고자하는 경제학에 대한 기본적인 이해는 현대사회를 지혜롭게 살아가는 사람들이 갖추어야 할 하나의 요건이라고 말할 수 있다.

본서는 경제학을 처음으로 공부하는 대학생들과 경제학에 관심을 가진 일반인을 대상으로, 경제학, 특히 기본적인 경제이론에 대해 이해함과 더불어, 이를 통하여 현실경제에 대한 이해를 증진시키고자 집필되었다. 이러한 취지에 입각하여 본서는 크게 2편 20장으로 구성되어 있다.

제1편(제1장~제9장)에서는 미시경제학에 대하여 서술하였다. 먼저, 경제분석에 있어서 가장 중요한 수요와 공급의 개념과 이들의 상호작용에 의한 균형가격이 어떻게 결정되는가를 살펴보았다. 다음으로 주어진 소득수준에서 가계의 구성원인 개인은 어떤 원리에 입각하여 효용을 극대화하기 위해 소비행위를 행하는지를, 주어진 생산비용에서 기업은 어떤 원리에 입각하여 이윤을 극대화하기 위해 생산을 행하는지를 알아보았다. 그리고 가계의 소비와 기업의 생산이 구체화한 시장의 가격결정이론에 대하여 살펴봄과 더불어, 생산요소시장에서 생산요소가격이 어떻게 결정되고 소득분배가 어떻게 이루어지는가에 대하여 알아보았다.

제2편(제10장~제20장)에서는 거시경제학에 대하여 서술하였다. 먼저 국민소득, 물가, 실업, 국제수지, 환율 등 거시경제학을 분석하는데 필요한 주요경제변수에 대하여 살펴봄과 더불어, 국가경제의 가계·기업·정부·

해외부문 간의 생산·소득·지출의 순환적 흐름에 대하여 알아보았다.

다음으로 총수요에 대한 이해를 바탕으로 실물시장의 균형을 나타내는 총수요-총공급모형과 화폐시장의 균형이 어떻게 성립되는지를 알아본 후, 두 시장의 상호관련성에 따라 국민소득, 물가, 이자율이 동시에 어떻게 결정되는지를 알아보았다. 그리고 인플레이션과 실업, 경기변동, 국제무역, 국제수지와 환율 등 주요 거시경제변수와 관련된 이론 및 정책에 대하여 구체적으로 살펴본 후, 개방경제모형의 변동환율제도와 고정환율제도 하에서 통화정책 및 재정정책이 어떠한 영향을 미치는지를 알아보았다.

이와 관련하여 본서에서는 다음과 같은 사항에 중점을 두고 추구하고자 하였다.

첫째, 기본적으로 각 장마다 학습목표제시, 경제학의 기본적인 개념 및 이론에 대한 내용전개, 경제이론 및 현실경제, 중요개념 및 용어, 연습문제 등의 일련의 구성 하에서 독자 스스로가 체계적으로 학습하고 이해하는 데에 도움을 주고자 하였다.

둘째, 처음으로 경제학을 공부하는 사람이 보다 흥미를 갖고 경제학의 기본적인 개념과 이론에 대해 이해함과 더불어, 이를 통하여 현실경제에 대한 이해를 증진시키고자 하였다. 이와 관련하여 가능한 한 수학적인 표현은 배제하고 다양한 예와 그림, 그리고 최근의 통계자료를 활용하고자 하였으며, 특히 각 장마다 '경제이론과 현실경제'라는 란을 만들어 그 장에서 다룬 경제이론이 현실경제에 어떻게 적용되고 있는지를 파악하도록 하였다.

셋째, 경제이론자체의 이해도 중요하지만, 이에 못지않게 경제이론을 통하여 현실경제가 어떻게 움직이는가를 이해할 수 있는 체계적이고 논리적인 사고능력을 키우는데 도움을 주고자 노력하였다. 이와 관련하여 경제이론의 내용전개를 가능한 한 체계적이고 논리적으로 행하고자 하였을 뿐만 아니라, 각 장마다 말미에 중요개념과 용어, 연습문제를 제시하여 학습한 내용을 독자 스스로 체계적으로 정리하고 복습할 수 있도록 하였다.

본서는 저자가 다년간 대학에서 경제학과목을 강의하면서 마련한 강의안과 각종의 경제서적 및 자료들을 참고하여 집필하였다. 집필을 끝내고 보니 늘 그랬던 것처럼 많은 아쉬움이 남는다. 무엇보다도 앞에서 언급한 것처럼 경제이론의 전개와 현실경제에의 접근에 있어서 과연 독자들이 흥미를 갖고 쉽게 이해할 수 있도록 서술하였는가에 대해 자문자답해 보면 두려운 마음이 남는다. 이외에도 많은 부족한 점이 있지만 본서가 독자들이 경제학에 대한 기본적인 이해를 하는데 조그마한 도움이 되기를 바라며, 아울러 독자 여러분의 아낌없는 조언과 질책을 기대한다. 향후 미진하고 부족한 점은 계속 수정・보완해 나가고자 한다.

본서가 출판되기까지 도움을 준 모든 분들에게 감사를 드린다. 그리고 지속적으로 아낌없는 격려와 다양한 아이디어를 제공해 준 사랑하는 아내와 두 딸 인정, 인희에게도 감사한 마음을 전한다. 마지막으로 본서가 출간되도록 애써 주신 청목출판사의 유성열 사장님과 최명성 전무님 그리고 출판관계자 여러분께 감사드린다.

2016년 2월

저자 씀

차 례

제 1 편

미시경제 이론

1
chapter

경제와 경제학의 이해

학습목표

본 장을 학습하면 경제학을 배우는 데 필요한 기초적인 개념에 대하여 이해할 수 있다.

1. 경제와 경제행위에 대하여 이해할 수 있다.
2. 경제주체와 경제객체에 대하여 이해할 수 있다.
3. 경제체제의 개념과 경제체제를 구성하고 있는 시장경제체제와 계획경제체제, 혼합경제체제의 특징에 대하여 이해할 수 있다.
4. 희소성과 경제원칙, 기회비용과 선택에 대하여 이해할 수 있다.
5. 경제의 3대 기본문제가 무엇인지를 이해할 수 있다.
6. 경제학의 정의와 경제학을 어떻게 구분하는지를 이해할 수 있다.
7. 경제이론의 구성과 방법론에 대하여 이해할 수 있다.

제 1 절 경제와 경제체제

1. 경제와 경제행위

인간이 살아가는 동안에는 의 · 식 · 주 및 여가 · 문화활동 등과 관련하여 수많은 재화(goods)와 서비스(service)를 소비하게 된다. 그런데, 이러한 재화와 서비스는 대개의 경우 자원을 사용하여 생산하게 된다. 이와 같이 인간이 생활을 위하여 필요한 재화와 서비스를 취득하고 이용하는 행위를 경제행위라고 한다.

이러한 경제행위가 규칙적이고도 계속적으로 반복되어 일정한 사회질서를 형성할 때, 이를 경제(economy)라고 한다. 바꾸어 말하면 일정한 사회조직과 사회질서 하에서 행하는 인간의 경제행위를 총칭하여 경제라고 하는 것이다.

경제는 포괄범위에 따라 여러 가지로 구분된다. 개인이나 가정단위로 이루어지는 경제를 가계(household) 혹은 가정경제(home economy)라고 하고, 지역적으로 이루어지는 경제를 지역경제(regional economy)라고 하며, 국가단위로 이루어진 경제를 국가경제(national economy)라고 한다. 여기서 국가경제는 가정경제와 지역경제를 포괄한다. 그리고 한 국가경제가 다른 국가경제와 교류를 가질 때 그 국가경제를 개방경제(open economy)라고 하고, 다른 국가경제와 교류를 가지지 않을 때 폐쇄경제 또는 봉쇄경제(closed economy)라고 한다. 오늘날의 모든 경제는 개방경제이다. 그러나 본서에서는 대외거래를 명시적으로 고려할 경우를 제외하고는 주로 폐쇄경제를 다룬다.

2. 경제주체와 경제객체

(1) 경제주체

경제행위를 수행하는 개인이나 집단을 경제주체라고 한다. 경제주체는 크게 가계・기업・정부・해외부문으로 나누어 볼 수 있다. 가계는 생산요소를 공급하고 생산물을 소비하는 소비의 경제주체로서, 개인이나 가정으로 구성된다. 한편 기업은 생산요소를 고용하여 생산물을 생산하는 생산의 경제주체이다. 이와 같은 가계와 기업으로 구성된 경제를 민간경제라고 한다.

정부는 민간경제를 조정, 규제하는 경제정책의 주체이다. 그런데 정부는 국방, 치안, 교육, 기타 행정활동을 수행하면서 가계처럼 소비경제주체가 되기도 하고 기업처럼 생산경제주체가 되기도 한다. 국가경제는 민간경제와 정부로 구성된다. 한편 해외부문은 국가경제가 다른 나라와 거래할 때 다른 나라의 가계・기업・정부를 포괄하여 사용하는 개념이다.

(2) 경제객체

경제행위에 있어서 그 대상이 되는 것을 경제객체라고 한다. 경제객체는 인간의 욕망을 충족시켜 주는 것으로, 인간이 지배할 수 있는 위치에 있어야 한다. 이러한 경제객체는 크게 재화와 서비스로 구분된다.

재화(goods)는 다시 그것을 얻기 위해 대가를 지불하느냐 하지 않느냐의 여부에 따라 경제재(economic goods)와 자유재(free goods)로 나누어진다. 자유재는 사용가치를 지니고 있으나 그 존재량이 무한하므로 경제행위의 대상이 되지 않는 재화이며, 경제재는 사용가치도 있으며 그 존재량도 제한되어 있으므로 경제행위의 대상이 되는 재화이다. 경제재는 사용용도에 따라 소비재와 생산재로 구분된다. 소비자가 소비하는 재화를 소비재라고 하며, 생산자가 생산에 사용하는 재화를 생산재 혹은 자본재라고 한다. 물론 재화는 사용하는 용도에 따라 소비재가 될 수도 있고 생산재가 될 수도 있다. 예를 들어 밀가루가 소비자의 손에 들어가 호떡을 만드는데 사용된다면 소비재가 되지만, 생산자의 손에 들어가 빵을 만드는데 사용된다면 생산재가 되는 것이다. 또한 재화는 사용되는 횟수에 따라 단용재(single-used goods)와 내구재(durable goods)로 나누어진다. 한 번의 사용으로 수명이 끝나는 재화를 단용재라고 하고, 여러 번 반복적으로 사용할 수 있는 재화를 내구재라고 한다.

서비스는 용역이라고도 하는데, 물체의 형태를 취하지 아니하고 생산과 소비에 필요한 노동을 제공하는 것을 의미한다. 용역은 직접용역과 간접용역으로 구분된다. 교수의 강의, 의사의 진료, 가수의 노래 등과 같이 인간의 노동행위로부터 직접 흘러나오는 용역을 직접용역이라고 하고, 전화, 전신, 지하철 등과 같이 어떤 유형의 재화를 매개로 제공되는 용역을 간접용역이라고 한다.

3. 경제체제

경제체제(economic system)란 한 나라의 '경제를 질서지우는 근본원리'로서 경제생활에 참여하는 사회구성원들의 상호관계를 규정짓는 규칙 또는 결정의 집합을 의미한다. 뒤에서 논의하게 될 희소성의 문제로 야기되는 근본적인 경제문제들을 해결하기 위해서는 사회구성원과 그 사회가 경제생활을 적절하게 조직해 나가야 하는데, 이는 바로 경제체제를 통해서 이루어지게 된다. 즉, 한 나라가 무엇을 얼마나 생산할 것인가의 문제를 해결해주는 기능이 경제체제를 통해서 이루어지게 된다.

(1) 시장경제체제

시장경제체제(market economic system)란 국가경제의 기본문제들을 시장의 원리, 즉 수요와 공급의 원리에 의한 가격기구의 기능을 통해 해결하려는 경제체제이다. 다시 말해서 시장에서 수요자와 공급자간에 자유로운 의사결정에 따른 수요·공급에 의해 결정되는 시장가격이 수요와 공급을 일치시키는 매개기능을 통해서 해결되는 경제체제가 시장경제체제이다.

시장경제체제에서는 수요의 주체인 소비자와 생산의 주체인 기업이 각각 소비 및 생산활동에 있어서 정부의 간섭없이 자유롭게 의사결정을 한다. 즉, 생산자는 이윤극대화를 위해 자유로운 생산활동이 보장되며, 소비자는 효용극대화를 위한 자유로운 소비활동이 보장된다.

한편 경쟁시장에서 수요·공급에 의한 매매거래, 즉 경쟁시장을 통한 교환이란 대가지불에 의한 재산권에 근거해서만 성립된다. 따라서 시장경제체제에서는 모든 자원에 대한 사유재산권이 인정되고 그것의 집행가능성이 전제될 때 시장기구(market mechanism)에 의해서 경제의 기본문제가 해결되어진다. 또한 시장경제를 채택하는 경우에는 영업의 자유, 직업선택의 자유, 주거이전의 자유 등 경제적 자유를 인정하여야 한다.

(2) 계획경제체제

계획경제체제(planning economic system)는 정부 및 공공기관의 계획에 근거하여 명령과 지시에 의하여 국가경제의 기본적인 문제들을 해결하려는 체제를 의미한다. 즉, 무엇을 얼마나, 어떻게 생산하여, 누구에게 나누어 줄 것인가의 문제를 시장의 기능을 통해서 해결하려는 것이 아니라, 인위적 질서로서의 조직 및 정부의 계획에 의해 해결하려는 체제를 말한다.

계획경제체제의 기본적인 특징은 생산수단의 국·공유화와 중앙계획에 있다. 생산수단은 개인이 소유하는 것이 아니라 정부나 공공기관이 소유하고, 생산·교환·분배·소비가 국가의 계획에 의하여 이루어지는 경제체제가 계획경제체제이다. 원칙적으로 생산수단의 사유화가 부정되기 때문에 시장경제체제와 같은 이윤동기에 의한 생산활동은 부정되고, 기본적인 경제문제가 정부의 계획에 의하여 이루어진다.

이상과 같은 두 가지의 경제체제는 현실적으로 상호배타적이라기보다는 상호의존관계에 있다. 다만, 어떤 체제가 보다 더 지배적으로 채택되고 있느냐에 따라 한 사회가 시장경제체제를 채택하고 있느냐 계획경제체제를 채택하고 있느냐가 결정된다고 할 수 있다. 예컨대 한 나라의 경제활동 또는 그 사회를 지배하는 경제질서가 70~80% 정도 시장질서 또는 시장경제를 통해서 이루어진다면 그 나라는 시장경제체제하에 있다고 볼 수 있으며, 반대로 경제활동의 70% 이상이 국가의 명령이나 지시에 의해 이루어지고 있다고 하면 그 나라는 계획경제하에 있다고 할 수 있을 것이다. 대체적으로 한국, 미국 등의 자본주의국가에서는 원칙적으로 시장기구 또는 가격의 기능에 의해 경제문제가 해결되고 있으나, 북한과 같은 사회주의국가에서는 아직도 경제문제가 주로 정부의 명령이나 지시에 의해 해결되며 시장기구 및 가격의 기능은 적다고 볼 수 있다.[1)]

1) 경제적인 측면에서 시장경제체제를 대표하는 것을 자본주의(capitalism), 계획경제체제로 특징지어지는 것을 사회주의(socialism)라고 규정하여 시장경제체제와 자본주의, 계획경제체제와 사회주의를 동일하게 보는 견해가 있는데 반

(3) 혼합경제체제

혼합경제체제(mixed economic system)는 시장경제체제의 요소와 계획경제체제의 요소가 혼합되어 있는 경제체제를 의미한다. 즉, 시장경제제도의 '자율적 기능'과 국가의 계획 및 통제하의 '통제 · 계획기능'이 혼합되어 있는 체제이다.

자본주의체제와 사회주의체제는 각각 장 · 단점을 가지고 있는데 두 체제의 장점을 취합하려는 문제의식에서 나타난 것이 혼합경제체제인데, 오늘날 세계 각국은 한 체제를 주축으로 하되 다른 체제의 요소를 보완적으로 도입하는 형태로 혼합경제체제를 채택하고 있다. 예를 들어, 자본주의국가들은 시장경제체제의 이념을 기반으로 하고 이것의 결점인 분배적 불균형 및 독과점의 문제를 조정하기 위해 국가의 계획적인 요소를 가미시키고 있다. 한편 사회주의국가에서도 일부 소비재에 대한 소규모의 사기업과 자유경쟁시장을 허용함으로써 생산의 효율을 높이고 소비자의 선호를 반영하는 노력을 기울여 왔고, 최근에는 시장경제요소를 더욱 확대 · 도입하고 있다.

이와 같이 오늘날 세계의 대부분의 나라들이 시장경제를 주종을 이루면서 정부가 시장기구의 역할을 보조적으로 교정하는 혼합경제체제를 취하고 있다고 볼 수 있는데, 혼합의 정도는 나라마다 다르고 시간이 흐름에 따라 변하고 있다고 할 수 있다.

해, 시장경제체제와 계획경제체제는 경제질서의 원리이며 이념형인데 비해 자본주의와 사회주의라는 개념은 구체적, 역사적 현상상태이므로 시장경제체제와 자본주의, 계획경제체제와 사회주의는 각각 구분해야지 이들을 체제의 한 종류로 보는 것은 타당하지 못하다는 견해도 있다.

제2절 희소성의 법칙과 경제의 기본문제

1. 희소성과 경제원칙

인간의 욕구는 다양하며 무한하다. 예를 들어 많은 돈을 벌고 싶은 욕구, 높은 사회적 지위에 올라가고 싶은 출세 욕구, 멋진 미인(혹은 미남)과 사랑하고 싶은 욕구 등 인간의 욕구는 한없이 많다. 그러나 이렇게 다양하고 무한한 인간의 욕구를 만족시켜 줄 수 있는 자원은 상대적으로 부족하다. 이러한 자원의 상대적인 부족을 경제학에서 희소성(scarcity)이라고 하며, 바로 희소성 때문에 경제행위의 근본적인 문제가 발생하는 것이다.

희소성은 인간의 무한한 욕구를 만족시키기 위하여 상대적으로 유한한 자원을 어떻게 유효적절하게 사용할 것이냐 하는 선택(choice)의 문제를 야기시킨다. 즉, 많은 사람들은 희소성으로 말미암아 어떤 욕구를 먼저 채워야 하고, 또 어떤 욕구를 억제할 것인가를 신중하게 선택하지 않으면 안 된다. 또한 선택을 하는데 있어서도 효율적인 선택을 하여야 한다. 따라서 희소성의 개념에 대한 올바른 이해가 경제를 이해하는 첫걸음이 될 것이다.

이와 같이 인간세계에 존재하는 희소성 때문에 인간들은 자원을 선택적이고 효율적으로 사용하지 않으면 안 된다. 자원의 효율적인 사용은 두 가지의 측면에서 접근할 수 있다. 먼저 인간들은 주어진 자원으로 최대의 만족을 획득하고자 한다. 이를 최대만족의 원칙이라고 한다. 다른 한편으로는 자원의 사용을 극소화함으로써 일정한 욕망을 획득할 수 있다. 이를 최소비용의 원칙이라고 한다. 즉, 경제원칙이란 최소의 비용으로 최대의 효과를 얻고자 하는 원칙을 말하는데, 경제원칙(principle of economics)이 충족될 수 있도록 자원이 배분될 때 효율적 자원배분이 달성되었다고 말한다.

2. 기회비용과 선택

일정하게 주어진 자원을 가지고 생산할 수 있는 재화나 서비스에는 한계가 있다. 따라서 어떤 한 재화를 생산하려면 다른 재화의 생산을 희생시켜야 하고, 어떤 한 목적에 재화를 소비하려면 다른 목적에는 그 재화의 소비를 희생시켜야 한다.

이와 같이 상대적으로 제한된 자원을 이용하는 것은 다른 목적의 생산 또는 소비를 포기한다는 전제하에서만 이루어질 수 있다. 이때 포기되거나 희생된 재화 또는 서비스를 선택된 재화나 서비스의 기회비용(opportunity)이라고 한다. 즉, 기회비용은 어떤 재화나 서비스를 생산 또는 소비함으로써 다른 것을 생산 또는 소비하지 못하기 때문에 포기해야 하는 편익(benefit)을 말한다. 예를 들어 핸드폰 10대를 만드는데 소요되는 비용으로 LED TV 1대를 만들 수 있다면 LED TV 1대의 기회비용은 핸드폰 10대가 되고, 핸드폰 10대의 기회비용은 LED TV 1대가 된다.

바람직한 선택이 이루어지기 위해서는 각 대안들의 비용과 편익이 주의깊게 체계적으로 검토되어야 한다. 또한 사회적 차원에서의 선택에 있어서는 그 비용과 편익이 사회의 여러 집단－예를 들어 부유층과 빈곤층, 도시거주자와 농촌거주자－에 어떻게 다르게 영향을 주는가도 반드시 검토되어야 한다.

그러나 대부분의 선택이 "전부가 아니면 아무것도 아니다"라는 것으로 이루어지는 것은 아니다. 보다 보편적인 경우는 어느 재화나 서비스를 얻기 위하여 다른 재화나 서비스를 조금 포기하는 것이다. 소비자들은 한정된 구매능력으로 최대의 만족을 얻기 위하여 어떤 재화와 서비스를 어느 정도씩 구입할 것인가에 대하여 끊임없이 선택의 딜레마에 빠지는 것이 현실이다. 마찬가지로 생산자들도 그들의 한정된 생산자원을 가지고 어느 상품을 얼마만큼씩 생산해야 하는가 등의 선택을 끊임없이 되풀이할 수 밖에 없다.

이와 같이 여러 가지의 선택의 대안들 가운데서 선택되지 않음으로써 포기해야 하는 기회들이 제공할 수 있는 가장 큰 가치를 기회비용(opportunity cost)이라고 하는데, 즉 기회비용을 부담하는 생활이 곧 경제생활이며, 선택을 하지 않으면 안 되는 것이 인간의 생활이기 때문에 인간은 누구나 자기도 인식하지 못하는 사이에 경제생활을 하고 있는 것이다.

3. 경제의 기본문제

어느 사회이든 그 사회가 직면하고 있는 근본적인 경제문제는 그 구성원들이 필요로 하는 재화와 서비스의 조달과 관련하여 야기되는 희소성 때문에 발생한다. 다시 말해서 희소성 때문에 어느 사회든 간에 다음 세 가지의 기본적인 경제문제를 해결해야 한다.

경제의 3대 기본문제는 첫째, 어떤 재화 및 서비스를 생산할 것인가의 문제이고, 둘째, 무엇을 어떤 방법으로 생산하느냐에 관한 문제이고, 셋째, 그렇게 해서 생산한 재화 및 서비스를 누가 사용하고 처리하느냐에 관한 문제이다.

먼저, 어떤 재화 및 서비스를 생산하느냐의 문제는 어떤(what) 재화 및 서비스를 얼마나(how much) 생산할 것인가의 문제, 즉 산출량 배합 또는 재화 및 서비스의 구성에 관한 문제이다. 그리고 어떤 방법으로 생산하느냐의 문제는 어떻게(how) 재화 및 서비스를 생산할 것인가의 문제, 즉 자원을 어떻게 배합하여 생산할 것인가 하는 투입물의 배합에 관한 문제 또는 생산방법의 선택의 문제이다. 끝으로 생산된 재화 및 서비스를 누가 사용하고 처리하느냐에 관한 문제는 누구를 위해서(for whom) 재화 및 서비스를 생산할 것인가 하는 문제, 즉 사회의 생산물이 사회구성원 사이에 어떻게 배분되는가 하는 소득의 분배의 문제이다.

제3절 경제학의 구분과 방법론

1. 경제학의 정의

경제학(economics)에 대해서는 여러 가지로 정의할 수 있는데, 본서에서는 경제학(economics)은 사회과학의 하나로서 주로 경제의 사회적 측면, 즉 경제주체가 행하는 경제행위와 이와 관련된 제반 경제관계를 연구하는 것으로 정의내리고자 한다. 다시 말해서 경제학은 인간의 사회활동 중 경제주체의 경제행위를 통하여 나타나는 경제현상을 대상으로 하여 어떤 법칙이나 이론을 찾아내려는 학문이다. 따라서 단순한 물질이나 기술에 관한 연구는 이러한 사회관계를 이해시키기 위하여 필요한 것에 지나지 않는다. 이러한 의미에서 "경제학은 일면에서는 부(wealth)의 연구이고, 보다 중요한 다른 면에 있어서는 인간연구(human research)의 일부이다"라고 언급한 마샬(Alfred Marshall)의 말은 바로 경제학의 본질을 지적한 것이라고 볼 수 있다.

경제행위란 인간의 물질적 욕망을 충족시키는 재화와 서비스를 생산·분배·교환·소비하는 일련의 행위라고도 정의할 수 있는데, 이러한 경제행위를 대상으로 하는 학문이 경제학이다. 그런데 경제행위의 근본적인 동기는 자원이 희소할 뿐만 아니라 희소한 자원이 여러 용도로 사용된다는 사실이다. 따라서 경제주체는 합리적 선택(rational choice)의 문제에 직면하게 되고, 경제학은 합리적 선택의 문제에 대한 해결방법을 제시한다.

이러한 관점에서 볼 때 경제학이란 경제주체가 여러 가지 용도로 사용되는 희소한 자원을 합리적 선택을 행하여 사용되는 다양한 재화와 서비스를 생산·분배·교환·소비하는 과정에서 발생하는 경제문제를 해결할 수 있는 방법을 연구하는 학문으로 정의할 수 있다.

경제학이 구체적으로 어떤 학문인가 하는 것은 다음에 설명할 경제학의 구분을 통하여 어느 정도 이해할 수 있을 것이다.

2. 경제학의 구분

경제학은 다음과 같이 그 기준을 달리함에 따라 여러 가지로 분류할 수 있다.

(1) 경제이론, 경제사 및 경제정책

경제학의 학문체계는 크게 경제이론, 경제사, 그리고 경제정책의 세 분야로 분류된다. 경제이론은 여러 경제현상 사이에 존재하는 경제법칙을 규명하고 그 법칙을 이용하여 현재의 경제현상을 분석하고 미래의 경제현상을 예측하는 분야이다. 경제이론을 이론경제학이라고도 한다.

경제사는 지나간 경제현상을 해석하거나 과거의 경제자료를 추출·분석함으로써 경제법칙을 밝혀내는 분야이다. 경제사가 취급하는 범위는 시간적으로 볼 때 인간이 존재하는 모든 시점에 있어서의 경제현상을 대상으로 한다. 따라서 경제사에서 중요한 것은 경제현상의 구체적·개별적 관련성에 있다.

경제이론이 규명하는 경제법칙들은 대부분 과거의 역사적 사실과 연관되어 있다. 따라서 경제이론은 경제사의 도움을 받음으로써 경제법칙들을 쉽게 규명·확인할 수 있다. 반대로 경제사를 연구할 때에는 과거의 경제현상들 사이에 존재했었을 경제법칙을 규명해야 하는데, 이를 위해서 경제이론과 경제이론에서 사용하는 분석도구에 의존해야 한다.

경제정책은 어떤 경제상태가 바람직하며 그 바람직한 경제상태를 효율적으로 달성하기 위해서는 어떤 정책수단을 사용하여 어떤 방법으로 접근해야 하는가를 다루는 분야이다.

경제이론 및 경제사 그리고 경제정책은 본질적으로 서로 다른 인식방법에 입각하면서도 상호간에는 밀접한 의존관계가 존재한다. 경제학은 경제

복지의 증진이라는 정책적 요구에서 성립된 것이기 때문에 실제적인 정책에 공헌하지 못한다면 무의미한 것이 된다. 이론은 정책을 전제로 하고 정책에 의하여 반영되며, 동시에 정책은 이론을 전제로 하고 이론의 발전으로 그 효과를 거둘 수 있다. 정책은 또한 개별적·구체적인 역사적 조건을 토대로 해야만 구체적일 수 있다. 따라서 경제정책에는 경제사의 지식이 필요하며 경제사도 현재의 정책적 요건을 전제로 하고 분석·연구되어진다.

(2) 미시경제학과 거시경제학

경제학은 연구대상에 따라 미시경제학과 거시경제학으로 구분할 수 있다.

미시경제학(microeconomics)은 가계, 기업 등 개별주체들의 경제행위와 그 상호작용을 연구대상으로 한다. 즉, 미시경제학은 가계와 기업 등의 경제행위와 그 상호작용을 지배하는 원리를 분석하는 분야이다. 주어진 소득수준에서 가계의 구성원인 개인은 어떤 원리에 입각하여 만족감을 극대화하는지, 또 주어진 생산비용에서 기업은 어떤 원리에 따라 이윤을 극대화하는지를 분석하는 것이 미시경제학이다. 미시경제학에서는 가계의 소비와 기업의 생산이 구체화될 수 있는 시장의 가격결정이론이 매우 중요하기 때문에, 미시경제학을 전통적으로 가격론(price theory)이라고도 부른다.

거시경제학(macroeconomics)은 개별경제주체들로 구성된 국가경제의 전체적인 현상을 연구대상으로 한다. 즉, 거시경제학은 국민소득, 물가, 고용, 통화량, 국제수지, 경제성장 등 국가경제 전체의 총량개념들이 서로 어떤 관계를 가지고 있으며 각종 경제정책이 이들에 어떤 영향을 미치는가를 다루는 학문이다. 그런데 거시경제학에서는 국가경제의 전체적인 움직임을 국민소득의 유량(flow)을 중심으로 규명하므로, 국민소득론이라고도 한다.

미시경제학은 가계, 기업, 정부 등과 같은 개별경제주체들의 행동원리를 다루고 있는 반면, 거시경제학은 국가경제전체의 총량개념들에 초점을 두고 있다. 이와 관련하여 미시경제학과 거시경제학과의 관계를 나무와 숲에 비유하여, 미시경제학이 숲속에 있는 나무를 하나하나 관찰하는 것이라면 거시경제학은 숲 전체를 관찰하여 보는 것이라고 말할 수 있다. 이와 같이 경제현상을 보는 분석시각의 차이에 따라 미시경제학과 거시경제학으로 나누어지는데, 이 두 가지의 경제이론은 완전히 분리되어 연구될 수 없다. 개별경제현상을 연구대상으로 삼는 미시경제학과 국가경제적 총량현상을 연구대상으로 삼는 거시경제학을 유기적으로 연관시킴으로써 경제현상의 분석은 더욱 정밀화되기 때문이다.

(3) 실증경제학과 규범경제학

경제학은 가치판단의 유무에 따라 실증경제학과 규범경제학으로 구분할 수 있다.

실증경제학(positive economics)은 경제현상을 '있는 사실(what is)' 그대로 분석하고 경제현상들 간에 존재하는 인과관계를 발견하여 경제현상의 변화를 예측하는 일련의 학문체계를 말한다. 보통 경제학이라고 말할 때에는 이 실증경제학을 지칭하는데, 앞에서 살펴본 경제이론과 경제사가 바로 실증경제학이다.

규범경제학(normative economics)은 가치판단에 입각하여 어떤 경제상태는 바람직하고 어떤 경제상태는 바람직하지 못하다는 가치판단이 개입하는 학문체계이다. 규범경제학에서는 '바람직한 상태(what should be)'란 어떤 상태인가를 정의하는 것이 가장 중요하다. 앞에서 설명한 경제정책이 규범경제학에 속한다.

(4) 정태경제학과 동태경제학

경제학은 분석방법에 따라 정태경제학과 동태경제학으로 분류할 수 있다.

외부에서 다른 충격이 없는 한 그 상태에서 벗어나지 않는 상태를 균형상태라고 하는데, 정태경제학(static economics)은 여건의 변동과 시간의 변화를 고려하지 않은 채 두 균형상태를 비교·분석한다. 다시 말하면 정태경제학은 하나의 균형상태와 다른 균형상태 사이의 조정과정을 다루지 않고 균형상태만을 분석한다. 따라서 정태경제학을 비교정학(comparative statics)이라고도 한다.

동태경제학(dynamic economics)은 여건의 변동과 시간의 변화를 고려하면서 경제현상간의 상호의존관계를 분석한다. 따라서 동태경제학은 한 균형점에서 다른 균형점으로 이동해 가는 과정을 중요시한다. 동태경제학을 동학(dynamics)이라고도 한다.

3. 경제이론의 구성과 방법론

(1) 경제이론의 구성

일반적으로 경제현상은 매우 복잡다양하기 때문에 이를 직접 관찰하는 것만으로는 거기에 존재하는 보편적이고 본질적인 규칙성을 발견할 수 없는 경우가 많다. 따라서 여러 가지 복잡한 경제현상을 추상화하고 단순화함으로써 보편적이고도 본질적인 규칙성과 법칙성을 밝혀내고, 그 법칙성을 이용하여 다른 경제현상을 효율적으로 설명하고, 또한 경제현상의 여러 가지 변화를 예측하고자 하는 것이 경제이론의 목적이라고 말할 수 있다.

경제이론은 다음과 같이 가정의 설정, 가설의 정립, 가설의 검정 등 세 단계를 거쳐서 성립된다.

첫째, 가정을 설정하여 복잡 다양한 경제현상을 추상화하고 단순화한다. 여기서 가정은 진실이라고 생각되는 경제이론에 부수된 조건들이며, 대부분의 가정은 흔히 변화되지 않는 일정한 것으로 여겨진다.

둘째, 가설의 정립이다. 가정의 설정에 의해서 경제현상이 단순화되면 단순화된 경제현상에서 보편적이고 본질적인 인과관계를 추론해 내는 단계로, 이론적 모형이 수립된다.

셋째, 가설의 검정이다. 여기서 검정이란 여러 가지의 통계자료 등을 분석하여 가설이 현실과 일치하는지를 검사하는 것을 말한다. 이론적 모형이 현실과 일치하는가를 검사하는 것이 가설의 검정이고, 경제이론은 검정된 가설을 의미한다.

(2) 경제이론의 표현방법

흔히 학생들이 경제학이 어렵다고 말하는 경우가 있다. 그 원인은 여러 가지가 있겠으나, 수많은 그림과 수식을 보고 지레짐작으로 경제학은 어렵다고 단정하는 경우가 많다. 그러나 기초과목이나 교양수준에서의 경제학에서 사용되는 수식이나 그림은 경제현상을 보다 쉽고, 간편하게 나타내기 위한 수단으로 활용되고 있음을 유의해야 할 것이다.

경제이론을 표현하는 방법은 크게 서술적 방법, 수리적 방법, 기하학적 방법으로 분류할 수 있다.

첫째, 서술적 방법이란 그림이나 수식을 사용하지 않고 경제이론을 설명형식의 문장으로 표현하는 방식이다. 예를 들어 "다른 모든 조건은 일정할 때, 어떤 상품의 가격이 상승하면 그 상품에 대한 수요량은 감소한다"라고, 서술적으로 수요의 법칙을 표현하는 경우를 말한다.

[그림 1-1] 경제이론의 기하학적인 표현방법

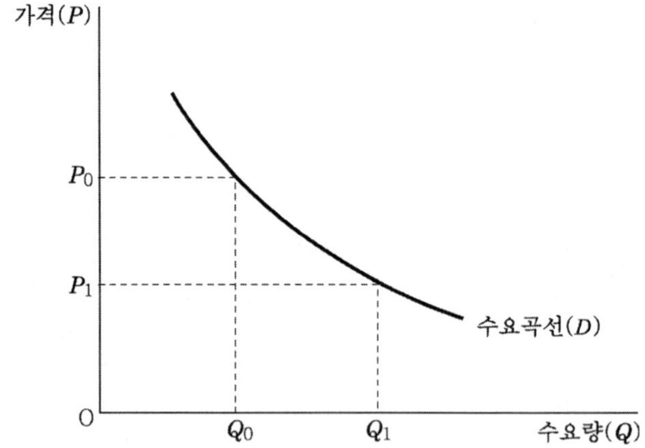

둘째, 수리적 방법으로 경제이론을 수학적인 함수관계로 표시하여 경제변수사이의 상호관계를 표현하는 방법이다. 예를 들어 "수요량(Q)과 가

격(P)은 함수관계에 있다"는 말을 $Q=f(P)$와 같이 수식으로 나타내는 방법이다.

셋째, 기하학적 방법으로 수리적으로 표현되는 경제이론을 설명의 편의상 그림을 이용해서 나타내는 방법이다. 경제학은 주로 그림이나 수식으로 표현하여 설명하지만 이는 단지 경제현상을 쉽고 간략하게 설명하기 위한 하나의 수단이지 그림이나 수식이 최종목적이 아님을 유의해야 할 것이다.

◈ 경제이론과 현실 경제

혼합경제

경제체제(Economic System)는 경제문제를 해결하는 경제주체가 누구인가에 따라 시장경제체제(Market Economy)와 계획경제체제(Planned Economy)로 구분한다. 모든 경제문제를 가계와 기업이 해결하면 시장경제체제, 정부가 해결하면 계획경제체제라고 한다. 하지만 현대 경제에서 순수시장경제체제와 순수계획경제체제만을 고집하고 있는 나라는 더 이상 존재하지 않는다.

세계 모든 국가는 두 경제체제를 혼용하는 '혼합경제체제(Mixed Economy)'를 운용하고 있다. 우리나라는 시장경제체제를 근간으로 하고 계획경제체제요소를 가미하는 형태의 혼합경제체제이다. 즉 우리나라는 기본적으로 경제문제는 시장에서 해결되도록 하되 문제가 생기면 정부가 시장에 개입한다. 시장의 가격기구가 원활히 작동하지 않으면 즉 시장에서 자원배분이 효율적으로 이뤄지지 않으면 시장의 실패(Market Failure)가 발생했다고 한다. 이때 정부가 적절히 시장에 개입한다면 시장의 실패로부터 야기되는 비효율성을 해소할 수 있다.

하지만 시장실패를 치유하기 위해 정부가 시장에 개입한다고 해서 반드시 상황이 나아지는 것은 아니다. 시장실패는 정부개입의 필요조건이지 충분조건은 아니라는 것이다. 만일 정부가 효율성 제고를 목적으로 시장에 개입했으나 오히려 국민의 후생을 감소시키는 결과를 가져오게 되는 현상을 '정부의 실패(Government Failure)'라고 한다.

정부의 실패가 나타났거나 앞으로 나타날 여지가 있는 사태들이 최근 많이 일어나고 있다. '단말기 유통구조 개선법'(단통법), '사내유보금 과세', '싱글세' 등이 그 예이다. 서울시교육청의 '유치원 원아 군별 모집제'와 '6개 자사고에 대한 지정 취소'도 성급한 시장개입의 결과라 볼 수도 있다. 이밖에 '9시 등교'나 '전면 무상급식' 같은 문제도 정부가 섣불리 개입하려 했다는 오히려 더 결과가 나빠지는 정부의 실패가 나타날 수도 있다.

〈출처: 강준규, 동의대 교수·경제학, 다이내믹부산 제1660호(2014.12.24)〉

중요개념 및 용어

경제행위	경제주체	경제객체
경제체제	시장경제체제	계획경제체제
혼합경제체제	희소성	경제원칙
기회비용	미시경제학	거시경제학
실증경제학	규범경제학	동태경제학

연 습 문 제

1. 경제주체와 경제객체에 대하여 설명하라.

2. 경제체제를 시장경제체제와 계획경제체제로 분류하고 이를 비교해서 설명하라.

3. 희소성의 법칙은 무엇인가?

4. 경제의 3대 기본문제는 무엇인가?

5. 경제학에 대해 정의해 보라.

6. 미시경제학과 거시경제학의 어떤 차이가 있는가?

7. 실증경제학에 대하여 설명하라.

8. 경제이론의 구성을 세 단계로 나누어서 설명하라.

9. 경제이론의 표현방법인 기하학적인 방법이 지니고 있는 의의는 어디에 있는가?

2
chapter

수요와 공급의 이론

학습목표

본 장을 학습하면 경제분석에 있어서 가장 중요한 수요와 공급의 개념과 이들의 상호작용에 의한 균형가격이 어떻게 결정되는가를 이해할 수 있다.

1. 수요의 개념, 수요의 결정요인, 수요함수와 수요곡선에 대하여 이해할 수 있다.
2. 수요의 변화와 수요량의 변화, 수요의 탄력성에 대하여 이해할 수 있다.
3. 공급의 개념, 공급의 결정요인, 공급함수와 공급곡선에 대하여 이해할 수 있다.
4. 공급의 변화와 공급량의 변화, 공급의 탄력성에 대해 이해할 수 있다.
5. 수요와 공급의 힘이 어떻게 작용하여 어떻게 균형가격과 균형거래량이 결정되는지를 이해할 수 있다.
6. 수요와 공급의 원리를 적용한 실례로서 소비자잉여와 생산자잉여에 대하여 이해할 수 있다.
7. 수요와 공급의 원리를 적용한 가격통제방법인 최고가격제와 최저가격제에 대하여 이해할 수 있다.

제1절 수 요

1. 수요의 개념

수요의 개념에 대한 이해를 보다 쉽게 하기 위해 다음과 같은 경우를 생각해 보자. 인희는 귤을 매우 좋아하여 하루에 10개의 귤을 먹을 수 있다고 가정하자. 인희는 아버지로부터 용돈을 받은 날 귤을 실컷 먹기 위해 50개가 든 귤 1상자를 구입하여, 하루에 5개씩 10일에 걸쳐 먹으려고 한다. 그런데 평상시 1상자에 3만원 하던 귤 값이 갑자기 5만원으로 올랐다고 하자.

경제학에서 정의하는 수요(demand)란 소비자가 재화나 서비스를 구매하고자 하는 욕구로써 소비자들이 구매하고자 하는 의도로 나타내는 것이며, '일정기간' 동안 계속되는 구매의 흐름을 의미한다. 한편 수요량이란 각 가격수준에서 구매하고자 하는 재화나 서비스의 최대수량을 의미한다. 보다 구체적으로 살펴보면 다음과 같다.

첫째, 수요는 '일정기간'이 명시되어 있는 유량(flow)의 개념이다. 경제학에서는 양을 나타내는 두 가지의 개념, 즉 유량(flow)과 저량(stock)이 있다. 유량(flow)은 일정기간 동안의 변화량을, 저량(stock)은 어느 일점 시점까지의 축적된 양을 각각 나타내는데, 수요는 인희가 소비한 기간이 귤을 구입한 날로부터 10일간인 것처럼 일정기간 동안 계속되는 유량(flow)의 개념이라는 것이다.

둘째, 수요는 사전적 개념으로써 실제로 구입한 양이 아니라 구입하려고 의도된 양을 말한다. 인희는 평상시 3만원 하던 귤이 갑자기 5만원으로 올랐기 때문에 귤을 구입하지 않았을 것이다. 이와 같이 수요는 사전에 구매하고자 하는 의도된 양을 나타낸다.

셋째, 수요량은 소비자가 주어진 가격수준에서 구입하고자 의도하는 최대수량을 의미한다. 귤을 실컷 먹기 위해 구입하고자 하는 50개가 바로 수요량을 의미한다.

2. 수요의 결정요인

수요의 결정에 영향을 주는 변수들에는 여러 가지가 있는데, 이 중 다음과 같이 중요한 변수 몇 가지를 살펴보기로 한다.

1) 그 재화의 가격

일반적으로 다른 조건은 다 일정하고 단지 한 재화의 가격이 변할 경우, 그 재화의 가격이 상승하면 수요량은 감소하고, 가격이 하락하면 수요량은 증가한다. 이와 같이 재화의 가격변화와 수요량의 변화는 역의 관계가 성립하는데, 이를 수요의 법칙(law of demand)이라고 한다.

2) 다른 재화의 가격

어떤 재화(X)에 대한 수요량은 다른 재화(Y)의 가격이 상승함에 따라 증가하는 경우가 있다. 즉, 어떤 재화에 대한 수요량이 다른 재화의 가격과 같은 방향으로 변화하는 경우가 있는데, 이때 두 재화는 대체관계에 있다고 하고 두 재화를 대체재(substitute goods)라고 한다. 이의 대표적인 예로는 커피와 녹차를 들 수 있다. 커피에 대한 수요량은 녹차값이 상승함에 따라 증가한다. 왜냐하면 녹차값이 상승함에 따라 녹차에 대한 수요량이 감소하고, 상대적으로 커피값이 저렴하다고 여겨져 커피에 대한 수요량을 늘리기 때문이다.

한편 어떤 재화(X)에 대한 수요량이 다른 재화(Y)의 가격이 상승함에 따라 감소하는 경우가 있다. 즉, 어떤 재화에 대한 수요량이 다른 재화의 가격과 역의 방향으로 변화하는 경우가 있는데, 이때 두 재화는 보완관계에 있다고 하고 두 재화를 보완재(complement goods)라고 한다. 이의 대표적인 예로는 커피와 설탕을 들 수 있다. 설탕에 대한 수요량은 커피값이 상승함에 따라 감소한다. 왜냐하면 커피값이 상승함에 따라 커피에 대한 수요량이 감소하고, 이에 따라 설탕에 대한 수요량이 감소하기 때문이다.

3) 소비자의 소득수준

어떤 재화에 대한 수요량은 소비자들의 소득수준에 의해 영향을 받는다. 일반적으로 소비자들의 소득수준이 증가하면 재화에 대한 수요량은 증가한다. 대부분의 재화는 이러한 성질을 지니고 있는데, 이러한 재화를 정상재(normal goods)라고 한다.

한편 소비자의 소득수준이 증가함에도 불구하고 오히려 수요량이 감소하는 경우가 있다. 예를 들어 소득이 증가함에 따라 지금까지 사용하던 마가린을 버터로 대체한다면 마가린의 수요량은 감소한다. 이와 같이 소비자의 소득이 증가함에 따라 수요량이 감소하는 재화를 열등재(inferior goods)라고 한다.

4) 소비자의 기호 혹은 취미

어떤 재화에 대한 소비자의 기호나 취미는 그 재화에 대한 수요에 영향을 준다. 예를 들어 자동차의 경우, 주5일제근무가 정착되면서 자동차 소비자들이 레저에 대해 많은 관심을 가짐에 따라 기존의 승용차에서 RV형태의 차종으로 수요가 이동하고 있다.

5) 인구수 및 인구구성

어떤 재화에 대한 소비자의 수가 많으면 많을수록 그 재화에 대한 수요량은 증가할 것이다. 똑같은 신발이라도 우리나라에서 한 사람당 한 켤레의 소비량과 중국에서 한 사람당 한 켤레의 소비량은 엄청난 차이가 날 것이다. 이와 같이 수요량은 구매력을 수반한 인구증가에 의해 크게 영향을 받는다.

또한 성별·연령별 인구구성의 변화도 수요에 영향을 미친다. 이에 대한 대표적인 예로서는 고령화가 진전될수록 의료서비스에 대한 수요가 증가하는 것을 들 수 있다.

6) 기타 요인

이 밖에도 수요를 결정하는 요인으로는 소득분포, 미래의 예상가치 등을 들 수 있다.

3. 수요함수와 수요곡선

앞에서 재화에 대한 수요를 결정하는 중요 요인에 대하여 알아보았는데, 이와 같이 어떤 재화에 대한 수요량과 그것을 결정하는 요인들의 함수관계를 나타낸 것을 수요함수(demand function)라고 한다.

$$X_d = f(P_x,\ P_y,\ I,\ T_x,\ P_p,\ A\ ...) \qquad (2\text{-}1)$$

단, X_d : X재의 수요량
P_x : X재의 가격
P_y : Y재의 가격(다른 재화의 가격)
I : 소비자의 소득
P_p : 인구의 크기
A : 소득분포

그런데, 식 (2-1)로부터 분석을 단순화하기 위해 다른 요인들은 모두 일정하다고 가정하고, 구매하고자 하는 어떤 재화(X재)의 수요량과 그것에 가장 큰 영향을 미치는 그 재화의 가격(P_x)과의 관계만을 고려한 수요함수를 도출할 수 있다.

$$X_d = f(P_x) \tag{2-2}$$

단, X_d : X재의 수요량
P_x : X재의 가격

식 (2-2)는 어떤 재화의 가격과 수요량 사이에 있는 함수관계를 나타내는 수요함수로서, 각 수준에 대응하여 소비자들이 매기간당 구매하고자 하는 재화의 수량을 나타낸 것이다.

이와 같은 수요함수를 도표로 나타낸 것을 수요곡선(demand curve)이라고 한다([그림 2-1] 참조). 수요곡선은 일정한 가정 하에서 소비자들의 매기간당 구매하고자 하는 재화의 최대의 양을 표시한 것이다.

[그림 2-1] 수요곡선

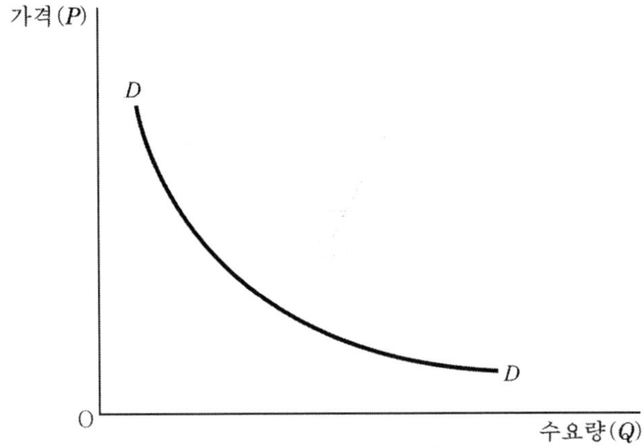

4. 개별수요곡선과 시장수요곡선

어떤 재화의 가격변화에 대응한 개인의 수요량의 변화를 나타내는 수요곡선을 개별수요곡선이라 하고, 그 재화의 가격과 시장전체의 수요량과의 관계를 나타내는 수요곡선을 시장수요곡선이라고 한다. 일반적으로 한 재화의 가격변화에 따른 수요량의 변화를 분석하는 데에는 시장수요에 대한 분석을 보다 더 중요시한다. 시장수요곡선은 개별수요곡선의 각 가격수준에 대한 수요량을 수평으로 모두 합하여 도출한다.

[그림 2-2] 개별수요곡선과 시장수요곡선

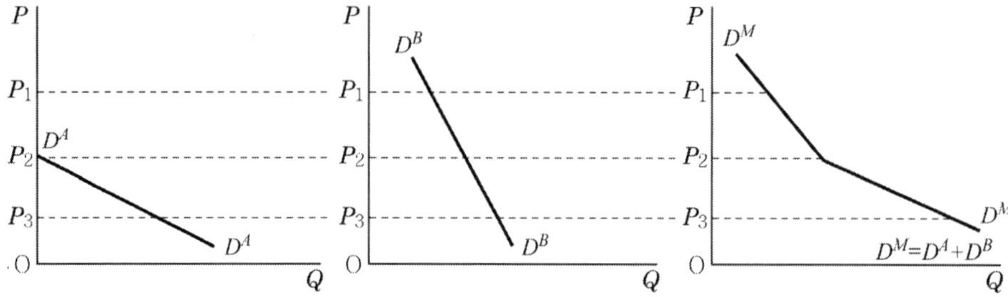

(a) A의 수요곡선 (b) B의 수요곡선 (c) 시장수요곡선

5. 수요의 변화와 수요량의 변화

수요량의 변화는 수요함수를 구성하는 여러 요인 중에서 다른 조건이 일정할 때, 그 재화의 가격만이 변함에 따라 수요량이 변하는 것을 나타낸 것으로, 이는 수요곡선의 한 점으로부터 다른 한 점으로의 이동($a \rightarrow b$)을 의미한다([그림 2-3] 참조).

[그림 2-3] 수요량의 변화와 수요의 변화

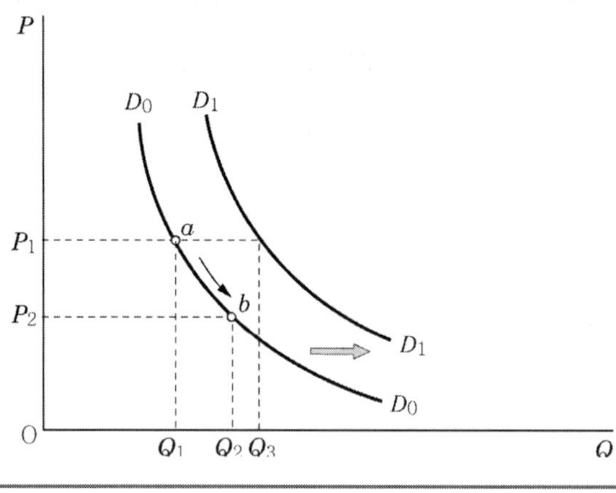

한편, 수요의 변화는 수요함수를 구성하는 여러 요인 중에서 그 재화의

가격을 제외하고 일정하다고 가정했던 요인들이 변함에 따라 수요량이 변화함을 나타낸 것으로, 이는 수요곡선 자체의 이동을 의미한다.

수요곡선을 이동시키는 변수는 많지만, 중요변수로는 다른 재화의 가격, 소비자의 소득, 소비자의 기호 및 취미, 인구수 및 인구구성, 소득분포 등을 들 수 있다. [그림 2-3]에서 보는 것처럼, 만일 소비자소득의 증가, 대체재가격의 상승, 구매력을 수반한 인구증가 등이 발생하면 수요곡선이 D_0에서 D_1으로 이동하는 수요의 변화가 일어난다.

6. 수요의 탄력성

예를 들어 분당에서 인정제과점을 운영하고 있다고 하자. 제과점을 경영하는데 있어 빵 가격이 상승할 때나 하락할 때 빵에 대한 수요량이 얼마나 큰 폭으로 감소하고 증가할 것인가를 파악하는 것은 제과점의 판매수입(=가격×판매량)을 예측하고 경영계획을 수립하는데 매우 중요하다.

이와 같이 수요량을 결정하는 여러 요인에 변화가 생겼을 때 수요량이 얼마나 민감한 반응을 보이는 가는 중요한 의미를 지니고 있는데, 이와 같은 민감성의 정도를 하나의 수치로 나타낸 것이 탄력성(elasticity)이다.

탄력성은 일반적으로 식 (2-3)에서 보는 바와 같이 종속변수(결과)의 변화율을 독립변수(원인)의 변화율로 나눈 것으로 나타낸다.

$$\text{탄력성} = \frac{\text{종속변수의 변화율}}{\text{독립변수의 변화율}}$$

탄력성은 언제나 결과(수요량 또는 공급량)의 변화율에 대한 원인(가격, 소득, 기타요인)의 변화율의 비율로 그 명칭은 '(종속변수)의 (독립변수)탄력성'이라고 부른다. 예를 들어 종속변수가 수요량이고 독립변수가 가격이라면 '수요의 가격탄력성'이 된다. 이와 같이 탄력성은 변화의 원인과 결과에 따라 그 종류가 다양한데, 여기서는 수요와 관련된 탄력성에 대하여 알아보고자 한다.

(1) 수요의 가격탄력성

수요의 가격탄력성은 가격변화에 따른 수요량변화의 반응도를 나타낸 것으로, 수요량의 변화율을 가격의 변화율로 나누어 구한다.

$$\text{수요의 가격탄력성}(\varepsilon_p) = \frac{\text{수요량의 변화율}(\%)}{\text{가격의 변화율}(\%)} = -\frac{\triangle Q/Q\times 100}{\triangle P/P\times 100} = -\frac{\triangle Q}{\triangle P}\cdot\frac{P}{Q} \qquad (2\text{-}3)$$

수요의 법칙에 의하여 가격변화에 대한 수요량의 변화는 항상 (-)이므로 편의상 식 (2-4)에서 앞에 (-)를 붙임으로써 수요의 가격탄력성은 항상 (+)의 값이 나오도록 하고 있다. 예를 들어 크림빵의 가격이 800원에서 1,000원으로 상승하였을 때 수요량이 50개에서 40개로 감소하였다면, 크림빵에 대한 수요의 가격탄력성은

$$\varepsilon_p = \frac{10/50\times 100(\%)}{200/800\times 100(\%)} = \frac{20\%}{25\%} = 0.8$$

한편 이번에는 가격이 1,000원에서 800원으로 하락하여 수요량이 40개에서 50개로 증가하였다면(같은 구간으로 움직였다면), 수요의 가격탄력성은 같은지 변하는지를 확인해 보면

$$\varepsilon_p = \frac{10/40\times 100(\%)}{200/1000\times 100(\%)} = \frac{25\%}{20\%} = 1.25$$

가격이 같은 범위 내에서 변화하더라도 상승할 때와 하락할 때의 탄력

성의 크기가 다름을 알 수 있다. 이는 탄력성의 계산에 있어서 변화량은 같지만 변화의 기준이 다르기 때문에 일어나는 현상임을 유의해야 할 것이다.

수요의 가격탄력성은 한 수요곡선의 어떤 점에서 측정하느냐에 따라 그 크기가 달라진다. 그런데 [그림 2-4]와 같이 예외적인 경우에는 수요곡선 위의 어느 점에서나 수요의 가격탄력성이 동일한 값을 갖는다. [그림 2-4]의 (a)는 수요곡선의 형태가 수직선으로 나타난 경우인데, 이 경우에는 가격이 아무리 변하더라도 수요량에 변화가 전혀 없어 수요의 가격탄력성이 항상 0의 값을 갖는다. 이 경우 가격의 변화에 따른 수요량의 변화는 완전 비탄력적이라고 한다.

[그림 2-4] 수요의 가격탄력성의 제유형

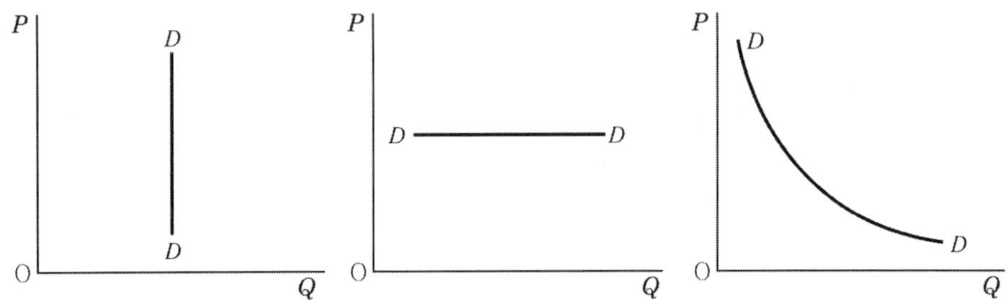

(a) $\varepsilon_P=0$ (b) $\varepsilon_P=\infty$ (c) $\varepsilon_P=1$

(b)는 수요곡선의 형태가 수평선인 경우로, 이 경우에는 아주 작은 가격의 변화가 일어나도 엄청나게 큰 수요량의 변화가 일어나 수요의 가격탄력성이 무한대(∞)의 값을 갖는다. 이 경우 가격의 변화에 따른 수요량의 변화는 완전 탄력적이라고 한다.

(c)는 수요곡선이 쌍곡선의 모양을 갖는 경우로, 수요의 가격탄력성은 수요곡선 위의 어느 점에서나 1의 값을 갖는다. 이 경우 가격의 변화에 따를 수요량의 변화는 단위탄력적이라고 한다.

$\epsilon_P<1$(수요의 가격탄력성이 1보다 작은 경우)인 경우는 가격의 변화율보다 수요량의 변화율이 작은 경우로, 가격의 변화에 따른 수요량의 변화

는 비탄력적이라고 한다.

ϵ_P>1인 경우(수요의 가격탄력성이 1보다 큰 경우)는 가격의 변화율보다 수요량의 변화율이 큰 경우로 가격의 변화에 따른 수요량의 변화는 탄력적이라고 한다.

그런데 수요의 가격탄력성의 크기에 따라 총수입(총지출)은 달라진다. 일반적으로 수요의 가격탄력성이 1보다 크면(탄력적이면), 가격이 내려갈 때 수요량이 더 큰 비율로 증가하게 되어, 가격에 수요량을 곱해서 얻는 총수입(총지출)이 늘어나게 된다. 반면에 수요의 가격탄력성이 1보다 작으면(비탄력적이면), 가격이 내려가고 판매량이 증가함에 따라 총수입(총지출)이 감소한다.

이와 같이 수요의 가격탄력성의 크기에 따라 가격이 변할 때 총수입(총지출)이 변화한다. 이를 요약하면 〈표 2-1〉과 같다.

〈표 2-1〉 수요의 가격탄력성과 총수입(총지출)과의 관계

수요의 가격탄력성의 크기	가격의 변화	총수입(총지출)
$e > 1$ (탄력적)	가격의 상승 가격의 하락	감소 증가
$e < 1$ (비탄력적)	가격의 상승 가격의 하락	증가 감소
$e = 1$ (단위 탄력적)	가격의 상승 가격의 하락	불변 불변

수요의 가격탄력성에 영향을 주는 요인은 여러 가지가 있는데, 먼저 대체재의 수를 들 수 있다. 일반적으로 대체재의 수가 많을수록 수요의 가격탄력성은 크다. 예를 들어 커피의 경우에는 홍차나 녹차처럼 대체재가 많기 때문에 커피값이 조금만 올라도 커피의 소비는 비교적 큰 폭으로 줄어든다. 이는 커피에 대한 수요의 가격탄력성이 크기 때문이다.

다음으로 소득에 대한 재화의 가격으로, 재화의 가격이 소비자의 소득에서 차지하는 비중이 클수록 수요의 가격탄력성은 크다. 예를 들어 옷핀이나 연필처럼 그 상품에 대한 지출이 소비자의 전체지출에서 아주 작은 비중밖에 차지하지 않는다면, 수요의 가격탄력성은 상당히 작은 값을 갖

게 될 것이다.

또한 상품의 성격에 따라 수요의 가격탄력성은 영향을 받는다. 일반적으로 생활필수품의 성격을 지닌 상품들은 수요의 가격탄력성이 작은 반면에, 사치품의 성격을 지닌 상품은 수요의 가격탄력성이 높다. 예를 들어 쌀과 같은 생활필수품의 경우 값이 싸든 비싸든 거의 일정한 양을 소비하게 되므로 수요의 가격탄력성이 작다.

마지막으로 기간의 길이에 따라 수요의 가격탄력성이 달라질 수 있다. 동일한 상품이라 하더라도 기간이 길수록 수요의 가격탄력성이 한층 더 커지는 경향이 있다. 왜냐하면 기간이 길수록 소비자가 적응할 수 있는 여유를 갖게 되어 자연히 수요의 가격탄력성이 더 커지게 되기 때문이다. 예를 들어 휘발유가격이 인상될 때, 1~2개월간에는 휘발유 수요량이 크게 줄지 않는다. 그러나 시간이 지날수록 연비가 높은 차를 구입하거나 대중교통수단을 이용함에 따라 몇 년이 지나면 휘발유가격 인상에 따른 휘발유의 수요량은 크게 줄어든다.

(2) 수요의 소득탄력성

소비자의 소득이 변할 때 수요량이 이에 대해 얼마나 민감하게 반응하는가를 나타낸 것을 수요의 소득탄력성이라고 한다. 이러한 수요의 소득탄력성은 다음과 같이 수요량의 변화율을 소득의 변화율로 나눈 것으로 나타낸다.

$$\epsilon_I = \frac{\text{수요량의 변화율}}{\text{소득의 변화율}} = \frac{\dfrac{\text{수요량의 변화량}(\Delta Q)}{\text{원래의 수요}(Q)}}{\dfrac{\text{소득의 변화량}(\Delta I)}{\text{원래의 소득}(I)}} \qquad (2\text{-}4)$$

$$= \frac{\Delta Q}{\Delta I} \cdot \frac{I}{Q}$$

수요의 소득탄력성은 그 부호가 정(+)인가 부(-)인가에 따라 그 의미가 달라진다. 수요의 소득탄력성이 정(+)이라는 것은 소득이 증가할 때

수요량이 증가하는 것을 의미하는데, 이러한 재화를 정상재(normal goods)라고 한다. 정상재는 다시 수요의 소득탄력성이 1보다 큰지 작은지의 여부에 따라 사치재(luxuries)와 필수재(necessaries)로 구분된다. 한편, 수요의 소득탄력성이 부(-)라고 하는 것은 소득이 증가함에 따라 오히려 수요량이 감소하는 것을 의미하고 이러한 재화를 열등재(inferior goods)라고 한다. 대부분의 재화는 정상재로 소득이 증가하면 수요가 증가하나, 자가용에 대한 대중교통수단이나 쇠고기에 대한 돼지고기와 같은 열등재는 소득이 증가할 때 오히려 소비가 감소하여 수요의 소득탄력성의 부호가 부(-)가 된다.

수요의 소득탄력성에 의한 재화의 구분을 정립해 보면 〈표 2-2〉와 같다.

〈표 2-2〉 수요의 소득탄력성에 의한 재화의 구분

소득탄력성(ϵ_I)	재화의 구분	
$\epsilon_I < 0$	열등재	
$0 < \epsilon_I < 1$	필수재	정상재
$1 < \epsilon_I$	사치재	

(3) 수요의 교차탄력성

어떤 상품의 가격이 변할 때 다른 재화의 수요량이 얼마나 민감하게 반응하는가를 나타낸 것을 수요의 교차탄력성이라고 한다. 수요의 교차탄력성은 구체적으로 다음과 같은 식에 의해서 계산할 수 있다.

$$\varepsilon_{xy} = \frac{Y\text{재 수요량의 변화율}}{X\text{재 가격의 변화율}} = \frac{\Delta Q_y / Q_y}{\Delta P_x / P_x} \qquad (2\text{-}5)$$

수요의 교차탄력성은 두 재화 사이의 관계가 어떠한가에 따라 그 부호와 크기가 달라진다. 예를 들어 에어컨과 선풍기처럼 두 재화가 대체관계에 있으면 수요의 교차탄력성은 정(+)의 값을 갖게 되고, 커피와 설탕처럼 보완관계에 있으면 부(-)의 값을 갖게 된다.

제2절 공 급

1. 공급의 개념

공급의 개념에 대한 이해를 보다 쉽게 하기 위해 다음과 같은 경우를 생각해 보자. 분당에 있는 인정 제과점에서는 하루에 100개의 빵을 생산할 수 있는 능력이 있다고 하자. 이 경우 빵을 100개 생산할 수 있다고 하여 무조건 100개의 빵을 판매하는 것이 아니라 생산비용이나 빵 가격 등을 고려하여 이윤이 발생하게 되면 판매할 의사가 있는 양을 의미한다.

이와 같이, 경제학에서 정의하는 공급(supply)이란 생산자가 재화나 서비스를 판매하고자 하는 욕구로써 생산자가 판매하고자 하는 의도를 나타내는 것이며, '일정기간' 동안 계속되는 유량의 흐름을 의미한다. 한편 공급량이란 각 가격수준에서 판매하고자 하는 재화나 서비스의 최대수량을 의미한다.

2. 공급의 결정요인

수요의 결정에 영향을 주는 변수들에는 여러 가지가 있는 것처럼, 공급에 영향을 주는 미치는 요인도 여러 가지 있다. 이중 다음과 같이 중요한 변수 몇 가지를 살펴보기로 한다.

(1) 그 재화의 가격

일반적으로 다른 조건은 다 일정하고 단지 한 재화의 가격이 변할 경우, 그 재화의 가격이 상승하면 공급량은 증가하고, 가격이 하락하면 공급량은 감소한다. 이와 같이 재화의 가격변화와 공급량의 변화는 정의 관계가 성립하는데, 이를 공급의 법칙(law of supply)이라고 한다.

(2) 생산요소의 가격

빵을 생산하는데 가장 기본적으로 필요한 생산요소는 밀가루, 설탕, 우유, 기계 등일 것이다. 이들 생산요소의 가격이 상승하면 빵 생산업자의 부담으로 작용하여 빵 생산을 줄이려고 할 것이다. 이와 같이 재화의 생산비가 상승하면 공급량은 감소하고, 생산비가 하락하면 공급량은 증가할 것이다.

(3) 생산기술수준

사람의 손으로 생산된 것과 똑같은 품질의 빵을 기계로 생산할 수 있다면, 자동화된 기계는 동일한 노동자수로 더 많은 빵을 생산할 수 있을 것이다. 이와 같이 생산기술의 진보는 비용절감을 통하여 공급량을 증가시킨다.

(4) 기업가의 목표

일반적으로 기업의 목표는 이윤극대화에 있다. 그러나 만일 기업의 목표가 시장점유율의 극대화에 있다면 기업가의 행동은 이윤극대화가 목표인 경우와는 다르게 나타날 것이다. 예를 들어 분당에서 제과점하면 인정제과점이 최고라는 이미지부각이 목표라면 제과점경영자(기업의 경영자)는 이윤보다 빵(상품)의 질이나 이미지 관리를 위해 생산량을 조절할 것이다.

(5) 관련재화의 가격

수요처럼 공급에도 대체관계와 보완관계가 존재한다. 만약, X재(예 : 소주)와 Y재(예 : 막걸리)가 대체관계에 있으면 X재(소주)가격이 상승(하락)하면 X재의 공급량은 증가(하락)하는데 반해 Y재(막걸리)의 공급량은 감소(증가)한다. 한편, A재(커피)와 B재(설탕)가 보완관계에 있으면 A재(커피)의 가격이 상승(하락)하면 A재의 공급량이 증가(하락)

하고 따라서 B재(설탕)의 공급량도 증가(하락)한다.

(6) 기타요인

이 밖에도 공급량을 결정하는 요인으로는 공급자의 수, 미래의 예상가격 등을 들 수 있다.

3. 공급함수와 공급곡선

어떤 재화에 대한 공급량과 그것을 결정하는 요인들의 함수관계를 나타낸 것을 공급함수(supply function)라고 한다.

$$X_s = f(P_x,\ F,\ T,\ G,\ P_y, \dots) \tag{2-6}$$

단, X_s : X재의 공급량
P_x : X재의 가격
F : 생산요소의 가격
T : 생산기술수준
G : 기업가의 목표
P_y : Y재의 가격(관련재화의 가격)

그런데, 식 (2-6)로부터 분석을 단순화하기 위해 다른 요인들은 모두 일정하다고 가정하고, 판매하고자 하는 어떤 재화(X재)의 공급량과 그것에 가장 큰 영향을 미치는 그 재화의 가격(P_x)과의 관계만을 고려한 공급함수를 도출할 수 있다.

$$X_s = f(P_x) \tag{2-7}$$

단, X_s : X재의 공급량
P_x : X재의 가격

식 (2-7)은 어떤 재화의 가격과 공급량 사이에 있는 함수관계를 나타내는 공급함수로서, 각 수준에 대응하여 생산자들이 매기간당 판매하고자 하는 재화의 수량을 나타낸 것이다.

이와 같은 공급함수를 도표로 나타낸 것을 공급곡선(supply curve)이라고 한다([그림 2-5] 참조). 공급곡선은 일정한 가정 하에서 생산자들이 매 기간당 판매하고자 하는 재화의 최대의 양을 표시한 것이다.

[그림 2-5] 공급곡선

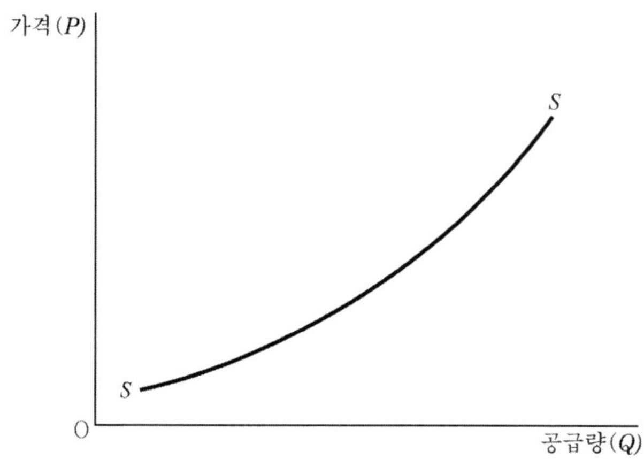

4. 개별공급곡선과 시장공급곡선

어떤 재화의 가격변화에 대응한 개별기업의 공급량의 변화를 나타내는 공급곡선을 개별공급곡선이라 하고, 그 재화의 가격과 시장전체의 공급량과의 관계를 나타내는 공급곡선을 시장공급곡선이라고 한다. 일반적으로 한 재화의 가격변화에 따른 공급량의 변화를 분석하는 데에는 시장공급곡선에 대한 분석을 보다 더 중요시한다. 시장공급곡선은 개별공급곡선의 각 가격수준에 대한 공급량을 수평으로 모두 합하여 도출한다.

[그림 2-6] 개별공급곡선과 시장공급곡선

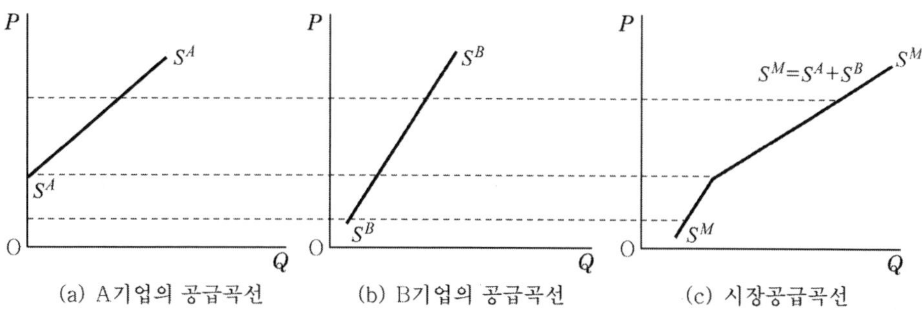

5. 공급의 변화와 공급량의 변화

공급량의 변화는 공급함수를 구성하는 여러 요인 중에서 다른 조건이 일정할 때, 그 재화의 가격만이 변함에 따라 공급량이 변하는 것을 나타낸 것으로, 이는 공급곡선의 한 점으로부터 다른 한 점으로의 이동($a \rightarrow b$)을 의미한다([그림 2-7] 참조).

[그림 2-7] 공급량의 변화와 공급의 변화

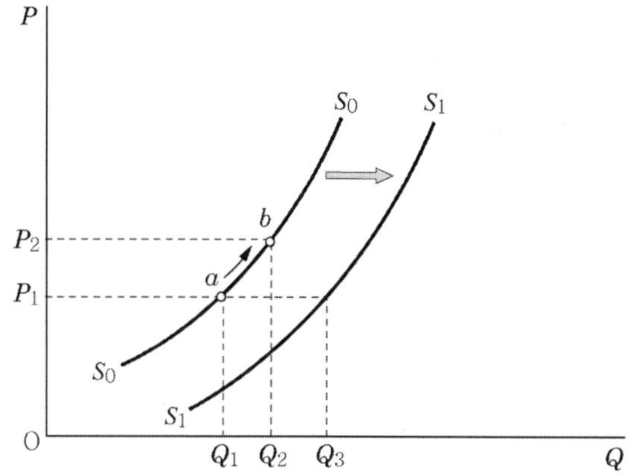

한편, 공급의 변화는 공급함수를 구성하는 여러 요인 중에서 그 재화의

가격을 제외하고 일정하다고 가정했던 요인들이 변함에 따라 공급량이 변화함을 나타낸 것으로, 이는 공급곡선 자체의 이동을 의미한다.

공급곡선을 이동시키는 변수는 많지만, 중요변수로는 다른 재화의 가격, 생산요소의 가격, 기술수준, 기업의 목표 등을 들 수 있다. [그림 2-7]에서 보는 것처럼, 만일 생산요소가격의 하락, 생산기술의 진보 등이 발생하면 공급곡선이 S_0에서 S_1으로 이동하는 공급의 변화가 일어난다.

6. 공급의 탄력성

(1) 공급의 가격탄력성

수요의 가격탄력성의 개념과 같은 논리로 공급의 가격탄력성의 개념을 정의할 수 있다. 즉, 공급의 가격탄력성은 어떤 재화의 가격이 변할 때 공급량이 얼마만큼 변화하는지의 정도를 나타내는 것으로, 이는 공급량의 변화율을 가격의 변화율로 나누어서 구한다.

$$\varepsilon_s = \frac{\text{공급량의 변화율}}{\text{가격의 변화율}} = \frac{\Delta Q_s / Q_s \times 100}{\Delta P / P \times 100} = \frac{\Delta Q_s}{\Delta P} \cdot \frac{P}{Q_s} \qquad (2\text{-}8)$$

(2) 공급의 가격탄력성의 제유형

수요의 가격탄력성과 마찬가지로 공급의 가격탄력성(ε_s)도 0부터 무한대까지 변한다.

먼저, [그림 2-8]에서 보는 바와 같이 $\varepsilon_s = 0$인 경우는 가격이 아무리 변하더라도 공급량이 전혀 변하지 않는 경우로, 가격의 변화에 따른 공급량의 변화는 완전 비탄력적이라고 한다.

$\varepsilon_s < 1$인 경우는 가격의 변화율보다 공급량의 변화율이 작은 경우로, 가격의 변화에 따른 공급량의 변화는 비탄력적이라고 한다.

$\varepsilon_s = 1$인 경우는 가격의 변화율과 공급량의 변화율이 같은 경우로, 가

격의 변화에 따른 공급량의 변화는 단위탄력적이라고 한다.

$\varepsilon_s > 1$인 경우는 가격의 변화율보다 공급량의 변화율이 큰 경우로, 가격의 변화에 따른 공급량의 변화는 탄력적이라고 한다.

마지막으로 $\varepsilon_s = \infty$인 경우로 아주 작은 가격변화에도 엄청나게 큰 공급량의 변화가 일어나기 때문에 가격탄력성은 무한대(∞)의 값을 갖는다. 이때 가격의 변화에 따른 공급량의 변화는 완전탄력적이라고 한다.

[그림 2-8] 공급곡선의 기울기와 공급의 가격탄력성

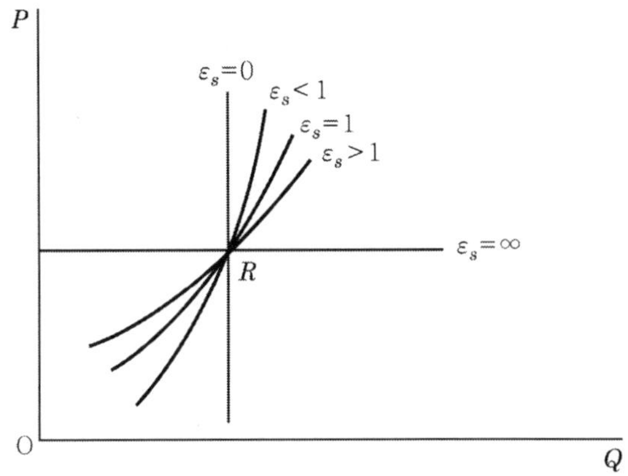

(3) 공급의 가격탄력성에 영향을 주는 요인

먼저 생산비의 가격을 들 수 있다. 예를 들어 빵의 생산량이 증가함에 따라 빵 생산에 직접적으로 영향을 미치는 밀가루의 가격이 급격히 상승하게 되면 빵 생산자는 생산량을 줄이게 될 것이다. 이와 같이 생산량의 증가에 따라 생산비가 급격히 상승한다면 가격의 상승에 비해서 공급량의 증가는 적어서 공급의 가격탄력성은 작게 된다.

또한 재화의 저장 가능성이나 저장비용도 공급의 가격탄력성에 영향을 미친다. 일반적으로 재화의 저장가능성이 낮고 저장비용이 클수록 공급의 가격탄력성은 작고, 저장가능성이 크거나 저장비용이 작을수록 공급의 가격탄력성은 커진다.

그리고 가격변화에 공급이 적응하는 기간이 장기일수록 공급의 가격탄력성은 크다. 왜냐하면 장기로 갈수록 생산과정에서 가격의 변화에 적응할 기회가 커져 공급량을 쉽게 조절할 수 있기 때문이다.

제 3 절 시장균형의 결정

1. 시장의 균형

지금까지는 수요와 공급을 분리하여 설명하였다. 이제 이 두 가지의 힘이 어떻게 작용하여 어떻게 균형가격과 균형거래량이 결정되는가를 알아보도록 하자.

시장에서 가격은 수요자들의 수요하고자 하는 의도를 나타내는 수요곡선과 공급자들의 공급하고자 하는 의도를 나타내는 공급곡선에 의하여 결정된다. 경제학에서는 이와 같이 결정된 가격이 일정하게 머물러 있는 상태를 시장균형(market equilibrium)이라고 한다. 여기서 균형이란 상반된 힘이 서로 팽팽히 맞서는 상태로, 외부의 충격이 없는 한 움직이지 않고 머물러 있는 상태를 의미한다.

〈표 2-3〉과 [그림 2-9]는 빵의 시장수요표와 시장공급표를 하나에 옮겨 정리한 것이다. 먼저 빵 가격이 1,000원인 경우를 보자. 수요량은 58개인데 비해 공급량은 30개에 불과하다. 수요량에 비해 공급량이 28개나 부족하여 수요가 공급을 초과한 상태가 된다. 이를 초과수요(excess demand)라고 한다. 시장에 초과수요가 발생하면 소비자들은 빵을 사려고 경쟁을 하게 될 것이다. 따라서 가격이 상승하게 된다.

한편, 이와 반대로 빵값이 너무 올라 2,000원이 되면 시장수요량은 30개인데 반해 공급량은 58개가 되어, 이번에는 공급이 수요를 초과하는 초과공급(excess supply)이 발생한다. 이 가격수준에서 생산자는 30개밖에 팔 수 없으므로 28개의 재고가 쌓이게 될 것이다. 이와 같은 재고를 처분하지 못하면 그냥 버리게 되므로 생산자들은 조금 낮은 가격이라도 경쟁적으로 재고를 처분하고자 할 것이다. 이와 같이 초과공급은 시장에서 가격을 하락시키는 힘으로 작용한다.

결국 시장에서는 수요량과 공급량이 일치하여 초과공급이나 초과수요가 없는 상태에서 균형을 이루게 되는데 이를 시장균형이라고 하고, 시장에서 균형을 이루는 가격을 균형가격(equilibrium price 빵의 예에서는 1,500원)이라고 하며, 이때의 거래량을 균형거래량(equilibrium quantity 빵의 예에서는 43개)이라고 한다.

〈표 2-3〉 빵의 시장수요표와 시장공급표

가격	시장수요량(개)	시장공급량(개)
1,000	58	30
1,500	43	43
2,000	30	58

[그림 2-9] 빵 시장의 균형

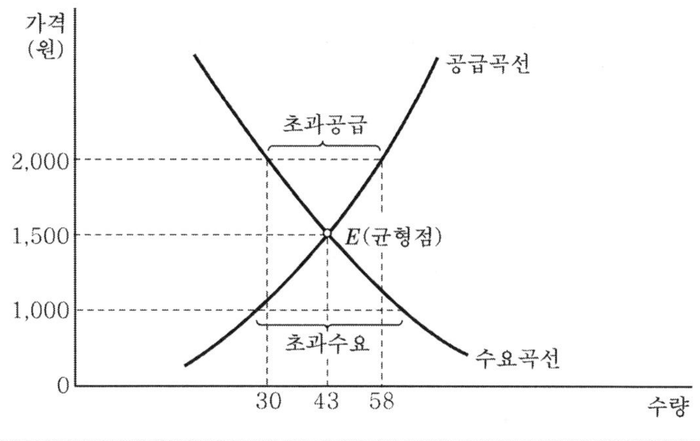

2. 균형가격과 균형거래량의 이동

앞에서 균형가격과 균형거래량은 수요곡선과 공급곡선이 교차하는 점에서 결정된다는 것을 확인하였다. 이번에는 수요와 공급이 변화하여 수요곡선과 공급곡선이 이동할 때 균형가격과 균형거래량이 어떻게 달라지는가를 살펴보기로 하자.

(1) 수요가 증가하는 경우

[그림 2-10]에서 보는 것처럼 원래의 수요곡선 DD와 공급곡선 SS가 E점에서 교차하여 균형가격이 P, 균형거래량이 Q라고 하자. 이때 수요가 증가하면 수요곡선은 DD에서 D_1D_1으로 이동하게 되어 원래의 균형가격 P수준에서는 QQ'만큼의 초과수요량이 발생한다. 이에 따라 가격은 상승하고 새로운 균형가격과 균형거래량은 새로운 수요곡선 D_1D_1과 공급곡선 SS가 교차하는 P_1과 Q_1에서 결정된다. 이와 같이 수요가 증가할 경우 균형가격은 상승하고 균형거래량은 증가한다.

[그림 2-10] 수요의 변화가 균형가격과 균형거래량에 미치는 영향

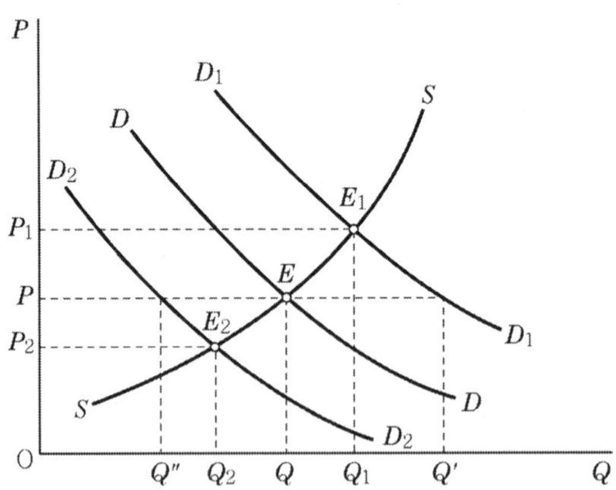

(2) 수요가 감소하는 경우

[그림 2-10]에서 보는 것처럼 수요가 감소하면 수요곡선은 DD에서 D_2D_2로 왼쪽으로 이동하며, 그 결과 원래의 균형가격 P수준에서는 QQ''만큼의 초과공급량이 발생한다. 이에 따라 가격은 하락하고 새로운 균형가격과 균형거래량은 새로운 수요곡선 D_2D_2과 공급곡선 SS가 교차하는 P_2과 Q_2에서 결정된다. 이와 같이 수요가 감소할 경우 균형가격은 하락하고 균형거래량도 감소한다.

(3) 공급이 증가하는 경우

[그림 2-11]에서 보는 것처럼 원래의 수요곡선 DD와 공급곡선 SS가 E점에서 교차하여 균형가격이 P, 균형거래량이 Q라고 하자. 이때 공급이 증가하면 공급곡선은 SS에서 S_1S_1으로 이동하게 되어 원래의 균형가격 P수준에서는 QQ'만큼의 초과공급량이 발생한다. 이에 따라 가격은 하락하고 새로운 균형가격과 균형거래량은 새로운 공급곡선 S_1S_1과 수요곡선 DD가 교차하는 P_1과 Q_1에서 결정된다. 이와 같이 공급이 증가할 경우 균형가격은 하락하고 균형거래량은 증가한다.

[그림 2-11] 공급의 변화가 균형가격과 균형거래량에 미치는 영향

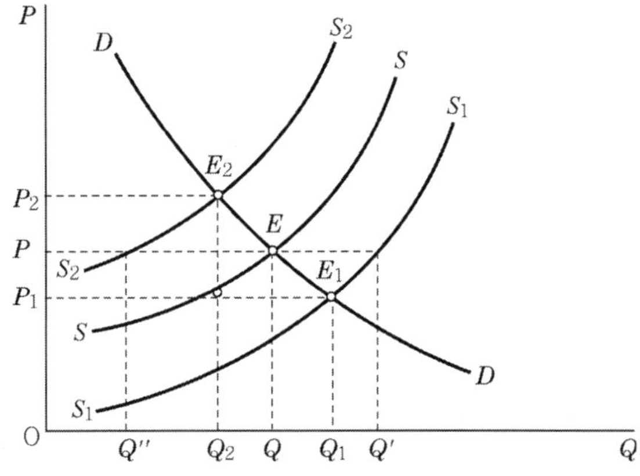

(4) 공급이 감소하는 경우

[그림 2-11]에서 보는 것처럼 공급이 감소하면 공급곡선은 SS에서 S_2S_2로 왼쪽으로 이동하며, 그 결과 원래의 균형가격 P수준에서는 QQ'' 만큼의 초과수요량이 발생한다. 이에 따라 가격은 상승하고 새로운 균형가격과 균형거래량은 새로운 공급곡선 S_2S_2와 수요곡선 DD가 교차하는 P_2과 Q_2에서 결정된다. 이와 같이 공급이 감소할 경우 균형가격은 상승하고 균형거래량은 감소한다.

제4절 수요와 공급이론의 적용

1. 소비자잉여와 생산자잉여

수요곡선은 수요량과 각각의 수요량에 대하여 소비자가 기꺼이 지불하고자 하는 최고가격인 수요가격과의 관계를 나타낸다. 그러나 소비자가 실제로 재화를 구입할 때에는 수요가격을 지불하는 것이 아니라 시장에서 수요와 공급에 의해서 결정된 균형가격을 지불한다. 따라서 만약 수요가격이 균형가격보다 높다면 소비자는 의도했던 것보다 저렴하게 재화를 구입할 수 있게 된다. 여기서 수요가격과 균형가격과의 차이를 소비자잉여(consumer's surplus)라고 한다.

[그림 2-12]에서 보는 것처럼 균형가격이 P_e인 경우 Q_e만큼 구입하는 소비자는 Q_e까지의 수요곡선 아래 전체면적 즉 $OREQ_e$만큼 지불할 의도가 있으나, 실제 지불하는 금액은 $OP_e \times OQ_e$, 즉 $\square OP_eEQ_e$가 된다. 따라서 소비자는 Q_e까지의 수요곡선 아래 전체면적 $OREQ_e$에서 실제지불한 금액을 나타내는 면적 $\square OP_eEQ_e$을 제외한 면적 $\triangle P_eRE$만큼의 소비자잉여를 얻는다.

[그림 2-12] 소비자잉여와 생산자잉여

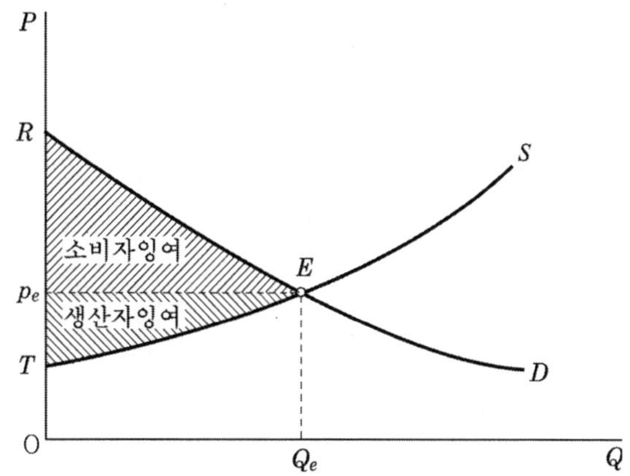

소비자잉여와 똑같은 논리로 $\triangle TP_eE$만큼의 생산자잉여(producer's surplus)를 얻게 된다. 이와 같이 잉여란 소비자들이나 생산자들에게 돌아가는 편익(benefit)임을 알 수 있다.

2. 가격통제

기본적으로 시장경제에 있어서 재화와 서비스의 가격은 수요와 공급에 의하여 결정된다. 그런데 시장의 자동조절기능에 맡길 수 없거나 어떤 목적을 달성하기 위해서는 정부가 가격을 통제하는 경우가 있다. 이를 가격통제(price control)라고 하는데, 최고가격제와 최저가격제가 대표적인 예이다.

(1) 최고가격제

최고가격제는 전시나 물가상승압력이 강하게 나타날 때 소비자보호나 물가안정을 위하여 시행하는 가격통제방식을 말한다. 최고가격제를 시행하면 최고가격 이하의 가격으로 거래하는 것은 무방하나, 그 이상으로 거래하는 것은 제도적으로 금지하게 된다. 최고가격제의 예로서는 신규아파트 분양가격규제, 교통요금통제, 이자율상한제 등을 들 수 있다.

[그림 2-13]에서 보는 것처럼 최고가격(P_C)은 시장에서 결정된 균형가격(P)보다 낮게 책정된다. 따라서 시장에서는 최고가격(P_C)에서는 $q_1 q_2$만큼의 초과수요량이 발생한다. 즉, 가격을 균형가격보다 낮게 유지하려고 하는 최고가격제 하에서는 공급량(q_2)이 소비자들이 구매하고자 하는 양(q_1)을 충족시킬 만큼 충분하지 못하다. 부족한 공급량을 다수의 구매자들에게 배분하기 위해서는 가격이 상승하여야 하는데, 이것은 제도적으로 금지되어 있으므로 가격기구는 자원배분의 기능을 수행하지 못하게 된다. 따라서 가격 이외의 다른 어떤 배분방법이 채택되어야 한다.

[그림 2-13] 최고가격의 경제적 효과

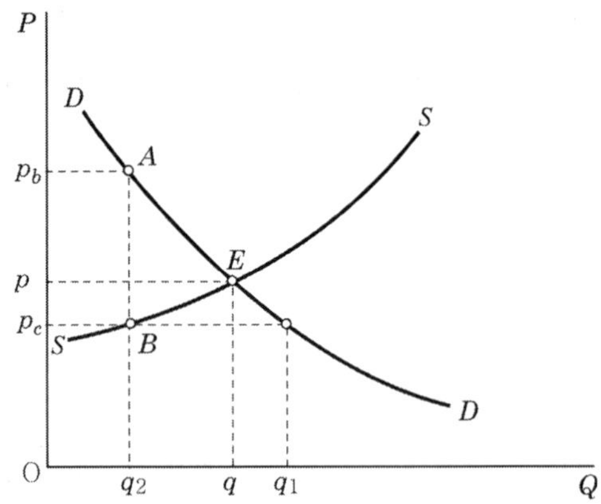

먼저 선착순으로 배분하는 방법을 고려할 수 있다. 부족한 수량을 소비자들에게 인위적으로 배분하는 일률적 또는 추첨에 의한 배급제도를 고려할 수 있다. 또한 웃돈을 얹어서 거래하는 암시장이 형성될 수 있다. 그리고 단위당 $q_1 q_2$만큼의 보조금을 정부가 제공함으로써 공급량을 늘리는 방법도 있을 수 있다.

(2) 최저가격제

최저가격제는 정부가 특정재화 및 서비스에 대하여 일정한 가격 이하로 팔 수 없게 하는 가격통제방식을 말한다. 즉, 시장에서 결정되는 균형가격이 너무 낮다고 생각하여 실제로 거래되어야 할 최저가격을 정부가 시장의 균형가격보다 높게 책정하는 제도를 의미한다. 최저가격제는 보통 특정생산자들을 보호하기 위해서 도입하는데, 대표적인 예로는 최저임금제와 농산물수매가를 들 수 있다.

[그림 2-14] 최저가격의 경제적 효과

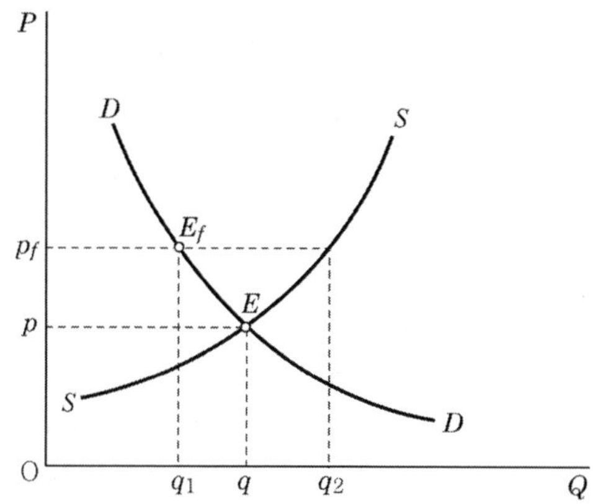

[그림 2-14]에서 보는 것처럼 최저가격(P_f)은 균형가격(P)보다 높다. 실제로 거래되어야 할 가격수준이 균형가격수준보다 높기 때문에 $q_1 q_2$만큼의 초과공급량(수요자 입장에서는 수요 부족현상)이 발생한다. 이와 같은 경우 정부는 과잉 생산된 재화를 구매(예를 들면 농산물수매)하거나 시장으로 흘러나오는 것을 감독해야 한다.

만약 최저임금제를 도입할 경우는 하류층의 실업자가 증가하게 되고, 이때 최저임금(최저가격) 이하에서는 불법적인 고용이 발생할 수 있다.

◈ 경제이론과 현실 경제

교육부, 교과서 최고가격제 도입

교육부가 검·인정교과서에 대한 최고가격제를 도입한다. 교육부가 교과서 가격을 확실하게 잡겠다는 것으로 풀이된다. 교육부는 30일 "교과서 가격 안정화를 위해 최고가격제를 도입하겠다"며 "출판사가 최고가격 내에서 자율적으로 교과서 가격을 정하도록 할 예정이다"라고 밝혔다. 교육부는 학교급별, 학년별, 교과목별로 나눠 검·인정 교과서의 최고가격을 고시할 계획이다.

현재 검·인정 교과서의 가격은 출판사의 자율에 따라 결정돼야 하지만 교육부의 인하명령을 통해 결국에는 교육부가 원하는 수준의 가격으로 결정되고 있다. 교육부는 지난 2009년 8월 가격자율제를 도입했다. 교육부는 교과서 가격이 급등하자 지난해 2월 '교과용도서에 관한 규정'을 개정, 가격조정명령을 내렸다. 이에 27개 출판사는 교육부의 가격조정을 받아들일 수 없다며 교육부 장관 등을 상대로 총 5건의 행정소송을 제기했다. 이에 대한 개별 재판부의 판단은 엇갈렸다. 서울행정법원 행정12부는 도서출판 길벗 등 8명이 교육부장관과 경기·대전·부산·울산시 교육감을 상대로 낸 가격조정명령 처분 취소 소송에서 원고 승소 판결했지만, 교학사 등 10곳이 제기한 소송을 심리한 행정13부는 일부 교과서에 대한 가격조정 명령은 합법적이라고 판단했다.

교육부는 가격을 제한함과 동시에 출판사들과의 불필요한 마찰을 피하기 위해 최고가격제를 도입한다고 설명했다. 교육부 관계자는 "가격안정을 위해서는 가격조정명령제를 계속 해도 상관없지만 소송이 제기되고 불필요한 일들이 발생하고 있다"며 "최고가격제를 도입하게 되면 출판사가 터무니없는, 부당한 가격을 제시하지는 못할 것"이라고 말했다. 교과서 질 저하에 대한 우려에 대해서는 "기존 도서에 대한 쪽수, 판형 등이 가격에 영향을 미친다"며 "우리가 이에 대한 기준을 함께 제시하면 질 저하는 없을 것이다. (더 좋은 교과서를 만들기 위해) 출판사끼리 자체 경쟁을 하게 될 것"이라고 설명했다.

한편 최고가격제는 오는 2018학년도에 사용될 교과서부터 적용될 방침이다. 그에 앞서 교육부는 '교과용 도서에 관한 규정'의 법령을 개정하고, 올해 말께 가격을 고지할 예정이다.

〈출처 : 이혜원 기자, 뉴시스 (2015.7.30.)〉

중요개념 및 용어

수요	수요의 법칙	대체재
보완재	정상재	열등재
수요함수	수요곡선	수요의 변화
수요량의 변화	수요의 가격탄력성	수요의 소득탄력성
수요의 교차탄력성	공급	공급의 법칙
공급함수	공급곡선	공급의 가격탄력성
시장균형	초과수요	초과공급
균형가격	균형거래량	소비자잉여
생산자잉여	최고가격제	최저가격제

연 습 문 제

1. 수요의 개념에 대해 정의하고 수요의 법칙에 대하여 설명하라.

2. X재와 Y재는 서로 대체관계에 있다고 하자. X재의 가격이 오르면 Y재의 수요량은 어떻게 되는가?

3. 수요의 변화와 수요량의 변화의 차이점은 어디에 있는가?

4. 수요곡선의 형태와 수요의 탄력성의 관계에 대해 설명하라.

5. 수요의 가격탄력성이 탄력적일 때 가격이 하락하면 총수입은 어떻게 되는가?

6. X재의 값이 600원에서 800원으로 상승하였을 때 X재의 수요량이 50개에서 30개로 감소하였다면 수요의 가격탄력성은 얼마인가?

7. 어떤 월급쟁이의 월 소득이 300만원에서 330만원으로 상승함에 따라 갈비의 월 수요량이 10kg에서 12kg로 증가하였다면 이 샐러리맨의 갈비에 대한 수요의 소득탄력성은 얼마인가?

8. 균형가격이 P, 균형거래량이 Q로 형성되어 있을 때, 공급이 증가하면, 균형가격과 균형거래량에 어떠한 영향을 미치는지를 설명하라.

9. 정부가 부동산가격을 안정시키기 위해 신규아파트 분양가격규제를 시행했을 때 파급되는 경제효과에 대하여 논의하라.

10. 정부가 노동자들을 보호할 목적으로 최저임금제를 시행했을 때 파급되는 경제효과에 대하여 논의하라.

3
chapter

소비자이론

학습목표

소비자이론이란 소비자의 소비행위를 규명하고자 하는 소비자행동이론으로 궁극적인 목적은 합리적인 소비자균형조건과 수요곡선을 도출하는 데 있다. 본 장을 학습하면 한계효용이론과 무차별곡선이론을 중심으로 한 소비자이론을 이해할 수 있다.

1. 효용과 한계효용의 개념과 총효용과 한계효용의 관계를 이해할 수 있다.
2. 소비자의 효용이 극대화되는 조건을 이해할 수 있다.
3. 소비자의 효용극대화조건으로부터 수요곡선을 도출할 수 있다.
4. 한계효용이론의 적용의 실례인 가치의 역설과 소비자잉여에 대하여 이해할 수 있다.
5. 무차별곡선의 개념과 무차별곡선의 특징에 대하여 이해할 수 있다.
6. 가격선의 개념과 가격선의 이동에 대하여 이해할 수 있다.
7. 소득 및 재화의 가격이 주어졌을 때 소비자균형이 어떻게 달성되는가를 이해할 수 있다.
8. 소득과 재화가격의 변화에 함에 따라 소비자의 균형이 이동하게 되는데, 이에 따른 효과인 소득효과와 대체효과에 대하여 이해할 수 있다.
9. 무차별곡선을 이용하여 수요곡선을 도출할 수 있다.

제1절 한계효용이론

1. 효용의 개념

대학 강의를 듣고 귀가한 인희는 몹시 배가 고팠는지 들어오자마자 먹을 것을 찾았다. 마침 식탁위에 있는 찹쌀 도넛을 보고 정신없이 먹기 시작하였다. 인희는 찹쌀도넛이 이렇게 맛있는 줄 미처 몰랐다고 말하면서 찹쌀도넛을 여러 개 먹었다.

이와 같이 소비자가 재화를 소비함으로써 느끼는 만족의 크기를 효용(utility)이라고 한다. 그런데 효용은 개개의 소비자가 주관적으로 느끼는 만족으로써 소비의 주체와 객체 간에 성립하는 일종의 개념이다. 따라서 동일한 재화에서 얻는 효용이 소비자마다 다르고(예를 들어 인희는 찹쌀도넛을 먹는 것을 좋아하나 인정이는 찹쌀도넛은 별로로 여긴다), 또한 동일한 소비자에게도 시간과 공간에 따라 효용이 다를 수 있다(아무리 찹쌀도넛을 좋아하는 인희라고 할지라도, 배가 부를 때와 배고플 때에의 찹쌀도넛에서 얻을 수 있는 효용은 다를 것이다). 즉, 효용이란 재화가 갖는 객관적인 가치라기보다는 소비주체가 주관적으로 나타내는 평가하는 만족의 정도를 의미한다.

2. 총효용과 한계효용

(1) 총효용

만약 인희가 찹쌀도넛을 6개 먹었다면 처음 소비에서부터 여섯 번째 소비까지 느껴온 만족이 있을 것이다. 이와 같이 소비자가 일정기간동안 일정량의 재화를 소비함으로써 얻을 수 있는 주관적인 만족의 총량을 총효용(total utility : TU)이라고 한다.

일반적으로 재화의 소비량이 증가하면 총효용이 증가한다. 그러나 소비욕구가 완전히 충족되면 재화가 추가되어도 효용은 증가하지 않는다. 오히려 효용은 감소하게 된다. 즉 어느 한계점에 도달하면 소비량이 증가해도 총효용은 오히려 감소하게 되는데, 이때 총효용이 극대가 되는 점을 만족의 포화점(saturation point)이라고 한다. 이러한 효용의 변화는 대부분의 소비행위에서 경험할 수 있다. 예를 들어 인희가 배고픔을 해소하기 위하여 찹쌀도넛을 먹는 경우에 있어서 소비(찹쌀도넛을 먹음)를 통하여 처음에는 효용이 증가하나, 일정한 수준을 넘을 경우 소비는 오히려 고통을 주어 효용은 감소하게 된다.

이와 같이 소비량과 총효용 사이에는 일정한 함수관계가 존재하는데 이를 효용함수(utility function)라고 한다. 만약 재화가 X재 한 가지뿐이라고 가정하면 다음과 같이 효용함수를 나타낼 수 있다.

$$U = f(X) \tag{3-1}$$

단, U: 총효용
X: 재화의 소비량

이때 일반적으로 재화의 소비량이 증가하면 소비자가 얻는 총효용은 증가한다고 말할 수 있다. 그런데, 이와 같은 효용함수는 다음과 같은 조건을 충족해야 한다.

첫째, 효용함수는 소비자의 기호 및 취향이 일정하다는 것을 전제로 한다. 만일 기호 및 취향이 변화한다면 효용함수 자체의 형태도 변화하게 될 것이다.

둘째, 앞에서 총효용을 정의했을 때 알 수 있듯이 효용함수는 일정한 시간단위를 전제로 한다. 왜냐하면 시간의 길고 짧음에 따라 효용의 수준이 달라지기 때문이다.

〈표 3-1〉 및 [그림 3-1]에서 보는 바와 같이 재화를 계속해서 소비를 하게 되면 소비로부터 얻게 되는 만족도, 즉 총효용은 증가한다. 그러나 일정한 수준 즉 만족의 포화점(saturation point)을 넘어서면 소비가 증가할 때 오히려 총효용은 감소하게 된다. 앞의 예처럼 인정이가 배고픔을 메우기 위해 찹쌀도넛을 계속해서 먹으면, 일정수준 이후에는 부(-)의 효용이 발생하여 총효용은 감소한다(〈표 3-1〉 및 [그림 3-1]에서는 6개 이후).

〈표 3-1〉 찹쌀도넛의 총효용 및 한계효용표

(1) 찹쌀도넛의 소비량	(2) 총효용(TU)	(3) 한계효용(MU)
0	-	-
1	9	9
2	12	3
3	14	2
4	15	1
5	15	0
6	14	-1

[그림 3-1] 찹쌀도넛의 총효용곡선과 한계효용곡선

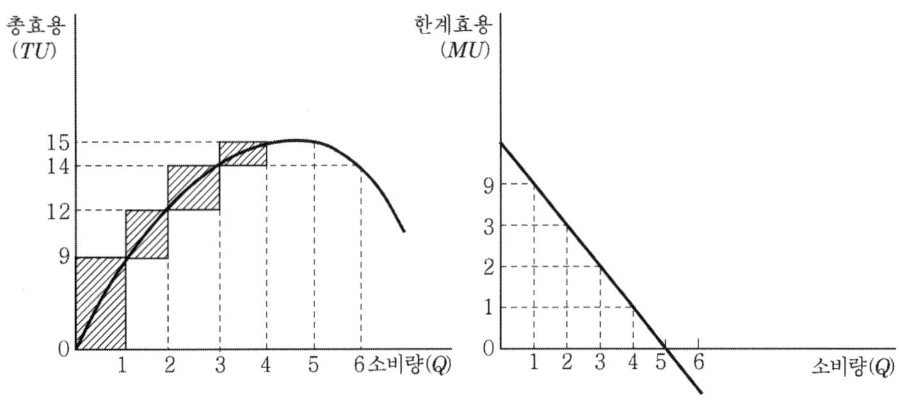

(a) 총효용곡선 (b) 한계효용곡선

(2) 한계효용

찹쌀도넛의 예에서 본 바와 같이 한 재화의 소비량이 변화하면 총효용도 변화한다. 이 때 다른 재화의 소비는 불변인 상태에서 한 재화의 1단위 추가적인 소비로 인한 총효용의 증가분을 한계효용(marginal utility : MU)이라고 한다. 예를 들어 Y재의 소비가 불변인 상태에서 X재의 소비가 $\triangle X$만큼 증가함에 따라 총효용이 $\triangle U$만큼 증가했다면 X재의 한계효용은 총효용의 증가분 $\triangle U$를 소비량의 증가분 $\triangle X$로 나누어 구할 수 있다. 따라서 X재의 한계효용을 MU_x라고 하면,

$$MU_x = \frac{\Delta U}{\Delta X} \tag{3-2}$$

〈표 3-1〉의 내용을 그래프로 표시한 것이 [그림 3-1]이다. [그림 3-1]의 (a) 즉 총효용곡선은 찹쌀도넛의 소비량이 증가할 때 총효용이 어떻게 변화하는지를 보여주고 있다. 여기서 직사각형으로 색칠한 부분을 보면 찹쌀도넛의 소비량이 1개씩 증가할 때 총효용이 얼마만큼 증가하는지를 알 수 있다. 이 총효용의 증가폭이 한계효용을 의미하는데, 이를 분리해 나타낸 것이 [그림 3-1]의 (b)이다.

[그림 3-1]의 (b)에서 보는 것처럼 어떤 재화의 소비량을 1단위씩 증가시킬 때 한계효용이 점차 감소하는 것을 알 수 있다. 이와 같이 소비를 증가시킴에 따라 각 단위의 한계효용이 감소하는 것을 한계효용체감의 법칙(law of marginal utility)이라고 한다.

3. 총효용과 한계효용과의 관계

앞에서 제시한 〈표 3-1〉과 [그림 3-1]을 자세히 살펴보면 다음과 같이 몇 가지의 총효용과 한계효용과의 관계를 도출할 수 있다.

첫째, 어떤 재화 n단위를 소비할 때 얻는 총효용은 n단위까지의 한계효용을 합한 것과 같다. 예를 들어 인희가 찹쌀도넛 3단위(3개)를 소비할 때의 총효용은 14인데, 이는 찹쌀도넛 3단위까지의 한계효용의 합($9+3+2=14$)과 같다.

둘째, 한계효용이 0일 때 총효용은 극대가 된다(위의 예의 경우 15).

셋째, 극대점(만족의 포화점)에 이르기까지는 총효용은 증가하나 한계효용은 감소한다. 즉, 재화의 소비량을 증가시킬 때, 한계효용이 양(+)의 값을 갖는 한 총효용은 증가하고 한계효용이 음(-)의 값을 가지면 총효용은 감소함을 알 수 있다. 따라서 한계효용체감의 법칙이란 총효용은 증가하되 그 증가분이 감소한다는 것, 다시 말하면 체감하는 비율로 증가한다는 것을 의미한다.

4. 한계효용균등의 법칙

소비자들은 비록 욕망은 무한하나 이러한 욕망을 충족시킬 수 있는 소득은 한정되어 있다. 따라서 소비자들은 제한된 소득으로 각 재화를 구입함으로써 만족, 즉 효용을 극대화하고자 한다. 그러면 여기서 어떠한 재화를 얼마만큼 구입하여야 효용을 극대화할 수 있는가의 문제에 직면하게 된다. 이를 소비자선택(consumer's choice)의 문제라고 한다.

한계효용이론에 의한 소비자선택의 문제를 알아보기 위해서는 다음과 같은 조건을 가정한다.

첫째, 소비자의 소득은 일정불변이다.

둘째, 각 재화의 가격도 일정불변이다.

셋째, 소비자의 각 재화에 대한 한계효용표는 알려져 있다.

이러한 가정 하에서 제i재의 한계효용을 MU_i, 제i재의 가격을 P_i라고 하면, 각 재화 1원어치가 소비자에게 주는 한계효용, 즉 MU_i/P_i가 같아지도록 각 재화를 구입할 때 총효용이 극대화가 된다.

$$\frac{MU_1}{P_1} = \frac{MU_1}{P_2} = \dots = \frac{MU_i}{P_i} = \dots = \frac{MU_n}{P_n} \qquad (3\text{-}3)$$

= 각 재화의 화폐 1단위의 한계효용

만약, 제1재의 1원어치의 한계효용(MU_1/P_1)이 제2재의 1원어치의 한계효용(MU_2/P_2)보다 크다면, 즉 $MU_1/P_1 > MU_2/P_2$이라면 소비자는 소득을 제2재의 구매로부터 제1재의 구매로 전환시킴으로써 총효용을 증대시킬 수 있다. 이와 반대로 $MU_1/P_1 < MU_2/P_2$이라면 소비자는 소득을 제1재의 구매로부터 제2재의 구매로 전환시킴으로써 총효용을

증대시킬 수 있다. 이와 같이 어떤 재화의 구입량을 확대하면 한계효용체감의 법칙에 따라 그 재화의 한계효용은 감소하고 그 재화의 구입량을 축소하면 한계효용은 증가하게 된다. 따라서 소비자의 총효용이 극대가 되는 경우는 각 재화의 1원어치의 한계효용이 모두 같게 될 때 성립하게 된다.

이와 같이 각 재화의 1원어치의 한계효용이 균등하게 되어, 어떤 한 재화를 덜 사고 다른 재화를 더 사서 총효용을 증가시킬 여지가 없을 때 소비자의 총효용은 극대화된다. 이를 한계효용균등의 법칙(law of equi-marginal utility)이라고 한다.

그런데, 앞에서 가정한 것처럼 소비자는 소득제약의 조건하에서 재화를 구입하기 때문에 재화구입의 총지출이 소득과 같아야 한다는 또 하나의 조건이 충족되어야 한다. 소득을 Y, 각재화의 가격을 P_1, P_2 ⋯ P_n, 구입량을 Q_1, Q_2, ⋯ Q_n이라고 하면, 예산제약이라고 하는 또 하나의 조건은 다음과 같이 나타낼 수 있다.

$$Y = P_1 Q_1 + P_2 Q_2 + \ldots + P_n, Q_n \tag{3-4}$$

이와 같이 앞에서 살펴본 식 (3-3)과 식 (3-4)의 조건을 종합하여 효용극대화의 조건을 요약하면 다음과 같다. 각 재화의 구입에 필요한 총지출이 가용소득을 초과하지 않는다는 조건하에서 각 재화 1원어치의 한계효용이 균등화되도록 각 재화의 구입량을 결정할 때 총효용은 극대가 된다.

이러한 효용극대화조건이 충족될 때 소비자의 소득은 최적으로 배분되는 것이며, 소비자의 행동은 균형에 도달하게 된다.

5. 수요곡선의 유도

앞에서 설명한 소비자의 효용극대화조건으로부터 수요곡선을 도출해보자. 소비자가 주어진 소득으로 귤과 다른 재화를 구입한다고 하자(귤은

X, 다른 재화들은 Y로 나타내기로 하자). 이때 X구입에 지출되는 금액이 소비자의 총지출액 중에서 차지하는 비중이 매우 작아 다른 재화들 Y의 한계효용(MU_y)에 미치는 영향이 없는 것으로 가정하자. 앞에서 살펴본 바와 같이 소비자의 효용극대화가 이루어지기 위해서는 다음과 같은 조건이 충족되어야 한다.

$$\frac{MU_x}{P_x} = \frac{MU_y}{P_y} \qquad (3\text{-}5)$$

식 (3-5)가 성립되어 소비자균형이 이루어졌을 때, 다른 재화의 가격(P_y)은 일정한데 귤 가격만 P_x에서 P_{x1}으로 하락하면, 다음과 같은 관계가 성립하게 된다.

$$\frac{MU_x}{P_{x1}} > \frac{MU_y}{P_y} \qquad (3\text{-}6)$$

식 (3-6)에서는 더 이상 소비자의 효용이 극대가 아니다. 따라서 효용극대화를 추구하는 소비자는 자신의 소비행동을 조절하게 된다. 소비자는 효용극대화를 위해 X재에 대한 구입을 증가시킬 것이다. 즉, X재에 대한 수요량은 증가하는데, 이에 따라 한계효용체감의 법칙이 작용하여 X재의 한계효용(MU_x)은 하락하게 되는데, 이는 $MU_x/P_x = MU_y/P_y$가 될 때까지 지속된다.

이와 같이 효용극대화를 추구하는 소비자는 소득 및 다른 재화의 가격이 일정할 때 어떤 재화의 가격이 하락하면 그 재화에 대한 수요량을 증가시킨다. 따라서 각각의 소비자의 수요곡선은 우하향하는 형태를 나타낸다.

[그림 3-2] 수요곡선의 도출

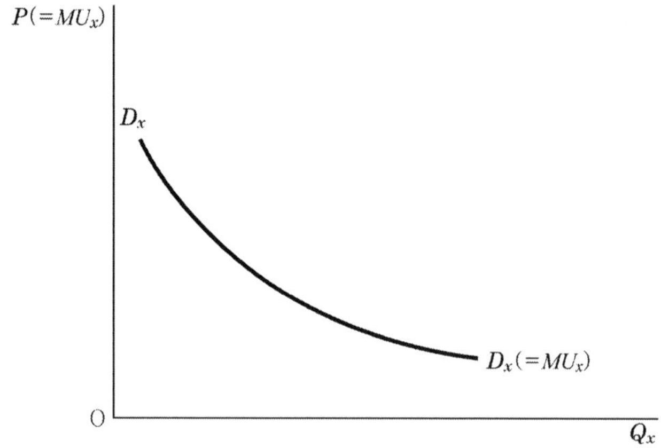

6. 한계효용이론의 적용

(1) 가치의 역설

애덤 스미스(A. Smith)는 모든 가치에는 사용가치(use value)와 교환가치(exchange value)가 있다고 하면서 사용가치와 교환가치의 모순을 피력하였다. 예를 들어 물은 사용가치는 큰 반면에 교환가치는 작고, 다이아몬드는 사용가치가 작음에도 불구하고 교환가치는 크다는 것이다.

이에 대해 한계효용학파는 총효용 및 한계효용의 개념을 적용하여 재화의 가격을 결정하는 것은 총효용이 아니라 한계효용임을 강조함으로써 가치의 역설을 해결하였다. [그림 3-3]에서 보는 것처럼 다이아몬드는 존재량(OD)이 작기 때문에 한계효용(OB)이 큰 반면에, 물은 존재량(OW)이 풍부하기 때문에 한계효용(OA)이 작다. 따라서 물의 총효용($OFCW$)이 다이아몬드의 총효용($OGED$)보다 훨씬 크다고 할지라도 다이아몬드의 가격이 물 가격보다 훨씬 비싼 것이다.

[그림 3-3] 가치의 역설

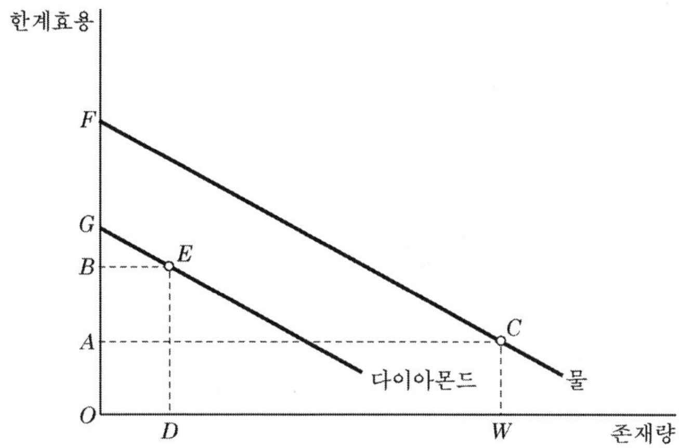

(2) 소비자잉여

앞에서 언급한 것처럼 소비자잉여(consumer's surplus)는 소비자가 높은 가격을 지불하고라도 얻고 싶은 재화를 그보다 낮은 가격으로 구매할 경우 얻는 잉여만족을 말한다. 이와 같은 소비자잉여를 한계효용이론을 적용하여 설명할 수 있다.

[그림 3-4]에서 D_x 곡선은 X재의 수요곡선이다. 여기서 1단위의 한계효용이 1이라면 이 D_x 곡선은 바로 X재의 한계효용곡선(MU_x)이 된다. 만약 X재의 가격이 OP_1이면 소비자는 OQ_1 만큼의 X재를 구입할 것이다. 이때에 소비자가 얻는 총효용은 $OREQ_1$ 인데 반해 소비자가 실제로 지불하는 화폐액은 OP_1EQ_1 이므로 그 차액인 P_1RE가 소비자잉여가 된다.

이와 같이 소비자잉여란 소비자가 구매한 재화로부터 얻는 총효용의 화폐환산액에서 구입비용(가격×수량)을 뺀 잉여액을 의미한다. 바꿔 말하면 소비자잉여는 어떤 재화의 일정량에 대하여 구입자가 실제로 치르는 대가와 주관적으로 평가하는 가치와의 차액을 의미한다.

[그림 3-4] 소비자잉여

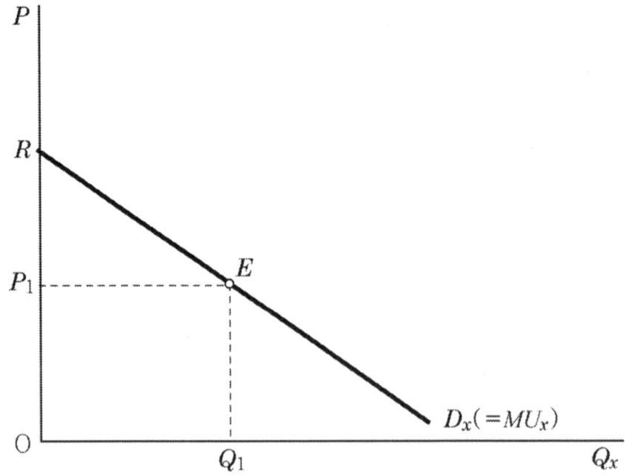

제 2 절 무차별곡선이론

1. 무차별곡선의 개념

앞에서 살펴본 한계효용이론은 효용이 숫자로 측정이 가능하다는 전제 하에서 이론을 전개하였다. 그러나 현실적으로 소비자가 느끼는 주관적인 만족감의 정도를 수치로 정확히 측정한다는 것은 불가능하다. 단지 이해를 돕기 위해 효용을 구체적인 수치로 나타낼 수 있는 것처럼 설명해 왔을 뿐이다. 이처럼 효용을 구체적인 수치로 나타낼 수 있다는 비현실적인 가정을 버리고 보다 현실적으로 소비자행동이론을 분석한 것이 무차별곡선(indifference curve)이론이다.

무차별곡선이론은 효용을 숫자로 측정하는 기수적 측정의 가정 대신에 서수적 측정만을 가정하여 우하향하는 수요곡선을 도출한 것이다. 무차별곡선이론이 가정하는 서수적 측정은 재화의 조합 A와 재화의 조합 B를 비교할 때 소비자가 재화의 조합 A를 재화의 조합 B보다 더 선호하는가, 아니면 덜 선호하는가 등의 선호의 서열관계만을 구분하는 것이다. 즉 서수적 효용이론은 효용의 측정가능성을 가정함이 없이 여러 가지 재화의 묶음을 비교하여 서열관계로 나타낸 것이다. 따라서 서수적 효용이론에 바탕을 둔 무차별곡선이론은 재화들 간의 효용의 선호도의 서열관계를 나타냄으로써 소비자균형을 설명하고 있다.

소비자에게 동일한 만족 혹은 효용을 주는 재화들의 조합 중에서 한 조합만을 선택하다면 어느 조합을 선택해도 상관이 없다. 이와 같이 동일한 만족을 주는 재화들의 조합들에 대하여 소비자들은 무차별하다고 표현한다. 이처럼 소비자들에게 동일한 만족을 주는 두 재화의 조합점을 이은 곡선을 무차별곡선(indifference curve)이라고 한다. 보다 구체적으로 말하면 무차별곡선상의 모든 점들은 소비자들에게 동일한 만족을 주는 두 재화의 여러 가지의 조합을 표시한 것이다.

어떤 한 소비자인 인희는 두 가지의 재화 X재(사과), Y재(배)만을 소비한다고 가정하자. 이때 X재와 Y재를 적절히 배합하면 소비자에게 동일한 만족감을 줄 수 있는 여러 가지의 재화의 조합이 〈표 3-2〉와 같다고 하자. 즉, X재 3개와 Y재 10개로 구성되는 재화의 조합을 A, X재 5개와 Y재 7개로 구성되는 재화의 조합을 B, X재 7개와 Y재 5개로 구성되는 재화의 조합을 C, X재 9개와 Y재 4개로 구성되는 재화의 조합을 D라고 하면 인희는 A, B, C, D조합 중에서 어느 것을 선택하든 동일한 만족을 얻는다. 따라서 재화의 조합 A, B, C, D는 소비자에게 무차별하다고 말할 수 있다.

〈표 3-2〉 소비자에게 동일한 만족을 주는 X재와 Y재의 조합

조합	X재(사과)	Y재(배)
A	3	10
B	5	7
C	7	5
D	9	4

〈표 3-2〉와 같이 소비자들에게 동일한 만족을 주는 두 재화 X재와 Y

재의 조합을 연결하는 그래프로 나타내면 [그림 3-5]와 같은 무차별곡선을 도출할 수 있다. 따라서 무차별곡선상의 모든 점들은 소비자들에게 동일한 만족을 나타내고 있다.

[그림 3-5] 무차별곡선

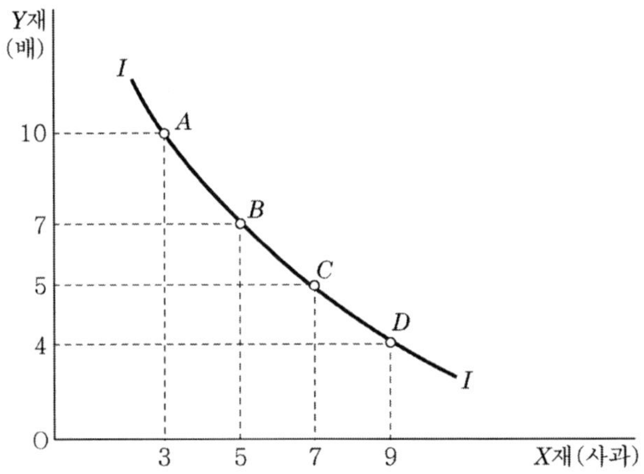

2. 무차별곡선의 성질

[그림 3-5]에서 보는 바와 같이 무차별곡선은 우하향하는 형태로 원점을 향하여 볼록한 것이 일반적인 형태이다. 일반적인 무차별곡선의 성질은 다음과 같다.

첫째, 원점에서 멀리 떨어진 무차별곡선일수록 높은 만족(효용)수준을 나타낸다. 일반적인 재화의 경우 소비량이 증가하면 증가할수록 총효용도 증가한다. [그림 3-6]에서 보는 것처럼 X재와 Y재 모두를 더 많이 소비할 수 있는 N점에서의 효용수준이 M점에서의 효용수준보다 높고, M점에서의 효용수준이 A점에서의 수준보다 높다.

원점에서 멀리 떨어져 있는 무차별곡선일수록 더 높은 효용수준을 나타내는데, 이와 같이 효용수준을 달리하는 무차별곡선을 무수히 그릴 수 있다. [그림 3-6]에서와 같이 효용수준을 달리하는 여러 개의 무차별곡선을 무차별지도(indifference map)라고 한다.

[그림 3-6] 무차별지도

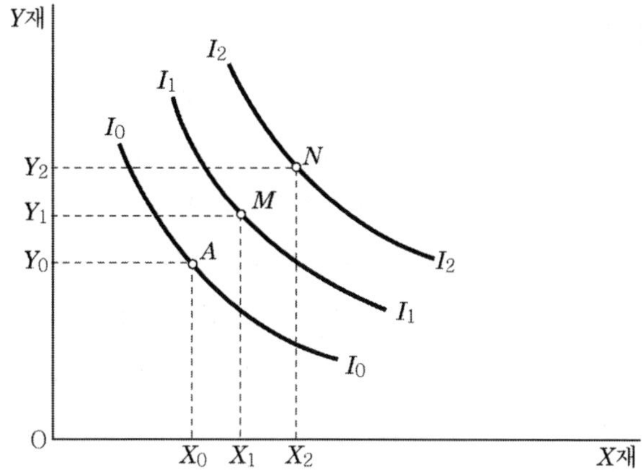

둘째, 각 재화가 정(+)의 한계효용을 갖고 있는 한 무차별곡선은 우하향한다([그림 3-7] 참조).

[그림 3-7] 우하향하는 형태의 무차별곡선

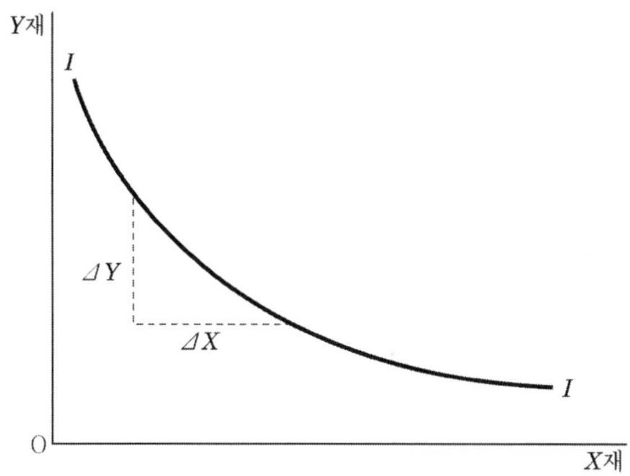

이는 소비자가 동일한 효용수준을 유지하기 위해서는(동일한 무차별곡

선상에 머물기 위해서는) 한 재화(*X*재)가 증가(감소)할 때에 다른 재화(*Y*재)는 감소(증가)해야 하기 때문이다. 즉 동일한 효용수준을 유지하기 위해서는 한 재화(*X*재)의 증가가 다른 재화(*Y*재)의 감소와 상쇄되어야 한다.

셋째, 무차별곡선은 서로 교차하지 않는다.

이는 두 개의 서로 다른 무차별곡선이 교차하는 경우 모순이 발생하는 것을 나타냄으로써 설명할 수 있다. [그림 3-8]을 보면 점 *A*와 점 *B*는 각각 다른 무차별곡선상에 있으므로 각 점에서 소비자의 효용수준은 다르다. 그러나 점 *A*와 점 *C*는 동일한 무차별곡선상에 있으므로 소비자의 효용수준은 동일하다. 마찬가지로 점 *C*와 점 *B*에 대해서도 소비자는 동일한 효용수준을 얻는다. 따라서 점 *A*와 점 *B*에서의 효용수준은 동일하여야 한다. 그러나 점 *A*와 점 *B*에서의 효용수준은 다른 것이므로 이는 모순이다. 따라서 무차별곡선은 서로 교차할 수 없다.

[그림 3-8] 무차별곡선은 서로 교차하지 않는다.

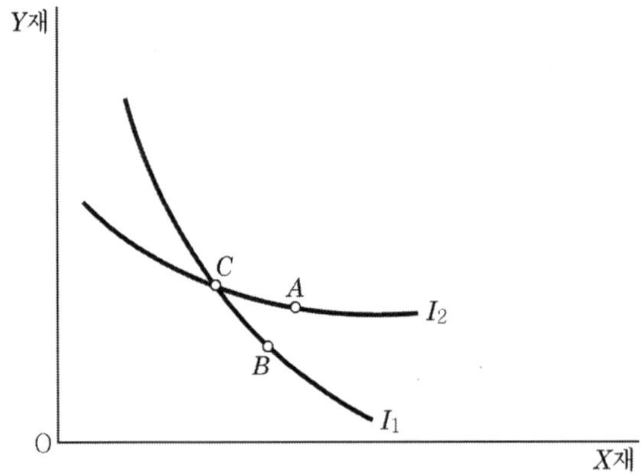

넷째, 무차별곡선은 원점에 대하여 볼록한 형태를 취한다.

이는 한계대체율(marginal rate of substitution : *MRS*)이 체감한다는 것을 의미한다. 한계대체율이란 소비자가 동일한 효용을 유지하기 위하여(무차별곡선상의 한 점에서 다른 한 점으로 이동하기 위하여) 한 재화(*X*

재)의 1단위를 더 얻는 대가로 기꺼이 내놓고자 하는 다른 재화(Y재)의 량을 의미한다.

다시 말해서 X재와 Y재의 조합에서 동일한 효용수준을 유지하려는 어떤 소비자가 Y재의 소비를 감소시키는 대신에 X재의 소비를 증가시킴으로써 종전과 동일한 효용수준을 유지하려고 할 때, Y재 의 감소분(－△Y)을 X재의 증가분(△X)으로 나눈 비율(－△Y/△X)을 'Y재로 표시한 X재의 한계대체율(MRS_{xy})이라고 한다. 즉, 한계대체율은 더 갖고자 하는 X재의 1단위의 중요도를 Y재의 수량으로 평가한 값을 의미한다.

무차별곡선이론에서는 소비자가 어떤 한 재화의 소비량을 증가(감소)시킴에 따라 그 재화에 대한 중요도를 상대적으로 낮게(높게) 평가하는 것이 일반적이다. 즉, 동일한 효용수준을 유지하면서 X재를 추가적으로 더 획득하기 위하여 Y재를 X재로 계속 대체할 경우 Y재의 수량으로 나타낸 X재 1단위의 중요도는 점점 감소하게 되는데, 이를 한계대체율체감의 법칙(law of diminishing marginal utility)이라고 한다. 이는 다음과 같은 〈표 3-3〉과 [그림 3-9]를 통해서도 알 수 있다.

〈표 3-3〉 Y재로 표시한 X재의 한계대체율

이 동	(1) Y재 증분 (△Y)	(2) X재 증분 (△X)	(3) 한계대체율 (-△Y/△X)
A에서 B로의 이동	-3	2	1.5
B에서 C로의 이동	-2	2	1
C에서 D로의 이동	-1	2	0.5

앞에서 언급한 〈표 3-2〉를 이용하여 각 구간의 한계대체율을 계산하면 〈표 3-3〉이 되고, 이를 그림으로 나타내면 [그림 3-9]가 된다. 〈표 3-3〉과 [그림 3-9]에서 동일한 효용수준을 유지하면서 Y재를 X재로 계속 대체할 경우 X재 1단위의 중요성은 점점 감소한다는 한계대체율체감의 법칙이 성립함을 알 수 있다. 이와 같이 한계대체율이 체감하기 때문에 무차별곡선이 원점에 대하여 볼록하게 된다.

[그림 3-9] 원점에 볼록한 무차별곡선

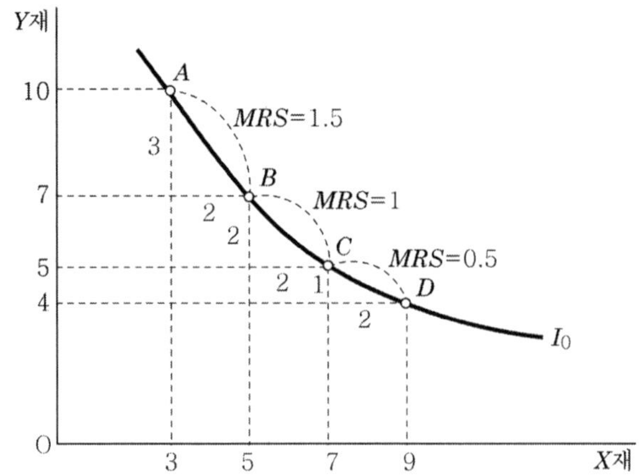

3. 가격선

(1) 가격선의 개념

소비자의 주관적인 선호를 나타낸 것이 무차별곡선이라고 하면, 이번에는 소비자행동의 객관적 제약조건이 되는 가격선에 대하여 알아보고자 한다. 소비자의 소득(M), X재의 가격(P_x), Y재의 가격(P_y)이 일정하게 주어져 있다고 가정하자. 이때 소비자가 소득의 전부를 X재와 Y재만을 구입하는데 지출할 경우 다음과 같은 식이 성립한다.

$$M = P_x \cdot X + P_y \cdot Y \tag{3-7}$$

단, M : 소비자의 화폐소득
P_x : X재의 가격
P_y : Y재의 가격
X : X재의 구입량
Y : Y재의 구입량

그런데, 앞에서 M, P_x, P_y는 일정하다고 가정하였기 때문에 식 (3-7)

은 Y에 대한 일차방정식으로 표현할 수 있다.

$$Y = \frac{M}{P_y} - \frac{P_x}{P_y} \cdot X \qquad (3\text{-}8)$$

이와 같이 가격선(price line) 또는 예산선(budget line)은 주어진 가격 하에서 일정한 소득으로 구입할 수 있는 두 재화의 여러 가지의 조합을 연결한 직선을 의미한다. [그림 3-10]에서 보는 것처럼 종축의 절편은 모든 소득으로 Y재만을 구입할 때의 Y재의 최대구입량(M/P_y)을, 횡축의 절편은 모든 소득으로 X재만을 구입할 때의 X재의 최대구입량(M/P_x)을 나타내고 있다. 한편 가격선의 기울기는 두 재화의 가격비율($-P_x/P_y$), 즉 상대가격을 나타내고 있다.

[그림 3-10] 가격선

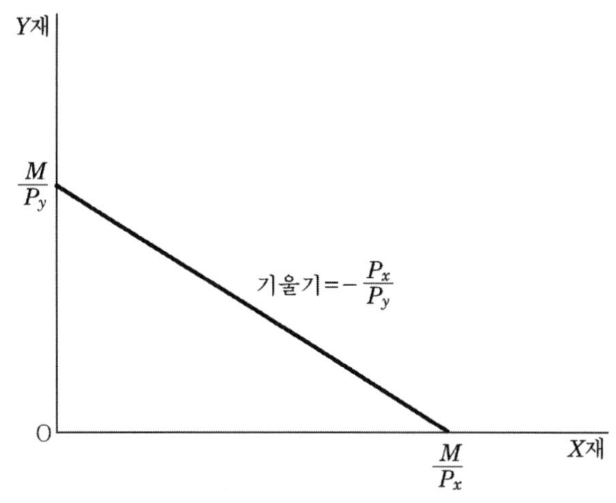

(2) 가격선의 이동

가격선은 앞에서 일정하다고 가정했던 요소, 즉 소비자의 소득, X재의 가격, Y재의 가격이 변하면 이동한다.

① 소득이 변하는 경우

다른 조건이 일정할 때 소비자의 소득이 증가하면 소비자는 X재, Y재 모두를 더 많이 구입할 수 있다. 따라서 다른 조건이 일정할 때 소비자의 소득이 증가하면 가격선은 오른쪽으로 평행 이동([그림 3-11]에서 AF에서 HG로 이동)한다. 반대로 다른 조건이 일정할 때 소비자의 소득이 감소하면 가격선은 왼쪽으로 평행 이동([그림 3-11]에서 AF에서 RS로 이동)한다.

[그림 3-11] 소득이 변하는 경우의 가격선의 이동

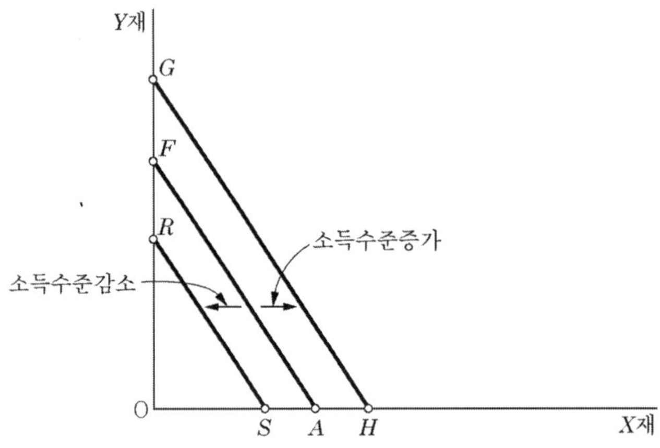

② 두 재화의 가격이 변하는 경우

만약 소비자의 소득을 비롯한 다른 조건이 일정할 때 X재의 가격이 하락한다면 소비자는 종전과 동일한 수량의 Y재와 훨씬 더 많은 X재를 구입할 수 있을 것이다. 따라서 소비자의 소득과 Y재의 가격을 비롯한 다른 조건이 일정할 때 X재의 가격이 하락하면 [그림 3-12]의 (a)와 같이 가격선은 AF에서 BF로 이동한다. 그리고 다른 조건이 일정할 때 X재의 가격이 상승하면 가격선은 AF에서 CF로 이동한다.

같은 논리로 다른 조건이 일정할 때 Y재의 가격이 하락하면 가격선은 [그림 3-12]의 (b)와 같이 AF에서 AM로 이동한다. 그리고 다른 조건이 일정할 때 Y재의 가격이 상승하면 가격선은 AF에서 AN로 이동한다.

[그림 3-12] 두 재화의 가격이 변하는 경우의 가격선의 이동

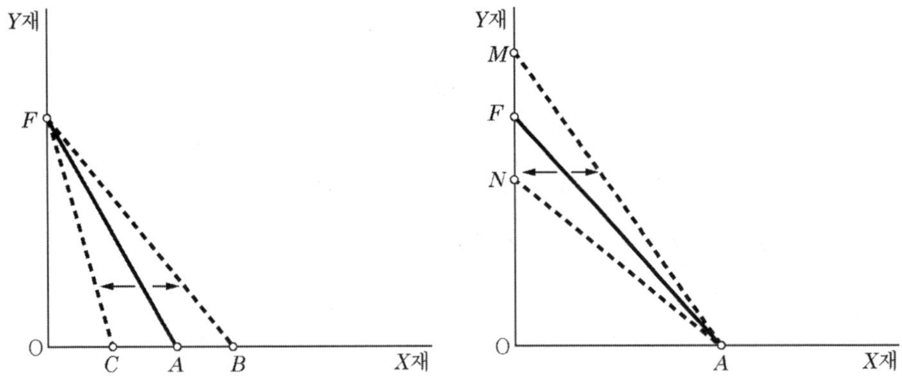

(a) X재의 가격변화 (b) Y재의 가격변화

4. 소비자의 균형

소비자는 예산제약이라고 하는 허용된 범위 안에서 효용을 크게 하려는 의도를 갖고 특정한 재화의 조합을 선택한다. 여기서 중요한 것은 어떻게 하면 최대의 효용수준에 도달해 재화의 소비조합을 선택하느냐는 것이다.

소비자의 선호를 나타내는 무차별지도가 [그림 3-13]과 같이 주어졌고, 가격선이 AF라고 가정하자. 이때 소비자의 균형은 어느 점에서 성립되는가? 먼저 소비자인 인희는 가격선 AF의 오른쪽 위에 있는 점(예를 들면 H, R, S와 같은 점)을 선택할 수 없다. 왜냐하면 그러한 점들을 선택하는데 필요한 지출액이 인희의 소득수준을 초과하기 때문이다. 또한 인희는 가격선 AF의 왼쪽 아래에 있는 점들도 선택하지 않을 것이다. 왜냐하면 인희의 소득으로 구입할 수 있는 재화의 조합 중에는 그보다

더 큰 만족을 주는 점들이 존재하기 때문이다. 이와 같은 논리로 인희는 가격선 AF상의 점들(예를 들면 N, E, M 등)만을 소비자균형의 점으로 고려할 것이다. 그런데 인희는 무차별곡선 I_0상에 있는 점 N과 M은 선택하지 않을 것이다. 왜냐하면 가격선을 따라 N, E, M으로 이동함에 있어서 인희는 같은 소득으로 보다 큰 만족수준을 나타내는 무차별곡선 I_1에 도달할 수 있기 때문이다. 이와 같은 과정을 거쳐 인희는 결국 가격선과 무차별곡선이 접하는 점 E점을 선택하게 될 것이다. 왜냐하면 E점이 주어진 소득과 가격의 제약 하에서 소비자인 인희에게 극대만족을 주는 X재와 Y재의 조합이기 때문이다.

[그림 3-13] 소비자균형

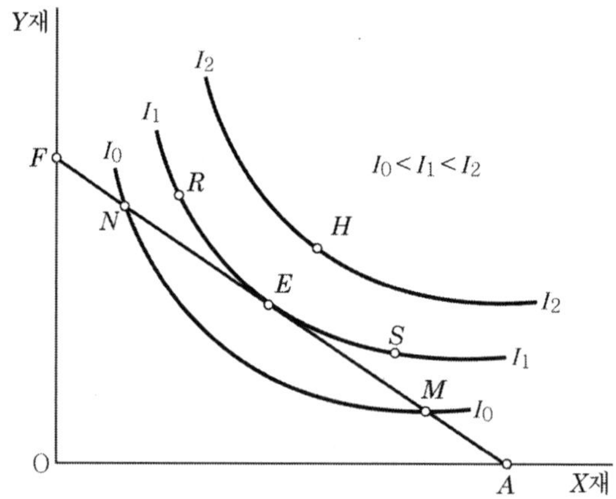

이와 같이 소비자균형은 무차별곡선과 가격선의 접점인 E점에서 이루어지며, 이를 소비자균형점이라고 한다. 소비자균형점에서는 무차별곡선의 기울기인 Y재로 표시한 X재의 한계대체율($-\triangle Y/\triangle X$)과 가격선의 기울기인 상대가격(P_x/P_y)이 같다. 따라서 소비자균형조건은 다음과 같이 설정할 수 있다.

$$\text{소비자균형조건} \quad -\frac{\triangle Y}{\triangle X} = \frac{P_x}{P_y} \qquad (3\text{-}9)$$

이와 같은 소비자균형조건은 소비자가 주관적으로 평가하는 재화의 가치와 시장에서 평가하는 재화의 가치가 같음을 의미한다.

5. 소비자균형의 이동

앞에서 소득 및 재화의 가격이 주어졌을 때 소비자균형이 어떻게 달성되는가를 보았다. 그런데 소득과 재화의 가격이 변하면 소비자의 균형도 변하여 이동하게 된다.

(1) 소득효과

두 재화의 가격이 일정한데 소비자의 소득이 변하면 가격선은 평행이동하고, 이에 따라 소비자균형점도 이동하며 소비자의 만족수준도 달라진다. 이와 같은 현상을 소득효과(income effect)라고 한다.

[그림 3-14] 소득소비곡선

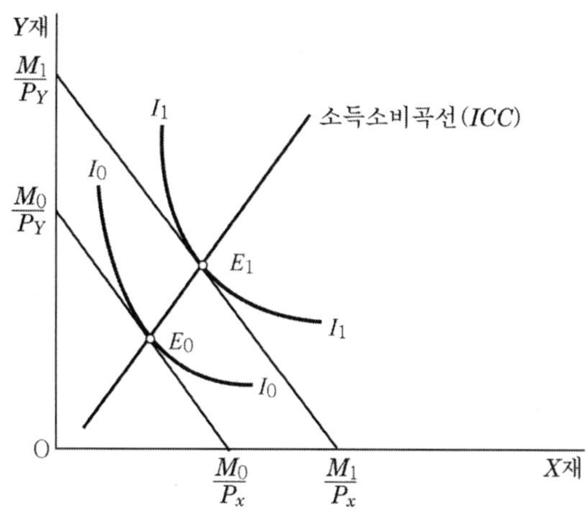

[그림 3-14]에서 볼 수 있는 것처럼 두 재화의 가격이 일정한데 소비자의 소득이 M_0에서 M_1으로 증가하면 소비자의 균형점은 E_0에서 E_1으로 이동하게 된다. 이와 같이 두 재화의 가격이 일정한데 소득의 변화에

따라 소비자의 균형점이 이동한 궤적을 연결한 곡선을 소득소비곡선(income consumption curve : *ICC*)이라고 한다. 대부분의 소득소비곡선은 [그림 3-14]에서 보는 것과 같이 우 상향한다. 이는 소득이 증가하면 소비자는 자기가 소비하고 있는 두 재화를 더 많이 구입한다는 것을 의미한다. 이처럼 소득이 증가할 때 소비가 증가하는 재화를 정상재(normal goods)라고 한다.

그런데 [그림 3-15]에서의 *ICC'* 처럼 소득이 증가하는데 소비가 줄어드는 재화를 열등재(inferior goods)라고 한다. 그림에서 보는 것처럼 X재의 경우 소득이 M_1일 때 X_1을 소비하고 소득이 M_2일 때 X_2을 소비한다. 즉 이 소비자는 소득이 증가하였는데도 X재의 소비량을 줄이고 있음을 알 수 있다. 이는 이 소비자가 X재를 소득이 적을 때에는 많이 소비하였지만 소득이 향상됨에 X재를 다른 재화로 대체하여 소비하고 있기 때문이다. [그림 3-15]에서는 X재가 열등재이고 Y재는 정상재임을 알 수 있다.

[그림 3-15] X재가 열등재인 경우의 소득소비곡선

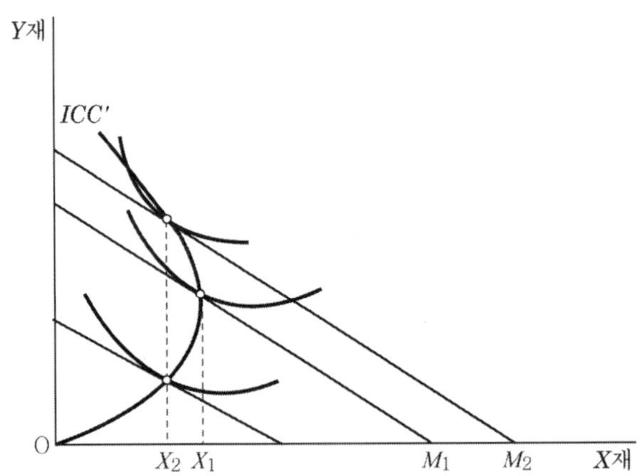

(2) 가격효과

소비자가 구입하는 어떤 재화의 가격변화는 소비자균형점을 이동시켜

그 재화에 대한 구입량을 변화시키는데, 이를 가격효과(price effect)라고 한다.

[그림 3-16]에서 볼 수 있는 바와 같이 소비자의 최초 균형점은 X재를 OM만큼 구입하는 무차별곡선 I_1의 점 P라고 하고 이때 소비자의 소득 및 Y재의 가격은 일정한데 X재의 가격만 하락한다고 가정하면, 가격선은 BA'이 되며 소비자의 새로운 균형점은 X재를 OM', Y재를 ON'만큼 구입하는 무차별곡선 I_2의 점 P'로 이동하게 된다. 이 경우 X재에 대한 가격효과는 MM'가 된다. 만약 X재의 가격이 다시 하락하여 가격선이 BA''가 되면 소비자의 새로운 균형점은 무차별곡선 I_3의 점 P''로 이동하게 된다. 이때 증가된 X재의 구입량 $M'M''$은 가격효과를 나타낸다.

이와 같이 X재의 가격이 변함에 따라 소비자의 균형점은 이동([그림 3-16]에서 B에서 P, P', P''로 이동)하는데, 이들의 궤적을 연결한 곡선을 가격소비곡선(price consumption curve : PCC)이라고 한다. 이는 X재의 가격변화에 따른 X재의 구입량의 변화를 나타낸다.

[그림 3-16] 가격소비곡선

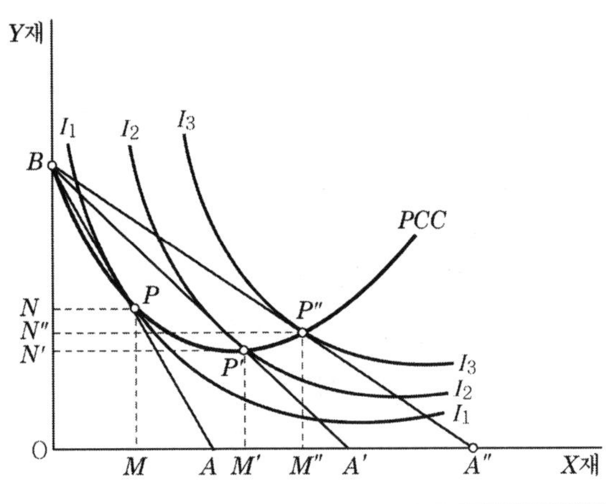

(3) 소득효과와 대체효과

앞에서 설명한 가격효과는 소득효과(income effect)와 대체효과(substitution)로 구분된다. 소득효과는 재화의 가격변동이 소비자의 실질소득에 영향을 주어 수요량의 변화를 일으키는 효과를 말한다. 어떤 재화의 가격하락에 따른 실질소득의 증가로 인하여 그 재화의 수요량이 증가하는 경우가 이에 해당된다. 한편 대체효과는 한 재화의 가격변동이 다른 재화의 상대가격을 변화시켜 수요량의 변동을 일으키는 효과를 말한다. 다른 재화의 가격은 일정한데 어떤 재화의 가격이 하락할 경우 상대적으로 싼 재화로 대체하는 것이 이에 해당된다.

[그림 3-17]에서 최초의 가격선 BA와 무차별곡선 I_1의 접점 P점에서 균형을 이루고 있을 때 소득과 Y재의 가격은 불변인데 X재의 가격이 하락하면 균형점은 P'로 이동하는데 이를 가격효과라고 한다. 그런데 이러한 가격효과는 균형점 P에서 균형점 Q로의 이동인 대체효과와 균형점 Q에서 균형점 P'로의 이동인 소득효과로 이루어져 있다는 것이다.

[그림 3-17] 소득효과와 대체효과

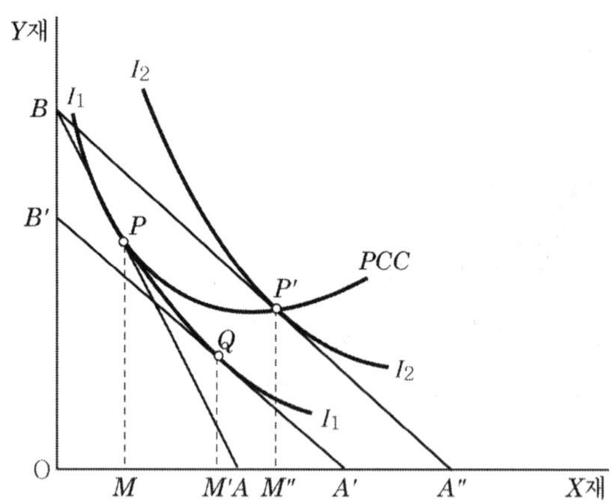

소득과 Y재의 가격은 불변인 상태에서 X재의 가격이 하락하면, 두 재화간의 상대가격을 변화시켜 [그림 3-17]의 최초의 균형점 P에서와 같

은 만족을 충족시켜 주는 동일한 무차별곡선 I_1상에서 가격선을 BA에서 $B'A'$로 이동시킴에 따라, Q점에서 새로운 균형점을 형성하게 되어 X재의 구입량은 MM'로 증가하게 된다. 한편 균형점 Q에서 X재의 가격하락은 소비자의 실질소득을 증가시켜 가격선이 $B'A'$에서 BA''로 이동함과 더불어 무차별곡선 I_2에 접하는 P'점에서 새로운 균형점을 형성하여, X재의 구입량은 $M'M''$으로 증가하게 된다. 이와 같이 MM''만큼의 가격효과는 MM'만큼의 대체효과와 $M'M''$만큼의 소득효과의 합성효과임을 알 수 있다.

그런데 여기서 소득효과는 해당재화가 정상재인가 열등재인가의 여부에 따라 그 부호(+ 혹은 -)가 달라짐을 유의하여야 한다. 소득효과가 정(+)이라는 것은 소득이 증가함에 따라 재화의 소비량이 증가한다는 것으로 그 재화가 정상재임을 의미한다. 이에 반해 소득효과가 부(-)라는 것은 소득이 증가함에 따라 재화의 소비량이 감소한다는 것으로 그 재화가 열등재임을 의미한다. 그런데 대체로 열등재의 경우도 대체효과가 소득효과를 압도하여 정(+)의 가격효과를 얻는다. 그러나 열등재 중에서는 재화의 가격이 하락할 때 소비량이 증가(+)하는 대체효과가 소비량이 감소(-)하는 소득효과보다 작아 가격효과에 의한 소비량이 감소(-)하는 경우가 있다. 이와 같이 가격이 하락함에도 불구하고 소비량이 감소하는 성격의 지닌 재화를 기펜재(Giffen's goods)라고 한다.

〈표 3-4〉 가격하락에 의한 가격효과

재 화	대체효과	소득효과	가격효과
정상재	(+)	(+)	(+)
열등재	(+)	(-)	(+)
기펜재	(+)	(-)	(-)

주 : (+)는 소비량의 증가, (-)는 소비량의 감소를 의미

6. 수요곡선의 도출

무차별곡선이론을 통하여 우하향하는 수요곡선을 도출하는 것도 소비자선택이론의 하나로서 나름대로의 의의가 있다고 여겨진다. 앞에서 다룬 가격이 변할 때의 경우를 상정하여 수요곡선을 도출해 보자.

[그림 3-18] 무차별곡선이론을 통한 수요곡선의 도출

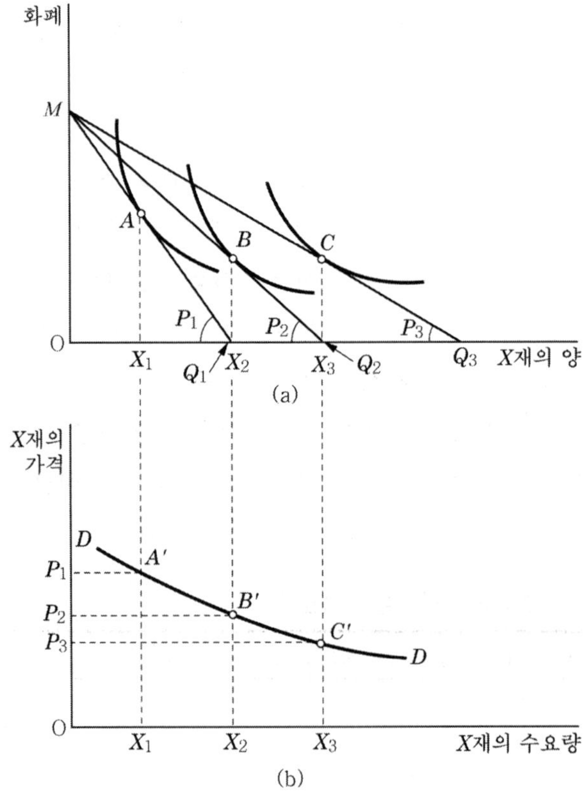

[그림 3-18]은 소득과 Y재의 가격이 일정한데 X재의 가격이 하락하는 경우를 나타낸 것이다. 즉 X재의 가격이 P_1에서 P_2, P_3로 하락하면 소비자의 균형점은 A, B, C로 이동하며 이에 따라 X재의 소비량은

OX_1, OX_2, OX_3로 증가한다. 이와 같이 재화의 가격하락에 따른 소비량의 증가관계를 종축에 X의 가격을, 횡축에 X의 수요량을, 각각 표시하는 그래프로 나타내면 우하향하는 수요곡선을 도출할 수 있다. 이는 개별적인 수요곡선으로, 이렇게 도출한 각 개별적인 수요곡선을 수평적으로 합하면 시장수요곡선이 된다.

◈ 경제이론과 현실경제

무한리필과 한계효용 체감의 법칙

최근 깐깐하게 따져보고 고르는 알뜰족의 등장으로 건강에도 무리가 되지 않고 경제적인 비용으로 배부르게 해결할 수 있는 무한리필을 제공하는 음식점들이 늘고 있다. 무한리필을 제공하는 음식점이 성공하려면 저렴한 가격으로 손님을 많이 끌 수 있어야 하고 또 가격 이외에도 음식의 맛, 질, 서비스 등에 있어서도 차별을 두어야 한다. 손님 입장에서는 저렴한 가격에 원하는 음식을 마음껏 먹을 수 있어서 좋지만, 한편으로는 '이렇게 저렴한 가격으로 음식을 마음껏 먹을 수 있도록 한다면 음식점 주인은 망하지 않을까' 하는 의문이 든다. 이는 음식점에서 추구하고 있는 경제전략을 간과하고 있기 때문에 드는 생각이다.

아무리 먹어도 질리지 않는 음식은 없다. 추운 겨울날, 따뜻하고 맛있는 붕어빵을 먹는 것은 즐거운 일이다. 그러나 이도 잠시, 붕어빵을 열 개쯤 먹었다면 상황은 달라지게 된다. 아무리 즐거운 효용을 주는 것이라도, 지나치게 많은 소비는 오히려 효용을 감소시킬 수 있다. 이와 같은 원리를 가리켜 한계효용 체감의 법칙이 성립한다고 말한다. 한계효용이란 우리가 어떤 재화를 소비하거나 서비스를 이용할 때 얻는 '추가 만족'을 뜻한다.

이러한 한계효용 체감의 법칙을 적용한 곳이 무한리필 음식점이고 이러한 음식점의 원조가 바로 뷔페식당이다. 평소에 접하지 못했던 값비싸고 다양한 음식을 먹을 수 있다는 기대속에 식사도 거르고 갔지만 몇 접시 먹지 못하고 배가 포화된 상태에서 남겨진 수많은 음식을 보면서 안타깝게 식당을 나선 경험은 누구나 있을 것이다. 나름의 전략을 세우고 온 손님이 만족할 만한 결과를 내지 못하고 돌아서게 되는 이유는 뷔페식당에는 조금만 먹어도 배부른 음식들이 많기 때문이다. 초밥, 고기, 각종 후식, 밀가루 음식 등은 손님의 한계효용을 빠른 속도로 체감시키고 식당 주인이 원하는 이윤을 만들어 내는 데 결정적인 공헌을 하게 된다. 이러한 음식들이 손님의 식욕을 빠른 속도로 떨어뜨리게 되니 식당 주인은 남는 장사를 하게 되는 것이다. 손님은 손님대로 집에 돌아가면서 뷔페 음식의 가격을 시중에서 각각 사먹었을 경우 모두 얼마나 될지 계산해 보게 된다. 뷔페 가격보다 개별적으로 계산한 가격이 높았다면 '나는 오늘 합리적 소비를 한 거야!'라고 생각하면서 만족해 할 것이다.

무한리필 음식점도 마찬가지. 불황으로 주머니가 가벼워진 직장인들을 타깃으로 하고 특정메뉴를 무한리필로 제공하고 있다. 당연히 그들에게 반가운 소식이고, 특정메뉴는 입 소문을 타고 전체 매출의 상당부분을 차지하게 된다. 이른바 문전성시의 경제학이다. 특정한 메뉴를 계속해서 먹다 보면 손님의 한계효용이 점차 떨어질 수밖에 없다. 그러면서 자연스럽게 다른 욕구가 발생하게 된다. 결국은 추가적인 다른 메뉴를 주문하게 되는 것이다. 한계효용 체감의 법칙을 이용한 음식점의 추가 전략이 바로 이것이다.

〈출처 : 정상만(대구은행 성서공단영업부 부지점장), 매일신문(2010.6.29.)〉

중요개념 및 용어

효용	만족의 포화점	효용함수
한계효용	한계효용체감의 법칙	한계효용균등의 법칙
효용극대화조건	가치의 역설	무차별곡선
선호도	한계대체율	한계대체율체감의 법칙
가격선	소비자균형점	소득효과
가격효과	대체효과	가격소비곡선
정상재	열등재	기펜재

연 습 문 제

1. 효용함수와 한계효용에 대하여 설명하라.

2. 총효용과 한계효용과의 관계를 그림을 이용하여 설명하라.

3. 효용극대화의 조건에 대하여 설명하라.

4. 소비자의 효용극대화조건을 이용하여 수요곡선을 도출하라.

5. 무차별곡선의 특징에 대하여 설명하라.

6. X재의 가격이 1,000원, Y재의 가격이 2,000원, 어떤 소비자의 소득이 20,000원으로 주어져 있다고 가정하고, 다음 물음에 대하여 답하라.
   (1) 소비자의 가격선(예산선)을 그림으로 나타냄과 아울러 수식으로 표시하라.
   (2) 이때 소비자의 소득이 20,000원에서 40,000원으로 증가하였다면 가격선에는 어떠한 변화가 나타나는지를 그림으로 표시하라.
   (3) 만약 X재의 가격이 1,000원에서 500원으로 하락한다면, 가격선에 어떠한 변화가 나타나는지를 그림으로 표시하라.

7. 무차별곡선과 가격선을 이용한 소비자균형조건에 대하여 그림을 이용하여 설명하고, 이를 수식으로 나타내라.

8. X재가 정상재일 때, 가격하락에 의한 가격효과를 대체효과와 소득효과로 구분하여 설명하라.

9. 열등재와 기펜재를 비교하여 설명하라.

10. 무차별곡선이론을 이용하여 수요곡선을 도출하라.

4 chapter

생산자이론

학 습 목 표

본 장을 학습하면 생산자인 기업이 생산요소를 어떤 방식으로 결합하여 생산비를 최소화하면서 얼마나 많은 상품을 생산할 수 있는가의 선택의 문제를 이해할 수 있다.

1. 생산과 관련한 기초지식에 대하여 이해할 수 있다.
2. 가변투입요소가 하나일 때의 생산함수인 단기생산함수와 가변투입요소가 둘일 때의 생산함수인 장기생산함수에 대하여 이해할 수 있다.
3. 기업이 비용을 극소화하면서 최대의 산출량을 생산하는 조건에 대하여 이해할 수 있다.
4. 단기비용함수와 관련한 제반 사항에 대하여 이해할 수 있다.
5. 장기비용함수와 관련한 제반사항에 대하여 이해할 수 있다.

제 1 절 생산과 생산함수

1. 생산과 기업

인간에게 유용한 재화나 서비스를 만들어 소비할 수 있게 하는 경제활동을 생산이라고 한다. 생산은 광의의 개념으로 보면 인간의 효용을 증가시키기 위해 행하는 모든 행위라고도 말할 수 있다. 이와 같은 관점에서 보면 재화를 직접 만들어 내는 제조활동뿐만 아니라, 이러한 재화의 운반, 저장, 포장 등에 관여하는 것도 생산이라고 볼 수 있다.

생산을 담당하는 사람을 생산자라고 한다. 앞에서 정의한 생산의 관점에서 생산자를 정의해 보면 재화의 공급자뿐만 아니라 서비스를 만들어 제공하는 사람도 생산자이다. 교육, 의료서비스를 제공하는 교사(교수)나의사, 유통, 흥행, 레저서비스를 제공하는 도·소매상, 연예인, 레저 및 숙박시설제공자들도 생산자에 해당된다. 그런데 이들은 가능한 한 희소한 자원을 이용하여 사람에게 보다 유용한 재화를 보다 싼 비용으로 생산하여 제공하기 위해 조직체를 만들어 생산활동을 하는데, 이 조직체를 기업이라고 한다.

일반적으로 기업은 영리를 추구한다. 즉, 기업은 여러 가지의 생산요소를 투입하여 생산물을 생산하여 판매한 결과로 판매수입을 얻는다. 그런데 기업은 생산요소를 투입하여 재화를 생산하는 과정에서 투입된 노동, 자본 등의 사용한 생산요소에 대해 비용을 지불해야 한다. 이와 같이 시장에서 재화를 팔아 얻은 판매수입과 재화의 생산을 위해 지불한 비용과 차이인 이윤을 극대화하는 데에 기업의 목적이 있다. 기업의 목적에는 이윤극대화 이외에도 판매액극대화, 시장점유율확대, 지역사회에의 기여 등 다양할 수 있다. 특히 비영리기업의 경우는 영리추구가 아닌 어떤 일정한 사회적 목적을 추구한다. 그러나 일반적인 경우인 영리기업의 경우는 적정이윤을 달성하지 못하면 현실적으로 생존할 수 없기 때문에 궁극적으로는 이윤극대화를 추구할 수밖에 없다고 말할 수 있다.

이와 같은 관점에서 의거, 기업이 희소한 자원을 사용해 최대한의 효과, 즉 이윤극대화 추구를 위하여서는 다음과 같은 사항의 결정에 주의를 기울여야 한다.

첫째, 무엇을 얼마만큼 생산할 것인가?
둘째, 어떤 생산요소를 얼마나 고용하고 어떻게 보상할 것인가?
셋째, 어떤 생산기술을 사용할 것인가?
넷째, 기업의 조직과 경영구조를 어떻게 형성시킬 것인가?

이 중에서 기업의 조직과 경영구조는 최근에 관심을 모으는 문제로서 이는 경영학에서 보다 구체적으로 다룰 것이므로 여기서는 앞의 세 가지 문제를 다루고자 한다.

2. 생산함수

(1) 생산요소와 생산의 기간

예를 들어 빵을 만들어 파는 인정제과주식회사라는 기업이 있다고 하자. 이 기업은 본격적인 빵 생산에 들어가기 전에 공장을 짓고, 빵을 만드는데 필요한 기계를 갖출 것이다. 그리고는 일할 사람을 고용할 것이고, 밀가루, 우유, 같은 원자재를 구입해 빵을 생산할 준비를 할 것이다. 이처럼 공장, 기계, 노동, 원자재와 같은 것들이 생산과정에 투입됨으로써 빵이 생산되는데, 이와 같이 어떤 생산물을 생산하기 위하여 투입되는 모든 것을 생산요소(facts of production) 또는 투입요소(inputs)라고 한다.

생산요소에는 여러 가지가 있는데 경제학에서는 전통적으로 생산요소를 토지, 노동, 자본 등의 세 가지로 분류하고 있다. 토지는 땅과 하천, 해양, 대기, 지하자원 등과 같이 자연에 의해 부여된 생산요소 일체를 의미한다. 따라서 토지는 자연적으로 주어지는 외생변수로 취급하거나 자본에 포함시키기도 한다. 노동은 사람이 제공하는 생산요소이며, 자본은 생산에 사용하기 위해 사람이 만들어낸 생산수단으로 공장, 기계, 원재료 등이 이에 해당된다. 이와 같이 생산요소는 크게 노동과 자본으로 구분된다.

생산요소 중 어떤 것은 생산량에 따라 달라지나, 어떤 것은 생산량에 관계없이 투입량이 일정수준에서 유지된다. 예를 들어 노동 같은 것들은 빵 생산량이 증가할 때 투입량도 따라서 증가한다. 이처럼 생산량이 증가할 때 투입량도 따라서 증가하는 생산요소를 가변투입요소(variable input)라고 한다. 한편, 공장이나 기계 같은 것은 규모가 일단 정해지면 빵 생산량이 변화한다고 해서 곧바로 규모를 줄이거나 늘릴 수 없다. 이와 같이 생산량과 관계없이 언제나 일정한 수준의 투입량을 유지하는 생산요소를 고정투입요소(fixed input)라고 한다.

그런데 어떤 투입요소가 고정투입요소의 성격을 지니고 있다고 하여 언제나 그 성격이 그대로 유지되는 것은 아니다. 예를 들어 한두 달 만에 빵 공장의 규모를 바꿀 수 없다는 측면에서 보면 고정투입요소의 성격을 지니고 있다. 그러나 5, 6년의 기간적인 여유가 있다면 공장의 규모를 바꿀 수도 있는데, 이럴 경우에는 공장도 가변투입요소의 성격을 갖게 된다. 이와 같이 동일한 투입요소라고 할지라도 고려대상이 되는 기간에 따라 고정투입요소도 될 수 있고 가변투입요소도 될 수 있다.

이와 같이 생산과 관련하여 어떤 기간을 고려대상으로 삼느냐에 따라 단기(short run)와 장기(long run)로 구분할 수 있다. 장기와 단기를 구분하는 기준은 고정투입요소가 존재하느냐 여부에 있다. 단기는 고정투입요소가 하나 이상 존재하는 기간을 의미하는 반면, 장기는 모든 투입요소가 가변적이 되는 기간을 의미한다. 따라서 산업에 따라 장·단기 구분의 시간의 개념이 달라진다. 예를 들어 식품산업의 경우 다른 산업에 비해 상대적으로 짧은 시간 내에 공장이나 규모의 변경이 가능하기 때문에 단기는 짧은 기간인데 반해, 자동차산업의 경우 공장이나 설비규모를 변경하는데 많은 시간이 걸리기 때문에 상당히 기간인데도 단기가 될 수 있다.

(2) 생산함수

기업이 어떤 생산물을 산출하기 위하여 생산요소를 투입할 때 그 생산요소의 투입(input)과 생산물의 산출(output)간에는 일정한 기술적 관계가 존재하는데, 이러한 기술적 관계를 함수형태로 표시한 것을 생산함수(production function)라고 한다. 앞에서 예를 든 것처럼 인정제과주식회사에서 투입된 노동의 양이 L, 공장과 기계의 사용량, 즉 자본이 K라고 하고, 이들 생산요소투입에 의해서 빵이 Q만큼 생산된다면 생산함수는 다음과 같이 표현된다.

$$Q = f(L, K) \tag{4-1}$$

식 (4-1)에서 생산물의 수량 Q는 생산요소의 수량 L, K를 투입했을 때 얻을 수 있는 산출량 중 최대의 것이다. 일반적으로 L과 K의 투입량이 증가하면 증가할수록 Q의 수량도 증가한다.

제 2 절 단기생산함수-가변투입요소가 하나일 때의 생산함수-

본 절에서는 노동만이 유일한 가변투입요소라는 가정 하에서 노동투입량과 산출량 사이의 관계에 대해 살펴보고자 한다. 따라서 여기 논의하고자 하는 생산함수는 단기생산함수임을 알 수 있다.

1. 총생산곡선

앞에서 예를 든 빵을 만드는 기업인 인정제과주식회사의 생산함수를 살펴보기로 한다. 만약 자본의 투입량이 K로 주어졌다고 가정하면 빵의 산출량(Q)은 노동투입량 L에 따라 달라지게 된다. 자본량이 K로 고정되어 있고 노동만이 가변적인 단기생산함수는 다음과 같이 표시된다.

$$Q = f(L, \overline{K}) \tag{4-2}$$

〈표 4-1〉에서 보는 바와 같이 이 생산함수를 통해 노동량의 투입량을 늘려나감에 따라 산출량이 어떻게 변화하는지를 알 수 있다. 예를 들어 〈표 4-1〉에서 5단위의 노동이 투입되면 빵이 32단위 생산되는 것으로 되어 있는데, 바꿔 말하면 5단위의 노동이 투입될 때의 총생산(total product : TP)이 32단위임을 의미한다. 이들 사이의 관계, 즉 노동투입량과 총생산의 관계를 그림으로 나타낸 것을 총생산곡선(total product curve)이라고 한다([그림 4-1]의 (a) 참조).

〈표 4-1〉 노동투입량과 빵의 생산량

노동투입량(L)	총생산(TP)	한계생산(MP)	평균생산(AP)
0	0	-	0
1	5	5	5
2	12	7	6
3	20	8	6.7
4	27	7	6.8
5	32	5	6.4
6	35	3	5.8
7	36	1	5.1
8	36	0	4.5

2. 한계생산곡선과 평균생산곡선

〈표 4-1〉의 세 번째 열에서는 노동투입량을 한 단위씩 증가시킬 때 빵 생산량이 얼마만큼 증가하는가를 보여주고 있다. 예를 들어 노동투입량이 3단위에서 4단위로 한 단위 증가하면 빵 생산량은 7단위가 증가함을 나타내고 있다. 이와 같이 자본이 고정되어 있는 상태에서 노동의 한 단위 투입증가에 따른 총생산의 증가분(빵의 증가분)을 한계생산(marginal product : MP)이라고 한다. 한계생산은 노동투입량을 아주 작은 폭으로 증가시켰을 때 총생산량(빵의 생산량)이 얼마나 증가하는가를 나타내는 개념이므로 수학적으로는 $\triangle Q/\triangle L$로 표현된다.

$$\text{노동의 한계생산}(MP_L) = \frac{\triangle Q}{\triangle L} \qquad (4\text{-}3)$$

이와 같은 노동투입량과 한계생산과의 관계를 그림으로 나타낸 것이 한계생산곡선(marginal product curve)이다([그림 4-1]의 (b) 참조).

[그림 4-1] 총생산곡선과 한계생산곡선, 평균생산곡선

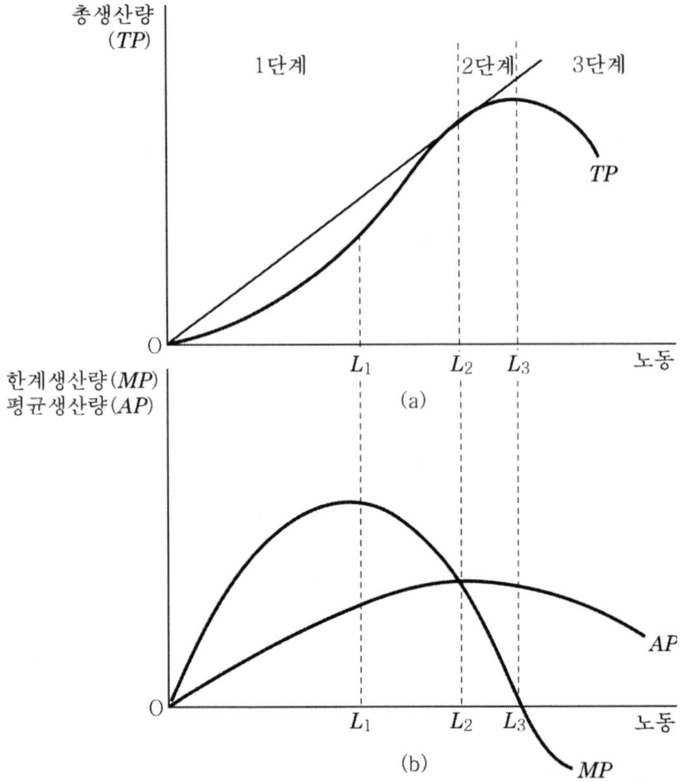

[그림 4-1]의 (b)에 그려진 한계생산곡선을 보면 처음에는 위로 올라가다가 나중에는 내려가고 있는 형태를 띠고 있다는 것을 알 수 있다. 이는 노동투입량이 어느 수준에 도달하면 그 때부터는 한계생산이 줄어들기 시작한다는 것을 의미한다. 앞에서 언급한 인정제과주식회사를 예를 들면 빵 만드는 공장과 기계의 규모가 주어져 있는데 일하는 종업원을 계속 늘려간다면, 어느 단계에 이르러서는 혼란이 일어나 생산량의 증가가 둔화하기 시작한다는 것이다. 이와 같이 어떤 하나의 생산요소를 고정시키고 다른 하나의 생산요소의 투입을 매기간당 똑같은 양으로 증가시킬 때 총생산량은 증가하지만 일정량을 넘어서면 그 증가율이 감소하는

것(한계생산이 감소하는 것)을 한계생산체감의 법칙(law of diminishing marginal product) 혹은 수확체감의 법칙(law of diminishing returns)이라고 한다.

한편 노동투입량과 빵 생산량과의 관계에서 노동 1단위당 빵 생산량이 얼마인가를 도출할 수 있다. 〈표 4-1〉에서 보는 바와 같이 노동이 2단위 투입되었을 때의 빵 생산량이 12단위이므로 노동 1단위당의 평균생산량은 6단위가 된다. 이와 같이 노동1단위의 평균적인 생산량을 평균생산(average product : AP)이라고 하고, 이는 총생산량을 투입된 노동량으로 나눈 것으로 수학적으로는 Q/L로 표현된다.

$$\text{노동의 평균생산}(AP_L) = \frac{Q}{L} \qquad (4\text{-}4)$$

이와 같은 노동투입량과 평균생산과의 관계를 그림으로 나타낸 것이 평균생산곡선(average product curve)이다([그림 4-1]의 (b) 참조).

3. 평균생산과 한계생산의 관계

[그림 4-1]의 (a), (b)는 총생산물, 한계생산, 평균생산과의 관계를 나타내고 있다. 먼저 [그림 4-1]의 (b)를 통해 평균생산과 한계생산의 관계를 알 수 있다. 즉 원점 0에서 노동투입량 L_2까지는 한계생산곡선이 평균생산곡선보다 위에 있고($MP_L > AP_L$), 평균생산은 증가한다. 그러다가 노동투입량 L_2 근처에서는 한계생산곡선이 평균생산곡선과 만나고($AP_L = MP_L$), 이때 평균생산은 극대가 된다. 그 이후부터는 한계생산곡선이 평균생산곡선 아래에 위치하고($MP_L < AP_L$), 평균생산은 감소한다. 여기서 한계생산과 평균생산 사이에는 다음과 같은 특징이 성립된다는 사실을 정리할 수 있다.

첫째, 한계생산이 평균생산보다 크면 평균생산은 증가한다.

($MP_L > AP_L$이면 AP_L ↑)

둘째, 한계생산과 평균생산이 같을 때 평균생산은 극대가 된다.

($MP_L = AP_L$이면 AP_L 극대).

셋째, 한계생산이 평균생산보다 작으면 평균생산은 감소한다.

($MP_L < AP_L$이면 AP_L ↓)

다음으로 기업은 어디까지 생산을 하여야 하는가에 대해 알아보기로 하자. 바꿔 말하면 어디까지가 효율적인 생산단계인가를 알아보자는 것이다. [그림 4-1]의 (a)(b)에서 보는 것처럼 한계생산(MP_L)이 평균생산(AP_L)과 일치할 때까지를 생산의 1단계라고 하면, 생산의 1단계에서는 노동의 투입량을 늘리면 늘릴수록 평균생산은 증가한다. 여기서 평균생산이 증가한다는 것은 노동의 효율성이 증가한다는 것을 의미하므로 이 단계에서는 노동의 투입량을 증가시키는 것이 바람직하다.

그 이후부터 한계생산이 0이 될 때까지의 단계를 생산의 2단계라고 하면, 생산의 2단계에서는 평균생산(AP_L)은 감소하고 있으나 총생산물(TP)은 증가하고 있으며 한계생산(MP_L)도 정(+)의 수치를 보이고 있다. 따라서 이 단계에서는 노동의 투입량을 증가시킴으로써 얻는 수익과 부담해야 하는 비용이 같을 때까지 노동량을 투입하는 것이 바람직하다.

생산의 2단계 이후의 단계를 생산의 3단계라고 한다면, 이 단계에서는 총생산 및 평균생산이 모두 하락하고 있을 뿐만 아니라, 한계생산도 부(-)의 수치를 나타내므로 기업은 손해를 본다. 따라서 노동의 투입이 이루어지지 않는다.

이와 같이 기업은 생산의 제2단계의 어느 점에 도달할 때까지 노동의 고용을 늘리는 것이 효율적임을 알 수 있는데, 정확히 어디인가는 임금수준에 달려 있다고 말할 수 있다.

제 3 절 장기생산함수-가변투입요소가 둘일 때의 생산함수-

지금까지 자본이 고정되어 있고 노동의 투입량이 변하는, 즉 가변투입요소가 하나일 때의 단기생산함수에 대하여 살펴보았다. 이번에는 노동은 물론 자본까지 투입규모를 변경시킬 수 있는 장기생산함수에 대해 알아보기로 한다. 장기생산함수에서는 생산시설을 임의로 변경시킬 수 있어 자본도 가변투입요소가 된다. 따라서 장기에 있어서 기업가는 효율적인 생산을 위해 노동과 자본을 어떻게 투입해야 하는가의 문제에 직면하게 된다.

1. 등량곡선의 개념

앞에서 설명한 예처럼 인정제과주식회사에서 빵 60단위를 생산하는데, 〈표 4-2〉처럼 A, B, C와 같은 노동과 자본의 조합들 중에서 하나를 골라서 투입하면 된다고 하자. 이러한 조합들은 [그림 4-2]에서와 같이 하나의 점들로 표시할 수 있는데, 이러한 점들을 연결한 것을 등량곡선(isoquant curve)이라고 한다. 등량곡선 위의 점들은 똑같은 산출량을 생산할 수 있게 하는 노동과 자본의 조합들을 의미하므로, 등량곡선은 어떤 재화를 생산하는데 동일한 산출량을 보장해 주는 자본과 노동의 여러 가지의 조합점을 연결한 곡선이라고 정의내릴 수 있다.

〈표 4-2〉 자본과 노동의 장기적 대체

조합	노동의 투입량	자본의 투입량	생산량
A	3	11	60
B	7	7	60
C	12	3	60

[그림 4-2] 등량곡선

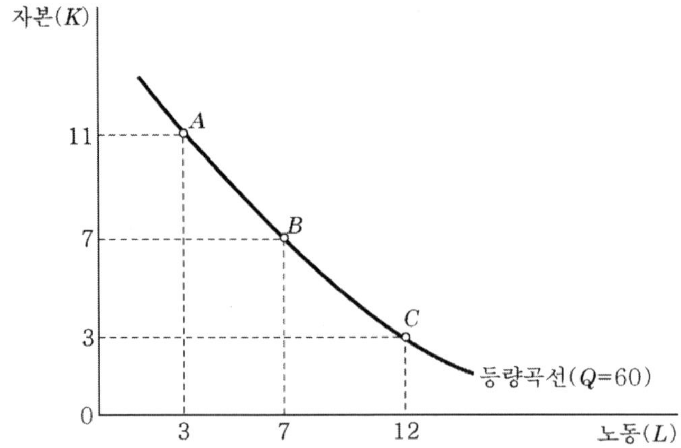

[그림 4-2]에서 보는 것처럼 등량곡선은 노동과 자본이 모두 가변투입요소일 때의 생산요소투입량과 산출량 사이의 관계를 나타낸다. 또한 등량곡선은 자본과 노동의 대체가 가능하다는 전제하에서 도출되었다. 이처럼 생산자이론의 등량곡선은 소비자이론의 무차별곡선과 매우 흡사한 도출과정을 보여주고 있다.

2. 등량곡선의 성질

등량곡선은 소비자이론의 무차별곡선과 같이 다음과 같은 성질을 갖는다.

첫째, 원점으로부터 멀리 떨어진 등량곡선일수록 높은 산출량을 나타낸다.

이는 생산요소의 투입량이 많을수록 높은 수준의 산출량을 생산할 수 있다는 것을 의미하는데, 소비자이론에서 무차별곡선이 원점에서 멀리 떨어질수록 높은 효용수준을 나타내는 것과 유사하다. 다만 무차별곡선에서는 효용의 크기를 서수적으로 나타내는데 비해 등량곡선에서는 구체적인 산출량을 기수적으로 나타낸다는 점에 커다란 차이가 있다.

둘째, 등량곡선은 교차하지 않는다.

[그림 4-3]에서 보는 바와 같이 만일 두 개의 등량곡선이 A점에서 서로 교차한다고 하면 이는 동일한 생산요소의 투입으로 서로 다른 수준의 산출물을 생산할 수 있다는 의미인데, 이는 기업이 효율적인 생산을 하고 있다는 가정에 모순된다.

[그림 4-3] 교차하는 등량곡선

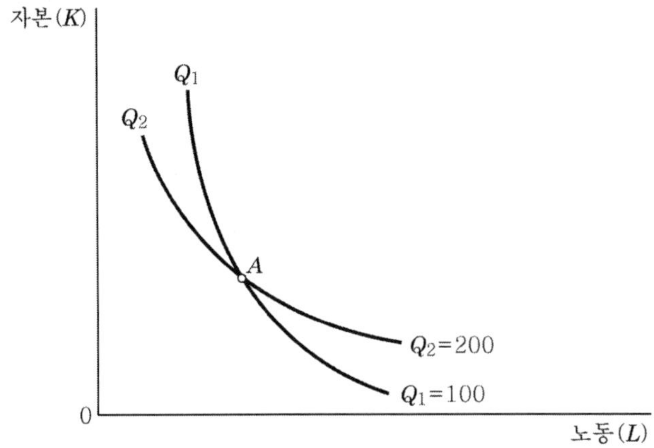

셋째, 등량곡선은 우하향한다.

장기에서는 모든 생산요소가 가변적이기 때문에 생산요소간의 대체가 가능하다. 등량곡선은 동일한 수준의 산출물에 대하여 서로 다른 생산요소의 조합이 가능하므로, 한 생산요소의 투입량을 줄이면서 동일한 수준의 산출물을 생산하기 위해서는 다른 생산요소의 사용량을 증가시켜야 한다. 이와 같은 생산요소간의 대체로 등량곡선은 우하향의 형태를 나타내게 된다.

넷째, 등량곡선은 일반적으로 원점에 대하여 볼록하다.

이는 두 생산요소가 서로 대체되지만 그 한계기술대체율이 체감한다는 것을 의미한다. 즉, 생산과정에서 노동과 자본의 두 생산요소가 서로 대체되는 비율을 '자본으로 표시한 노동의 한계기술대체율(marginal rate of technical substitution : $MRTS_{LK}$)'이라고 하는데, 이는 식 (4-5)와 같이 표시할 수 있다.

$$MRTS_{LK} \text{ (자본으로 표시한 노동의 한계기술대체율)} = -\frac{\triangle K}{\triangle L} \quad (4\text{-}5)$$

그런데, 이 한계기술대체율이 체감하기 때문에 등량곡선이 원점에 대하여 볼록하다는 것이다. [그림 4-4]에서 보는 바와 같이 동일한 산출량을 생산하는데 노동투입량을 늘리고 자본투입량을 줄이는 방법을 선택할 경우 노동투입량이 많아지고 자본투입량이 적어지면 적어질수록 자본 1단위가 생산에 기여하는 상대적 중요성이 점차 증가한다. 따라서 노동 1단위를 대체하기 위한 자본투입량의 양은 작아져야 하는데, 이를 한계기술대체율 체감의 법칙(law of diminishing marginal rate of technical substitution)이라고 한다.

[그림 4-4] 한계기술대체율 체감의 법칙

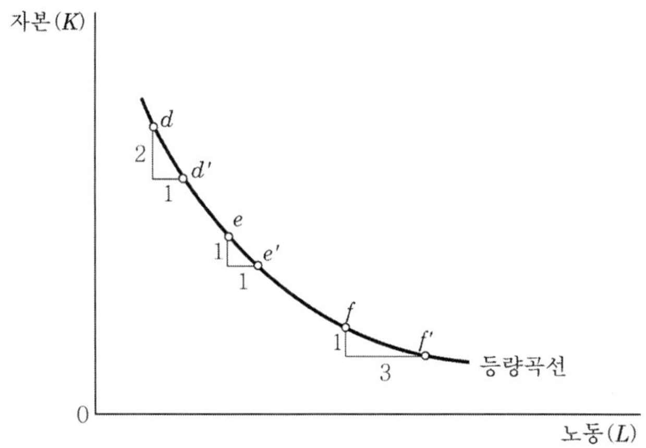

'자본으로 표시한 노동의 한계기술대체율($MRTS_{LK}$)'은 노동의 한계생산(MP_L)과 자본의 한계생산(MP_K)의 비율, 즉 MP_L/MP_K과 같다.

$$MRTS_{LK} = -\frac{\triangle K}{\triangle L} = \frac{MP_L}{MP_K} \tag{4-6}$$

이는 다음과 같은 논리로 설명할 수 있다. 산출량을 일정하게 유지하면서 노동을 $\triangle L$단위 증가시키고 자본을 $\triangle K$단위 감소시키는 등량곡선의 움직임이 있다고 하자. $\triangle L$과 $\triangle K$의 증감에 따른 한계생산의 증감분을 각각 MP_L과 MP_K라고 하면, $\triangle L$의 증가에 따른 생산증가분과 $\triangle K$의 감소에 따른 생산감소분이 서로 같아야 산출량에 변화가 없게 된다. 즉, $\triangle L \cdot MP_L = -\triangle K \cdot MP_K$이 되어야 하므로 $-\triangle K / \triangle L = MP_L / MP_K$가 된다.

3. 규모에 대한 보수

모든 생산요소가 가변투입요소인 장기생산함수에서 투입요소와 산출물 간의 관계를 '규모에 대한 보수(return to scale)'라고 하는데, 이는 장기생산함수에서 모든 생산요소를 동시에 같은 비율로 변화시킬 경우 산출량이 어떻게 변하는가를 나타낸다.

모든 생산요소의 투입을 증가시킨 비율과 똑같은 비율로 산출량이 증가하면 '규모에 대한 보수불변(constant return to scale)'이라고 하고, 생산요소의 투입증가비율보다 더 큰 비율로 산출량이 증가한다면 '규모에 대한 보수증가(increasing return to scale)', 생산요소의 투입증가비율보다 더 작은 비율로 산출량이 증가한다면 '규모에 대한 보수감소(decreasing return to scale)'라고 한다([그림 4-5] 참조). 그런데, '규모에 대한 보수증가'를 일반적으로 '규모의 경제(economies of scale)'라고 하고, '규모에 대한 보수감소'를 '규모의 불경제(diseconomies of scale)'라고 한다. 규모의 경제가 발생한다는 것은 생산요소의 투입증가비율보다 더 큰 비율로 산출물을 생산한다는 것(비용의 개념으로는 재화 1개당의 생산단가가 감소한다는 것)을 의미하므로 효율적인 생산이라고 말할 수 있다.

[그림 4-5] 등량곡선과 규모에 대한 보수와의 관계

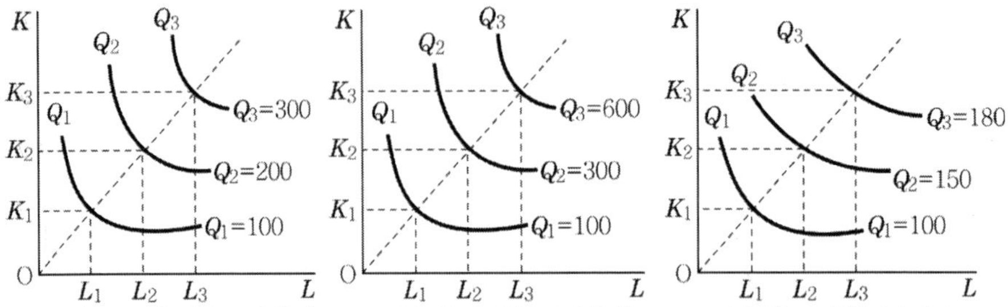

(a) 규모에 대한 보수불변 (b) 규모 대한 보수증가 (c) 규모 대한 보수감소

제4절 비용극소화와 생산자균형

1. 생산비용과 기회비용

생산비용은 생산에 투입된 생산요소들의 화폐비용과 생산으로 인한 여러 가지의 희생을 화폐금액으로 환산한 것을 말한다. 그런데 경제학에서 말하는 비용의 개념과 회계학에서 말하는 비용의 개념에 차이가 있음을 유의해야 할 것이다.

회계학에서 사용되는 비용의 개념을 회계학적 비용이라고 하는데, 이는 기업이 생산활동에 참여함에 있어서 실제로 투입된 비용을 총칭한다. 즉, 임금, 이자, 지대, 감가상각비 등과 같이 회계장부상 명확히 표시되는 비용으로 명시적 비용(explicit cost)이라고 한다.

반면에 경제학에서 사용되는 비용의 개념을 경제학적 비용이라고 하는데, 이는 회계학적 비용보다 포괄적인 개념으로서 회계학적 비용에 기회비용(opportunity cost)과 정상이윤(normal profit)을 포함시킨 것을 말한다. 즉, 경제학적 비용 = 회계학적 비용 + 기회비용 + 정상이윤으로 나타내는데, 여기서 기회비용과 정상이윤을 합쳐서 암묵적 비용(implicit cost)이라고 한다. 명시적 비용이 화폐지출을 필요로 하는 요소비용인데 비하여, 암묵적 비용은 화폐지출을 필요로 하지 않는 요소비용을 의미한다. 그리고 정상이윤은 생산비의 일종으로써 한 산업이 균형상태에 있을 때 기업들로 하여금 동일한 재화 및 서비스를 지속적으로 생산할 수 있도록 해주는 최소한의 이윤을 말한다.

경제학에서 기회비용(opportunity cost)이란 개념은 중요한 의미를 지니고 있다. 기회비용은 어떤 경제행위를 하지 않고 다른 경제행위를 하였을 때 포기하여야만 하는 기회들이 제공할 수 있는 편익 중 가장 큰 편익을 말한다. 예를 들어 기가 막히게 화창한 어느 날 오후 애인과 데이트를 함에 따라 경제학 강의시간에 빠지고 과 친구를 만날 수 없고 지도교수와 상담할 수 없었다면(세 가지 포기하여야만 하는 행위 중 경제학 강의시간을 빠짐에 따른 편익이 제일 큰 경우) 데이트하는 시간의 기회비용은 경제학 강의이다. 경제생활을 영위하는 동안에는 항상 선택에 직면하게 된다. 어떤 것을 선택한다는 것은 다른 모든 것을 희생한다는 것을 의미한다. 즉, 기회비용은 선택이 있는 곳에는 항상 뒤따라 다니는 개념이다.

이와 같이 일반적으로 비용이라고 하면 회계학적 비용을 연상할 수 있으나, 궁극적으로 의사결정의 기준이 되는 것은 기회비용을 알 수 있다. 따라서 기업의 행동을 분석하는 데에서는 기회비용으로서의 생산비용을 고려해야 한다.

2. 등비용곡선

앞의 소비자이론에서 가격선이란 소비자가 주어진 소득으로 구입할 수 있는 두 가지의 재화(X재, Y재)의 최대가능한 여러 가지의 점들을 연결한 직선이라고 정의했었던 것을 기억할 것이다. 이와 마찬가지로 생산활동을 행하는 기업가도 주어진 생산량을 최소의 비용으로 생산할 수 있는 방법을 강구할 것이다.

생산자의 지출액이 주어져 있고, 생산요소는 노동(L)과 자본(K) 두 가지뿐이고, 두 생산요소는 가변적이며, 노동과 자본의 가격은 각각 w와 r로 주어져 있다고 가정하자. 여기서 노동의 가격인 w는 노동자 한 사람이 단위시간에 받는 임금을, L은 고용된 노동자 수를 의미하므로 wL은 총 노동비용이 된다. 또한 자본의 가격인 r은 단위기간당 자본 1단위의 임대비용이고, K는 투입된 자본량이므로 rK는 총 자본비용이 된다. 노동과 자본비용을 합한 총비용을 C라고 하면, 이는 다음과 같은 식으로 나타낼 수 있다.

$$C = rK + wL \tag{4-7}$$

그런데, 앞에서 C, r, w는 일정하다고 가정하였기 때문에 식 (4-7)은 K에 대한 일차방정식으로 표현할 수 있다.

$$K = \frac{C}{r} - \frac{w}{r}L \tag{4-8}$$

식 (4-8)은 기업이 생산비를 최소로 하는 생산방법을 선택한다는 가정하에서 두 생산요소의 여러 가지의 조합을 나타낸 것으로 이를 등비용곡선(isocost line)이라고 한다. 등비용곡선은 주어진 총지출의 한도 내에서 일정한 자금으로 구입할 수 있는 두 생산요소의 여러 가지의 조합의 점을 이은 곡선으로 [그림 4-6]과 같이 나타낼 수 있다.

등비용곡선은 소비자이론의 가격선에 대응하는 개념으로 다음과 같은 성질을 나타낸다.

첫째, 생산비수준이 낮은 등비용선일수록 원점에 가깝고 생산비수준이 높은 등비용선일수록 원점으로부터 멀리 떨어진다.

둘째, 등비용선의 기울기는 두 생산요소의 상대가격의 비(w/r)를 나타낸다.

[그림 4-6] 등비용곡선

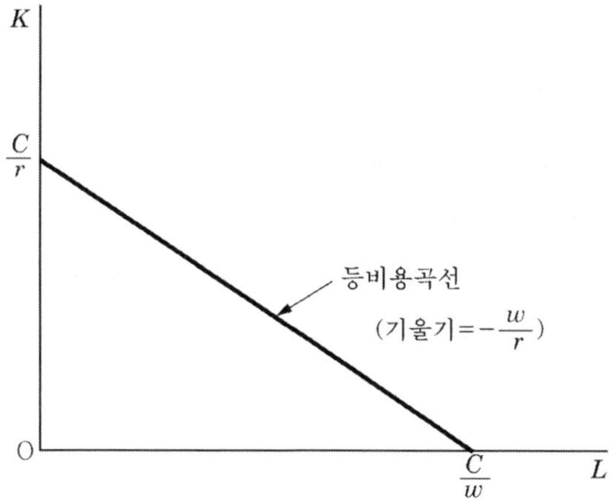

셋째, 주어진 총비용이 변화하거나, 두 생산요소의 가격이 단위가격이 변화하면 등비용선은 이동한다([그림 4-7] 참조).

[그림 4-7] 등비용곡선의 이동

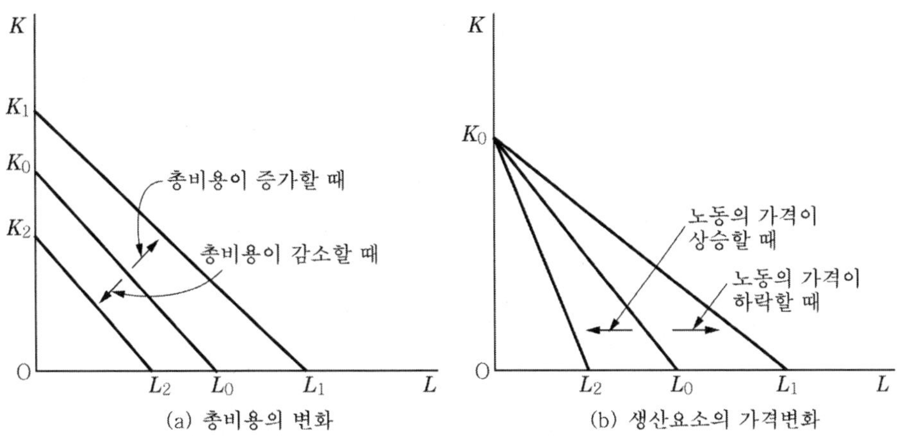

3. 생산자 균형조건

주어진 총비용을 가지고 최대의 산출량을 생산하기 위해서는 노동과 자본을 어떻게 배합할 것인가는 앞에서 언급한 등량곡선과 등비용곡선을 이용하여 구할 수 있다.

[그림 4-8]에서 보는 바와 같이 주어진 총비용이 C_0라고 하면 등비용곡선은 AB로 표시된다. 그리고 Q_0, Q_0', Q_0''는 각 생산량수준을 나타내는 등량곡선이다. 현재 지출할 수 있는 총비용 C_0수준으로는 Q_0''를 생산할 수 없다. 주어진 비용조건으로 선택할 수 있는 생산요소의 배합점은 등비용곡선인 안에서만 가능한데, Q_0''수준을 생산할 수 있는 모든 요소배합점들은 AB영역 밖에 존재하기 때문이다. AB영역에 있는 R과 T도 주어진 총비용수준으로 최대산출량을 생산하는 점은 아니다. R과 T를 선택하면 Q_0보다 작은 Q_0'의 생산량밖에 얻을 수가 없다. 이는 등비용곡선상에서 S점 이외의 모든 점에 대하여 같은 논리가 적용된다. 즉, 등비용곡선 위의 모든 점들은 동일한 비용을 나타내지만 최대산출량을 보장하는 점은 등비용곡선과 등량곡선이 접하는 점 S점 뿐이다.

앞에서 설명한 소비자이론에서 주어진 소득으로 최대의 효용을 얻기 위해서는 무차별곡선과 가격선이 접하는 소비조합을 선택해야 한다고 한 것처럼, 주어진 총비용으로 최대산출량을 얻기 위해서는 S점과 같이 등량곡선과 등비용곡선이 접하는 요소조합을 선택하여야 한다. 등량곡선과 등비용선이 접하는 점을 생산자균형점이라고 하는데, 이 점에서는 주어진 총비용으로 최대의 산출량을 달성시킬 수 있는 생산요소의 결합을 나타내줄 뿐만 아니라, 주어진 산출량을 최소의 비용으로 생산할 수 있는 생산요소의 결합도 나타내 주고 있다.

[그림 4-8] 생산자균형점

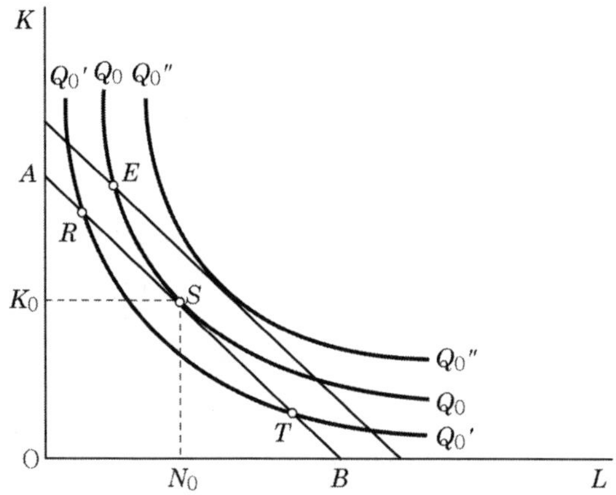

앞에서 등량곡선 위의 한 점의 기울기의 절대값은 한계기술대체율($MRTS_{LK}$)이며, 이는 한계생산의 비율(MP_L/MP_K)과 같다고 하였다. 그리고 등비용선의 기울기의 절대값은 w/r임을 알고 있다. 생산자균형점(S점)에서는 등량곡선의 기울기와 등비용곡선의 기울기와 같다. 따라서 생산자균형점(S점)에서의 생산자균형조건은 다음과 같이 표시할 수 있다.

$$MRTS_{LK} = \frac{MP_L}{MP_K} = \frac{w}{r} \tag{4-9}$$

그런데 식 (4-9)는 다음과 같이 바꿔 쓸 수 있다.

$$\frac{MP_L}{w} = \frac{MP_K}{r} \tag{4-10}$$

식 (4-10)을 최대산출량의 원칙이라고 하며, 한계생산균등의 법칙이라고도 한다. 이는 즉 노동과 자본의 화폐1단위당 한계생산이 같도록 생산요소를 투입할 때 생산자균형이 달성되고, 비용측면에서 효율적인 생산이 이루어진다는 것을 말해 주고 있다.

4. 확장경로

위에서 산출량이 주어졌을 때 최소의 비용으로 생산할 수 있는 생산요소의 최적배합조건을 살펴보았다. 여기서 생산요소가격이 불변인 경우 경제적으로 효율적인 방법으로 생산량을 증가시킬 수 있도록 해 주는 생산요소의 배합들을 구할 수 있다. 이는 생산자의 생산자균형점을 연결한 선으로 나타내는데 이를 확장경로(expansion path : EP)라고 한다.

확장경로는 각 생산수준에서 최소비용을 나타내는 생산자균형점을 연결한 것으로 생산량증가에 따른 생산자균형점이 어떻게 변하는지를 보여주고 있다. 이러한 확장경로의 형태는 기업이 갖는 기술의 특성 및 상대가격 변화에 의하여 결정된다.

[그림 4-9] 확장경로

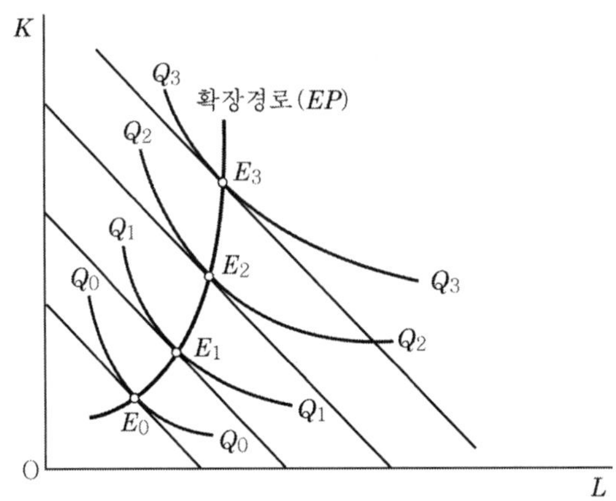

제 5 절 단기비용

모든 기업은 생산비를 최저로 하는 생산방법을 적용하고 있다고 가정하자. 이때 생산량의 변화에 따라서 생산비가 어떻게 변하는가를 나타내는 함수를 비용함수(cost function)라고 한다. 앞에서 생산함수를 크게 장기생산함수와 단기생산함수로 구분하였듯이 비용함수도 장기비용함수, 단기비용함수로 구분할 수 있다.

1. 고정비용과 가변비용

앞에서 언급한 것처럼 단기에서는 반드시 하나 이상의 고정투입요소가 존재하고 있다. 따라서 단기비용함수도 고정투입요소와 가변투입요소에 따른 비용으로 구분되는데, 자본이라는 고정생산요소를 사용한 대가로 지불한 비용을 고정비용(fixed cost : *FC*), 노동이라는 가변요소를 사용한 대가로 지불한 비용을 가변비용(variable cost : *VC*)이라고 한다. 고정비용은 생산량의 변화와 관계없이 일정하게 발생하는 비용으로 공장을 짓고 시설을 만드는데 드는 비용, 경영진의 보수 같은 것이 대표적인 예이다. 한편 가변비용은 생산량이 변화함에 따라 변동하는 비용으로 생산량이 증가할수록 일반적으로 증가하는 인건비가 대표적인 예이다.

이와 같이 총비용(total cost : *TC*)은 고정비용과 가변비용을 더한 것이 된다. 단기비용함수를 식으로 나타내면 다음과 같다.

$$TC(\text{총비용}) = FC(\text{고정비용}) + VC(\text{가변비용}) \qquad (4\text{-}11)$$

〈표 4-3〉과 같이 빵을 생산하는 인정제과주식회사가 생산과정에서 지

출한 고정비용과 가변비용이 주어져 있다고 가정하자. 〈표 4-3〉을 보면 예를 들어 빵 3단위를 생산하는데 300만원의 고정비용과 150만원의 가변비용이 들어 총비용은 450만원이 된다는 것을 알 수 있다.

〈표 4-3〉 빵 생산에 소요되는 비용

(단위 : 만원)

빵 생산량	고정비용	가변비용	총비용
0	300	0	300
1	300	60	360
2	300	110	410
3	300	150	450
4	300	200	500
5	300	270	570
6	300	360	660
7	300	480	780
8	300	630	930
9	300	830	1,130

[그림 4-10] 총비용곡선, 가변비용곡선, 고정비용곡선

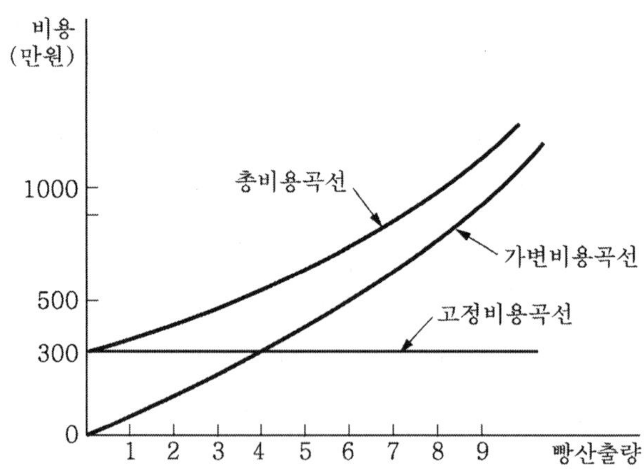

〈표 4-3〉의 내용은 [그림 4-10]에서 보는 바와 같이 비용곡선들로 나타낼 수 있다. 고정비용곡선은 수평선의 모양을 나타내고 있는 반면에 가

변비용곡선은 빵 산출량이 증가함에 따라 함께 증가하는 모양을 나타내고 있다. 고정비용과 가변비용을 합친 것이 총비용이므로 가변비용곡선을 고정비용에 해당하는 만큼 들어 올리면 총비용곡선이 된다.

2. 한계비용과 평균비용

한계비용(marginal cost : MC)이란 생산량을 1단위 증가시키는데 추가적으로 드는 비용을 말하며, 이는 식 (4-12)와 같이 생산량의 변화에 따른 총비용의 변화로 나타낸다.

$$MC(\text{한계비용}) = \frac{\triangle TC}{\triangle Q} \tag{4-12}$$

한편 산출물 1단위를 생산하는데 평균적으로 얼마의 비용이 드는가를 나타내는 비용을 평균비용(average cost : AC)이라고 하는데, 평균비용은 산출물 1단위당 비용으로 식 (4-13)과 같이 총비용을 생산량으로 나눈 것이다.

$$AC(\text{평균비용}) = \frac{TC}{Q} \tag{4-13}$$

그런데 식 (4-13)으로 나타낸 평균비용은 고정비용을 생산량으로 나누어서 산출한 평균고정비용(average fixed cost : AFC)과 가변비용을 생산량으로 나누어서 산출한 평균가변비용(average variable cost : AVC)의 합으로 표시할 수 있다.

$$AC(\text{평균비용}) = AFC(\text{평균고정비용}) + AVC(\text{평균가변비용}) \tag{4-14}$$

$$\text{단, } AFC(\text{평균고정비용}) = \frac{FC}{Q},\ AVC((\text{평균가변비용})) = \frac{VC}{Q}$$

앞에서 본 〈표 4-3〉을 정리하면 〈표 4-4〉와 같이 한계비용과 평균비용을 구할 수 있다. 〈표 4-4〉를 주의 깊게 보면 한계비용은 고정비용과는 아무런 관계가 없고 오직 가변비용과만 관계를 갖고 있음을 알 수 있다.

〈표 4-4〉 빵 생산의 한계비용과 평균비용

(단위 : 100만원)

빵 생산량	총비용	한계비용	평균비용
0	300	-	-
1	360	60	360
2	410	50	205
3	450	40	150
4	500	50	125
5	570	70	114
6	660	90	110
7	780	120	111
8	930	150	116
9	1,130	200	126

한편 평균비용은 총비용을 생산량으로 나누어 쉽게 결과를 얻을 수 있다. 〈표 4-4〉에서 한계비용곡선과 평균비용곡선을 도출하여 [그림 4-11]과 같이 표시할 수 있다.

[그림 4-11]에서 볼 수 있는 특징은 한계비용곡선과 평균비용곡선 두 곡선 모두가 처음에는 아래로 내려가다가 생산이 어느 수준에 이르면 올라가기 시작하는 *U*자 모양을 갖고 있다는 것이다. 먼저 한계비용곡선의 경우는 앞에서 나타낸 한계생산곡선의 모양과 밀접한 관련을 갖고 있다. 한계생산곡선을 보면 처음에는 노동의 한계생산이 점차 커지는 것으로 나타나 있는데, 이에 따라 한계비용은 점차 작아지게 된다.

여기서 노동의 한계생산이 점차 커진다는 것은 노동 1단위를 추가로 투입했을 때 얻을 수 있는 재화의 양이 점차 커진다는 것을 뜻하는 것으로 이는 재화1단위를 생산하는데 드는 추가적인 비용, 즉 한계비용이 점차 작아진다는 것을 의미한다. 그리고 난 후 마찬가지의 논리로 노동의 한계생산이 떨어지기 시작하면서 한계비용이 점차 커지는 추세로 반전하게 되는 것이다.

[그림 4-11] 한계비용곡선과 평균비용곡선

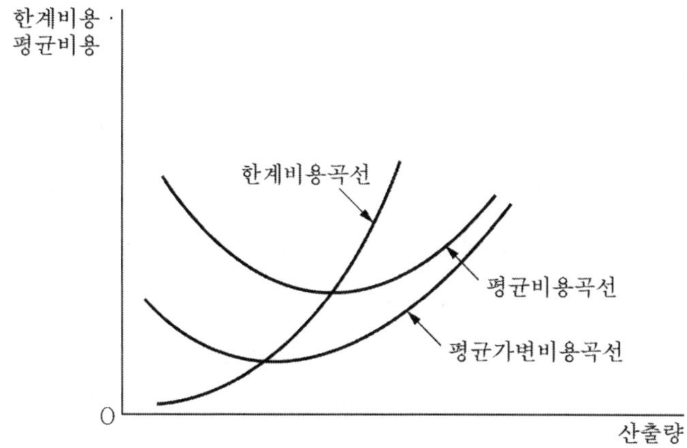

한편 낮은 생산수준에서 평균비용이 떨어지는 모양을 나타내는 것은 고정비용이 존재하기 때문이다. 즉, 생산량이 늘면서 고정비용이 여러 단위로 분산되는 효과가 발생하므로 평균비용이 감소하는 것이다. 그러나 생산량이 어느 정도의 수준에 이르면 고정비용이 분산되는 효과가 평균비용에 별로 영향을 주지 못하는데 반해, 한계비용이 점차 커지는 현상과 관련하여 가변비용이 빠르게 증가하여 이것이 평균비용의 증가에 크게 영향을 미치기 시작한다. 이러한 연유로 평균비용곡선도 U자 모양을 갖게 된다.

3. 단기비용곡선들과의 관계

지금까지 언급한 여러 가지의 비용곡선을 종합하여 표시하면 [그림 4-12]와 같다. [그림 4-12]에 나타난 단기비용곡선의 주요 특징을 정리하면 다음과 같다.

① 앞에서 언급한 것처럼 평균비용(AC)곡선, 한계비용(MC)곡선, 그리고 평균가변비용(AVC)곡선은 U자 모양을 갖고 있으나, 평균고정비용(AFC)곡선은 우하향하는 모양을 갖고 있다.

② 평균가변비용(AVC)곡선은 항상 평균비용(AC)곡선 아래에 위치한다. 왜냐하면 평균비용(AC)에는 평균가변비용(AVC) 이외에 평균고정비용(AFC)도 포함되어 있기 때문이다.

③ 평균가변비용(AVC)곡선의 최저점은 평균비용(AC)곡선의 최저점보다 왼쪽에 위치한다. 왜냐하면 평균가변비용(AVC)이 증가하는 단계에서도 평균고정비용(AFC)은 계속해서 감소하고 있으므로 평균고정비용(AFC)의 감소가 평균가변비용(AVC)의 증가를 능가하는 단계까지는 평균비용이 감소하기 때문이다.

④ 평균비용(AC)이 감소할 때에는 한계비용(MC)곡선이 평균비용(AC)곡선 아래에 있고, 평균비용(AC)이 증가할 때에는 한계비용(MC)곡선이 평균비용(AC)곡선 위에 있다. 따라서 평균비용(AC)이 최소일 때 한계비용(MC)과 평균비용(AC)은 같다. 흔히 평균비용(AC)과 한계비용(MC)이 같아지는 평균비용(AC)곡선상의 최저점에서 생산되는 산출량을 최적산출량(optimal output)이라고 한다.

[그림 4-12] 여러 가지 단기비용곡선들과의 관계

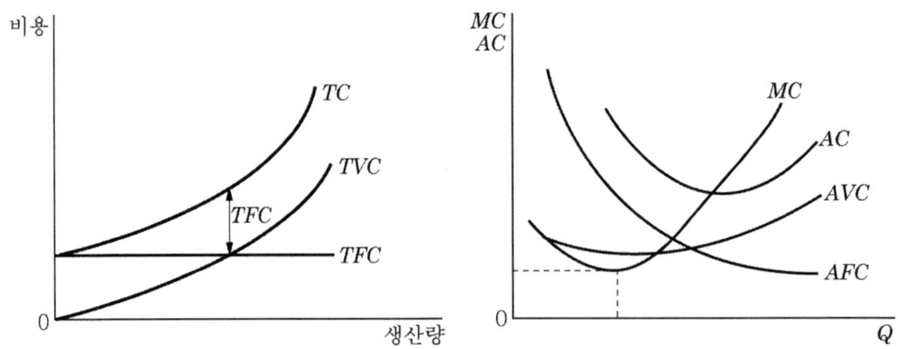

(a) 총비용　　(b) 평균비용과 한계비용

제 6 절 장기비용

1. 장기에 있어서의 생산비용의 의미

앞에서 살펴본 바와 같이 단기비용은 자본이 고정되어 있어 생산시설을 변경할 수 없는 상황에서의 생산비용을 나타내고 있다. 그러나 장기비용에서는 고정요소와 가변요소를 구분할 필요가 없다. 장기에는 생산시설을 자유로이 변경할 수 있기 때문에 모든 생산요소가 가변적이다. 즉 장기에는 고정비용이 없고 모든 비용은 가변비용이 된다.

장기비용함수는 모든 투입요소의 변화에 따른 생산물과 비용의 관계를 함수로 나타낸 것이다. 장기에서는 생산시설의 규모가 자유로이 변경될 수 있으므로 각각의 생산시설의 규모에 따른 단기비용곡선이 존재하여 전체적으로 무수히 많은 단기비용곡선이 존재한다. 만약 장기에 매기당 목표생산량이 주어진다면 기업은 이에 알맞은 생산시설규모를 선택하고 이에 알맞은 가변요소를 투입하여 비용의 극소화를 추구한다. 즉 최적생산시설 하에서 단기비용의 극소화를 추구하는 것이다. 이와 같이 단기비용과 장기비용 사이에는 밀접한 관계가 있다.

2. 장기비용곡선의 도출

장기비용곡선은 생산시설 혹은 규모를 임의로 변경할 수 있다는 전제하에서 주어진 생산량을 최소의 비용으로 생산할 경우의 생산량과 비용의 함수관계를 나타낸 것으로, 각 생산시설에 대응하는 단기비용곡선 중에서 주어진 생산량을 최소의 비용으로 생산할 수 있는 점들을 연결하여 구할 수 있다.

[그림 4-13] (a)에서 TC_1, TC_2, TC_3는 서로 다른 생산규모 Q_1, Q_2, Q_3에 해당하는 단기비용곡선을 나타낸 것이다. 이 곡선들은 각 목표생산량을 최소비용으로 생산할 수 있는 단기비용곡선을 의미한다. 예를 들어 TC_1의 경우 상대적으로 작은 생산규모의 비용곡선을 나타내고 있으며, 이때 종축의 절편인 FC_1으로 나타낸 고정비용도 다른 비용곡선에 비해 작음을 알 수 있다. 기업의 목표생산량이 Q_1, Q_2로 늘어나면 생산규모도 커지고 이에 따라 고정비용도 FC_2, FC_3로 증가하여 단기비용곡선도 TC_2, TC_3로 변화한다. 만약 목표생산량을 조금씩 증가시키고 이에 대응하는 비용이 최소화하는 생산규모의 단기비용곡선을 도출한 후, 주어진 목표생산량을 최소의 비용으로 생산할 수 있는 점들을 연결하면 장기총비용(long run total cost: LTC)곡선을 구할 수 있다.

장기총비용곡선(LTC)은 주어진 생산량을 최소의 비용으로 생산할 수 있는 점들을 연결한 것으로, 모든 단기비용곡선을 아래쪽에서 에워싸는 포락선(envelope curve)형태의 곡선이 된다.

[그림 4-13] (b)는 [그림 5-4] (a)의 장기비용곡선(LTC)에 대응하는 장기평균비용곡선(LAC)과 장기한계비용곡선(LMC)을 나타낸 것이다. 서로 다른 생산규모 Q_1, Q_2, Q_3에 해당하는 단기비용곡선 TC_1, TC_2, TC_3에 대응하는 각각의 단기평균비용곡선 SAC_1, SAC_2, SAC_3를 도출한 후, 각 곡선에서 생산규모 Q_1, Q_2, Q_3인 점에서의 단기평균비용을 구하여 이 점들을 연결하면 장기평균비용(long run average cost : LAC)곡선이 도출된다. 장기평균비용곡선(LAC)도 단기평균비용곡선을 아래쪽에서 에워싸는 포락선이다.

그리고 [그림 4-13] (a)의 장기총비용곡선(LTC)상의 점 A, B, C는 [그림 4-13] (b)의 장기평균비용곡선(LAC)상의 점 A', B', C'에 각각 대응하고 있다. 장기평균비용곡선(LAC)은 생산량이 Q_2인 점 B'에서 최소가 되는데, 이는 [그림 4-13] (a)에서 원점을 지나고 장기총비용곡선(LTC)과 만나는 접선, 즉 가장 작은 단기평균비용을 나타내는 선이

B점을 지나기 때문이다.

[그림 4-13] 단기비용곡선과 장기비용곡선과의 관계

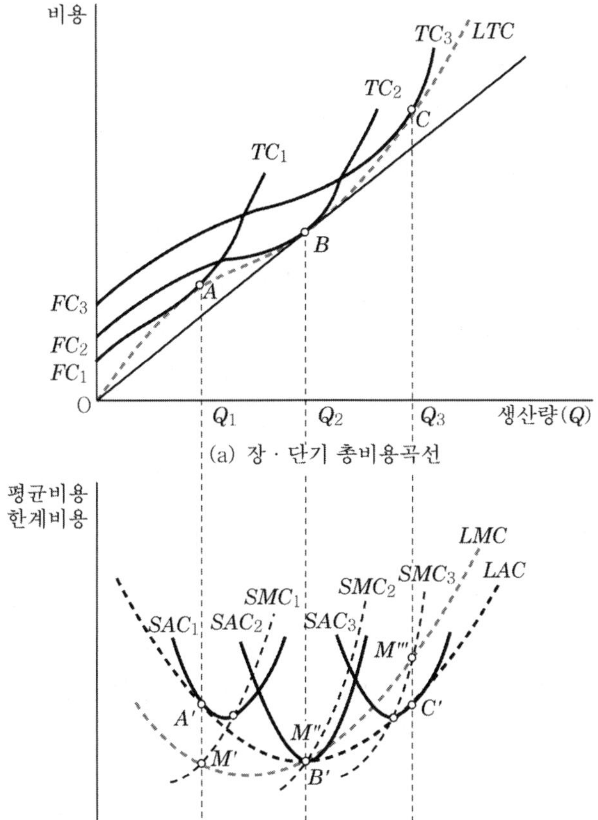

(a) 장 · 단기 총비용곡선

(b) 장기 평균 및 한계비용곡선

장기한계비용곡선(long run marginal cost : LMC)의 도출도 장기평균비용곡선(LAC)의 도출방법과 동일하다. 즉 [그림 4-13] (a)의 서로 다른 생산규모 Q_1, Q_2, Q_3에 해당하는 단기비용곡선 TC_1, TC_2, TC_3에 대응하는 각각의 단기한계비용곡선 SMC_1, SMC_2, SMC_3을 도출한 후 단기와 장기의 한계비용이 일치한다는 사실에 입각하여 A', B', C'에 대응하는 점 M', M'', M'''를 연결하여 장기한계비용곡선(LAC)를 도출한다. 이와 같이 도출된 장기한계비용곡선(LMC)은 장기평균비용곡선(LAC)과 단기평균비용곡선(SAC)이 같게 되는 점([그림 4-13] (b)에서 B'점)에서 장기한계비용곡선(LMC)과 단기한계비용곡선(SMC)이 같아짐을 알 수 있다.

단 여기서 유의할 점은 장기한계비용곡선(LMC)은 단기한계비용곡선(SMC)들의 포락선이 아니라는 점이다. [그림 4-13]의 (a)에서 보는 바와 같이 생산시설 혹은 생산규모가 연속적으로 변할 경우 단기총비용곡선들 중의 각 곡선(TC_1, TC_2, TC_3)은 오직 한 점에서만 장기총비용곡선(LTC)와 접한다. 이 점(예를 들면 M'점)에서는 단기한계비용(SMC)와 장기한계비용(LMC)이 같지만, [그림 4-13]의 (b)에서 보는 바와 같이 이 점의 왼편에서는 장기한계비용(LMC)이 단기한계비용(SMC)보다 크고, 이 점의 오른편에서는 장기한계비용(LMC)이 단기한계비용(SMC)보다 작다. 그리고 이 점은 장기평균비용곡선(LAC)에 접하는 단기평균곡선 SAC_1에 대응하는 단기한계비용곡선 SMC_1과 A'점으로부터 횡축에 수직으로 그은 수직선과의 교차점으로 장기한계비용곡선(LMC)상의 점임을 알 수 있다. 이와 같이 장기총비용(LTC)과 단기총비용(TC)이 일치하는 점(따라서 장기평균비용(LAC)와 단기평균비용(SAC)이 일치하는 점)에서는 단기와 장기의 한계비용이 일치한다는 사실에 의거하여 B', C' 등에 대응하는 점 M'', M''' 등을 연결하여 장기한계비용곡선(LMC)을 도출한다.

3. 장기평균비용곡선의 형태

장기평균비용곡선(LAC)의 형태는 다음과 같이 크게 세 가지의 경우로 구분해 볼 수 있다.

(1) 비용감소(수익증가)의 경우

[그림 4-14]의 (a)는 생산규모가 확대됨에 따라 평균비용이 감소하는

경우의 장기평균비용곡선을 나타내고 있다. 이러한 경우를 비용감소(decreasing cost)라고 하는데, 평균비용이 감소한다는 것은 투입요소당 수익이 증가한다는 것과 같은 의미를 지니므로 이를 수익증가(increasing return)라고도 한다.

[그림 4-14] 장기평균비용곡선의 형태

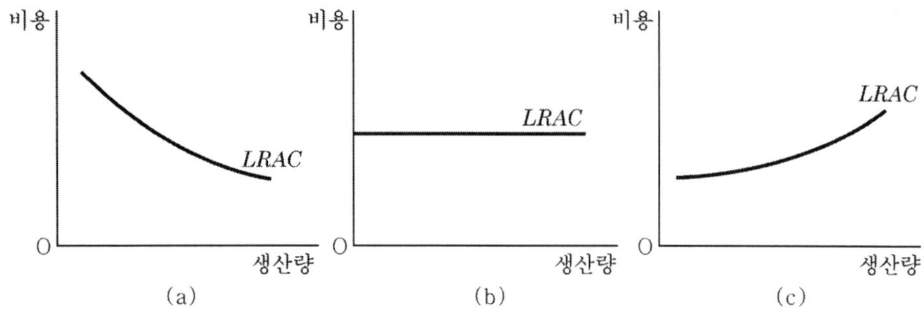

생산규모가 확대됨에 따라 단위당 비용이 감소한다는 것은 생산량이 요소의 투입량보다 빨리 증가한다는 것을 의미하는데, 이와 같이 규모가 커짐에 따라 생산량이 투입규모의 증가비율 이상으로 증가하는 경우 규모의 경제(economies of scale)가 작용하고 있다고 한다. 이와 같은 규모의 경제는 일반적으로 분업에 의한 생산요소의 전문화와 대량생산의 결과로 생산요소의 대체가 가능할 때 발생한다.

(2) 비용불변(수익불변)의 경우

[그림 4-14]의 (b)는 생산규모가 변경되어도 평균비용이 변하지 않는 경우의 장기평균비용곡선이다. 이는 생산의 증가가 요소투입의 증가와 같은 비율로 증가하는 것을 의미하는데, 생산규모가 일정수준에 도달하면 그 이상 규모를 확대해도 평균비용이 더 내려가지 않은 경우가 이에 해당한다. 일반적으로 요소가격이 변하지 않는 한 기업은 적어도 장기적으로 수익이 증가 또는 불변인 경우가 일반적이다. 이는 규모를 확대하여 규모의 경제가 발생하면 수익이 증가할 것이고, 규모의 경제가 더 이상

작용할 수 없는 규모에 도달하면 새로운 기업을 설립하여 최소한 기존기업의 모든 것을 그대로 재현하고자 할 것이기 때문이다.

(3) 비용증가(수익감소)의 경우

[그림 4-14]의 (c)는 규모가 확대됨에 따라 평균비용이 증가하는 경우의 장기평균비용곡선이다. 이와 같이 규모가 확대됨에 따라 오히려 평균비용이 증가하는 경우를 규모의 불경제(diseconomies of scale)가 작용한다고 한다. 현실적으로 기업이 규모를 확대할 때에 기존체제를 재현하는 것은 현실적으로 매우 어려운 일이므로 통제와 조정이 어려워져 생산이 비효율적으로 되고, 단위당 생산비가 상승하는 경우, 규모의 불경제가 일어날 수 있다.

◈ 경제이론과 현실경제

'규모의 경제' 대단지 아파트 인기몰이

단지 규모에 걸맞은 뛰어난 생활인프라, 커뮤니티 조성, 관리비 절감 효과까지…

– 지역 내 시세 주도… 향후 랜드마크로 우뚝

대단지 아파트는 부동산시장에서 불변의 스테디셀러로 꼽힌다.

교통망이나 생활편의시설이 우선적으로 확충돼 집값 상승 가능성이 높고, 대단지에서 누릴 수 있는 '규모의 경제' 효과가 커 수요자들의 선호도가 높다. 지하철, 버스 등 노선을 정할 때 이용객이 많은 대단지를 우선적으로 지나는 경우가 많고 단지 안팎으로 대규모 상가나 문화 체육시설이 조성돼 입주민들의 자부심이 높다.

또한 막대한 자금과 설계 노하우가 요구되는 만큼 우수한 제품력과 브랜드 프리미엄을 갖추게 되는 경우가 많다. 매물이 풍부하고 거래가 활발해 실거주겸 집값 상승을 기대해 볼 수 있다. 대단지는 단지 인근에 학교가 들어설 가능성이 높아 자녀를 둔 수요자라면 적극 노려볼만 하다.

대단지 아파트는 지역 내 시세를 주도한다. △△은행 시세에 따르면 도곡렉슬 전용면적 59㎡의 매매가는 8억1천만~9억원선, 84㎡는 11억~13억원 선으로 같은 생활권의 역삼래미안 전용면적 59㎡(7억2천만~8억1천만원)나 84㎡(9억5천500만~10억6천500만원)보다 1억원 내외의 시세차이를 보인다.

입주민들이 매달 내는 관리비도 대단지일수록 적다. 국토교통부의 공동주택관리정보시스템에 따르면 경남 창원시 마산회원구 내서읍에 위치한 코오롱하늘채2차(1730가구)는 지난 3월 3.3㎡당 공동 관리비가 490원 이었다. 반면 같은 해에 입주한 한일유엔아이오르젠(212가구)의 경우 598원으로 3.3㎡당 100원 이상의 차이를 보였다.

부동산 전문가는 "대단지 아파트는 규모에 걸맞은 다양한 프리미엄으로 수요자들의 선호도가 높다"며 "편의시설, 커뮤니티 시설뿐만 아니라 관리비 절감 등 다양한 혜택이 많아 내 집 마련을 원하는 수요자라면 눈여겨 보는 것이 좋다"고 말했다.

〈출처: 손정아 기자, 매일경제신문(2015.11.30.)〉

중요개념 및 용어

생산함수	생산요소	고정투입요소
가변투입요소	총생산곡선	한계생산
평균생산	등량곡선	한계기술대체율
한계기술대체율체감의 법칙	규모에 대한 보수	기회비용
등비용곡선	생산자균형조건	확장경로
고정비용	가변비용	한계비용
평균비용	장기비용곡선	장기평균비용곡선
장기한계비용곡선	규모의 경제	규모의 불경제

연 습 문 제

1. 총생산곡선과 노동의 한계생산곡선 및 평균생산곡선과의 관계를 그림을 이용하여 설명하라.

2. 한계생산과 평균생산과의 관계를 설명하라.

3. 등량곡선의 특징에 대하여 설명하라.

4. 등비용곡선의 특징에 대하여 설명하라.

5. 생산자균형조건이 지닌 의미 및 성립조건에 대하여 설명하라.

6. 확장경로의 형태는 무엇에 의하여 결정되는가?

7. 한계비용곡선과 평균비용곡선이 *U*자 형태를 띠고 있는 이유를 설명하라.

8. 장기비용곡선의 의미에 대하여 설명하라.

9. 장기총비용곡선이 모든 단기비용곡선들의 포락선임을 그림으로 나타내라.

10. 규모의 경제에 대하여 설명하라.

5 chapter

완전경쟁시장

학습목표

시장의 형태는 크게 완전경쟁시장과 불완전 경쟁시장으로 구분되는데, 본 장을 학습하면 완전경쟁시장에 대하여 이해할 수 있다.

1. 완전경쟁시장의 성립조건에 대하여 이해할 수 있다.
2. 완전경쟁시장에 참가하고 있는 개별기업인 경쟁기업의 수요곡선, 총수입 · 한계수입 · 평균수입에 대하여 이해할 수 있다.
3. 경쟁기업의 장 · 단기 균형이 어떻게 성립되고, 이에 따라 장 · 단기공급곡선이 어떻게 도출되는지를 이해할 수 있다.
4. 완전경쟁시장의 의의를 중심으로 완전경쟁시장의 자원배분의 효율성을 이해할 수 있다.

제 1 절 완전경쟁시장

1. 완전경쟁시장의 성립조건

시장이 완전경쟁시장이 되기 위해서는 다음과 같은 조건을 충족해야 한다.

첫째, 많은 수의 판매자와 구매자가 있어 시장에 참가하는 모두가 가격순응자(price-taker)로서 가격을 주어진 것으로 받아들이고 있어야 한다. 즉 완전경쟁시장에서는 개별소비자의 수요가 시장전체의 수요에서 차지하는 비중이 아주 작아서 시장가격에 영향을 줄 수 없고, 각 기업이 공급하는 상품도 시장에서 차지하는 비중이 무시할 정도로 작아 공급량을 변화시켜도 전혀 시장가격에 영향을 줄 수 없어야 한다는 것이다.

둘째, 거래되는 상품은 모두 동질적이어야 한다. 이러한 상품의 동질성은 기술적 특성뿐만 아니라 판매 및 판매 후 서비스와 관련된 조건도 같다는 것이다. 따라서 시장에서 거래되는 상품들은 질적인 면에서 동일하여 수요자가 어떤 공급자로부터 상품을 구입해도 마찬가지가 된다.

셋째, 기업들의 자유로운 시장진입과 퇴출이 보장되어야 한다. 완전경쟁시장에서는 어떤 신규기업도 원하기만 하면 해당산업에 진입해서 생산을 할 수 있으며, 기존기업도 원하기만 하면 언제든지 해당산업에서 떠날 수 있어야 한다는 것이다.

넷째, 시장에 참가하는 모든 주체가 완전한 정보를 갖고 있어야 한다. 이는 모든 상품의 가격, 품질 등에 대해 기업과 소비자 모두가 확실히 알고 있다는 것을 의미한다. 이와 같이 완전정보의 조건이 충족되면 하나의 상품은 오직 하나의 가격으로 거래된다. 즉 일물일가가 성립된다. 그런데 이러한 완전정보의 가정은 현실적으로 충족되기 어렵다. 왜냐하면 정보 그 자체도 하나의 희소한 자원이므로 이를 획득하기 위해서는 금전적, 시간적 비용을 부담하여야 가능하기 때문이다. 완전경쟁시장의 조건 중에서 완전정보의 조건을 제외하고 나머지 조건을 충족하는 경우를 별도로 순수경쟁(pure competition)이라고 부르기도 한다.

이상 살펴본 것과 같은 조건들을 모두 충족시키는 완전경쟁시장이 현실적으로 존재하기란 사실상 불가능하다. 그럼에도 불구하고 완전경쟁시장을 중요시하는 것은 완전경쟁시장이 희소한 자원을 가장 효율적으로 배분하는 이상적인 시장형태의 모형으로 여겨지고 있기 때문이다.

2. 경쟁기업의 수요곡선

앞에서 설명한 것처럼 완전경쟁시장에서의 개별기업(이하에서는 경쟁기업이라고 칭함)은 시장가격에 전혀 영향력을 행사하지 못한다. 따라서 경쟁기업이 직면하는 수요곡선과 시장전체의 수요곡선을 구별하여야 한다.

[그림 5-1] 경쟁기업의 수요곡선

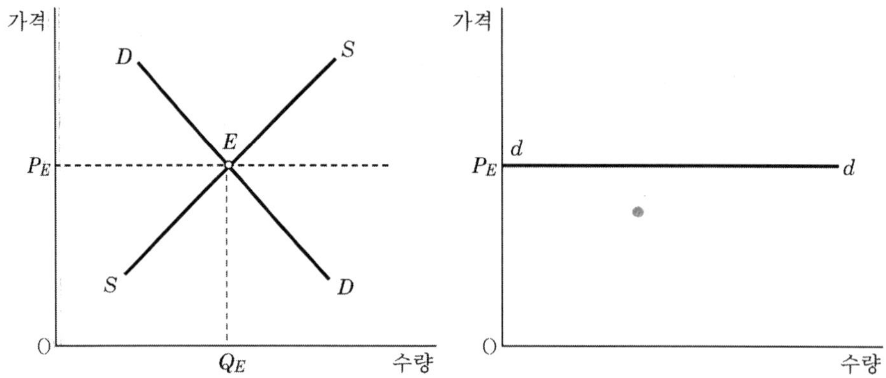

(a) 시장 (b) 개별기업

[그림 5-1]에서 보는 바와 같이 시장의 수요곡선(DD)와 공급곡선(SS)이 교차하는 E점에서 시장의 균형이 형성되고 이때의 균형가격은 P_E가 된다. 이와 같이 어떤 재화의 수요와 공급에 의해 시장가격이 결정되면 경쟁기업은 가격순응자(price-taker)로서 이 가격을 그대로 받아들일 수밖에 없다. 이는 완전경쟁시장의 성립조건에서 설명한 것처럼 경쟁기업은 무수히 많은 기업 중의 하나일 뿐이고 시장의 균형가격이상으로 동질적인 상품을 판매하려면 아무도 그 상품을 구입하지 않을 것이기 때문이다. 따라서 경쟁기업이 직면하는 수요곡선은 [그림 5-1]에서 보는 바와 같이 시장의 균형가격에서 수평적이다.

3. 경쟁기업의 총수입 · 한계수입 · 평균수입

경쟁기업에 있어서 총수입, 한계수입, 평균수입은 어떠한 관계를 갖는가를 알아보기로 하자.

총수입(total revenue : TR)은 상품가격(P)에 판매량(Q)을 곱한 것으로 나타낸다. 그런데 완전경쟁시장에서는 가격이 판매량과 관계없이 일정하므로, 기업의 총수입은 판매량에 비례한다. 따라서 총수입곡선(TR)은

[그림 5-2]에서 보는 바와 같이 원점을 지나는 직선의 형태를 갖는다.

[그림 5-2] 경쟁기업의 수입곡선

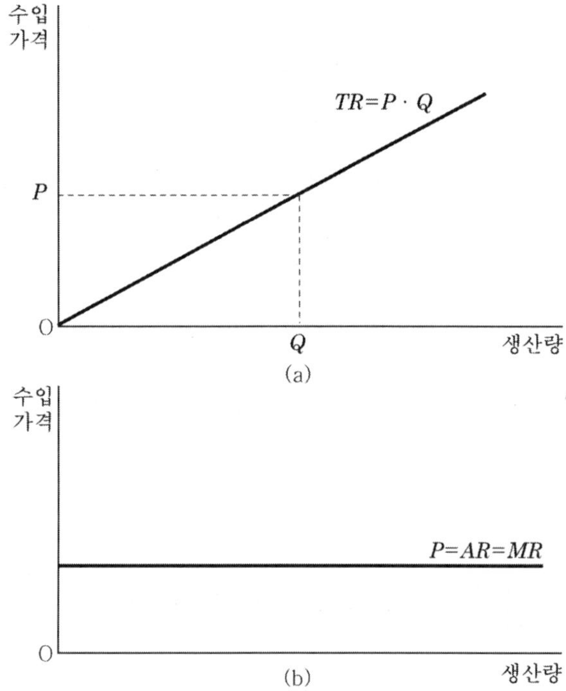

$$TR = P \cdot Q \tag{5-1}$$

평균수입(average revenue : AR)은 생산물 한 단위당 수입을 의미하는데, 이는 총수입(TR)을 판매량(Q)으로 나눈 것으로 나타낸다. 경쟁기업의 경우 평균수입이 가격(P)과 일치하므로 평균수입곡선(AR)은 경쟁기업의 수요곡선이 된다.

$$AR = \frac{TR}{Q} = \frac{P \cdot Q}{Q} = P \tag{5-2}$$

한계수입(marginal revenue : MR)은 판매량을 한 단위 변화시킴에 따라 생기는 총수입의 변화분을 나타낸 것이다. 그런데 경쟁기업은 가격을 주어진 것으로 받아들이는 가격순응자(price-taker)이다. 따라서 경쟁기업의 입장에서 보면 가격은 일정한 것으로 주어져 있다. 그리고 한계수입곡선(MR)은 총수입곡선(TR)의 기울기이며, 총수입곡선(TR)의 기울기는 [그림 5-2]에서 보는 바와 같이 다름 아닌 일정한 상수인 가격(P)이다. 따라서 한계수입도 가격(P)과 일치한다.

$$MR = \frac{\triangle TR}{\triangle Q} = P \tag{5-3}$$

이상과 같이 완전경쟁기업의 한계수입, 평균수입과 가격이 같은 것임을 알 수 있다. 즉 $MR = AR = P$가 성립된다.

제2절 경쟁기업의 단기균형과 단기공급곡선

1. 경쟁기업의 단기균형

기업은 이윤극대화를 추구할 수 있는 생산량을 생산하려고 할 것이다. 기업의 이윤은 총수입에서 총비용을 뺀 차이가 가장 큰 경우에 극대가 되기 때문에 [그림 5-3]의 (a)에서 보는 바와 같이 Q_M만큼의 생산량을 생산하는 것이 바람직하다. L점과 K점에서는 $TR = TC$가 되어 이윤이 0이고, L점의 왼쪽과 K점의 오른쪽에서는 $TC > TR$이 되어 손실을 본다. 한편 Q_M만큼의 생산량을 생산함으로써 AB만큼의 이윤극대를 추구할 수 있는 반면에, Q_0만큼의 생산량을 생산할 경우에는 CD만큼의 손실극대가 발생한다.

한계비용(MC)이 총비용곡선의 기울기인 것처럼 한계수입(MR)은 총수입곡선의 기울기를 의미한다. 그런데 앞에서 설명한 것처럼 경쟁기업의 총수입곡선이 직선이기 때문에 [그림 5-3]의 (b)와 같이 경쟁기업의 한계수입곡선(MR)은 수평적으로 나타난다.

[그림 5-3] 기업의 이윤극대화의 생산량

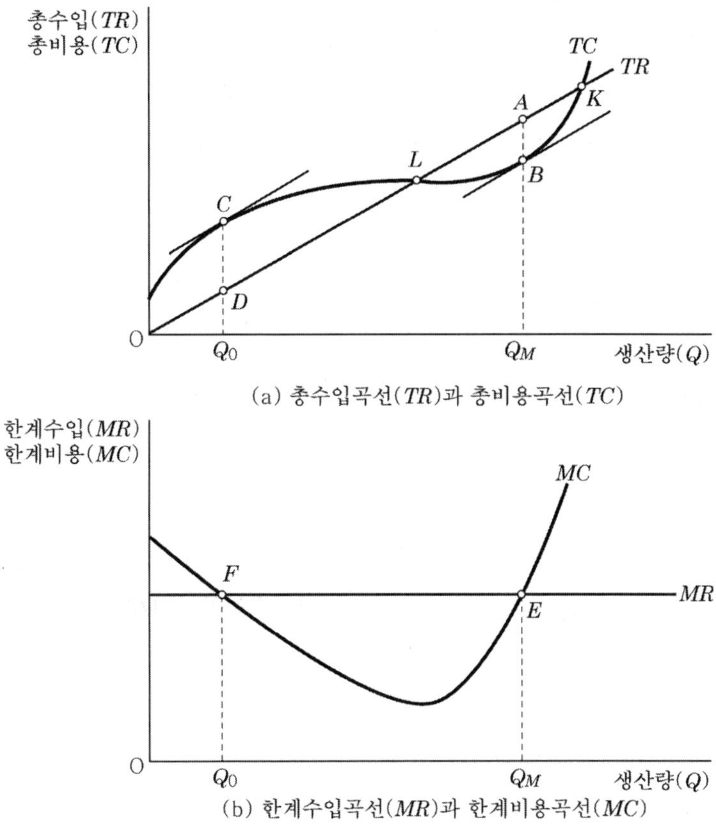

만일 어떤 생산량수준에서 한계수입이 한계비용보다 크면($MR > MC$), 상품의 생산량을 한 단위 더 증가할 때 추가로 벌어들일 수 있는 수입이 추가로 지출되는 비용보다 크게 된다. 따라서 이런 상황에서는 상품의 생산량을 증가시키면 기업의 이윤은 증가하게 된다. 이와 반대로 한계비용이 한계수입보다 크면($MC > MR$), 기업은 상품의 생산량을 감소시킴으로써 이윤을 증가시킬 수 있다. 결국 어떤 생산량수준에서 한계비용과 한계수입이 같다면($MR=MC$), 상품의 생산량을 변화시킴으로써 이윤을 증가시킬 소지가 없어진다. 따라서 한계수입과 한계비용이 같은 생산량수준에서 이윤은 극대화된다.

그러나 $MR=MC$이라고 해서 반드시 이윤극대화를 달성한다고 말할 수 없다. [그림 5-3]의 (b)에서 보는 바와 같이 경쟁기업의 경우 Q_0만큼의 생산량을 생산할 경우에도 $MR=MC$이 성립하지만 손실극대를 초래할 뿐이다. Q_M이하의 생산수준에서는 $MR>MC$가 성립하여 상품의 생산량을 한 단위를 더 생산하여 판매함으로써 얻는 수입이 그 한 단위를 생산하기 위하여 소요된 비용보다 크므로 기업은 생산량을 증가시킴으로써 이윤을 증대시킬 수 있다. 한편 Q_M 이상의 생산수준에서는 $MR<MC$가 성립하여 생산량을 한 단위 추가함으로써 소요되는 비용이 그로부터 얻어지는 수입보다 크므로 생산량을 감소시키는 것이 오히려 이윤을 증대시키는 것이 된다. 따라서 $MR=MC$가 성립되는 Q_M만큼 생산할 때 이윤극대화를 달성할 수 있다. 그런데, Q_M에서는 한계비용곡선(MC)이 한계수입곡선(MR)을 아래로부터 교차하는 것을 알 수 있다.

결론적으로 기업의 이윤극대화는 $MR=MC$가 성립할 뿐만 아니라 한계비용곡선(MC)이 아래로부터 한계수입곡선(MR)을 교차할 때의 생산량을 생산할 때 달성된다는 원칙을 도출할 수 있다.

[그림 5-4]에서 보는 바와 같이 경쟁기업은 $MC=MR(=AR=P)$이고 한계비용곡선(MC)이 아래로부터 한계수입곡선(MR)을 교차하는 E점에서 단기균형을 달성하고 Q_E만큼을 생산하면 이윤극대화를 추구할 수 있다. 이와 같이 이윤극대화의 생산량 Q_E만큼을 생산하는데 들어가는 단위당 평균비용은 GQ_E인데 반해 단위당 평균수입은 EQ_E이므로, 이윤극대화의 생산량을 생산하여 시장에 내다 팔면 상품 단위당 EG만큼의 이윤이 발생한다. 따라서 초과이윤은 $EG\times PE=\square HPEG$이 된다. [그림 5-4]와 같이 상품의 시장가격(P)이 평균비용(AC)보다 높게 형성되면 ($P>AC$), 완전경쟁시장에서도 개별기업은 단기적으로 $\square HPEG$만큼

의 초과이윤을 올릴 수 있다.

[그림 5-4] 경쟁기업의 단기균형(초과이윤이 발생하는 경우)

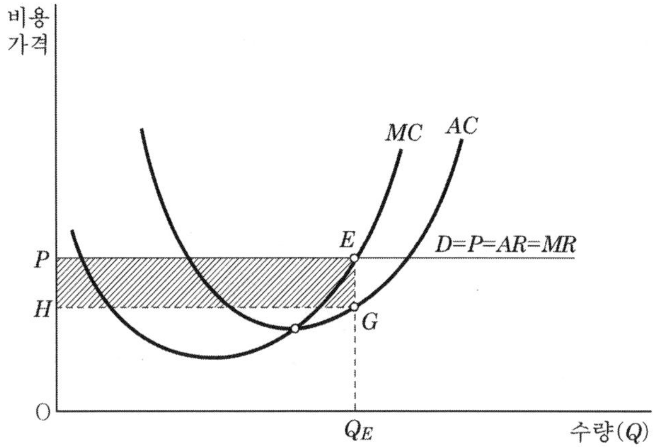

그런데 경쟁기업은 단기적으로 손실을 볼 수도 있다. [그림 5-5]에서 보는 바와 같이 시장가격(P)이 평균비용곡선(AC)의 최저점보다 낮게 형성되면($P < AC$), 경쟁기업은 단기적으로 손실을 보게 된다. 즉, 시장가격이 단위당 상품의 평균비용보다 낮게 형성되면 $MC = MR$ $(= AR = P)$이고 한계비용곡선(MC)이 아래로부터 한계수입곡선(MR)을 교차하는 E점에서 단기균형을 이루고 균형생산량은 Q_L이 된다. 이때 경쟁기업은 상품 한 단위를 팔면 HE만큼의 손실을 보게 되어 손실총액은 $HE \times PE = \square PGHE$이 된다.

여기서 직면하는 문제는 [그림 5-5]에서 보는 바와 같이 시장가격이 평균비용보다 낮아 손실을 보고 있다면 계속 생산을 지속해야 하느냐의 여부이다. 결론부터 말하면 [그림 5-5]의 경우에는 단기적으로 $\square PGHE$만큼의 손실을 보고 있지만 시장가격(P)이 적어도 평균가변비용(AVC)보다는 높게 형성되어 있기 때문에 생산을 계속하는 것이 바람직하다는 것이다. 이는 시장가격이 평균가변비용보다 높을 때 생산활동을 계속하면 상품을 팔아서 얻은 총수입으로 임금 등의 가변비용을 지불하고도 남아 고정비용의 일부까지 충당할 수 있기 때문이다. 이와 같이 시장가격(P)

이 평균비용곡선(AC)의 최저점보다는 낮게 형성되어 있으나 평균가변비용(AVC)보다는 높게 형성되어 있다면($AC > P(= AR) > AVC$), 단기적으로 생산을 계속하는 것이 바람직하다는 결론을 내릴 수 있다.

[그림 5-5] 경쟁기업의 단기균형(손실이 발생하는 경우)

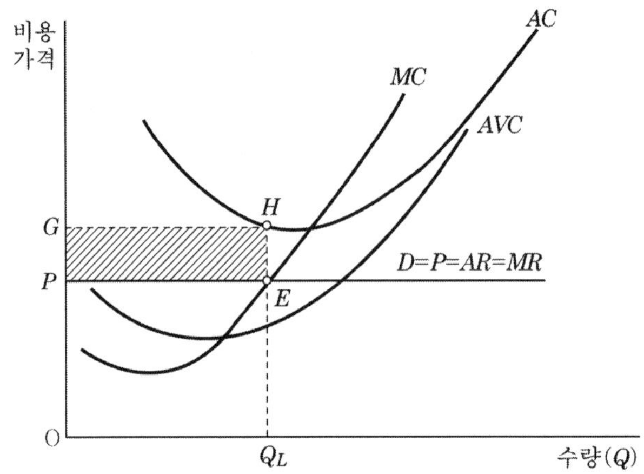

한편, [그림 5-6]에서 보는 바와 같이 경쟁기업은 단기적으로 정상이윤만을 낼 수도 있다. 즉, $MR = MC$이고 한계비용곡선(MC)이 아래로부터 한계수입곡선(MR)을 교차하는 E점에서 균형을 이루고 Q_L만큼을 생산하는데, 이 경우에는 시장가격(P)과 평균비용(AC)이 같기 때문에($P = AC$), 초과이윤도 손실도 없는 정상이윤만을 얻는 단기균형을 달성한다.

이상 살펴본 바와 같이 경쟁기업이 초과이윤을 내느냐 아니면 손실을 보느냐 여부는 시장가격과 평균비용의 차이에서 결정된다는 사실을 알 수 있다.

[그림 5-6] 경쟁기업의 단기균형(정상이윤이 발생하는 경우)

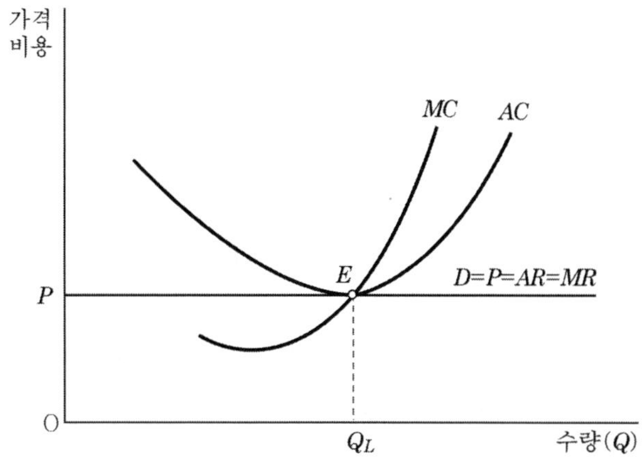

2. 경쟁기업의 단기공급곡선

완전경쟁시장에서는 가격은 주어진 것으로 경쟁기업은 가격에 어떠한 영향도 미치지 못한다. 그리고 앞에서 살펴본 바와 같이 완전경쟁시장에서는 $P = AR = MR$이고 이윤극대화의 생산량은 $MR = MC$이고 한계비용곡선(MC)이 아래로부터 한계수입곡선(MR)을 교차하는 점에서 결정된다는 것을 알았다. 이는 시장가격이 주어지면 경쟁기업은 $P = MC$가 되는 생산량까지 공급한다는 것을 의미한다. 따라서 모든 시장가격에 따라 경쟁기업이 공급하고자 하는 양은 우상향하는 한계비용곡선(MC)에 의해서 결정된다는 것을 알 수 있다. 그러나 우상향하는 한계비용곡선(MC) 전체가 경쟁기업의 공급곡선이 되는 것은 아니다. 이에 대해서는 [그림 5-7]을 통해 구체적으로 알아볼 수 있다.

[그림 5-7]에서 만약 시장가격이 P_4이면 경쟁기업의 수요곡선은 P_4에서 그은 수평선으로 한계수입곡선(MR_4)과 일치한다. 따라서 경쟁기업은 이윤을 극대화하는 즉 $P = MR = MC$가 충족되는 생산량 Q_4만큼 생산

한다. 이 경우 시장가격은 평균비용보다 높은 수준에 존재하므로 ($P_4 > AC$), 완전경쟁기업은 초과이윤을 얻게 된다.

[그림 5-7] 경쟁기업의 단기공급곡선

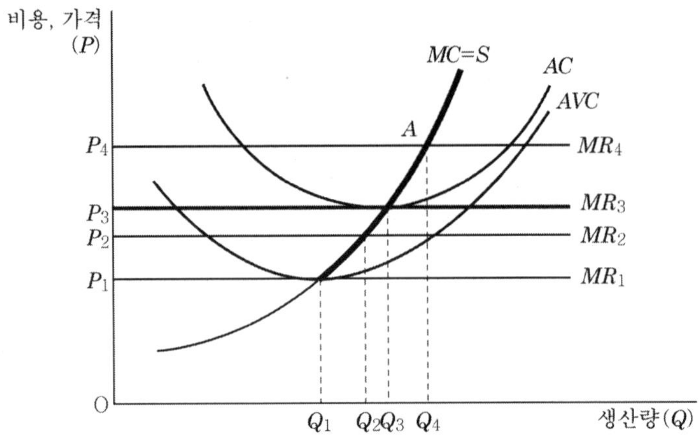

만약 시장가격이 P_3로 하락하면 경쟁기업의 수요곡선은 P_3에서 그은 수평선으로 한계수입곡선(MR_3)과 일치한다. 따라서 경쟁기업은 이윤을 극대화하는 즉 $P=MR=MC$가 충족되는 생산량 Q_3만큼 생산한다. 이 경우 시장가격은 평균비용의 최저와 같은 수준이므로($P_3 = AC$), 경쟁기업의 초과이윤은 0이 된다. 이와 같이 가격 P_3에서는 초과이윤이 0으로 경쟁기업은 오직 정상이윤만을 얻게 되는데, 이렇게 정상이윤만을 얻게 되는 평균비용의 최저점을 손익분기점(break-even point)이라고 한다. 즉 시장가격이 평균비용의 최저수준보다 높으면 초과이윤을 얻게 되고, 이와 반대로 시장가격이 평균비용의 최저수준보다 낮으면 손실을 입게 된다.

다시 시장가격이 P_2로 하락하면 위와 설명한 것과 같은 이치로 $P=MR=MC$가 충족되는 생산량 Q_2만큼 생산한다. 이 경우 시장가격은 평균비용곡선(AC)의 최저점보다는 낮으나 평균가변비용(AVC)보다는 높은 수준에 존재하므로($AC > P_2 > AVC$), 경쟁기업은 비록 손실을 입지만 생산활동을 통해 고정비용의 일부를 충당할 수 있기 때문에 생산을 계속하게 된다.

만약 가격이 평균가변비용(AVC)의 최저수준과 같은 수준인 P_1으로 떨어지면, 경쟁기업의 입장에서는 생산을 하든지 하지 아니 하든지의 여부와 관계없이 총 손실은 고정비용이 된다. 즉 시장가격이 그 이하로 하락하게 되면 생산에 필요한 평균가변비용조차도 충당할 수 없게 된다. 따라서 평균가변비용(AVC)의 최저수준이 경쟁기업의 입장에서는 생산중단점 또는 조업중단점(shut-down point)이 된다.

P(시장가격) $>$ AC(평균비용) $\rightarrow \pi$ (총이윤) > 0

P(시장가격) $=$ AC(평균비용) $\rightarrow \pi$ (총이윤) $= 0$

AVC(평균가변비용) $\leq P$(시장가격) $<$ AC(평균비용) $\rightarrow \pi$ (총이윤) < 0 생산지속

P(시장가격) $<$ AVC(평균가변비용) $\rightarrow \pi$ (총이윤) < 0 조업중단

이상과 같이 경쟁기업은 평균가변비용(AVC)의 최저수준과 같은 P_1 이상의 가격에서는 우상향하는 한계비용곡선(MC)을 따라 생산량을 공급함으로써 가격변화에 반응한다. 따라서 평균가변비용(AVC)의 최저점 이상의 한계비용곡선(MC)이 경쟁기업의 단기공급곡선이 된다.

3. 경쟁기업의 시장공급곡선

산업이란 동일한 상품을 생산하는 여러 기업들의 집합을 의미한다. 따라서 산업전체의 시장공급곡선은 생산요소가격이 일정한 경우 개별기업들의 공급곡선을 수평으로 합한 것이 된다.

만약 생산요소가격이 일정한 상태에서 동일한 상품을 생산하는 기업이 산업 내에 두 개 존재하며 이들의 공급곡선이 [그림 5-8]에서 보는 것처럼 각각 S_1과 S_2라고 하자. 만약 가격이 P_1이면 첫 번째 기업은 q_1'만큼

공급하고 두 번째 기업은 가격이 낮아 공급을 하지 않는다. 가격이 P_2로 상승하면 첫 번째 기업은 q_1''로 공급을 증가시키고 두 번째 기업은 q_2'' 만큼 공급하게 된다. 따라서 산업의 전체공급량은 두 기업들의 공급곡선을 수평으로 합하여 가격이 P_1일 때는 $Q_1(=q_1')$, 가격이 P_2일 때는 $Q_2(=q_1''+q_2'')$가 되어 산업전체의 시장공급곡선 S가 도출된다.

[그림 5-8] 경쟁기업의 시장공급곡선

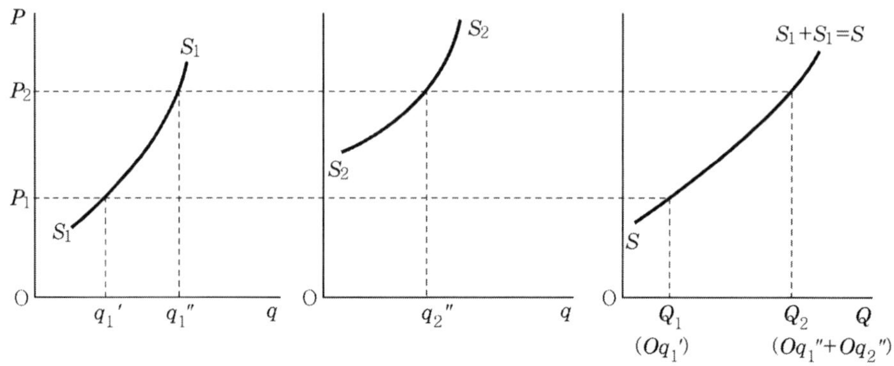

제 3 절 경쟁기업의 장기균형과 공급곡선

1. 경쟁기업의 장기균형

장기에서는 기업들이 시설규모를 확장 내지는 축소할 수 있을 뿐만 아니라 새로운 기업들이 산업에 자유롭게 진입하거나 기존기업들이 퇴출할 수 있다. 따라서 장기균형은 새로운 기업들의 진입과 기존기업들의 퇴출 그리고 기존기업들의 시설규모의 조정이 다 이루어진 다음에 달성하는 균형상태를 의미한다.

[그림 5-9]는 생산요소가격이 일정한 경우 산업과 개별기업이 장기균

형에 이르는 과정을 나타내고 있다. 만약 기업이 단기평균비용곡선이 SAC_0로 표시되는 시설규모를 갖고 있다고 하자. 이때 시장가격이 P_0라고 하면 기업은 $MR=MC$을 만족시키는 생산량 q_0를 공급하고 빗금친 부분만큼 초과이윤을 얻는다. 이 경우 기업은 생산시설의 확장하여 생산량을 증대시키고자 할 것이고 또한 이 산업에서 초과이윤이 발생하고 있기 때문에 새로운 기업들이 진입하게 된다. 이와 같이 기존기업들의 생산확장과 신규기업들의 진입이 이루어지면 시장공급곡선은 S_0S_0에서 우측으로 이동하고 시장가격은 P_0에서 하락한다. 초과이윤이 존재하는 한 이러한 변화는 지속되어 결국에는 [그림 5-9]의 (a)에서 보는 것처럼 공급곡선이 S_1S_1으로 이동하여 시장가격은 장기평균비용곡선(LAC)의 최저점에 대응하는 P_1수준이 될 때 멈추게 된다.

[그림 5-9] 경쟁기업 및 산업의 장기균형

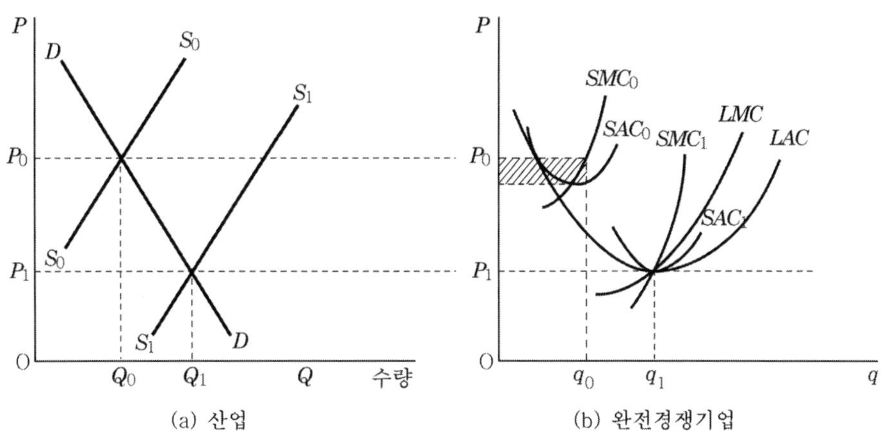

만약 이러한 과정이 지속되어 공급량이 늘고 가격이 더욱 하락하여 P_1보다 낮은 수준에서 결정된다면 기업은 평균비용보다 낮은 가격 때문에 손실을 보게 된다. 이 경우에는 기업들이 산업에서 퇴출을 하게 되고 기존기업들도 생산량을 줄여 전체공급량이 감소하게 된다. 이와 같이 공급량이 감소함에 따라 시장공급곡선은 좌측으로 이동하게 되고 가격은 상승하게 된다. 한편 공급곡선의 이동이 S_0S_0과 S_1S_1의 사이에 있을 경우에는 가격이 P_1수준보다 더 높기 때문에 가격이 P_0일 때처럼 기업이 초과이윤을 얻게 된다. 앞에서 언급한 것처럼 이 경우에는 기존기업들의 시설확장과 새로운 기업들의 진입이 이루어져 시장전체의 공급량을 증가시키고 공급곡선을 우측으로 이동시키게 된다. 따라서 이러한 과정이 끝나는 장기에는 결국 장기평균곡선의 최저점과 일치하는 가격수준에서 장기균형이 이루어진다.

개별기업의 장기균형은 새로운 기업들의 진입, 퇴출, 시설확대 및 축소 등이 다 이루어진 다음에 달성되는 균형상태로서 초과이윤도 손실도 없는 정상이윤만을 얻는 상태를 말한다. 이와 같이 정상이윤만이 보장되는 장기균형상태에서는 기업의 진입과 퇴출이 일어날 이유가 없다. 이러한 의미를 지닌 개별기업의 장기균형은 시장가격이 개별기업의 장기평균비용곡선의 최저점과 일치하는 생산량수준에서 이루어지는데, 장기에서는 평균비용(평균가변비용)의 최저점이 손익분기점 그리고 조업중단점이 된다. 결과적으로 모든 기업에서 최적시설규모가 실현되어 자원의 효율적인 배분이 이루어진다. 이와 같은 경쟁기업의 장기균형조건을 표시하면 식 (5-4)와 같다.

$$SAC = SMC = LAC = LMC = P = MR \tag{5-4}$$

완전경쟁시장의 모든 개별기업들이 위의 조건인 시장가격과 같은 장기평균곡선(LAC)의 최저점에서 생산하고 정상이윤만을 얻는 균형상태에 도달할 때 산업은 장기균형을 이룬다. 장기균형상태에서는 기업들의 진입과 퇴출이 더 이상 발생하지 않아 산업의 공급량은 안정적이다. [그림 5-9]에서와 같이 P_1이 장기균형가격이며 개별기업의 생산량은 q_1이고 산업의 균형생산량은 Q_1이다.

2. 산업의 장기공급곡선

앞에서 완전경쟁산업(이하 산업이라고 칭한다)의 단기공급곡선은 생산요소가격이 일정한 경우 개별기업의 단기공급곡선을 수평으로 합한 것이라고 설명하였다. 그런데 산업의 장기공급곡선을 구할 때에는 이 방법을 사용할 수 없다. 왜냐하면 산업의 장기공급곡선은 시장수요곡선이 먼저 이동한 경우를 상정하여 그에 따른 산업의 장기균형점들을 연결하여 도출한 것으로, 생산확대에 따른 생산요소가격의 변화, 즉 산업의 비용조건에 따라 여러 형태를 취하기 때문이다.

산업의 장기공급곡선은 산업전체의 생산량이 증가할 때 이 산업에서 사용하는 생산요소의 가격이 어떤 반응을 보이느냐에 따라 그 모양이 달라지는데, 이는 다음과 같이 세 가지로 분류하여 살펴볼 수 있다.

(1) 비용불변산업의 장기공급곡선

비용불변산업(constant cost industry)이란 많은 수의 기업이 진입하여 산업전체의 생산량이 늘어나더라도 생산요소의 가격이 불변으로 유지되는 성격을 지닌 시장을 말한다. 만약 어떤 상품의 가격이 P_1으로 결정되어 있고 이 가격에서 산업전체는 Q_1을 공급하고 있다고 할 때, 이 산업이 불변비용의 성격을 지니고 있다고 하면 바로 그 가격에서 얼마든지 많은 량의 상품이 공급될 수 있게 된다. 왜냐하면 산업전체가 생산을 늘려도 생산요소의 가격에는 아무런 영향을 미칠 수 없을 것이기 때문이다. 따라서 이러한 산업의 장기공급곡선은 [그림 5-10]의 (a)에서 보는 바와 같이 수평선의 모양을 갖는다.

[그림 5-10] 산업의 장기공급곡선

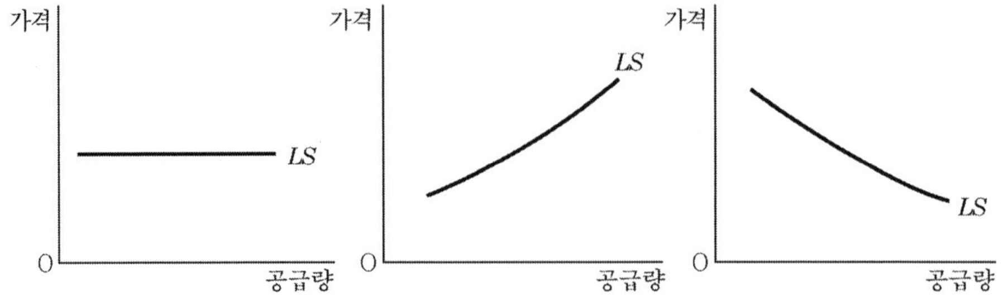

(a) 비용불변산업 (b) 비용체증산업 (c) 비용체감산업

(2) 비용체증산업의 장기공급곡선

비용체증산업(increasing cost industry)이란 어떤 산업의 생산량이 증가함에 따라 그 요소에 대한 수요의 증가로 인하여 생산요소의 가격이 상승하는 산업을 말한다. 이와 같은 성격을 갖는 산업에서는 일정한 가격에서 상품의 공급량을 무한히 증가시킬 수 없다. 산업전체의 생산량이 늘면 생산요소의 가격이 오르기 때문에 상품의 가격이 올라야만 더 많은 상품을 생산해서 공급할 수 있기 때문이다. 이러한 경우의 장기공급곡선은 [그림 5-10]의 (b)에서 보는 바와 같이 우상향하는 모양을 갖는다.

(3) 비용체감산업의 장기공급곡선

비용체감산업(decreasing cost industry)이란 어떤 산업의 생산량이 증가함에 따라 생산요소의 가격이 하락하는 특성을 지닌 산업을 말한다. 만약 산업의 규모가 커져 규모의 경제를 실현할 수 있는 상황이 조성된다면 이러한 성격을 지닌 산업이 발생할 수 있다. 이러한 산업에서는 공급량을 증가시킴에 따라 가격을 오히려 낮출 수가 있어 [그림 5-10]의 (c)에서 보는 바와 같이 우상향하는 모양을 갖는다.

제 4 절 완전경쟁시장의 평가

앞의 완전경쟁시장의 성립조건에서 언급한 것처럼 완전경쟁시장은 현실적으로 존재할 수 있는 가능성은 거의 없다. 그러나 다른 시장에 비해서 효율적인 자원의 배분문제를 해결하는 시장구조이기 때문에 이를 구체적으로 분석하고 있는 것이다. 완전경쟁시장의 의의를 보다 구체적으로 설명하면 다음과 같다.

먼저, 완전경쟁시장에서는 시장가격(P)과 한계비용(MC)이 같다는 한계비용가격설정(marginal cost pricing)이 적용된다는 점이다. $P = MC$라고 하는 한계비용가격설정이 적용된다는 것은 자원배분의 효율성측면에서 매우 중요한 의미를 갖는다. 앞에서 살펴본 바와 같이 시장가격은 소비자가 상품을 한 단위 더 소비하기 위하여 기꺼이 지불할 용의가 있는 화폐액을 나타낸다. 따라서 시장가격이 한계비용과 같다는 것은 시장에서 거래되는 상품의 마지막 단위에 대해 소비자가 기꺼이 지불할 용의가 있는 화폐액과 그 상품을 한 단위 더 생산하기 위해 들어가는 기회비용이 일치한다는 것을 말한다. 이는 자원이 가장 효율적으로 배분되고 있다는 것을 의미하는 것으로, 모든 시장이 완전경쟁시장이면 자원배분이 효율적으로 이루어진다는 것을 뜻한다.

다음으로 앞에서 살펴본 바와 같이 완전경쟁시장의 장기에서는 시장가격이 장기한계비용 및 최저의 장기평균비용과 같다. 이는 소비자들이 가장 저렴한 가격으로 상품을 소비한다는 것이며 동시에 생산자들은 최소의 비용으로 그 상품을 생산한다는 것을 의미한다. 즉 기업은 최적시설규모, 최소의 평균비용으로 조업을 한다는 것이다. 이와 같이 완전경쟁시장에서는 최적규모로 최적생산량을 생산할 수 있을 뿐만 아니라 가장 저렴한 가격으로 상품을 소비할 수 있어 사회적 후생의 극대화를 추구할 수 있다. 따라서 모든 시장이 완전경쟁시장의 구조를 갖는다면 사회 전체적으로 가장 바람직한 상태를 이룰 것이다.

경제이론과 현실경제

'경쟁의 시대'에서 '협력의 시대'로

경쟁은 보통 제한된 자원을 가진 환경에 공존하는 생물 사이에서 자연스럽게 일어난다. 경쟁은 발전의 원동력이 된다. 한 예로 스마트폰 시장에서는 지금도 계속해서 기술력이 성장하고 있으며 최신 제품들이 나오고 있는데, 이는 경쟁이 있기에 가능한 것이다. 더 많은 매출실적을 내기 위해서 치열한 경쟁을 하는 것이다. 경쟁의 필요성은 공산주의가 망한 것을 봐도 알 수 있다. 일을 잘하든 못하든 같은 봉급을 주니 사람들이 일을 하려고 하지 않아 작업효율도 좋지 않고 발전도 없는 것이다.

그렇다고 해서 경쟁이 무조건 좋은 것만은 아니다. 과도한 경쟁은 화를 불러오기 마련이며 오히려 독이 될 수도 있다. 경쟁의 본성은 결과 지향적인 것이기 때문에, 욕망으로부터 벗어난 자유스러운 행동이 없다는 것이다. 그리고 상대의 실패와 패배를 전제로 이루어지는 승리감과 성취욕에 대한 집착이다. 그런데 집착은 인간에게 경쟁 없이는 세상을 살아갈 수 없는 굴레가 되며, 다른 사람과 비교하면서 느끼는 성취나 쾌락은 다시 상대적인 위치에서 좌절감과 고통으로 변한다.

시간의 기반 위에서 일어난 모든 경험은, 두뇌 속에 저장되어 조건반사적으로 더 나은 새로운 성취감을 얻으려고 반복하고자 한다. 이것이 집착이고 욕망이다. 욕망은 두뇌 속에서 일어나는 과거의 운동이다. 때문에 반복하고자 하는 욕망은 미지의 새로운 것을 맞이할 수가 없다. 경쟁은 욕망의 에너지로 반복되는 모순과 심리적 분열의 경험이다. 그리하여 경쟁은 온갖 갈등과 긴장을 생산하고, 쾌락과 고통을 가져다주며, 인간관계의 파괴적 행동으로 감수성을 둔감하게 한다.

반면 협력은 서로의 관계를 한 가지 가치 기준에서 개인의 능력만을 비교하는 것이 아니라, 서로 다른 다양한 가치를 존중하면서 공통으로 성취해가는 과정에서 함께 누리는 기쁨이다. 그리고 팀워크를 통해 남을 이해하고 공존하며 같이 나아가는 것을 배울 수 있고 일을 분담할 수 있다. 그러기에 큰일을 작게 나누어 효율성을 높일 수 있다.

협력의 중요성에 대한 사례는 우선 대기업과 중소기업 간의 협력에서 찾을 수가 있다. 무한경쟁시대에서 글로벌 경쟁력은 혼자가 아닌 협력업체와의 네트워크 경쟁력에서 나온다. 이제 우리 대기업들도 외국 선진기업들처럼 중소기업을 동반자로 생각하고 이들의 경쟁력 강화와 인재육성, 동반성장에 기여하는 다양한 경영지원플랜을 만들어 실천해야 할 것이다.

때에 따라서는 경쟁기업 상호간의 협력도 필요하다. 한 예로 IBM과 도시바는 경쟁 기업이다. 그러나 노트북의 핵심기술인 LCD를 생산하기 위해 협력관계를 유지하고 있다. 이처럼 아군이 아니면 적이었던 비즈니스의 세계에 새로운 물결이 흐르고 있는 것이다. 이러한 기업 간 협력은 비용을 절감하고 매출 또한 극대화할 수 있다는 점에서 하나의 추세로 지속될 것으로 보인다.

노사 간의 협력도 중요하다는 것은 두말할 필요가 없다. 작금의 글로벌 경제전쟁 시대의 상황은 근로자와 기업주 양자가 싸워서 누가 이기느냐 하는 1:1의 승부 게임이 아니다. 근로자와 기업이 한 팀이 되어 즉 동반자로서 함께 승자가 되느냐, 아니면 함께 패배자가 되느냐 하는 동반협력의 게임인 것이다. 그래서 글로벌 경쟁력은 혼자가 아닌 노사의 단합에서 나온다. 이를 위해 기업은 근로자를 기업경쟁력을 키우는 가장 중요한 인적자원으로 인식해야 한다. 그리고 파업을 예사로 생각하는 노조문화도 바뀌어야 한다. 다시 말해 오늘날과 같이 어렵고 불확실성이 큰 시대에는 결국 노사간의 상생과 공존이 경쟁력이라는 것이다.

국제간의 공조도 중요하다. 글로벌 경제에서는 국가 간의 상호협조 없이는 아무리 훌륭한 정책이라도 실효를 거두기 어렵다는 것이다. 대표적인 예가 토빈세이다. 토빈세란 외환·채권·파생 상품·재정 거래 등으로 막대한 수익을 올리는 투기자본을 규제하기 위해 단기성 외환거래에 부과되는 과세이다. 따라서 토빈세가 제대로 작동될 경우 각국 정부는 재정수입을 올릴 수 있으며, 핫머니를 방지해 금융시장을 안정시킬 수 있다. 그런데 현실적으로 이 토빈세를 시행한 나라는 브라질이 유일하다.

이같이 이론상 나무랄 데 없는 토빈세가 현실에서 제대로 작동되지 않은 이유는 무엇일까. 이는 토빈세가 만약 일부 국가에서만 실시될 경우 금융거래는 토빈세를 도입하지 않은 역외금융시장으로 이동하는 등 조세회피가 발생하기 때문이다. 따라서 토빈세가 실효성을 거두기 위해서는 모든 관련국들이 동시에 이 제도를 도입해야만 한다.

국제기후변화협약의 성공을 위해서도 국제사회의 협력과 공조가 중요하다. 1997년에 채택된 교토의정서는 세계최대의 경제대국들이면서 가장 이산화탄소를 많이 배출하는 나라인 미국과 중국이 자국 산업보호 명분을 들어 미온적이다 보니 제대로 잘 굴러가지를 않고 있다. 그러다 2011년 들어서는 캐나다까지도 이에 비협조적인 태도를 보이는 상황에 처해있다.

이같이 협력과 공조는 국내 및 글로벌 경제사회를 바르게 이끌어 가는데 매우 중요한 요소다. 그렇지만 인간의 속성을 고려할 때 무조건적인 협력이 존재하기란 거의 불가능할 것이다. 또 설사 존재하더라도 지속되어 나가기가 어려울 것이다. 세상에는 완전 경쟁과 완전 협동은 있을 수 없다. 따라서 현실적인 대안으로 협력에 바탕을 둔 경쟁을 추구하는 것이 바람직하다. 이것이 바로 협력(Cooperration)과 경쟁(competion)을 합성한 코피티션(Co-Opetion)이다. 사람들과 사이좋게 어울리면서 협력하고 서로 존중하는 가운데, 더 좋은 일의 성과를 만들어내기 위한 경쟁이 촉발되는 경제사회를 만들어야 한다. 이 경쟁은 사람과의 경쟁이 아니라, 일과의 경쟁인 것이다.

〈출처: 이철환 하나금융연구원 연구위원, 머니투데이(2015.4.15.)〉

중요개념 및 용어

가격순응자	총수입	한계수입
평균수입	경쟁기업의 단기균형	이윤극대화의 원칙
경쟁기업의 단기공급곡선	정상이윤	손익분기점
조업중단점	경쟁기업의 장기균형	비용불변산업
비용체증산업	비용체감산업	한계비용가격설정

연 습 문 제

1. 완전경쟁시장의 성립조건에 대하여 설명하라.

2. 완전경쟁기업이 직면하는 수요곡선에 대하여 설명하라.

3. 기업의 이윤극대화 원칙에 대하여 설명하라.

4. 초과이윤이 발생하는 경우의 완전경쟁기업의 단기균형에 대하여 그림을 이용하여 설명하라.

5. 완전경쟁기업의 단기공급곡선이 왜 평균가변비용의 최저점이상의 한계비용곡선인가를 설명하라.

6. 경쟁기업의 시장공급곡선에 대하여 설명하라.

7. 완전경쟁시장에서의 장기균형의 의미에 대하여 설명하라.

8. 완전경쟁시장의 장기균형이 이루어지기 위해 충족되어야 할 조건에 대하여 설명하라.

9. 비용체감산업의 장기공급곡선에 대하여 설명하라.

10. 완전경쟁시장이 효율적인 자원배분을 실현하는 시장구조라는 근거를 설명하라.

6
chapter

독점시장

학습목표

본 장을 학습하면 독점시장에서 가격과 생산이 어떻게 결정되고 자원 배분이 어떻게 이루어지는지를 이해할 수 있다.

1. 독점시장의 특징과 발생원인에 대하여 이해할 수 있다.
2. 독점기업의 가격과 생산량은 어떻게 결정되는지를 이해할 수 있다.
3. 독점기업이 이윤을 극대화하기 위하여 동일한 상품에 대하여 각각 다른 가격으로 판매하는 것인 가격차별에 대하여 이해할 수 있다.
4. 독점시장의 경제적 효과에 대하여 이해할 수 있다.

제1절 독점시장의 특징과 발생원인

1. 독점시장의 특징

독점시장(monopoly market)이란 일반적으로 한 재화나 서비스의 공급이 하나의 공급자에 의해 이루어지고, 그 하나의 공급자가 시장을 지배하는 형태를 말한다.[1] 시장전체에 대한 유일한 공급자를 독점기업이라고 하고, 독점기업이 공급하는 재화나 서비스를 독점상품이라고 한다. 이러한 의미를 지니고 있는 독점시장은 다음과 같은 특징을 갖는다.

첫째, 독점기업은 상품의 유일한 공급자이다. 따라서 독점기업의 공급량은 그 상품에 대한 전체시장의 총 공급량과 동일하다. 이러한 의미에서 독점기업은 바로 독점산업이 된다.

1) 수요자가 하나뿐인 수요자독점 또는 하나의 수요자와 하나의 공급자인 쌍방독점인 경우도 있지만, 일반적으로 독점시장은 수요가 다수이고 공급이 하나인 시장형태를 말한다.

둘째, 독점기업은 공급량을 조절함으로써 시장가격을 임의로 선택하여 시장지배력을 행사할 수 있다. 여기서 시장지배력이란 다른 시장참여자의 희생으로 자신의 이익을 추구할 수 있는 영향력을 의미하는데, 독점기업은 공급량을 제한하여 가격을 인상시킴으로써 소비자의 부담 위에 독점이윤을 획득할 수 있다는 것이다. 이는 독점기업이 완전경쟁시장의 가격순응자(price taker)와는 달리 스스로 가격을 자기에 유리하게 결정할 수 있는 가격결정자(price setter)의 역할을 수행한다는 것을 의미하는데, 이에 따라 독점가격은 한계수입보다 높게 설정된다.

셋째, 강력한 진입장벽이 존재한다. 따라서 독점기업이 초과이윤을 획득하고 있을지라도 다른 기업이 그 산업에 진입하기가 어렵다.

넷째, 독점산업에서는 단 하나의 기업만이 존재하기 때문에 독점기업이 생산하는 상품은 대체재를 가지지 않는다. 즉 단 하나의 기업이 생산하는 상품이기 때문에 독점기업은 산업전체에서 동질의 상품이나 밀접한 대체재를 생산하는 경쟁기업을 가지지 않는다.

2. 독점시장의 발생원인

독점시장은 발생하는 원인에 따라 크게 자연적 독점과 인위적 독점으로 구분된다.

(1) 자연적 독점

자연적 독점(natural monopoly)은 완전한 시장의 상태에서 자연의 제한조건과 규모의 경제에 의하여 시장진입이 자연적으로 제한되는 것을 말한다.

첫째, 자연의 제한조건에 의한 독점은 희소한 천연자원을 독점가 혼자서 소유하는 경우에 발생하는 것이다. 예를 들어 특수광물, 온천, 자연경관 등을 독점적으로 보유하는 경우가 이에 해당되는데, 동질성, 진입 탈퇴의 자유 등이 보장된 완전경쟁시장에서도 이와 같은 자연적인 제약조건 때문에 독점시장이 발생하게 된다.

둘째, 규모의 경제(economies of scale)가 크게 작용하는 기술적 특성이 있는 경우에도 독점시장이 발생할 수 있다. 앞에서 설명한 것처럼 규모의 경제는 기업의 산출량이 증가함에 따라 장기평균비용이 하락하는 것을 의미한다. 따라서 어떤 산업에 시장수요를 충족시키고도 남을 만큼의 대규모생산에 이르기까지 규모의 경제가 있으면 대규모의 기업일수록 보다 낮은 비용으로 생산할 수 있기 때문에 그 산업은 자연히 독점이 될 수 있다. 규모의 경제에 의한 자연독점의 대표적인 예로는 전력, 전신, 가스, 수도 등과 같은 공익사업을 들 수 있다.

(2) 인위적 독점

인위적 독점(artificial monopoly)은 국가나 개인기업이 인위적으로 시장진입을 제한함으로써 발생하는 독점을 말한다.

첫째, 국가가 특허권, 인·허가 등을 특정인에게 법적으로 부여함으로써 독점의 지위를 누리게 되는 경우이다. 기술혁신을 유인하기 위해 각국이 인정하는 특허권이 대표적인 예라고 볼 수 있다.

둘째, 국가가 특수한 목적을 위해 직접 독점력을 행사하는 경우이다. 국민건강, 안전 등을 이유로 국가가 무기류, 담배, 마약 등에 있어서 직접 독점력을 행사하는 것이 그 예이다.

셋째, 하나의 개인기업이 경쟁을 통하여 독점기업으로 성장하는 경우이다. 경쟁대상기업을 모두 흡수합병하거나 제품의 가격, 서비스, 기술, 경영기법 등을 통하여 경쟁기업을 압도함으로써 시장을 지배하는 경우로서 이를 경제적 독점이라고도 한다. 이러한 경제적 독점은 국가에 의해 독점규제대상이 되기도 한다.

제 2 절 독점기업의 균형

1. 독점기업의 수요곡선과 수입곡선

완전경쟁시장에서 개별기업이 직면하는 수평적 형태의 수요곡선과는 달리 독점시장에서 독점기업이 직면하는 수요곡선은 우하향하는 시장전체의 수요곡선이다. 독점기업이 우하향하는 형태의 수요곡선을 나타내는 것은 독점기업이 시장전체에 유일한 공급자이므로 판매량이나 가격조정을 통하여 이윤을 극대화하는 가격이나 생산수준을 결정할 수 있기 때문이다. 즉, 판매량을 늘리려면 가격을 내려야 하고, 가격을 올리고자 한다면 판매량을 줄여야 한다는 것이다.

우하향하는 수요곡선으로부터 평균수입곡선(AR), 총수입곡선(TR), 한계수입곡선(MR)을 도출할 수 있다. 먼저, 평균수입은 상품 한 단위당 수입으로서 이는 완전경쟁시장에서와 같이 가격(P)과 같다. 그런데 독점기업의 수요곡선 자체가 각 공급수준에 따른 가격을 나타내므로 수요곡선은 바로 평균수입곡선이 된다($d = P = AR$).

완전경쟁시장에서와는 달리 독점시장의 경우에는 판매량을 늘리려면 가격을 내려야 하므로 한계수입곡선은 항상 평균수입곡선 밑에 있다. 따라서 독점시장에서는 $P(= AR) > MR$의 관계가 성립한다. 이에 대하여 〈표 6-1〉을 통해 보다 구체적으로 살펴보자.

〈표 6-1〉은 어떤 독점기업의 제품에 대한 수요를 나타낸 것으로 판매량을 늘리기 위해서는 가격이 인하되어야 한다는 것을 입증하고 있다. 한 단위를 판매하면 총수입은 100만원이다. 이때 판매량을 1단위 더 늘려서 2단위를 팔려면 가격을 80만원으로 내려야 한다. 이에 따라 총수입은 160만원으로 60만원이 더 증가한다. 즉 한 단위 더 판매하여 추가로 얻는 수

입을 나타내는 한계수입이 60만원이 된다는 것이다. 그런데 한계수입은 가격보다 작다. 이는 판매량을 증가시키기 위해 가격을 인하하였기 때문에 처음 1단위에 대하여 가격인하만큼(-20만원)의 수입이 줄지만, 추가판매로 인해 80만원의 수입이 증가하므로 결과적으로는 60만원의 수입이 증가하였기 때문이다. 이를 그림으로 나타낸 것이 [그림 6-1]이다.

〈표 6-1〉 독점기업에서의 가격과 한계수입과의 관계

(단위 : 만원)

판매량(Q)	가격($P=AR$)	총수입(TR)	한계수입(MR)
1	100	100	-
2	80	160	60
3	60	180	20
4	40	160	-20

[그림 6-1] 독점기업의 수요곡선과 한계수입곡선

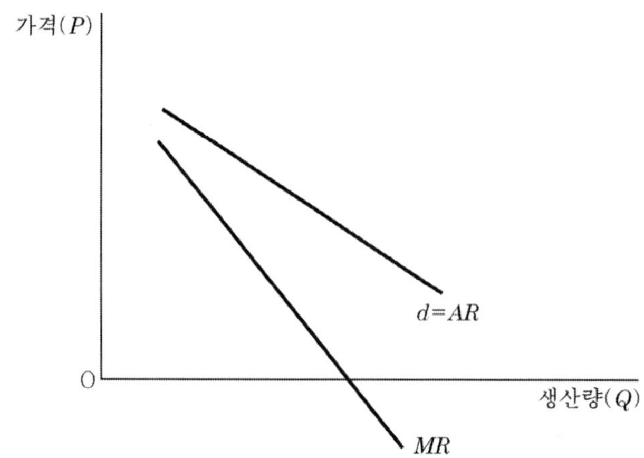

2. 독점기업의 균형

완전경쟁기업과 마찬가지로 독점기업의 균형도 $MR=MC$의 조건을 만족하는 생산량에서 성립된다. 이는 [그림 6-2]의 (a)와 (b)를 통해서 알 수 있는데, 여기서 완전경쟁기업의 단기균형의 경우와 몇 가지 다른 것을 발견할 수 있다.

[그림 6-2] 독점기업의 균형

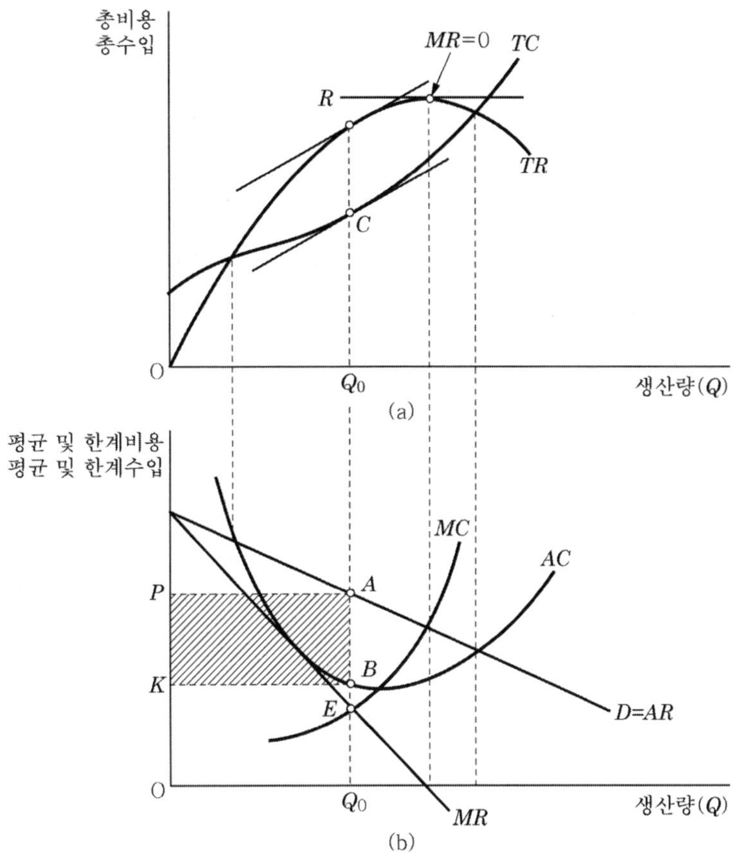

먼저 [그림 6-2]의 (a)에서 보는 바와 같이, 총수입곡선(TR)의 경우 완전경쟁기업의 균형에서는 우상향하는 직선의 형태인데 반해, 독점기업에서는 곡선의 형태를 띠고 있다는 것이다. 그리고 또 하나는 [그림 6-2]의 (b)에서 보는 바와 같이 완전경쟁기업의 균형 때와는 달리 수요곡선이 우하향하는 형태를 띠고 있으며 한계수입곡선이 수요곡선의 아래에 있다는 것이다(즉, $P=AR>MR$의 관계가 성립함).

[그림 6-2]의 (a)에서는 총수입곡선(TR)의 기울기와 총비용곡선(TC)의 기울기가 일치하여 $MR = MC$가 성립되는 생산량 Q_0을 생산할 때 이윤이 극대화된다. 이때 이윤의 크기는 총수입곡선(TR)과 총비용곡선(TC)의 수직거리로서 판단할 수 있다. 이와 똑같은 상태를 한계비용곡선(MC)과 한계수입곡선(MR)으로 나타낸 것이 [그림 6-2]의 (b)이다. 여기서도 설명할 필요도 없이 생산량이 Q_0일 때 $MR = MC$이 되어 이윤극대화를 추구가 가능하다. 즉, 독점기업이 $0Q_0$를 생산하는 경우 단위당 가격은 Q_0A가 되어 총수입은 $OPAQ_0$가 되는데 반해, 단위당비용(평균비용을 의미)은 Q_0B가 되어 총비용은 $OKBQ_0$가 된다. 따라서 독점기업의 총이윤은 $KPAB$([그림 7-2]의 (a)의 RC에 해당)가 되는데, 이를 독점이윤이라고 한다.

이상 살펴본 바와 같이 독점기업의 이윤극대화를 목표로 하는 균형조건에서는 다음과 같은 몇 가지의 특징이 존재함을 알 수 있다.

첫째, 완전경쟁기업의 단기균형에서 이윤이 발생할 경우에는 새로운 기업의 진입과 생산시설 확대로 장기적으로 이윤이 없어지는데 반해, 독점이윤의 경우에는 새로운 기업의 진입이 없으므로 장기적으로도 이윤이 없어지지 않는다는 것이다.

둘째, 독점기업의 균형에서는 상품의 가격이 한계비용보다 높다는 것이다. 즉 완전경쟁기업의 단기균형에서는 항상 한계비용과 가격이 일치하는데 반해, 독점의 경우에는 $P > MR$이므로 $MC = MR$에서 생산할 때 $P > MC$라는 결과가 도출된다. 이와 같이 $P > MC$의 수준에서 생산할 수 있으므로 독점기업은 이윤극대화를 달성할 수 있다.

셋째, 독점기업의 균형점에서의 생산수준은 항상 한계수입이 정(+)의 값을 갖는다는 것을 의미하는 수요의 가격탄력성이 1 이상인 영역에서 이루어진다는 것이다. 왜냐하면 독점기업은 이윤을 극대화하기 위해 가격설정자로서 임의로 가격을 결정할 수 있기 때문에, 한계수입이 부(-)인 영역, 즉 수요의 가격탄력성이 1보다 작은 영역에서는 생산하지 않기 때문이다.

넷째, 독점기업의 경우에는 공급곡선이라는 것이 아예 존재하지 않는다는 것이다. 공급곡선은 각각의 가격에서 공급자가 얼마만큼의 상품을 생산하여 공급하는지를 나타내는 곡선이다. 그런데 앞에서 살펴본 바와 같이 완전경쟁기업의 경우에는 기업의 한계비용곡선(MC)이 그 기업의 공급곡선이었다. 그러나 독점기업의 경우에는 그렇지 않다는 것이다. 즉 가격설정자인 독점기업은 사전에 각 가격에서 얼마만큼의 상품을 생산하여 공급할 의도를 나타내는 것이 아니라, 수요곡선이 주어지면 이에 입각하여 비로소 어떤 생산수준을 선택할 것인가를 결정하게 된다는 것이다.

제 3 절 가격차별

지금까지 독점기업은 하나의 시장에서 동일한 가격으로 상품을 판매한다는 것을 전제하고 이론을 전개해 왔다. 그런데, 어떤 독점기업은 동일한 상품일지라도 서로 다른 가격으로 판매하는 경우를 볼 수 있다. 예를 들어 같은 회사에서 만든 콜라인데도 편의점에서는 1,000원에 판매하는데, 유흥음식점에서는 2,000원에 판매하는 경우를 볼 수 있다. 또한 같은 회사의 콜라인데도 미국에서의 가격과 한국에서의 가격이 다른 경우를 볼 수 있다. 이와 같이 독점기업이 이윤을 극대화하기 위하여 동일한 상품에 대하여 각각 다른 가격으로 판매하는 것을 가격차별(price discrimination)이라고 한다.

1. 가격차별의 성립조건

가격차별이 성립되기 위해서는 다음과 같은 조건들이 충족되어야 한다.

첫째, 상품을 판매할 수 있는 시장이 두 개 이상으로 분리될 수 있어야 하고, 이들 시장에서 수요의 가격탄력성이 서로 달라야 한다. 예를 들어 어떤 외국의 유명한 경제 전문잡지를 대학과 일반가정의 두 집단을 대상으로 판매한다고 하자. 이때 만약 두 개의 시장으로 쉽게 분리할 수 있고, 이 경제 전문잡지에 대한 수요의 가격탄력성이 대학의 경우에는 높고 일반가정의 경우에는 비교적 낮다면, 독점기업은 두 시장에 대하여 똑같은 가격을 설정하기보다는 대학생에게는 싼 가격을, 일반가정에는 상대적으로 비싼 가격을 설정함으로써 보다 많은 이윤을 추구할 수 있다.

둘째, 서로 다른 시장 또는 수요자 사이에서 상품의 재판매가 불가능하여야 한다. 만약 싼 값으로 구입한 A시장의 구매자가 구입한 가격보다 높은 가격으로 B시장의 구매자에게 재판매할 수 있으면 독점기업의 가격차별은 성립될 수 없다.

셋째, 시장을 분리시킬 때 들어가는 비용이 가격차별의 이익보다 작아야 한다. 만약 시장분리에 들어가는 비용이 가격차별의 이익보다 크다면 가격차별이 발생할 수 없다.

2. 가격차별

앞에서 언급한 가격차별화의 예인 외국 경제 전문잡지를 다시 적용하여 [그림 6-3]과 같이 수요의 가격탄력성이 서로 다른 A, B의 두 개의 시장으로 가격차별화를 추구하는 경우를 보자.

[그림 6-3]에서 D_1D_1은 A시장(대학)의 수요곡선, D_2D_2은 B시장(일반가정)의 수요곡선으로, A시장의 수요곡선이 B시장의 수요곡선보다 수요의 가격탄력성이 보다 탄력적임을 표시하고 있다. 또한 MR_1, MR_2은 각시장의 한계수입곡선으로, 이들을 합한 것이 MR로 나타나 있다.

이윤극대화를 추구하는 독점기업은 $MC = MR_1 = MR_2$되는 생산량을 생산하여 각 시장에 Q_1, Q_2만큼 판매하게 된다. 이때 $MR_1 > MR_2$이라면, B시장의 공급량을 줄이고 이를 A시장에 판매함으로써 보다 많은 수입을 추구할 수 있다. 이는 B시장에의 공급량감소에 따른 수입감소$(= MR_2)$가 A시장에의 공급량증가에 따른 수입증가$(= MR_1)$보다 작다는 사실에 근거하는 것으로, 이를 통하여 가격차별을 추구하는 독점기업이 이윤을 극대화하는 조건은 $MC = MR_1 = MR_2$에 존재함을 확인할 수 있다. 이 경우 A시장에서는 Q_1의 생산량, P_1의 가격이, B시장에서는 Q_2의 생산량, P_2의 가격이 각각 설정됨에 따라서 $P_1 < P_2$이고 수요의 가격탄력성이 낮은 시장의 가격이 상대적으로 높은 것을 알 수 있다.

[그림 6-3] 가격차별

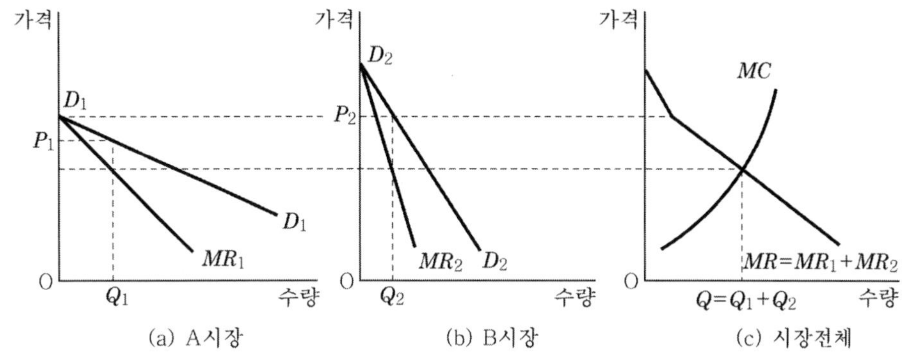

제4절 독점시장의 경제적 효과

독점시장의 경제적 효과는 완전경쟁시장과 비교해 봄으로써 확실히 파악할 수 있다. 일반적으로 독점시장은 완전경쟁시장에 비해 가격이 높고 생산량은 적다. 따라서 자원의 비효율적인 배분이 일어나고 사회적 후생은 감소한다. 이에 대한 보다 자세한 내용은 [그림 6-4]를 통해 알 수 있다.

[그림 6-4]에서 만약 완전경쟁시장이라면 한계비용곡선(MC)이 바로 공급곡선이 된다. 따라서 공급곡선(한계비용곡선)과 수요곡선이 교차하는 C점에서 균형이 성립되어 가격은 OP_1, 생산량은 OQ_1이 되고, 사회적 후생(소비자잉여+생산자잉여)은 CDP_2가 된다. 만약, 독점시장이 되면

균형은 A점에서 성립되어 가격은 OP_0, 생산량은 OQ_0가 되고, 사회적 후생은 $DABP_2$가 된다.

[그림 6-4] 완전경쟁시장과 독점시장의 비교

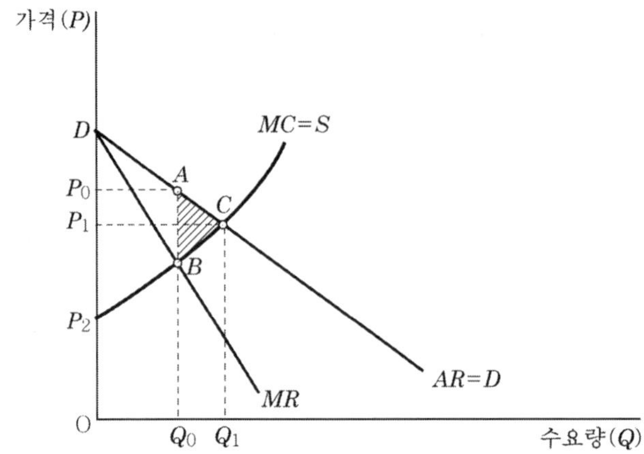

[그림 6-4]에서 보는 바와 같이 독점시장은 완전경쟁시장에 비해 가격이 높고, 생산량은 적다는 것을 발견할 수 있다. 즉, 독점기업은 생산량을 줄이고 가격을 더 비싸게 받는 전략을 추구함에 따라 한계비용보다 더 높은 가격을 설정하게 되는데($P > MC$), 이는 독점시장에서 자원이 비효율적으로 배분되고 있음을 의미한다. 또한 사회적 후생측면에서도 독점시장은 완전경쟁시장에 비해 사회적 후생이 ABC만큼 감소함을 알 수 있다.[2)]

또한 독점기업들은 경쟁압력이 없기 때문에 더 이상의 기술개발, 품질 및 서비스개선을 위한 노력을 소홀히 하기 때문에 이로 인해 여러 가지의 비효율성이 발생한다.

이상과 같이 완전경쟁시장과 비교해 독점시장의 부정적인 측면을 살펴보았다. 그러나 독점시장이 모든 측면에서 부정적인 것만은 아니다. 경우에 따라서는 긍정적인 측면도 있다.

2) 독점이나 그 이외의 다른 이유로 발생하는 사회적 후생의 손실을 자중손실(deadweight loss)이라고 한다.

먼저, 특정상품의 시장규모가 적어서 1개 이상의 기업이 성립될 수 없는 경우에는 자본주의 이상적인 시장형태가 완전경쟁시장이라고 하더라도 독점시장화가 부득이하고, 특히 규모의 경제가 작용하는 경우에는 독점시장이 불가피하다.

또한 독점기업은 일반적으로 대규모이기 때문에 연구개발에 의해서 생산방법의 현대화를 추구할 수 있다.

한편 경제개발의 초기단계에서는 기간산업 및 전략산업의 집중적인 육성이 요구되는데, 이를 적극적으로 추진하기 위해서는 독점시장화가 불가피한 경우가 있다.

◈ 경제이론과 현실경제

정부 특혜가 낳은 '진짜 독점'…시장진입 차단해 기득권만 보호

"따블(double), 따블." "따따블, 따따블." "OO동 갑니다."

늦은 밤 시내 중심가에서 흔히 들을 수 있는 소리다. 특히 금요일 밤이나 연말연시 사람들이 모임 등을 하기 위해 많이 몰리는 날이면 더 혼잡스럽다. 택시기사들은 유리창만 살짝 내리고는 "어디 가느냐"고 묻는다. 나오는 요금의 두 배를 주겠다거나 네 배를 주겠다는 사람도 있다. 택시기사는 자신의 입맛에 맞는 사람만 골라 태운다. 점잔을 빼거나 '정석'대로 오는 택시를 차례대로 기다려 '제값' 주고 집에 가려는 사람은 한 시간이고 두 시간이고 길거리에서 허송세월해야 한다.

요즘은 조금 나아졌다고 하지만 택시의 횡포와 택시기사들의 불친절은 여전한 불만 사항이다. 경제학에서는 '수요와 공급' 이야기를 많이 하는데, 이런 현상은 공급이 수요를 따라가지 못해서 벌어지는 일 중 하나로 볼 수 있다. 택시를 기다리는 사람은 넘쳐나는 데 반해 택시는 부족해서 택시기사들이 승객을 마음대로 취사선택할 수 있는 것이다. 한마디로 택시기사가 왕이고, 손님은 봉이다.

그런데 경제학에서는 수요와 공급 이야기를 하면서 한발 더 나아간다. 즉 부족한 것은 저절로 채워지고 넘치는 것은 저절로 사라져 균형을 맞춰간다는 이야기도 한다. 택시의 경우 택시 공급이 너무 적어 택시기사가 왕 노릇을 할 정도면, 택시영업을 하고자 하는 사람이 대거 몰려들게 돼 있고, 택시 공급이 늘어나게 돼 있다. 그런데 현실에서는 그렇게 되지 않는다. 택시에 대한 불만은 예전에도 그랬고 지금도 그렇다. 왜 그럴까. 시장이 잘못된 것일까. 이유는 택시의 영업이 독점이기 때문이다.

택시영업을 하는 회사가 한둘이 아니고 수 만 명의 개인택시기사까지 경쟁하는데, 독점이라니 무슨 말이냐고 의아해할 수 있다. 운수사업법에 따르면 택시 운전자격은 일정 요건만 갖추면 누구나 취득할 수 있다. 그리고 택시면허 취득자는 본인이 원하면 누구라도 또 언제라도 택시영업을 할 수 있어야 한다. 그런데 실상은 그렇지 않다. 누구라도 택시면허를 취득할 수는 있지만, 누구나 택시영업을 할 수는 없다. 정부가 택시의 총 운행 대수를 제한하기 때문이다. 정부가 택시 운행 대수를 제한해 택시영업을 독점시장으로 만든 것이다.

서울에서는 개인택시를 포함해 택시 7만3,000여대가 운행 중이며, 이 숫자는 1990년대 초반 결정된 이래 지금까지 유지되고 있다. 법인택시를 운전하면서 15년 무사고 등 자격 요건을 갖춘 개인택시면허 대기자가 상당수며 이들은 개인택시 공급 확대를 요구했지만 정부는 이 요구를 계속 묵살했다. 정부가 진입장벽을 쳐 새로운 경쟁자를 배제하고 기득권자의 이익을 보호함으로써 시장에 이미 진입한 기존 택시법인과 개인택시 기사들에게만 영업할 수 있도록 일종의 독점권을 부여한 것이다.

개인택시를 운행하려면 신규 취득은 불가능하고 기존 개인택시사업자로부터 면허를 양수받는 것이 유일한 방법이다. 그러다 보니 개인택시 면허 가격(이른바 번호판값)이 형성돼 비싼 값에 거래되고 있다. 최근에는 택시 감차정책에 따라 이 가격이 치솟고 있다. 올 1월 교통일보 보도에 따르면 개인택시 면허 가격이 경남 거제시는 1억8,500만원, 충북 청주시는 1억2,000만원이나 된다. 서울과 부산은 7,500만원 선에서 거래가 이뤄진다고 한다. 이것은 독점에 따른 일종의 지대(rent)다.

우리는 일반적으로 어떤 재화나 서비스를 공급하는 사람(기업)이 단 한 명일 경우 이것이 독점이라고 알고 있다. 택시영업 부문에서는 다수 회사가 존재하고 게다가 수많은 개인택시기사가 경쟁하는 것처럼 보인다. 하지만 실상은 독점의 폐해를 고스란히 드러내고 있다. 이런 개념과 실제의 불일치는 널리 알려진 독점의 개념이 적절하지 않다는 점을 잘 보여준다.

우리가 익히 알고 있는 독점의 개념과 달리 독점은 국가가 특정 개인 또는 그룹에 특권을 제공함으로써 형성된다고 보는 견해가 있다. 국가가 부여한 특권으로 인해 다른 사람(기업)의 시장 진입이 허용되지 않기 때문에 독점이 형성되고 유지된다는 것이다. 애덤 스미스 역시 정부가 부여한 특권으로서의 독점을 시민의 '자연적 자유'에 대한 침해로 보고 격렬하게 공격했다. 이런 '초기 독점'의 특성은 사악한 이익의 추구와 횡포였다. 초기 독점에 대한 부정적 이미지는 현재까지도 이어지면서 문제를 일으키고 있다.

독점에도 두 가지가 있다는 점을 간과한 것이 문제의 출발선이다. 즉 정부 특혜를 통한 독점과 시장 경쟁으로 형성되는 독점을 구분하지 못하고 양자를 동일시함으로써 문제가 발생한다. '공급자가 한 사람(기업)일 경우 독점'이라는 잘못된 정의를 따른 결과다. 정부가 제공하는 특권이 아닌 시장 경쟁을 통한 독점은 소비자 이익을 침해하지 않는다. 이때의 독점은 시장에서 소비자가 자발적으로 선택한 결과 나타난 현상이기 때문이다.

이 경우 오히려 소비자 이익을 증진한다. 이런 의미에서 시장점유율을 '소비자선호율'로 고쳐 불러야 한다는 논의도 나오고 있다. 시장경쟁을 통한 독점이란 다른 기업과의 경쟁에서 값싸고 질 좋은 제품을 효율적으로 제공함으로써 소비자의 독점적 선택을 받았다는 증거에 다름 아니다. 또 여기에서는 이 시장을 노리는 경쟁자가 언제든지 진입할 수 있다는 점도 정부의 특혜에 의한 독점과는 구별된다.

시장경쟁을 통한 독점을 '사악한 독점'이라 해 징벌하는 것은 경쟁을 왜곡하고 기업가 정신을 말살한다. 공급자가 단 한 명일 경우 독점이라고 하는 개념은 적절하지 못할 뿐 아니라 커다란 해악을 끼치고 있다. 정부 특혜에 의한 독점이 진짜 독점의 문제다.

〈출처: 권혁철 자유경제원 자유기업센터 소장, 한국경제(2015. 09.18)〉

중요개념 및 용어

독점시장	독점기업	가격결정자
자연적 독점	규모의 경제	인위적 독점
독점기업의 수요곡선	독점기업의 한계수입곡선	독점기업의 균형
독점이윤	가격차별	가격차별의 성립조건
독점시장의 경제적 효과	자중손실	

연 습 문 제

1. 독점시장의 특징에 대하여 설명하라.

2. 독점시장의 발생원인을 (1) 자연적 독점과 (2) 인위적 독점으로 구분하여 설명하라.

3. 독점기업의 수요곡선과 한계수입곡선과의 관계를 그림으로 나타내고 설명하라.

4. 독점기업의 균형에서 나타나는 특징에 대하여 설명하라.

5. 가격차별의 성립조건에 대하여 설명하라.

6. 독점기업이 가격차별을 추구하는 경우, 수요의 가격탄력성이 큰 시장과 작은 시장에 대하여 어떻게 대응하는 가를 그림을 이용하여 설명하라.

7. 독점시장에서는 왜 자원의 비효율적인 배분이 일어나고 사회적 후생이 감소하는가를 그림을 이용하여 완전경쟁시장과 비교하여 설명하라.

7
chapter

독점적 경쟁시장과 과점시장

학습목표

본 장을 학습하면 독점적 경쟁시장과 과점시장에서 가격과 생산이 어떻게 결정되고 자원배분이 효율적인지 비효율적인지 여부를 이해할 수 있다.

1. 독점적 경쟁시장의 특징에 대하여 이해할 수 있다.
2. 독점적 경쟁기업의 장·단기 균형에 대하여 이해할 수 있다.
3. 독점적 경쟁시장의 경제적 효과에 대하여 이해할 수 있다.
4. 과점시장의 특징에 대하여 이해할 수 있다.
5. 과점이론에 대하여 이해할 수 있다.
6. 과점시장의 경제적 효과에 대하여 이해할 수 있다.

제1절 독점적 경쟁시장

인희가 살고 있는 아파트주변에는 아주 많은 수의 미용실이 있는 반면에 이발소는 거의 없다. 따라서 인희 아빠는 머리카락을 자르기 위하여 미용실에 주로 간다. 어느 미용실이나 머리카락을 자르거나, 염색을 하거나, 파마를 하는 등 하는 일은 거의 비슷한데, 인희 아빠는 인희 엄마와 함께 항상 'SS 미용실'에만 간다. 이는 미용실들이 머리를 손질한다는 점에서는 기본적으로 같지만, 이를 이용하는 고객은 미용사의 머리손질 방법에 차이가 있다고 생각하기 때문이다.

이와 같이 다수의 공급자가 동일한 상품을 판매하지만, 상품의 질에 있어서 어느 정도의 차이가 있어 독점기업과 같이 완벽한 시장지배력은 아닐지라도 어느 정도의 독점력을 행사할 수 있는 시장을 독점적 경쟁시장(monopolistic competition market)이라고 한다. 이와 같이 독점적 경쟁시장은 완전경쟁시장과 독점시장의 중간적 성격을 지닌 시장으로, 상품의 이질성이 존재하여 독점적 경쟁기업이 가격결정자로서 어느 정도의 독점력을 행사할 수 있는 시장이다. 일반적으로 독점적 경쟁 시장으로 분류되는 업종으로는 미용실, 약국, 병원, 음식점, 서점, 주유소 등을 들 수 있다.

1. 독점적 경쟁시장의 특징

독점적 경쟁시장은 다음과 같은 특징을 가지고 있다.

첫째, 다수의 공급자와 수요자가 참여하고 있다. 다만, 그 수가 완전경쟁시장보다는 현저히 적다.

둘째, 독점적 경쟁기업이 공급하는 상품이 이질적이기 때문에 상품의 차별화가 가능하다. 앞에서 예를 든 것처럼 미용실이 머리를 손질하는 기능은 거의 비슷하지만, 어느 미용실에서는 커트를 전문으로, 어느 미용실에서는 파마를 전문하는 등 미용실마다 나름대로의 득의 분야가 있어 상품의 차별화정도에 따라 시장지배력을 행사할 수 있다.

셋째, 독점적 경쟁시장의 상품상호간에는 대체성이 크다. 이는 미용실에서 커트를 하는 경우, 미용사에 따라 약간의 차이는 있겠지만 거의 헤어스타일이 비슷하여 큰 차이가 없다는 예를 통해서도 알 수 있다.

넷째, 기업의 자유로운 진입과 탈퇴가 가능하다. 즉, 독점적 경쟁시장에서는 독점시장에서와 같이 진입장벽이 존재하지 않는다. 따라서 독점적 경쟁산업내의 기업(이하에서는 독점적 경쟁기업이라고 칭한다)들이 초과이윤을 나타내면 장기적으로 새로운 기업들이 진입해 온다. 반면에, 독점적 경쟁기업들이 손실을 나타내면 장기적으로는 기존기업들 중 일부가 퇴출된다. 이와 같이 완전경쟁시장처럼 진입과 탈퇴가 자유로운 독점적 경쟁시장에서는 각 독점적 경쟁기업이 초과이윤을 향유하지 못하고 정상이윤만을 얻을 수 있다.

다섯째, 비가격경쟁(non-price competition)이 존재한다. 앞에서 언급한 바와 같이 각각의 독점적 경쟁기업이 대동소이한 상품을 생산하기 때문에 고객확보를 위해 상품가격보다는 판매서비스, 품질의 개선, 광고 등의 비가격경쟁이 치열하게 일어나고 있다. 이와 같이 독점적 경쟁시장에서는 어느 정도의 독점적 지위를 누릴 수 있고 비가격경쟁이 존재하기 때문에 완전경쟁시장에 비해 가격은 높고 생산량은 적다.[1] 즉 독점적 경쟁시장에서는 최적규모의 생산능력이전의 수준에서 생산을 하기 때문에 독점적 경쟁의 낭비가 존재한다.

2. 독점적 경쟁기업의 균형

(1) 단기균형

독점적 경쟁기업은 그들이 생산하는 이질성인 성격의 상품에 대해 가격결정자로서 어느 정도의 독점력을 행사할 수 있기 때문에, 독점적 경쟁기업의 수요곡선은 [그림 7-1]과 같이 우하향하는 형태를 갖는다. 다만 각 독점적 경쟁기업의 상품의 교차탄력성이 아주 크기 때문에 가격조정에는 한계가 있어 독점적 경쟁기업의 수요곡선의 탄력성은 상당히 높다 (독점적 경쟁기업의 수요곡선은 독점기업의 그것보다 훨씬 완만한 형태를 갖는다).

[그림 7-1] 독점적 경쟁기업의 수요곡선과 한계수입곡선

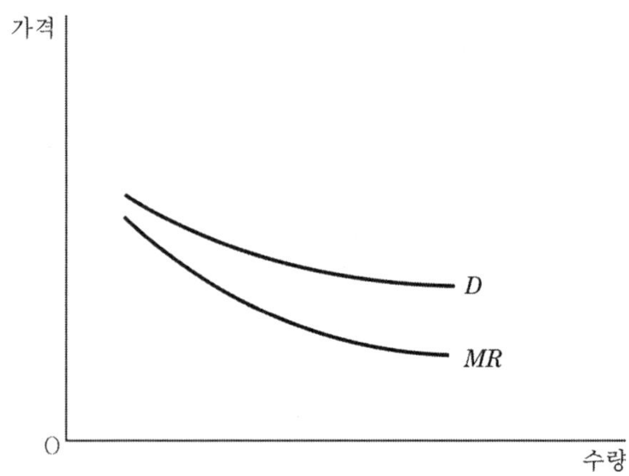

1) 완전경쟁시장에서는 $P = MC$인데 반해, 독점적 경쟁시장에서는 $P > MC$이다.

수요곡선이 우하향한다는 것은 기업이 판매량을 늘리기 위해서는 가격을 내려야 한다는 것을 나타내는 것으로, 이는 한계수입이 가격보다 작다는 것을 의미한다($P(=AR) > MR$). 이는 독점시장의 경우와 동일하다.

따라서 독점적 경쟁기업의 단기균형은 앞에서 언급한 바와 같이 수요곡선이 훨씬 완만한 형태를 갖는다는 것을 제외하고는 독점시장의 경우와 같다. 즉, [그림 7-2]에서 보는 바와 같이 $MR = MC$의 조건이 성립되어 이윤이 극대화될 때까지 생산량을 조정하여 가격을 설정함으로써 빗금친 부분만큼의 초과이윤을 얻는다.

[그림 7-2] 독점적 경쟁기업의 단기균형

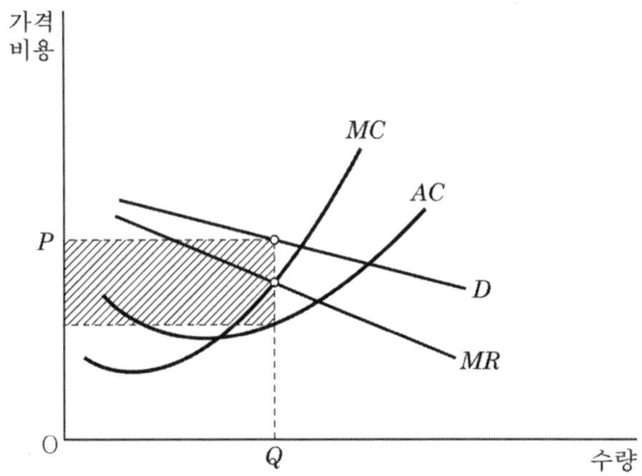

(2) 장기균형

독점적 경쟁기업의 장기균형의 성립에 있어서는 기업의 자유로운 진입과 퇴출이 중요한 역할을 한다. 즉 독점적 경쟁시장에서는 완전경쟁시장에서와 같이 새로운 기업의 자유로운 진입과 기존기업의 자유로운 퇴출이 이루어지기 때문에 장기적으로는 초과이윤도 초과손실도 없이 정상이윤만을 얻게 된다.

독점적 경쟁시장에서 기존기업이 초과이윤을 누리고 있는 한 새로운 기업의 진입이 지속된다. 이와 같이 새로운 기업의 진입이 지속되어 유사

상품의 공급이 증가되면 기존기업의 상품에 대한 수요가 점점 감소하게 된다. 이에 따라 기존기업의 수요곡선은 왼쪽으로 이동하게 되어 장기적으로는 [그림 7-3]에서 보는 것처럼 장기평균비용곡선(LAC)과 접하게 되고, $LMR = LMC$인 조건을 충족하는 수요곡선상의 E점에서 장기균형이 성립되어 OQ의 생산량을 공급하게 된다.

이와 같이 독점적 경쟁시장에서는 독점적 경쟁기업의 수요곡선이 우하향하고 있음에도 불구하고 이윤이 0이 되는(정상이윤만을 얻는)장기적 균형에 도달한다. 그 결과 독점적 경쟁기업은 최적규모의 생산능력(장기비용곡선의 최저점에 해당하는 것으로 [그림 7-3]에서는 OQ'로 표시)보다 적은 수준에서 생산하게 된다. 즉, 장기에서 독점적 경쟁기업은 생산능력을 완전히 가동하지 않고 QQ'만큼의 초과생산능력(excess capacity)을 지니게 된다.

[그림 7-3] 독점적 경쟁기업의 장기균형

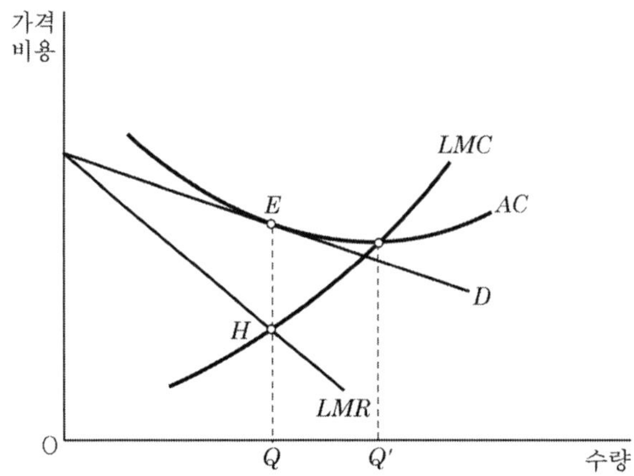

3. 독점적 경쟁시장의 경제적 효과

완전경쟁시장과 비교한 독점적 경쟁시장에서의 독점적 경쟁기업의 경제적 효과는 다음과 같이 정리할 수 있다.

첫째, 장기에 있어서 완전경쟁기업의 생산은 평균비용곡선의 최저점에서 이루어지는 데 반해, 독점적 경쟁기업의 생산은 최저평균비용보다 높은 비용수준에서 이루어진다. 앞에서 언급한 것처럼 초과생산능력이 존재한다는 것이다. 이는 기본적으로 독점경쟁기업의 상품이 각기 다소의 특색이 있어 수요곡선이 우하향하는 데서 연유한다.

둘째, 독점적 경쟁기업의 상품가격은 완전경쟁기업의 상품가격보다 높다. 왜냐하면 완전경쟁기업의 가격은 한계비용과 같게 되는데 반해 ($P = MC$), 독점적 경쟁기업의 가격은 한계비용보다 높기 때문이다 ($P > MC$). 이는 상품간의 차별성에 기인하는 것으로 독점적 경쟁시장의 독점적인 측면이라고 볼 수 있으나, 만약 상품간의 대체성이 증가한다면 그 차이는 감소하게 될 것이다. 이와 같이 독점적 경쟁기업은 완전경쟁기업보다 높은 가격을 설정하고 더 적은 생산량을 생산하기 때문에 자원을 비효율적으로 사용한다고 말할 수 있다.

셋째, 각각의 독점적 경쟁기업은 자기상품의 특색을 부각시켜 소비자들에 대한 독점력을 제고시키기 위한 일환으로 가격경쟁과 더불어 비가격경쟁을 전개한다. 그런데 완전경쟁기업의 경우는 비가격경쟁 등에서 발생하는 판매비용을 부담할 이유가 없는데 반해, 독점적 경쟁기업의 경우에는 판매비용의 부담이 상당히 크다. 이러한 판매비용은 총비용에서 상당한 비중을 차지하게 되는데, 독점적 경쟁시장에서는 이 비용의 대부분이 소비자에게 전가된다.

제 2 절 과점시장

과점시장(oligopoly market)은 시장지배력을 가진 소수의 공급자가 완전히 동질적인 상품, 또는 교차탄력성이 높은 이질성이 높은 상품을 생산하여 시장에서 서로 경쟁하는 시장형태를 말한다. 우리나라의 경우, 대표적인 과점의 예로서는 자동차, 철강, 가전제품, 음식료, 주류시장 등을 들 수 있다.

그런데, 완전경쟁시장이나, 독점 및 독점적 경쟁시장의 경우에는 대표적인 기업의 행동분석을 통하여 일관된 이론이 확립되어 있는데 반해, 과점시장은 참가기업의 수, 상품의 동질성여부, 새로운 기업의 진입여부, 시장에서의 기업의 행동 등에 따라 시장형태를 다양하게 구분할 수 있기 때문에 일관된 이론이 확립되어 있지 못하다. 예를 들어 상품의 동질성여부에 따라 구분해 보면 다음과 같다.

완전히 똑같은 질의 상품을 소수의 몇 개의 기업이 생산, 공급하면서 해당산업을 지배하고 시장점유율도 서로 비슷한 시장형태를 순수과점시장(pure oligopoly market) 또는 동질적 과점시장(homogeneous oligopoly market)이라고 한다. 철강, 시멘트, 알루미늄 등이 이에 해당된다. 한편 소수의 몇 개 기업이 동일한 종류의 상품을 생산, 공급하면서 해당산업을 지배하되 어느 정도의 상품의 질이 이질적이고 시장점유율도 차별적인 시장형태를 이질적 과점시장(heterogeneous oligopoly market) 또는 차별적 과점시장(differential oligopoly market)이라고 한다. 자동차, 냉장고, 텔레비전 등과 같은 가전제품, 제과, 라면 등의 음식료, 맥주, 소주 등의 주류 등이 이에 해당된다.

1. 과점시장의 특징

과점시장은 다음과 같은 몇 가지 특징을 가지고 있다.

첫째, 과점기업들은 서로 강력한 상호의존관계를 가진다. 즉 가격변동 또는 생산량변동 등에 대한 한 기업의 의사결정은 시장에 큰 영향을 미치게 되고, 이에 대해 다른 기업들도 곧바로 반응을 보이게 된다. 그런데 이와 같은 과점기업의 상호의존성의 정도는 상품의 동질성여부에 따라 다르게 나타난다. 앞에서 언급한 동질적 과점시장의 경우에는 상품간에 완전한 대체관계가 성립하므로 과점기업은 강한 상호의존관계에 직면한다. 동질적 과점시장에서는 원칙적으로 단 하나의 시장가격이 존재할 수 있기 때문에 경쟁수단으로는 생산량이 이용된다. 이에 비해 차별적 과점시장의 경우에는 상품간의 대체성이 불완전하기 때문에 어느 정도의 독점적인 지위를 유지하는 것이 가능하기 때문에 주로 가격이 경쟁수단으로 이용된다.

둘째, 과점기업들은 가격의 경직성과 비가격경쟁이 이루어진다. 앞에서 언급한 바와 같이 과점기업간에는 밀접한 상호의존관계가 있기 때문에 한 기업이 가격인하를 단행하면 다른 기업들도 이에 대처함으로써 가격인하가 가속화되고 해당기업들의 이윤이 낮아지는 경우가 있다. 그러나 한 과점기업이 가격을 인상할 때에 다른 기업들이 이에 반응하지 않아 가격이 올라가지 않거나 올라가더라도 그 폭이 작을 경우에는 가격인상을 단행한 기업만이 수요 감소와 고객 상실의 위험에 직면하게 된다. 따라서 과점기업들은 가격경쟁보다는 비가격경쟁에 의존하게 되는데, 그 결과 과점시장의 상품가격은 자주 변하지 않고 경직적인 모양을 나타낸다. 과점기업의 비가격경쟁의 수단으로는 상품의 차별화, 광고, 판매조건 및 판매서비스 등을 들 수 있는데, 과점시장에서의 비가격경쟁은 독점적 경쟁시장보다 훨씬 치열하다.

셋째, 과점기업들은 담합 등 비경쟁행위의 유인을 갖는다. 앞에서 언급한 것처럼 가격경쟁이 소모적일뿐 기업에게 결코 이롭지 못하다는 것을 인식한 과점기업들은 공동의 이익을 극대화하기 위하여 가격을 협정하거나 기업연합(cartel), 기업합동(trust), 합병(merger) 등의 담합행위를 한다.

넷째, 과점시장에서는 상당히 높은 진입장벽이 존재한다. 과점시장에서는 독점시장처럼 완벽하지는 않지만, 기존기업의 규모의 경제, 새로운 진입기업에 대한 저지가격 등의 방법으로 진입장벽을 쌓기 때문에 독점적 경쟁시장보다 상당히 높은 진입장벽이 존재한다.

2. 과점이론

앞에서 언급한 바와 같이 과점시장에서의 기업행동은 매우 복잡하고 다양하기 때문에 과점에 대한 일관된 이론이 확립되어 있지 못하고, 다양한 이론이 소개되고 있다. 여기서는 과점을 크게 상대방을 의식하지 않고 독자적으로 행동하는 경우의 과점을 의미하는 경쟁적 과점과 과점기업전체의 이익을 위하여 기업간에 경쟁보다는 담합하는 경우의 담합적 과점으로 구분하고, 전자의 경우에는 굴절수요곡선의 이론을, 후자의 경우에는 담합이론에 대하여 각각 살펴보고자 한다.

(1) 굴절수요곡선이론

굴절수요곡선이론은 다른 기업들의 반응에 관한 다음과 같은 가정에서 출발한다.[2)] 즉, 한 기업이 현재의 시장가격보다 가격을 인하하면 다른 기업들도 시장을 빼앗기지 않으려고 가격을 인하하나, 한 기업이 가격을 인상하는 경우에는 시장점유율을 높이려고 다른 기업들은 가격을 인상하지 않고 그대로 유지한다는 것이다. 이와 같은 가정에 입각하여 [그림 7-4]를 통해 굴절수요곡선의 이론을 설명하면 다음과 같다.

과점기업의 현재가격수준을 P_0이라고 하자. D_1D_1'곡선은 한 과점기업이 가격을 올리거나 내리거나 상관없이 다른 경쟁기업들이 따라 주지 않을 경우에 이 기업이 직면하는 수요곡선을 나타낸 것이다. 한편 D_2D_2'곡선은 기업들 간에 상호관계를 가지고 있어 가격을 상승 또는 하락시킬 때 다른 기업들이 동일한 반응을 보이는 경우에, 과점기업이 갖는 수요곡선을 나타낸 것으로 D_1D_1'보다 기울기가 가파르다. 그런데 [그림 7-4]에서 보는 것처럼 D_1D_1'곡선은 D_2D_2'곡선보다 훨씬 탄력적이다. 이는 다른 기업은 가격을 불변으로 유지하는데 한 기업만이 가격을 인하하게 되

2) 굴절수요곡선이론은 미국의 경제학자 스위지(P. Sweezy)에 의해 1939년에 발표된 대표적인 과점시장설명이론이다.

면 그 기업은 다른 경쟁기업의 고객들을 유치하게 되어 대폭적인 수요량의 증가를 추구할 수 있기 때문이다. 이에 비해, D_2D_2'곡선의 기울기가 비교적 가파른 것은 한 과점기업이 가격을 인하할 때에 다른 경쟁기업들이 따라서 가격을 동시에 인하하면 처음 가격인하를 단행한 기업의 상품에 대한 수요량의 증가는 별로 크지 않기 때문이다. 한편, 수요곡선 D_1D_1'에 대응하는 한계수입곡선은 MR_1, 수요곡선 D_2D_2'에 대응하는 한계수입곡선은 MR_2로 각각 나타내고 있다.

[그림 7-4] 굴절수요곡선의 이론

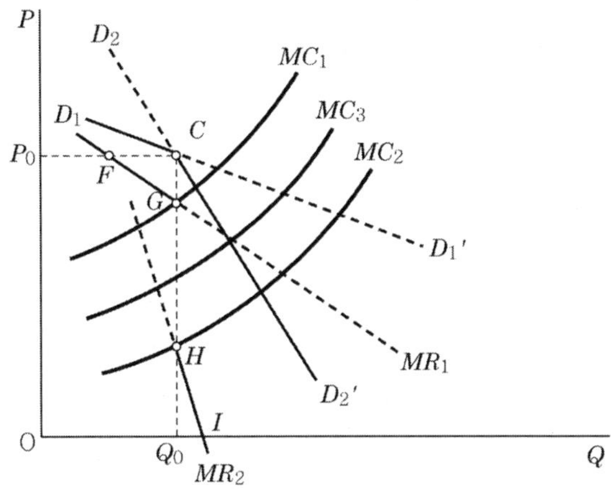

과점기업은 서로 상호의존관계를 갖고 있기 때문에 한 기업이 가격을 인하하면 다른 경쟁기업에게 커다란 영향을 미친다. 만약 X라는 과점기업이 시장점유율을 높이기 위해 가격을 최초의 가격 P_0로보다 약간 인하하면 다른 경쟁기업들은 고객을 잃게 되어 손실을 보게 될 것이므로 다른 경쟁기업들도 X기업에 대항하여 가격인하를 단행할 것이다. 이에 따라 X기업의 수요량은 당초에 예상했던 것과 같이 CD_1'곡선을 따라 크게 증가하는 것이 아니라, 상대적으로 비탄력적인 CD_2'곡선을 따라 약간 증가할 따름이다. 따라서 X라는 과점기업이 최초의 가격 P_0에서 가격을 인하하면 그 기업의 수요곡선은 CD_2'가 된다.

이와 반대로 X기업이 P_0의 가격에서 가격을 인상하면, 다른 경쟁기업들은 가격을 따라서 인상하지 않고 불변인 상태로 유지함으로써 X기업의 고객을 빼앗아 이익을 추구할 수 있기 때문에, X기업은 상대적으로 탄력적인 CD_1'곡선을 따라 수요량을 대폭적으로 상실하게 된다. 그러므로 X기업이 원래의 가격 P_0에서 가격을 인상하면 수요량을 대폭 상실하게 되고, X기업은 수요곡선 CD_1'에 직면하게 된다.

이와 같이 다른 경쟁기업들이 가격인상에는 따르지 않고 가격인하에는 따른다고 가정하면, 원래의 가격 P_0에서 가격변화를 고려한 과점기업이 직면하는 수요곡선은 C점에서 굴절된 D_1CD_2'가 되고, 이에 따른 한계수입곡선은 G점과 H점 사이에서 불연속적으로 단절된 $FGHI$가 된다. 이러한 경우 과점기업 X의 생산비가 어느 정도 증가 또는 감소되더라도 $MR=MC$인 이윤극대화조건하에서의 공급량은 종전과 같이Q_0가 되고, 따라서 종전의 가격 P_0가 그대로 유지된다. 즉, 과점기업 X가 여러 가지의 이유로 한계비용곡선이 MC_1과 MC_2 사이에서 변화할지라도 불연속적인 한계수입곡선의 구간 GH를 통과할 때에는 종전의 가격(P_0)과 공급량(Q_0)에 의하여 최대이윤을 얻을 수 있어서 가격이나 공급량을 변화시키지 않는다는 것이다. 따라서 과점기업은 한계비용이 어느 정도 변동되더라도 가격경직성을 가지게 된다.

이상과 같이 굴절수요곡선이론은 과점시장의 특징 중의 하나인 가격의 경직성과 상호의존관계를 잘 설명해 주고 있으나, C점과 같은 굴절점이 어떻게 생성되었는지 혹은 왜 C점에서 굴절이 생기는지에 대해서는 명확한 해답을 주지 못하는 단점도 지니고 있다.

(2) 담합이론-카르텔이 형성될 경우-

담합(collusion)이란 과점기업들이 가격이나 생산량을 결정하는 데에 있어서 서로 상의하여 공동보조를 취하는 것을 말한다. 과점기업들이 담합을 추구함으로써 얻을 수 있는 이점은 다음과 같이 정리할 수 있다.

첫째, 과점기업간의 경쟁을 제한하여 참가기업들이 마치 하나의 독점기업과 같이 행동함으로써 이윤을 증대시킬 수 있다.

둘째, 과점의 불확실성을 줄일 수 있다. 즉, 담합을 꾀하여 과점기업들이 집단행동을 취하면 어느 과점기업 한 기업이 다른 기업의 이익에 반하는 행동을 취할지도 모른다는 불안감을 불식시킬 수 있다.

셋째, 기존의 과점기업들이 담합을 형성함으로써 새로운 기업의 진입을 저지할 수 있다.

이와 같은 담합의 대표적인 예로서는 참가기업들이 독립성을 유지하면서 공동보조를 취하는 형태인 카르텔(cartel)을 들 수 있다. 카르텔은 담합이 명시적으로 이루어진 경우로서 주로 동종 상품을 생산하는 과점기업들이 특정시장의 지배를 목적으로 결성하는 기업연합체를 의미한다. 그런데 과점기업들이 예측하기 어려운 경쟁의 위험을 회피하기 위해 시장전체를 대상으로 카르텔을 형성하고자 할 때, 완전한 형태의 담합이 이루어진다.[3)]

과점기업들이 담합하여 카르텔을 형성하면 실질적으로 독점체제를 구축하는 결과와 같다. 즉, 참가기업의 가격이나 생산량을 카르텔 전체의 총이윤을 극대화할 수 있는 수준에서 협회와 같은 중앙기구가 결정하고, 총이윤은 합의에 따라 참가기업에 분할된다. 보다 구체적인 내용은 [그림 7-5]를 통해서 살펴볼 수 있다.

먼저, 협회와 같은 중앙기구는 해당산업의 상품에 대한 시장전체의 수요곡선(DD)을 측정하고, 이로부터 MR과 같은 한계수입곡선을 도출한다. 다음으로 중앙기구는 카르텔참가기업의 합동이윤이 극대화되도록 각 참가기업에게 생산량을 할당하는 방법을 모색한다. 즉, 각 참가기업의 한계비용곡선(mc_1, mc_2 ,mc_3)을 측정한 뒤 이를 합하여 산업전체의 한계비용곡선(MC)을 도출하여 $MC = MR$이 되는 총생산량 OQ을 도출하고, 도출된 총생산량 OQ를 각 참가기업에게 oq_1, oq_2, oq_3로 할당하면 된다.

3) 여기서 완전한 형태의 담합이란 과점기업들 간의 명시적 협약에 의해 협회, 조합, 연합회 등의 명칭을 사용하는 중앙기구가 설립되어 이 기구의 조정에 순응하는 것을 의미한다.

[그림 7-5] 카르텔(완전한 담합)에서의 가격결정과 생산의 분할

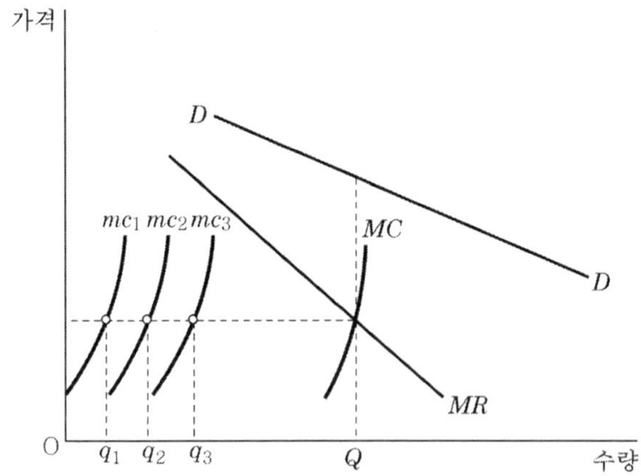

이와 같은 과정을 통해 산업전체의 총이윤이 극대화되며, 여기서 도출된 이윤은 합의된 방식에 의거해 참가기업에 분할된다. 이때 이윤분할은 반드시 생산량에 비례하는 것이 아니라 참가기업의 상대적 교섭력에 의해서 결정되는 것이 일반적이다.

그런데 앞에서 언급한 것처럼 비록 산업전체의 총이윤을 극대화할 수 있다고 하더라도 이윤분배상의 갈등으로 담합유지가 어려울 수가 있다. 특히, 참가기업이 카르텔협약을 무시하고 몰래 가격을 내려 할당량 이상으로 상품을 판매하는 등 이기적인 행동을 통하여 더 큰 이윤을 확보하려고 하는 경우, 그리고 이러한 독자적인 행동을 적발하는 것이 쉽지 않다면 카르텔이 붕괴될 가능성이 높다. 이외에도 다음과 같은 요인들에 의해 카르텔이 오랫동안 지속될 수 없다.

첫째, 법률적으로 제약을 받고 있다는 것이다. 국가마다 약간의 차이는 있으나 카르텔의 결성 그 자체가 불법으로 되어 있는 국가가 많다. 은밀하게 카르텔을 결성할 수도 있겠지만 만일 적발되면 법률적 제재를 받기 때문에 카르텔 형성을 주저하게 된다.

둘째, 과점시장 내에 기업 수가 너무 많으면 카르텔이 유지될 수 없다는 것이다. 앞에서 언급한 것처럼 카르텔은 기업들 사이에 완전한 담합이

이루어진 상태를 의미하는데, 과점시장 내에 기업의 숫자가 너무 많으면 담합의 유지가 어려워진다.

셋째, 기업 간에 이질성이 존재하면 카르텔이 유지될 수 없다는 것이다. 만약 기업이 생산하는 상품이 이질적이거나 수요와 비용조건에 있어서 차이가 크면 가격을 하나로 유지하기 힘들다.

3. 과점시장의 경제적 효과

과점시장의 경제적 효과에 대해서는 과점시장의 형태에 따라 다르기 때문에 일률적으로 규정할 수 없다. 다만 대체로 과점시장의 경제적 효과는 독점시장과 독점적 경쟁시장의 중간에 해당한다고 말할 수 있다.

시장지배력은 독점시장의 경우보다는 약하나 독점적 경쟁시장보다는 강하다. 또한 과점기업들은 동반자인 동시에 경쟁자라는 역학관계에서 안정적인 극대이윤을 추구한다. 그리고 업계전체의 이익을 옹호하고 새로운 경쟁자의 시장진입을 방어하는 데에는 공동으로 대응한다. 한편 수요의 규모와 과점의 수에 따라 담합의 정도와 가격수준이 다르게 나타나지만 일반적으로 독점적 경쟁시장보다는 높다.

과점시장의 가격은 완전경쟁시장의 가격보다 높기 때문에 소비자에게는 그만큼 불리하다. 생산량 역시 제한되어 독점시장과 같이 규모의 경제를 실현하지 못한다. 다만 그 정도가 독점시장보다는 낮다.

과점시장에서는 상호의존관계에서 비롯된 가격경직성에 의해 비가격경쟁이 보다 치열하다. 이와 같이 치열한 비가격경쟁은 제품과 서비스의 질이 향상되고, 이를 위한 연구개발과 신기술도입이 촉진될 수 있는 바람직한 효과를 기대할 수 있다. 그러나 과대광고와 같은 지나친 비가격경쟁은 높은 비용을 유발하여 사회적 자원낭비를 초래한다.

◈ 경제이론과 현실경제

이통 '과점', 초고속인터넷 '경쟁 미흡', 유선 '경쟁 활성화'

국내 이동통신 시장은 독점에 근접한 '과점적' 상황인 것으로 나타났다. 초고속인터넷 시장은 '경쟁 미흡', 유선통신 시장은 '경쟁 활성화'라는 진단이 내려졌다. 미래창조과학부는 제4이통사 허용과 요금인가제 폐지, 알뜰폰 활성화 등을 골자로 하는 '이동통신시장 경쟁촉진 및 규제합리화를 위한 통신정책 방안'과 '2015년도 기간통신사업의 허가 기본계획'을 25일 확정 · 발표 하면서 통신 시장 각 부문에 대한 경쟁 상황 평가를 근거로 내세웠다.

이에 따르면 이동통신 시장은 독점에 근접한 과점 시장이라는 평가가 내려졌다. 지난해 3분기 기준으로 1위 사업자인 SK텔레콤의 점유율이 50%이고, 이동통신 시장의 시장집중도의 지표인 HHI(허핀달-허쉬만 지수)는 3810으로 OECD 주요국 평균인 3341 대비 높은 수준을 보였다. HHI는 해당 기업의 시장점유율을 퍼센트로 계산해 이들 점유율의 제곱을 모두 합산한 수치로 그 값이 클수록 산업의 집중도가 높다. HHI 100~1000은 '집중도가 거의 없는 시장'이며 1000~1800은 '경쟁적인 시장', 1800~4000은 '과점적 시장', 4000 이상은 '독점적 시장'을 의미한다.

미래부는 이동통신 시장에 대해 "요금 경쟁 대신 가입자 빼앗기를 통한 점유율 유지에 유리한 마케팅 경쟁에 치중"하며 "1위와 2 · 3위 사업자간 수익성(영업이익) 격차가 여전히 높아 투자 및 요금인하 여력에 장기적으로 영향을 미치고 사업자간 대등한 경쟁을 제약하는 요인으로 작용할 우려"가 있다고 평가했다. 종합적으로 "시장점유율 및 시장집중도의 변화가 아직은 충분하지 않고 1위 사업자와 2, 3위 사업자간 수익성 격차가 큰 점 등을 고려할 때 경쟁이 활발하다고 결론 내리기에는 미흡한 상황"이라고 했다.

유선전화 시장에 대해서는 "1위사업자(KT)의 점유율이 높은 수준(2014년 가입자기준 58.3%)으로 경쟁이 미흡하나 인터넷 전화가 지속 확대되고 있어, 진입장벽 등 구조적 문제는 완화되는 추세"라고 진단했다. 초고속인터넷시장에 대해선 "1위사업자(KT)의 시장점유율이 50%미만이며, 신규 진입이 용이함에 따라 경쟁이 활성화된 시장으로 판단된다"고 설명했다.

〈출처 : 이형석 기자, 헤럴드경제(2015.06.25.)〉

중요개념 및 용어

독점적 경쟁시장	독점적 경쟁기업	비가격경쟁
독점적 경쟁기업의 균형	정상이윤	최적규모의 생산능력
초과생산능력	독점적 경쟁시장의 경제적 효과	
순수과점	동질적 과점	이질적 과점
차별적 과점	과점시장의 특징	과점기업
과점이론	경쟁적 과점	담합적 과점
굴절수요곡선이론	담합	가격경직성
카르텔	과점시장의 경제적 효과	과점시장

연 습 문 제

1. 독점적 경쟁시장의 특징에 대하여 설명하라.

2. 독점적 경쟁기업의 단기균형에 대하여 그림을 이용하여 설명하라.

3. 독점적 경쟁기업의 장기균형에 대하여 설명하라.

4. 장기에서 독점적 경쟁기업이 초과생산능력을 지니게 됨을 그림으로 나타내고 설명하라.

5. 완전경쟁시장과 비교한 독점적 경쟁기업의 경제적 효과에 대하여 설명하라.

6. 과점시장의 특징에 대하여 설명하라.

7. 완전경쟁기업과는 달리 과점기업의 한계수입곡선이 불연속적인 이유를 설명하라.

8. 굴절수요곡선이론에 대하여 설명하라.

9. 과점기업들이 담합을 추구함으로써 얻을 수 있는 이점에 대하여 설명하라.

10. 과점시장의 경제적 효과에 대하여 설명하라.

8 chapter
생산요소시장

학습목표

생산물과 같이 재화나 서비스의 생산에 투입되는 생산요소도 생산요소시장에서 거래되는데, 본 장을 학습하면 임금, 이자, 이윤, 지대 등의 생산요소가격이 어떻게 결정되는지를 이해할 수 있다.

1. 노동시장의 수요와 공급을 결정하는 요인은 무엇이며, 노동시장의 균형은 어떻게 성립되는지를 이해할 수 있다.
2. 노동시장에서 임금격차가 발생하는 원인에 대하여 이해할 수 있다.
3. 노동조합의 단체교섭이 임금결정에 어떠한 영향을 미치는지를 이해할 수 있다.
4. 이자와 이윤, 지대가 어떻게 결정되는지를 이해할 수 있다.

제1절 노동시장의 균형

생산요소가 거래되는 시장을 생산요소시장 또는 간단히 줄여서 요소시장이라고 한다. 상품의 수요와 공급이 생산물(상품)시장에서 결정되듯이, 생산요소의 수요와 공급도 생산요소시장에서 결정된다. 생산요소시장도 생산물시장과 마찬가지로 다양한 형태로 구성되어 있다. 그러나 여기서는 설명을 간단히 하기 위해서 생산물(상품)과 생산요소시장은 모두 완전경쟁시장이라고 가정하기로 한다. 즉 생산요소의 가격은 해당생산요소에 대한 수요와 공급에 의해 결정되며, 기업과 가계는 이 생산요소의 가격에 순응하는 가격순응자가 된다는 것이다.

1. 노동의 수요

기업이 생산요소를 수요하는 것은 그 생산요소를 투입해서 생산하는 상품을 소비자들이 수요하기 때문이다. 즉, 생산요소에 대한 수요는 상품의 수요로부터 파생된다. 이런 의미에서 생산요소의 수요를 파생수요(derived demand)라고 한다. 따라서 어떤 기업이 생산하는 상품에 대한 수요가 증가하면 생산요소에 대한 수요도 증가하고, 상품에 대한 수요가 감소하면 생산요소에 대한 수요도 감소한다.

상품의 수요로부터 파생된 생산요소수요의 결정과정을 살펴보기에 앞서 설명을 간단히 하기 위해 가변생산요소는 노동뿐이고 다른 생산요소는 모두 고정되어 있다고 가정하자. 이 경우 기업은 생산물시장에서와 마찬가지로 주어진 임금수준에서 이윤을 극대화할 수 있는 고용량(노동수요량)을 결정하려고 할 것이다. 이윤은 기업의 총수입에서 총비용을 뺀 것으로, 노동을 한 단위 더 고용하면 생산량이 늘어나 수입이 증가함과 아울러 비용도 증가한다. 이때 앞의 기업의 행동원리에서 살펴본 바와 같이, 기업은 노동이라는 생산요소를 한 단위 추가적으로 투입할 때 한계수입과 한계비용이 어떻게 변화하는가에 따라 생산활동에 대한 의사결정을 하게 될 것이다.

한계수입이 한계비용을 초과하면 기업은 생산할수록 수익이 증가하므로 지속적으로 생산활동을 하려고 할 것이다. 만약, 한계비용이 한계수입을 초과하게 되면 더 이상의 생산활동은 기업에게 손실을 가져오기 때문에 기업은 생산을 포기하게 될 것이다. 결국 이윤극대화를 추구하는 기업은 한계수입과 한계비용이 같아지는 시점까지 생산활동을 지속하게 될 것임을 알 수 있다.

노동의 한계수입은 바꾸어 말하면 노동의 한계생산물가치(value of marginal product of labor : VMP_L) 또는 노동의 한계수입생산물로서, 한 단위의 노동을 추가적으로 투입하였을 때 얻는 한계생산물의 화폐가치를 의미한다. 생산물시장이 완전경쟁인 경우에는 생산물의 가격(P)이 주어진 것으로 기업이 변경할 수 없기 때문에 노동의 한계생산물가치는 노동의 한계생산물(MP_L)에 생산물(상품) 가격(P)을 곱한 것과 같다.

$$VMP_L = MP_L \times P \tag{8-1}$$

한편 노동의 한계비용은 추가로 투입되는 노동 한 단위를 고용하는데 드는 비용으로 노동의 요소가격(w)을 의미한다. 앞에서 언급한 것처럼 이윤극대화를 추구하는 기업은 한계수입과 한계비용이 같게 될 때까지 생산을 하기 때문에, 기업의 노동의 수요(고용)조건은 노동의 한계생산물가치가 노동임금과 같을 때 성립된다.

$$VMP_L = W \tag{8-2}$$

완전경쟁시장일 경우, 노동의 한 단위의 가격이 시장에서 일정한 수준으로 정해지면 기업은 이 가격수준에서 노동고용량을 결정하게 된다. 즉 노동의 한 단위의 가격(임금)과 동일한 노동생산성을 얻을 수 있는 수준에서 노동고용량이 결정된다. 따라서 완전경쟁시장에서 생산물(상품)가격이 일정한 경우 노동의 단위당 시장가격이 내려가면 기업은 노동고용량을 증가시켜 노동수요가 증가하고, 반대로 노동의 단위당 시장가격이 올라가면 노동고용량을 감소시켜 노동수요가 감소한다. 이러한 노동의 시장가격(임금)과 노동의 수요와의 관계를 그림으로 나타낸 것이 노동의 수요곡선이다.

[그림 8-1]에서 보는 것처럼 노동의 수요곡선은 우하향하는 노동의 한계생산물가치(VMP_L)곡선으로도 나타낼 수 있는데, 이는 앞에서 설명한 기업의 생산활동에서 한계생산물체감의 법칙이 성립하는 것과 같이, 노동의 한계생산물체감의 법칙이 작용하기 때문이다. 즉. 노동량의 투입이 증가하면 노동의 한계비용은 임금(W)으로 일정하지만, 노동의 한계생산성

은 점차 감소하게 된다. 이때 생산물(상품)의 가격이 일정하다면 노동의 한계생산물가치(VMP_L)도 점차 감소하게 된다.

[그림 8-1] 노동의 수요곡선

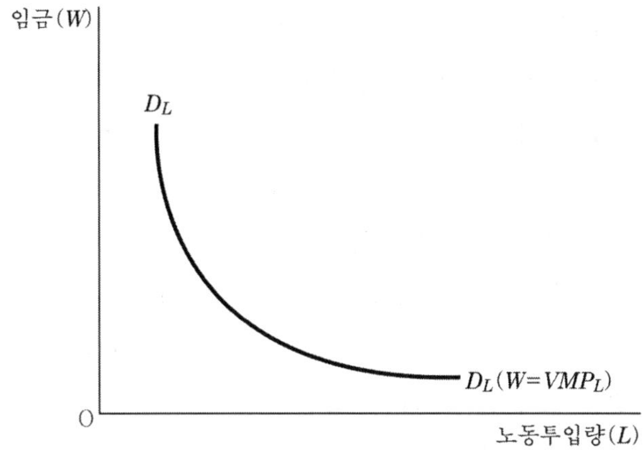

요소가격의 변화와 생산물(상품)가격의 변화를 고려하지 않는다면, [그림 8-1]과 같은 개별기업의 노동수요를 모두 합하면 생산요소시장에서의 전체 노동수요곡선이 된다.

2. 노동의 공급

생산요소에 대한 수요곡선은 일반적인 생산물(상품)의 수요곡선과 마찬가지로 우하향하는 관계로, 생산요소의 가격이 높을수록 시장에서 수요되는 생산요소의 양은 적어진다. 이와 같은 생산요소의 수요관계는 앞에서 언급한 노동뿐만 아니라 자본, 토지 등 대부분의 생산요소에서 똑같이 적용된다.

그러나 생산요소의 공급의 경우에는 생산요소의 수요의 경우와는 다르게 모든 생산요소에 공통적으로 적용되는 원칙을 도출할 수 없다. 생산요소의 공급은 생산요소에 따라 각기 다른 과정을 통하여 결정되기 때문이다. 여기서는 생산요소의 수요에서와 같이 노동의 공급에 대하여 알아보고자 한다.

노동의 공급은 기본적으로 노동자가 주어진 시간을 어떻게 사용할 것인가에 따라 결정된다. 예를 들어 하루 24시간 중에 먹고 자는데 기본적으로 10시간을 사용한다고 하자. 그렇다면 나머지 14시간을 노동과 여가에 사용할 수 있다. 노동의 공급은 어떤 임금수준이 주어졌을 때 사용가능한 시간 중에서 여가와 노동으로 얼마를 사용할 것인가를 선택하는 과정에서 결정된다.

개인의 노동의 공급량은 노동을 제공함으로써 얻을 수 있는 시간당 임금수준에 의해 가장 크게 영향을 받는다. 그런데 시간당 임금은 일하느냐고 소비된 한 시간의 시장가치를 나타낸다. 따라서 한 시간의 여가를 즐기면 한 시간의 임금을 포기한 것으로 임금은 여가의 기회비용이 된다. 일반적으로 임금이 상승하면 여가의 기회비용이 상승하므로 여가를 줄이게 된다. 따라서 다른 상품과 마찬가지로 여가의 수요곡선은 우하향한다. 바꿔 말하면 임금이 상승하면 상대적으로 비싼 여가를 줄이는 대신에 일을 선택하므로 노동공급량이 증가하는데, 이러한 현상을 임금상승에 따른 대체효과라고 한다. 한편 임금이 상승하면 소득이 증가한다. 여가가 정상재라면 소득이 증가함에 따라 여가에 대한 수요가 증가하므로 노동공급량은 감소하는데, 이를 임금상승에 따른 소득효과라고 한다.

이와 같이 대체효과와 소득효과가 서로 다른 방향으로 작용하기 때문에 임금이 변화함에 따라 노동량이 어떻게 결정되는지에 대해서 일률적으로 말할 수 없다. 만일 대체효과가 소득효과보다 크다면 임금이 상승함에 따라 노동의 공급량은 증가할 것이다. 일반적으로 시간당 임금이 낮은 상태에서 임금이 상승하면 일을 안 하던 사람이 노동을 제공하려고 하거나, 이미 일을 하고 있던 사람도 더 많은 시간을 노동에 투입하고자 할 것이다. 이와 같은 경우의 노동의 공급곡선은 [그림 8-2]의 (a)와 같이 우상향하는 형태를 나타낼 것이다.

그런데 임금이 어떤 수준 이상으로 상승하여 소득이 증가하면 노동자들은 이전보다 더 많은 여가를 즐기려고 하는 경향이 발생할 수도 있다.

다시 말하면 임금이 어느 수준 이상으로 상승하면 소득효과가 대체효과를 압도하여 오히려 노동의 공급량이 감소할 수도 있다는 것이다. 이와 같은 경우의 노동의 공급곡선은 [그림 8-2]의 (b)와 같이 후방으로 굴절하는(backward bending) 형태를 나타낼 것이다.

[그림 8-2] 노동의 공급곡선

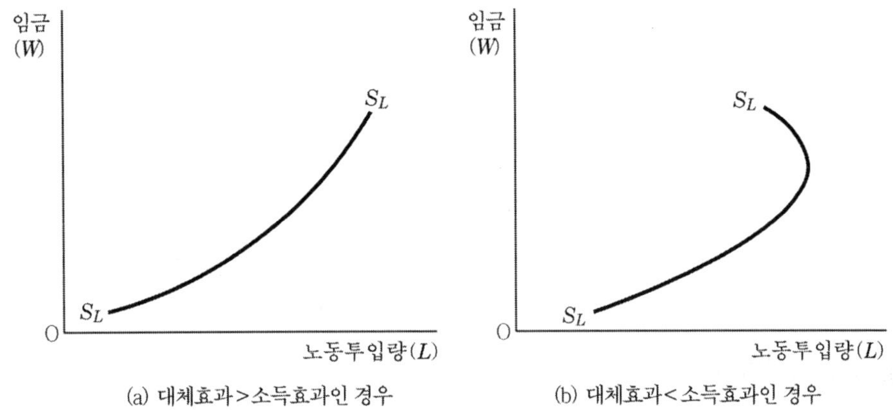

이와 같이 개인의 노동공급곡선은 임금수준에 따라 우상향하거나 후방으로 굴절하는 형태를 나타낸다. 한편 모든 임금수준에서 개인의 노동공급곡선을 합한 시장공급곡선은 일반적으로 우상향하는 형태를 나타낸다([그림 8-3] 참조). 이는 사람마다 소득효과가 대체효과를 압도하는 임금수준이 다른 것에 기인한다.

[그림 8-3] 시장의 노동공급곡선

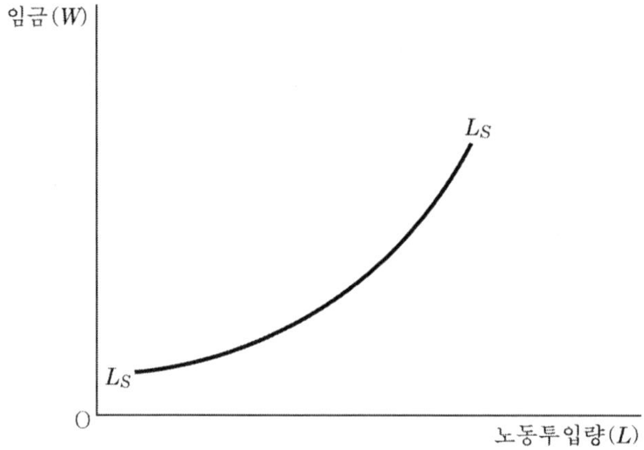

3. 노동시장의 균형

상품의 경우와 마찬가지로 완전경쟁시장에서 생산요소의 가격과 거래량은 생산요소의 수요와 공급에 의해 결정된다. [그림 8-4]의 (a)는 노동시장의 균형을 나타낸 것으로, 앞에서 도출된 노동의 시장공급곡선과 노동의 시장수요곡선이 교차하는 E^*점에서 성립됨을 알 수 있다. 이때 시장균형임금은 W^*, 노동수요와 노동공급이 일치하는 균형노동거래량은 L^*가 된다.

한편, [그림 8-4]의 (b)는 시장임금이 W^*로 균형을 이룰 때의 개별기업의 균형을 나타내고 있다. 상품의 경우와 마찬가지로 완전경쟁시장에서의 개별기업의 노동수요량은 시장전체에 비하면 아주 미미한 것으로 시장의 요소가격인 임금에 영향을 미칠 수 없고 단지 주어진 시장균형가격인 균형임금을 받아들일 수밖에 없다. 즉 개별기업은 가격순응자로서 시장균형가격인 균형임금이 바로 노동의 공급곡선이 되며 이는 수평적인 형태로 나타난다. 이러한 수평적인 요소공급곡선은 개별기업에 있어서는 노동의 한계요소비용(marginal factor cost : MFC)곡선이 되며 동시에 평균요소비용(average factor cost : AFC)곡선이 되기도 한다. 따라서 개별기업의 균형은 공급곡선인 시장균형가격인 균형임금(W^*)과 개별기업의 노동수요곡선이 만나는 점 E에서 이루어지고, 이때 균형노동수요량은 l^*가 된다. 여기서 개별기업의 노동수요곡선은 노동의 한계생산물가치(VMP_L)를 의미하므로, 균형점 E는 노동의 한계요소비용(MFC)과 노동의 한계생산물가치(VMP_L)가 같게 되는 점이자 비용과 수입이 같아지는 점으로, 기업의 이윤극대화 조건인 $VMP_L = W$를 충족하고 있다.

[그림 8-4] 노동시장의 균형

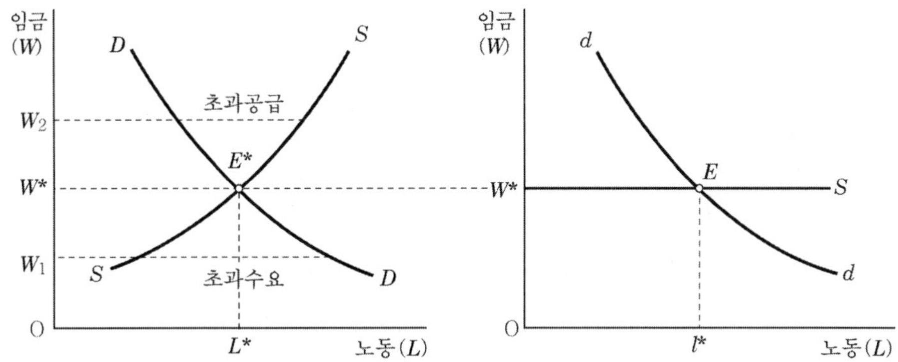

(a) 노동시장 (b) 개별기업

제 2 절 노동과 임금

1. 노동의 특성과 임금격차

(1) 노동의 특성

사람이 살아가기 위해 필요한 재화와 서비스를 만들어 내는 생산활동을 노동이라고 한다. 이러한 노동을 할 수 있는 능력, 즉 노동력을 가진

자를 노동자 또는 근로자라고 하는데, 자본주의 시장경제에서 노동자는 자신의 노동력을 제공하고 그 대가로 임금을 받아 생활한다. 이와 같은 의미를 지닌 노동은 다른 생산요소와는 달리 다음과 같은 특성을 갖는다.

① 노동력은 노동자와 분리해서 매매할 수 없기 때문에 노동력의 지역간 이동이 자유롭지 못하다.

② 노동력은 저장보존이 불가능하기 때문에 그 공급이 임금에 대하여 매우 비탄력적이다.

③ 노동의 질은 교육, 훈련, 경험 등을 통하여 향상될 수 있지만 장시간이 소요된다. 따라서 단기에 노동력의 직종간의 이동도 자유롭지 못하다.

④ 노동력의 매매관계 형성은 노동자가 사용자의 지휘·감독 아래 일정기간 노동하는 것을 의미하는 것이므로 불가피하게 노동자와 사용자 사이의 고용관계, 즉 노사관계를 수반한다. 그런데 일반적으로 노동자가 불리한 경우가 많다.

⑤ 대부분의 노동자들은 생계비를 벌어들이는 생산수단으로 노동력만을 가지고 있는데, 이 경우 노동자들의 소득수준은 임금수준에 달려 있다. 따라서 최소한의 소득을 보장하기 위한 최저임금제나 노동자의 권익을 보호받기 위한 노동조합 등의 법적·사회적 제도에 의한 안정장치를 수반한다.

이와 같은 노동의 특성들로 인해 노동시장은 현실적으로 완전고용보다는 불완전고용, 완전경쟁보다는 불완전경쟁시장 상태가 일반적이다.

(2) 임금격차

앞에서 완전경쟁시장에서의 임금은 노동시장에서의 수요와 공급에 의해서 결정됨을 살펴보았다. 보다 구체적으로 말하면 완전경쟁시장에서의 임금은 노동의 한계생산물가치(VMP_L)에 의하여 결정된다고 설명하였다. 그러나 현실에서는 노동의 한계생산물가치(VMP_L) 이외에도 직종, 학력, 성별 등에 따라 임금의 차이가 발생하는데, 이를 임금격차(wage differentials)라고 한다. 임금격차가 발생하는 원인은 다음과 같이 몇 가지로 요약할 수 있다.[1)]

첫째, 각 개인의 능력 차이에 기인하여 임금격차가 발생한다. 앞에서 언급한 것처럼 완전경쟁시장의 경우 기업은 노동의 한계생산물가치(VMP_L)만큼을 임금으로 지불한다. 따라서 생산성이 높은 노동자는 높은 임금을, 생산성이 낮은 노동자는 낮은 임금을 받는 등 개인의 능력 차이에 따라 임금수준이 달라진다.

둘째, 노동자들은 직업을 선택할 때 임금만을 고려하는 것이 아니라, 작업조건, 위치, 계약기간 등 비금전적인 요인도 고려한다. 임금에 이러한 비금전적인 요인들을 더한 것이 한 노동자가 선택한 직업에 대한 전체적인 보상인데, 경쟁적인 노동시장에서 노동자들은 임금이 아닌 전체적인 보상이 가장 높은 직업을 선택하기 때문에 임금격차가 발생한다는 것이다.

이상의 첫째요인과 둘째요인은 노동시장의 불완전성에서 기인하는 것이 아니라 노동질의 차이와 작업조건에서 발생하는 임금의 격차로서, 이를 균등화임금격차(equalizing wage differentials)라고 한다.

셋째, 앞에서 언급한 것처럼 노동의 특성상 단기에 노동자들의 지역간, 직종간 이동이 자유롭지 못하기 때문에 임금격차가 발생한다. 특히 직종간의 이동은 전문적인 지식을 요구하는 경우가 많으므로 장기에도 자유롭지 못하다. 따라서 임금격차는 상존한다.

넷째, 노동시장에 대한 정보가 불완전하기 때문에 임금격차가 발생한다. 즉 노동자들은 자신의 숙련정도, 근로조건, 임금수준 등에 대하여 상대적 평가할 수 있는 정보가 부족하기 때문에 임금격차가 존재한다.

다섯째, 여러 가지의 차별대우, 예를 들어 학력, 성별, 인종차별 등에 따라 임금격차가 발생한다.

---

1) 이하에서는 임금격차의 원인을 완전경쟁시장인 경우(첫째, 둘째의 요인이 이에 해당)와 불완전경쟁시장의 경우(셋째, 넷째, 다섯째요인이 해당)로 나누어 살펴본다.

2. 노동조합과 임금

지금까지 노동의 수요와 공급은 노동시장이 완전경쟁인 경우를 가정하고 논리를 전개해 왔다. 그러나 현실적으로 노동시장은 완전경쟁시장이라기보다는 오히려 불완전경쟁시장이다. 노동시장이 불완전경쟁시장인 원인 중 가장 큰 요인은 노동조합이 존재하기 때문이다. 노동조합은 노동자들이 고용주에 대해 임금인상, 노동조건개선 등을 요구하여 자신의 권익을 옹호하고, 경우에 따라는 사회적 개혁을 요구하는 노동자들의 조직체이다. 여기서는 노동조합이 어떻게 불완전 경쟁적으로 작용하는지를 노동조합의 임금인상을 위한 단체교섭을 중심으로 살펴보기로 하자.

[그림 8-5]에서 노동조합이 개입하지 않았을 경우, 균형임금은 W^*, 균형노동거래량은 L^*가 된다. 그러나 노동조합이 균형임금보다 높은 수준인 W_1의 임금인상을 요구하게 되면, 노동조합은 W_1 이하에서는 노동을 공급하지 않으므로 노동공급곡선은 W_1BS가 된다. 한편 기업입장에서는 노동조합이 요구하는 임금수준(W_1)과 동일한 한계생산물가치를 생산하는 노동자를 고용할 것이므로 고용량은 L^*에서 L_1로 감소한다. 이와 같이 높은 임금인상은 불가피하게 생산성이 낮은 노동자의 고용감소를 수반한 실업을 초래한다.

노동조합의 임금인상요구가 전체근로자들에게 유리한 것인지 불리한 것인지의 여부는 여러 요인들에 의하여 달라지지만, 특히 노동에 대한 수요의 탄력성에 의해 크게 좌우된다. 노동조합의 입장에서 보면 노동의 수요곡선이 되도록 임금에 비탄력적이어서 과도한 임금인상으로 인한 노동수요의 감소가 되도록 미미할수록 유리하게 된다. 이는 임금상승으로 인한 노동자의 이익이 고용감소로 인한 손해보다 크기 때문이다. [그림 8-5]에서 보면 노동수요곡선 DD가 임금에 비탄력적일수록 가파른 기울기를 갖게 되므로 W^*에서 W_1으로 임금이 상승한 효과는 증가하는 반면에, L^*에서 L_1로 감소한 고용량의 크기는 작아진다는 것이다.

[그림 8-5] 완전경쟁시장에서의 노동조합의 효과

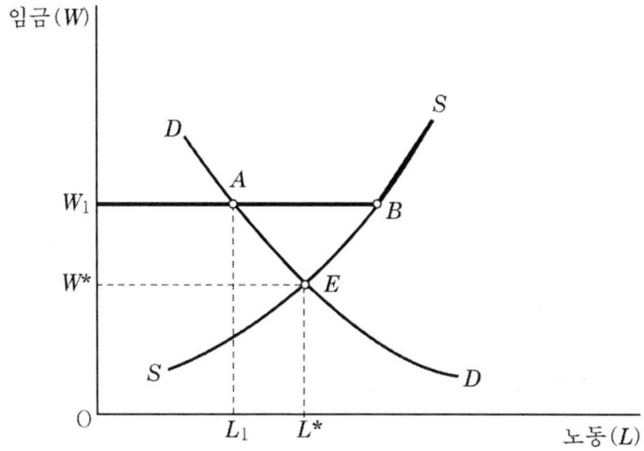

제 3 절 자본과 이자, 이윤 및 지대

1. 자본과 이자

(1) 자본의 의미와 구분

자본(capital)은 인간에 의해 만들어진 자원으로, 공장, 기계, 도구, 원재료와 같이 생산요소로 사용되고 있는 것을 말한다. 이러한 의미를 지닌 자본은 보는 관점에 따라 다음과 같이 여러 가지로 구분할 수 있다.

먼저, 자본은 인적자본(human capital)과 물적자본(physical capital)으로 구분할 수 있다. 지식과 기술을 갖춘 인간을 인적자본이라 하고, 공장, 기계, 건물 등은 물적자본이라고 하는데, 여기서 인적자본은 노동이라는 생산요소로 달리 구분한다. 자본에는 인적·물적자본과 같이 생산활동에 직접적으로 사용되는 것이 있는 반면, 도로, 항만, 철도와 같이 생산활동을 간접적으로 지원하는 사회간접자본도 있다.

또한 자본은 기계와 공장과 같은 실물자본(real capital)과 화폐와 같은 화폐자본(money capital)으로 구분할 수 있다. 화폐를 자본으로 간주하는 견해는 화폐 그 자체는 상품을 생산할 수 없지만, 생산활동에 필요한 기계나 설비들을 구입할 수 있다는 데에서 근거한다. 한편, 국가경제 전체적 입장에서 보면 화폐를 자본으로 볼 수 없다는 것이 일반적인 견해이다. 개인의 자산인 화폐는 금융기관의 입장에서 보면 부채이므로 경제전체의 관점에서 보면 서로 상쇄되어 버리기 때문이다. 이러한 관점에서 보면 자본은 보통 실물자본을 의미한다.

(2) 이자 및 이자율의 의미와 구분

일상생활에서 이자와 이자율을 잘 구분하지 않고 사용하는 경우를 흔히 볼 수 있다. 이자(interest)가 자본 사용에 대해 비용으로 지불하는 보수를 의미한다면, 이자율(interest rate)은 빌린 자본에서 차지하는 비용 혹은 지불된 보수의 비율을 의미한다. 예를 들어 인정제과주식회사에서 1억원짜리 최신 빵 제조기 1대를 임대받아 1년에 1,000만원의 사용료를 낸다면, 이자는 1,000만원이고 연 이자율은 10%이다. 바꿔 말하면 이자율은 실물자본일 경우는 생산자가 생산과정에 투입한 자본에 의해 얻는 수익률을 의미하는 반면, 화폐자본일 경우는 자금사용에 대한 대가로 차용자가 대여자에게 지불해야 하는 가격비율을 의미한다. 어떤 경우이든 결국 같은 수준에서 결정되게 된다.[2)]

이자는 자본가가 받는 자본사용에 대한 대가로 볼 수 있다. 이때 자본재에 대한 보수로서의 이자는 자본재의 한계생산력의 크기에 따라 결정된다. 한편 이자는 현재의 재화와 미래의 재화 사이의 교환비율과 같은 개념으로도 설명할 수 있다. 이는 기본적으로 현재의 재화는 불확실한 미래의 재화보다 높은 가치를 가진다는 것, 바꿔 말하면 현재의 재화와 동일한 미래의 재화가치는 현재의 재화가치보다 커야 한다는 것에서 연유한다. 이와 같은 현재의 가치와 미래가치의 차이가 이자이며 이를 백분율

2) 이자율결정이론에 관한 구체적인 내용은 거시경제이론에서 취급할 것이므로 여기서는 이자율의 성격과 본질에 대해서만 간단히 알아보기로 한다.

(%)로 표시한 것이 이자율이라는 것이다. 다른 관점에서 말하면 현재의 재화를 소비하지 않고 미래에 소비하기 위해서는 인내와 고통이 수반하는데 이에 대한 보수가 이자로 지불되어야 한다는 것이다.

이자율의 종류에는 여러 가지가 있는데, 여기서는 명목이자율과 실질이자율에 대하여 살펴보기로 한다. 실질이자율(real rate of interest)은 물가상승이 없을 때의 이자율, 즉 실물자본에 대한 실물이자의 비율을 의미한다. 한편, 명목이자율(normal rate of interest)은 대부자금시장에서 결정된 이자율로서, 실질이자율에 물가상승률을 더한 이자율이다. 물가상승이 발생할 경우 실물자본이든 화폐자본이든 일정기간 후에 되돌려 받는 원금과 이자는 이미 물가상승분만큼 가치를 상실하게 되므로 물가상승분만큼의 이자를 더 받아야 한다는 것이다. 따라서 물가상승률이 높을수록 명목이자율이 높다. 이와 같은 명목이자율과 실질이자율과의 관계는 다음과 같은 등식으로 표시할 수 있다.

$$\text{명목이자율} = \text{실질이자율} + \text{예상물가상승률} \qquad (8\text{-}3)$$

2. 기업활동과 이윤

(1) 이윤의 의미 및 본질

노동, 자본 및 토지를 포함하는 자원 등은 필수적인 생산요소이지만, 이들이 저절로 결합되는 것은 결코 아니다. 일정한 생산계획 하에서 이들을 결합하고 생산조직인 기업을 운영하는 사람이 있어야 비로소 생산요소들이 제대로 이용될 수 있다. 이렇게 생산요소를 결합, 조직, 운영하는 능력도 생산을 위하여 절대 필요한 생산요소인데, 이를 기업활동이라고 한다. 노동의 대가가 임금, 자본의 대가가 이자, 토지의 대가가 지대이듯이, 기업활동의 대가가 이윤인 것이다.

기업의 이윤을 발생시키는 원인에 대한 이론은 여러 가지가 있으나, 여기서는 여러 가지 이론 중에서 대표적인 이론인 혁신설과 위험부담설에 대하여 간단히 살펴보고자 한다.

먼저, 혁신설은 슘페터(J. Schumpeter)가 주장한 이론으로, 여기서 기업가의 혁신(innovation)이란 ① 새로운 상품의 생산, ② 새로운 생산방법 및 기술의 도입, ③ 새로운 판로의 개척, ④ 새로운 자원의 발견, ⑤ 새로운 경영조직의 결성 및 경영기법의 도입 등을 의미한다. 슘페터에 의하면 기업가가 이와 같은 혁신을 적극적으로 추구함으로써 기업이 발전하는데, 기업의 이윤은 이러한 기업가의 혁신에 대한 대가라는 것이다. 이와 같이 슘페터는 혁신을 이윤발생의 원천이자 경제발전의 원동력으로 중시하였는데, 특히 혁신을 통하여 생산력을 비약적으로 향상시켜 나가는 과정을 창조적 파괴의 과정(process of creative destruction)이라고 하였다. 이러한 창조적 파괴의 과정에서 이윤이 발생하고, 이에 의해 경제발전이 촉진된다는 것이다.

위험부담설은 나이트(F. Knight)가 주장한 이론으로, 모든 경제적 이윤은 자본을 이용하여 기업을 경영하는 데에 필연적으로 수반하는 불확실성(uncertainty)에 기인한다는 것이다. 나이트에 의하면 우리의 일상생활에는 불확실성이 존재하는데, 기업활동에서도 항상 장래의 위험이 수반한다는 것이다. 따라서 이러한 예상할 수도 없고 불확실한 위험을 택하는 데에 대한 대가가 이윤이라는 것이다.

(2) 이윤의 구분

이윤은 정상이윤, 초과이윤 및 독점이윤 등 세 가지로 분류할 수 있다. 정상이윤은 앞의 완전경쟁시장의 장기균형에서 설명한 바와 같이 기업가로 하여금 현재 생산하고 있는 상품을 계속 생산하게 하는 유인으로서 필요한 최소한의 이윤을 말한다. 따라서 정상이윤은 이윤이라기보다는 비용적인 성격이 강하다. 초과이윤은 이러한 정상이윤을 초과하는 이윤을 말하고, 독점이윤은 독점기업이 정상이윤을 초과하여 취득하는 이윤을 말한다.

3. 지대

지대(rent)는 생산요소로서의 토지를 생산과정에 투입한 대가로 받는 보수를 말한다. 바꿔 말하면 지대는 토지를 소유하지 못한 사람이 토지를 소유한 지주로부터 빌려 쓴 대가를 의미한다. 이와 같이 지대는 토지 그 자체의 가격이 아니라, 토지를 일정기간 동안 생산과정에 제공한 서비스의 대가이다. 경제학에서의 지대의 개념은 단순히 토지를 빌려 쓴 대가 이상의 보다 넓은 의미를 갖는다. 다시 말하면 지대란 토지, 노동, 자본 등의 생산요소에 대하여 기회비용 이상을 지불한 것에 해당한다.

(1) 지대의 결정

지대는 토지를 빌려 쓴 대가로 발생하는 것으로, 지대가 발생하는 것은 ① 토지의 공급이 제한되어 있고, ② 이동이 불가능하며, ③ 재생산이 불가능하기 때문이다.

일반적으로 토지는 일정하지만 토지에 따라 생산성과 용도가 다르며, 용도간의 대체성도 크다. 따라서 특정한 용도를 위한 토지의 공급곡선은 [그림 8-6]에서 보는 것처럼 우상향하는 형태를 갖는다. 총체적으로 제한되어 있어 완전 비탄력적이지만, 특정용도를 위한 토지공급은 가격상승에 따라 증가한다는 것이다. 예를 들어 도시가 팽창함에 따라 주택용지와 상업용지에 대한 수요가 증가하면 지대도 상승한다. 이에 따라 토지의 용도간의 대체성이 커져 도시근교의 농지들이 주택용지나 상업용지로 변경됨으로서 공급이 증가하게 된다. 한편, 토지에 대한 수요곡선은 예상되는 토지의 한계수입생산(marginal revenue product : MRP)에 의해 영향을 받으므로 우하향하는 형태를 갖는다. 따라서 지대는 [그림 8-6]에서 보는 바와 같이 토지에 대한 수요곡선과 공급곡선이 마주치는 곳에서 결정된다.

토지의 생산성이 높을수록 토지의 수요곡선은 오른쪽으로 이동하게 되는데, 이에 따라 다른 조건이 일정하다면 지대는 상승하게 된다. 도시중심의 지대가 변두리보다 높은 것은 바로 이와 같은 생산성의 차이 때문이다.

[그림 8-6] 지대의 결정

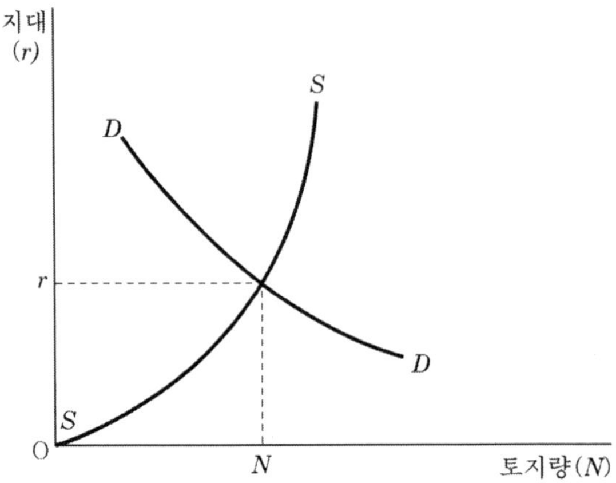

(2) 경제적 지대와 전용수입

앞에서 언급한 것처럼 토지사용에 대한 대가인 지대의 개념을 확대, 일반화시켜 모든 생산요소에 적용한 지대를 경제적 지대라고 한다.

경제적 지대(economic rent)란 어떤 생산요소가 현재의 용도에서 받는 총수입에서 전용수입(transfer earnings)을 뺀 나머지를 말한다. 여기서 전용수입이란 어떤 생산요소가 현재의 용도에서 다른 용도로 전환되지 못하도록 지불하는 최소한의 보수를 말한다. 즉, 어떤 생산요소의 전용수입은 그 요소의 기회비용과 같은 개념이다. 따라서 기회비용, 즉 전용수입을 초과하여 어떤 요소에게 지불되는 보수가 바로 경제적 지대이다.

예를 들어, 어떤 영화배우의 월수입이 600만원이라고 하자. 이 영화배우는 월수입이 감소하여 300만원이 될 때까지는 영화배우 직업을 유지하려고 한다고 하자. 왜냐하면 어떤 다른 직업으로 전직한다 하더라도 300만원의 월수입을 기대할 수 없기 때문이다. 그러나 300만원 미만의 월수입이 되면 이 영화배우는 다른 직업으로 전직한다. 최소 300만원 정도의 수입은 영화배우가 아닌 다른 일(사진모델, 행사장도우미 등)을 하여도 벌 수 있다고 생각하기 때문이다. 이때 월수입 300만원은 이 영화배우가 자기직업을 계속적으로 유지하게 하는 최소한의 수입으로 전용수입이 된다. 현재 월수입이 600만원인 이 영화배우는 자기의 총수입 600만원에서 전용수입 300만원을 제외한 나머지 300만원의 경제적 지대를 얻고 있다는 것이다.

[그림 8-7]의 (a)는 경제적 지대와 전용수입의 차이를 보여주고 있다. 요소수요곡선과 요소공급곡선이 전형적인 형태인 경우, 요소시장의 균형은 E점이 되고 이때 균형가격은 P^*, 균형거래량은 Q^*가 된다. 여기서 요소공급곡선 SS는 요소공급량과 요소공급가격과의 관계를 표시한 선을 의미하고, 요소공급곡선 SS와 요소가격을 나타내는 절편 P_0는 가장 낮은 가격을 받고 요소를 공급할 의사가 있는 요소소유자가 요소공급대가로 받는 가격이 P_0라는 것을 의미한다. 또한 가장 높은 가격을 받고 요소를 공급하겠다는 요소소유자는 가격 P^*를 받겠다는 것을 의미하기도 한다. 요소공급곡선 SS의 어느 점이든지 이와 동일한 논리가 성립된다.

[그림 8-7]의 (a)에서 보는 것처럼 요소시장의 균형가격이 P^*가 되면, 가장 높은 가격으로 공급할 의사를 가지고 있는 요소소유자는 자기가 원하는 가격(즉, 기회비용인 동시에 전용수입)을 받고 판매하는 것이므로 전용수입을 초과하여 얻을 수 있는 경제적 지대가 전혀 없는 셈이다. 그러나 이와 대조적으로 가장 낮은 가격으로 요소공급을 원했던 요소공급자는 P^*-P_0 만큼의 경제적 지대를 얻게 되는 것이다.

[그림 8-7]의 (b)는 요소공급곡선이 가격에 완전 비탄력적이어서 요소수입이 모두 경제적 지대가 되는 경우를 나타낸 것이다. 즉 생산요소의 공급이 고정되어 있어 공급의 탄력성이 0인 경우로, 요소의 가격은 오직 수요의 크기에 의하여 결정된다. 따라서 공급량이 완전히 고정되어 있는 생산요소의 가격은 전액이 경제적 지대가 된다. 대표적인 예로서 연예인이나 유명 프로 운동선수를 들 수 있는데, 이들의 경우 공급이 제한적인

반면에 수요가 크기 때문에 경제적 지대가 상당히 커진다는 것이다. 바꿔 말하면 연기·노래, 운동에 상당한 비교우위를 갖고 있는 이들이 전직을 하여 다른 직업에 종사할 경우에는 현 수준보다 상당히 적은 수입을 올릴 수 있을 것이므로 전용수입은 극히 작아진다는 것이다.

[그림 8-7] 경제적 지대와 전용수입

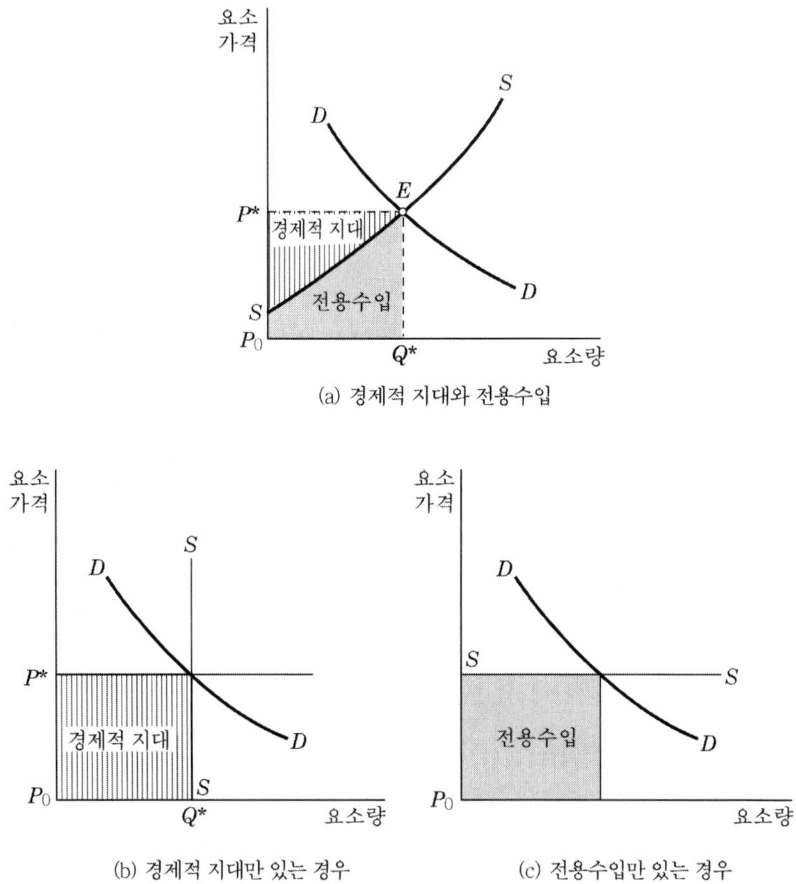

[그림 8-7]의 (c)는 요소공급곡선이 가격에 완전 탄력적이어서 요소수입이 모두 전용수입으로 되는 경우를 나타내고 있다. 즉, 이는 공급이 무한 탄력적이어서 경제적 지대는 없고 전용수입만 있는 경우로, 수요에 비해 공급이 상당히 많을 때 발생한다.

이상과 살펴본 바와 같이 경제적 지대와 전용수입의 상대적 크기는 요소의 공급탄력성에 따라 달라짐을 알 수 있다. 요소의 공급가격탄력성이 클수록 경제적 지대는 작아지고, 요소의 공급가격탄력성이 작을수록 경제적 지대는 커진다.

현실적으로 각종시장에서 여러 가지의 경제적 지대가 발생하는 것을 볼 수 있다. 부동산시장이나 아파트에 있어서의 프리미엄도 경제적 지대의 일종이다. 이러한 것들은 해당시장에의 진입이 법적으로 또는 제도적으로 제한되어 있는 경우가 많은데, 앞에서 설명한 것처럼 요소공급의 탄력성이 작거나 공급자체가 제한되면 경제적 지대가 커지게 된다는 것이다.

한편, 각종 협회나 이익단체들은 자기들의 경제적 지대를 얻기 위해 정부나 행정당국에 대해 로비활동을 벌린다. 이와 같이 경제적 지대를 얻기 위하여 벌이는 각종의 행동을 지대추구행위(rent-seeking behavior)라고 한다. 지대추구행위는 사회전체적으로 볼 때 자원의 낭비일 뿐만 아니라, 경쟁의 제한으로 자원의 효율적인 배분을 저해하는 요인이 된다. 기본적으로 지대추구행위는 생산을 증가시키기보다는 희소한 자원을 독점함으로써 이익집단의 기득권을 계속 누리려고 하는데 집중되는 경향이 크기 때문이다.

(3) 준 지대

앞에서 설명한 생산자이론에서 공장설비와 같은 내구생산재는 단기적으로 고정요소이나, 장기적으로는 가변요소라고 구분하였다. 즉 단기적으로는 증설이 용이하지 않기 때문에 고정요소로 남는다는 것이다. 그런데 단기적으로 수요가 급증하는 등의 이유로 가격이 상승하여 초과이윤이 발생하였다고 하자. 이 경우 공장설비의 소유자는 총판매수입에서 총가변비용을 뺀 남은 보수를 얻는데 이를 준 지대(Quasi-rent)라고 한다. 이와 같이 준 지대는 단기에 공급이 고정되어 있는 생산요소에 귀속되는 보수로서, 총고정비용과 초과이윤의 합으로 표시된다. 왜냐하면 총판매수입

=총가변비용 +총고정비용 +초과이윤인데, 총판매수입에서 총가변비용을 뺀 것이 준 지대이므로 준 지대는 총고정비용 +초과이윤으로 표시할 수 있다.

완전경쟁기업의 단기비용곡선이 [그림 8-8]과 같다고 하자. 여기에서 시장가격이 P_0로 주어져 있다면 생산량은 Q_0이고 판매수입은 면적 OP_0AQ_0로 표시된다. 이 중에서 $ODCQ_0$만큼이 가변요소에 대한 보수이므로 준 지대는 DP_0AC가 된다. 이는 $DEBC$만큼의 총고정비용과 EP_0AB만큼의 초과이윤을 합한 것을 의미한다.

[그림 8-8] 준 지대

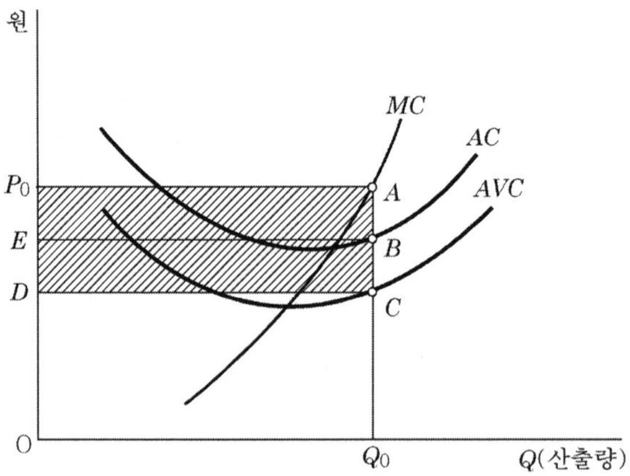

경제이론과 현실경제

韓 생산성 높이려면 정규직 · 비정규직 임금차 개혁 필요

경제협력개발기구(OECD)가 한국 경제에 의미심장한 메시지를 던졌다.

OECD는 더 나은 한국을 위해 정규직과 비정규직의 격차를 해소하는 노동개혁이 이뤄져야 한다고 조언했다. OECD는 9일 우리 정부에 전달한 '더 나은 한국을 위한 정책 보고서'에서 이같이 밝혔다.

OECD는 "우리나라 기업의 생산성은 상위 회원국 전체 평균의 절반에 불과하다"며 "경제성장률은 수 년째 감소중이고 소득 불평등은 극대화되고 있다"고 설명했다.

원인으로 OECD는 가계부채 급증, 서비스산업의 낮은 생산성, 중소기업의 부진을 꼽았다. 특히 "중소기업은 다른 국가보다도 한국에서 훨씬 중요하지만 낙후한 생산성을 가진 중소기업은 경제성장에 대한 기여도도 매우 제한적"이라고 OECD는 지적했다. 즉 대기업에 대한 편중적 자원 배분이 중소기업과의 양극화를 가져왔다는 의견이다. 그간 부유층의 투자 증가가 저소득층의 소득 증대로까지 영향을 미친다는 '낙수효과'가 이제 한계에 다다랐다는 것.

중소기업청에 따르면 2014년 기준 중소기업 연구개발(R&D) 지원 예산 7,555억원 중 서울, 경기 등 수도권 지역에 51.7%인 3,848억원이 집중됐다. 또 1개 중소기업 당 지원금은 3억2,000만원으로, 대기업 평균인 81억6,000만원의 25분의 1에 불과한 것으로 드러났다.

임금격차도 상당하다. 통계청에 따르면 비정규직의 월평균 임금은 146만7,000원으로 정규직 근로자 월평균 임금 271만3,000원과 124만6,000원 차이를 보였다. 최근 전경련의 분석결과를 보면 대기업 정규직의 평균연봉은 6,278만원, 중소기업 정규직은 3,323만원으로 두 배 가까운 차이를 나타냈다.

이같은 임금차이로 인해 취업하기 힘들다면서도 청년들은 중소기업을 취업대상에서 제외하고 있다. 즉 쓸만한 인재들이 모두 대기업에 쏠리고 있는 상황이다. 근무기간도 짧고 이직도 잦아진 결과, 중소기업 내 숙련·전문인력의 안정적 확보가 어려워지면서 생산성 약화로 이어지고 있다.

정부는 기업들의 생존이 어려워지는 상황에 대한 해법으로 선제적이고 자발적인 구조조정을 지원하는 기업활력제고 특별법(원샷법)을 내년 시행할 예정이다.

그러나 이는 대기업의 편법 경영승계를 위한 정책이란 목소리도 높다. 소수의 재벌그룹이 주요산업을 좌지우지하고 있는 상황에서 정규직과 비정규직의 임금격차를 해소하는 진정한 노동개혁이 일어나지 않는 한, 기업들의 생산성 향상은 요원할 것이란 지적이 계속될 전망이다.

〈출처 : 장영일 기자 , 포커스 뉴스(2015.12.09.)〉

중요개념 및 용어

생산요소	생산요소시장	파생수요
한계생산물가치	노동의 수요곡선	노동의 한계요소비용
노동의 공급곡선	임금상승의 대체효과	임금상승의 소득효과
노동의 평균요소비용	균형노동수요량	노동시장의 균형
노동	임금격차	균등화 임금격차
노동조합의 효과	자본	인적 자본
물적 자본	사회간접자본	실물자본
화폐자본	이자	이자율
명목이자율	실질이자율	혁신설
창조적 파괴의 과정	위험부담설	정상이윤
초과이윤	독점이윤	지대
한계수입생산	경제적 지대	전용수입
지대추구행위	준지대	

연 습 문 제

1. 노동의 한계생산물가치에 대하여 설명하라.

2. 기업의 노동수요곡선에 대하여 설명하라.

3. 개인의 노동공급곡선이 후방으로 굴절하는 형태를 나타내게 되는 경우는 어떤 경우인지를 설명하라.

4. 노동시장의 균형에 대해서 그림을 이용하여 설명하라.

5. 노동조합이 임금인상을 추구할 경우의 효과에 대하여 그림을 이용하여 설명하라.

6. 이자 및 이자율의 의미에 대하여 구분하여 설명하라.

7. 명목이자율과 실질이자율, 그리고 예상물가상승률과의 관계를 설명하라.

8. 기업의 이윤이 발생하는 원인에 대하여 혁신설과 위험부담설을 중심으로 설명하라.

9. 경제적 지대와 전용수입에 대하여 설명하라.

10. 준지대는 어떻게 구성되는지를 그림으로 나타내 보라.

9
chapter

소득분배

학습목표

본 장을 학습하면 소득분배와 관련한 제반사항에 대하여 이해할 수 있다.

1. 소득분배의 접근방법인 기능별 소득분배와 계층별 소득분배에 대하여 이해할 수 있다.
2. 소득불평등의 발생 원인이 무엇이며, 소득불평등은 어떻게 측정되는지를 이해할 수 있다.
3. 소득재분배정책에 대하여 이해할 수 있다.

제 1 절 소득분배의 의의

소득분배란 한 사회의 총생산물이 생산에 참여한 각 생산요소의 제공자에게 귀속되는 과정을 의미한다. 이러한 관점에서 볼 때 소득분배는 기업의 입장에서 생산요소의 사용대가에 대한 비용의 지불과정이며, 가계의 입장에서는 소득의 형성과정이라고 말할 수 있다. 즉, 노동자에게는 노동력의 제공에 대한 대가로 임금, 지주에게는 토지의 제공에 대한 대가로 지대, 자본가에게는 자본의 제공에 대한 대가로 이자, 그리고 기업가에는 기업활동에 대한 대가로 이윤이 각각 지불되는데, 이러한 생산요소에 대한 보수가 소득이며, 이 소득이 형성되는 과정이 소득분배인 것이다.

소득의 분배에 관한 접근방법은 크게 기능별 소득분배와 계층별 소득분배로 구분된다. 전자는 생산요소의 생산기능을 중심으로 분배문제를 살펴보는 것이고, 후자는 소득발생 원천은 무시하고 개인 또는 특정계층간의 소득의 크기만을 분석대상으로 한다.

1. 기능별 소득분배

기능별 소득분배(functional distribution of income)는 경제전체의 소득이 각 생산요소 사이에서 어떻게 나눠지는지의 관점에서 분배를 파악하는 것을 말한다. 예를 들어 국민소득이 임금, 이자, 이윤, 지대 등으로 나눠지는 몫이 각각 얼마인지를 알아보는 것이 바로 기능별 소득분배이다.

이와 같은 관점에 의거한 기능별 소득분배의 가장 큰 문제점은 현대자본주의사회를 지주, 노동자, 자본가라고 하는 계급으로 도식적으로 나누어 분석하고 있다는 점이다. 왜냐하면 소유와 경영이 분리되고, 일반시민도 주식구입을 통해 자본을 갖게 되며, 소유와 경영이 분리되고, 정신노동자가 토지를 구입하여 지주로 등장하는 등 현대자본주의사회에서는 계급적인 구분이 점점 어려워지고 있을 뿐만 아니라, 계급적인 속성과 특수성도 점차로 희미해지기 때문이다.

이와 같은 단점에도 불구하고 기능별 소득분배는 다른 경제이론과의 접목을 통해 분배문제를 체계적으로 분석할 수 있는 여건을 마련해 줬다는 점에서 커다란 의의가 있다고 하겠다. 예를 들어 기업이 생산요소에 대한 수요를 결정하는 과정에 대한 이론을 응용하면 한 나라의 국민소득이 노동과 자본으로 나누어지는 과정을 설명할 수 있다. 앞 장에서 기업은 다음의 조건을 충족되는 수준에서 노동과 자본을 고용한다는 것을 파악한 바 있다.

$$w = MP_L \times P \qquad (9\text{-}1)$$
$$r = MP_k \times P$$

식 (9-1)의 조건은 기업이 각 생산요소에 지급하는 보수가 한계생산물가치(VMP)와 같다는 의미를 지니고 있다. 여기서 전체경제에서 노동과 자본이 L, K만큼 고용되었을 때 국민총생산이 Q임을 나타내는 생산함수가 다음과 같이 주어져 있다고 가정하자.

$$Q = f(L, K)^{1)} \qquad (9\text{-}2)$$

이와 같은 생산함수에서 노동과 자본의 한계생산을 의미하는 MP_L과 MP_k을 구해 식 (9-1)에 대입하면 노동과 자본에 대한 보수가 어떤 수준에서 결정되는지를 파악할 수 있다. 즉 식 (9-1)에서 기업이 이윤극대화를 추구하면 제4장에서 언급한 것처럼 최소비용의 원칙

$$\frac{MP_L}{w} = \frac{MP_k}{r} \text{ 또는 } \frac{w}{r} = \frac{MP_L}{MP_k}$$

이 성립한다. 윗 식의 양변에 $\frac{L}{K}$을 곱해주면 다음과 같이 노동과 자본으로 분배되는 소득의 상대적 비율을 알아낼 수 있다.

$$\frac{w}{r} \cdot \frac{L}{K} = \frac{MP_L}{MP_k} \cdot \frac{L}{K} \qquad (9\text{-}3)$$

이와 같은 기본모형에서 출발하여 경제상황이 변화함에 따라 소득의 상대적 분배가 어떻게 변화하는지를 분석할 수 있다. 예를 들어 경제성장이 일어나는 과정에서 노동과 자본이 각각 다른 비율로 증가하는 현상이 나타날 수 있는데, 그 결과 노동과 자본의 상대적 분배에 어떤 변화가 발생하는지를 분석할 수 있다. 이와 같이 기능별 소득분배의 관점에서 분배의 문제를 보게 되면 다양한 이론적 분석을 시도할 수 있다.

---

1) 앞의 생산자이론에서도 이와 똑같은 생산함수를 언급하였는데, 그때는 개별기업의 생산함수였는데 비해, 여기서는 경제전체의 생산함수라는 데에 차이가 있다.

2. 계층별 소득분배

기능별 소득분배를 측정하려면 자본소득과 노동소득으로 구분해야 하는데, 이는 이론적으로는 명확하지만 현실적으로는 쉬운 일이 아니다. 특히 의사, 변호사, 가수 등과 같은 자영업자의 소득을 자본소득과 노동소득으로 정확하게 구분하는 것은 매우 어려운 일이다. 이에 따라 소득분배의 실제적인 상황을 정확하게 파악하기 위해 나온 것이 계층별 소득분배이다.

계층별 소득분배(size distribution)는 소득의 발생근원이나 형태를 무시하고 소득크기만을 분석대상으로 한다. 계층별 소득분배는 보통 가계를 분석단위로 하는데, 전체가계를 소득이 가장 높은 계층부터 차례로 배열했을 때 각 소득계층에 돌아가는 소득의 몫이 얼마가 되는지를 보는 방식이다. 예를 들어 가장 부유한 10%의 소득계층이 전체가계소득에서 몇%를 차지하고, 그 다음 10%의 소득계층은 몇 %를 차지하는가를 파악하는 식으로 분배상태를 파악하는 방식이다. 가계소득의 계층별 분배상태를 측정하는 대표적인 방법으로는 10등위분배율, 로렌츠곡선, 지니집중계수 등이 있다.

일반적으로 소득분배라고 할 때에는 계층별 소득분배를 의미하는데, 이는 계층별 소득분배가 실제의 소득분배상황을 비교적 정확하게 반영하기 때문이다. 그러나 계층별 소득분배는 이론적인 처리가 매우 어렵기 때문에 체계적인 분석을 행하는 데에는 한계가 있다.

제2절 소득불평등

1. 소득불평등의 발생원인

한 사회에서 소득분배의 불평등이 발생하는 요인으로는 여러 가지를 들 수 있다. 그 중에는 개인적인 차원에서 발생하는 원인이 있을 수 있고 사회적 차원에서 발생하는 원인도 있을 수 있다.

소득불평등을 초래하는 중요한 원인으로서 개인능력의 차이를 들 수 있다. 개인능력은 선천적인 요인과 후천적인 요인에 의해서 차이가 발생한다. 그런데, 각 개인마다 차이가 나는 육체적·정신적 능력이 각 개인의 생산성을 결정하는 요인이 되므로 각 개인의 소득간에는 차이가 발생한다.

소득불평등은 증여 혹은 상속재산의 차이에 의해서도 발생한다. 증여나 상속에 의해 많은 재산을 물려받은 부유층들의 소득이 그렇지 못한 사람들의 소득보다 상대적으로 빠른 속도로 증가함에 따라 소득격차가 발생할 수 있다. 특히 경제구조가 선진화되지 못한 단계에서는 재산의 증여나 상속이 빈부의 격차를 결정하는 중요한 요인이 된다. 그러나 경제구조의 고도화와 더불어 노동소득이 차지하는 비중이 점차 증가하면서 증여 혹은 상속재산의 차이로서 소득격차를 설명할 수 있는 부분은 상대적으로 감소하게 된다.

소득불평등은 각 개인의 자발적인 선택의 결과라고도 볼 수 있다. 사람들이 소득을 획득할 수 있는 여러 직장 중에서 하나의 직장을 자발적으로 선택한 결과 소득격차가 발생한다는 것이다. 예를 들어 학교교육을 오랫동안 받은 후에 직장을 선택하거나, 학교교육을 짧게 받는 대신에 직업훈련을 받은 후에 직장을 선택할 수 있다. 또한 보수는 적지만 쾌적한 분위기의 직장을 선택하거나, 열악한 작업여건이지만 보수를 많이 주는 직장을 선택할 수 있다. 이러한 선택 가능한 여러 가지 직장 중에서 사람들이 자유롭게 선택한 결과에 따라서는 보수의 차이가 나고 이에 따라 소득격차가 발생하는 것은 당연할 것이다.

이외에도 경제정책의 기조, 재분배정책, 시장상황 등과 같은 사회적 요인에 의해서도 소득불평등이 발생한다.

이와 같이 소득불평등의 발생원인들은 나름대로의 설득력을 가지고 있다. 그러나 현실적으로 존재하는 소득불평등을 이들 각각의 요인만으로 설명하기에는 한계가 있다. 현실의 소득불평등은 이들 요인이 서로 상호작용하여 나타날 수밖에 없기 때문이다.

2. 소득불평등도의 측정

소득분포가 얼마나 평등한가를 판단하는 기준이 되는 것이 소득불평등도이다. 원래 평등이라는 말은 규범적인 성격이 강한 단어이나, 여기서는 개인의 능력을 고려하지 않고 모든 개개인이 똑같은 소득을 얻었을 경우를 평등한 소득분포로 정의하고자 한다. 따라서 여기서 설명하는 소득불평등도를 측정하는 방법들도 이 기준에 의한 측정방법이다.[2)]

(1) 로렌츠곡선

어떤 사회의 소득분배상태를 나타내는 수단으로 가장 흔하게 사용되는 것이 로렌츠곡선이다. 로렌츠곡선(Lorenz Curve)은 소득계층을 크기에 따라 배열한 후, 가계의 누적비율과 소득의 누적비율사이의 관계를 그림으로 나타낸 것으로, 이를 이용하여 소득분배상태에 관한 서수적 판단을 할 수 있다. [그림 9-1]은 종축에 소득의 누적비율을, 횡축에 가계의 누적비율을 표시한 후, 양자 사이의 대응관계를 곡선으로 나타낸 것이다.

2) 소득불평등도는 소득불평등지수로 나타내는데, 소득불평도지수는 현실의 분배상태가 균등한 분배상태에서 얼마나 멀리 떨어져 있는지를 객관적인 수치로 나타내는 지표이다.

만약 모든 가계의 소득이 동일하다면, 최하위 소득계층 1%의 가계가 차지하는 소득의 합계(누적소득)는 전체소득의 1%를 차지할 것이며, 10%의 가계가 차지하는 누적소득은 전체소득의 10%를 차지하게 되어, 가계의 누적비율과 그 가계들이 차지하는 소득이 누적비율이 동일하게 증가할 것이므로 로렌츠곡선은 [그림 9-1]의 직선 $0O_1$이 될 것이다. 따라서 로렌츠곡선이 직선 $0O_1$과 가까울수록 소득분배는 균등하다고 할 수 있으며, 직선 $0O_1$과 떨어질수록 소득불평등도는 커진다고 할 수 있다.

[그림 9-1] 로렌츠곡선

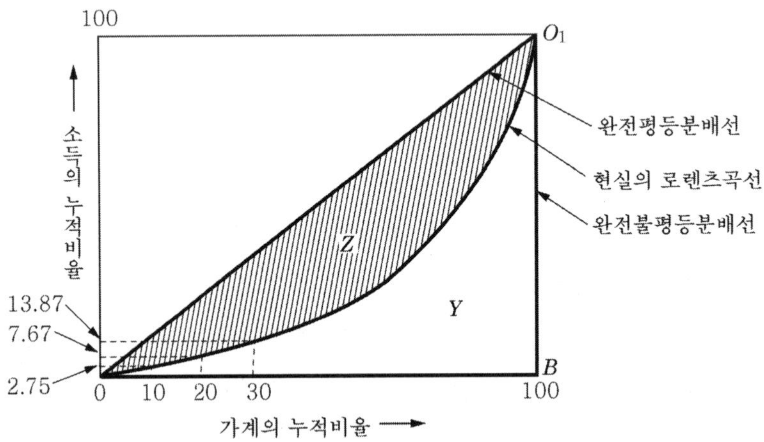

[그림 9-1]을 통하여 불균등한 소득분배의 현실을 파악할 수 있다. 만약, 우리나라의 소득을 최하위소득계층10%의 가계가 전체소득의 2.75%를 차지하고 있으며, 최하위 20%의 가계가 전체소득의 7.67%, 그리고 최하위30%의 가계가 전체소득의 13.87%를 차지하고 있다면 평등분배상태와는 달리 다소 볼록한 모양의 로렌츠곡선을 그릴 수 있다. 여기서 가정한 것보다 고소득계층이 더욱 많은 소득을 가지고 있는 경우에는 로렌츠곡선의 모양이 더욱 볼록할 것이며, 반대로 고소득계층의 소득수준이 보다 낮아지면 낮아질수록 로렌츠곡선의 모양은 직선에 접근할 것이다.

이와 같은 로렌츠곡선을 통하여 한 나라의 소득분배상태에 어떤 변화가 있는지를 판단할 수 있을 뿐만 아니라, 여러 나라의 로렌츠곡선을 동시에 도출하면 소득분배상태에 관한 국제비교도 가능하다. 그러나 대각선([그림 9-1]에서의 직선 $0O_1$에 해당)에서 멀어지면 소득분배상태가 악화(소득불평등이 심화)된 것이며 반대로 대각선방향으로 근접하면 소득분배상태가 개선된 것이라는 서수적 판단 이외에는 어떤 판단도 할 수 없다는 한계를 지니고 있다.

(2) 지니계수

지니계수(Gini coefficient)는 [그림 9-1]에서 나타난 로렌츠곡선의 삼각형면적 $0BO_1(Z+Y)$을 기준으로 하여 아래로 볼록한 부분의 면적(Z)이 차지하는 비율로서 소득분배를 측정한 것이다.

$$\text{지니계수}(G) = \frac{Z}{Z+Y} \qquad (9\text{-}4)$$

지니계수는 소득분배상태의 측정을 기수화하기 위해 로렌츠곡선을 약간 변형시킨 것으로서, 이 값이 커지면 커질수록 소득분배상태는 악화(소득불평등이 심화)되는 것이며, 반대로 이 값이 작아질수록 소득분배상태는 개선된다는 것을 의미한다. 극단적으로 모든 가계의 분배상태가 균등하다면 아래로 볼록한 면적(Z)은 없을 것이므로 이때 지니계수의 값은 0이 된다. 반대로 단 한 가계가 모든 소득을 다 소유하며 나머지 사회구성원은 단 1원도 가지지 못한 상황이라면 지니계수는 1이 될 것이다. 이와 같이 지니계수는 0에서 1 사이의 값을 가지는데, 그 값이 0에 근접할수록 소득분배상태는 균등한 것이며 반대로 그 값이 1에 근접할수록 소득분배상태는 악화된 것이라고 판단할 수 있다.

지니계수는 로렌츠곡선이 지닌 한계인 기수적 측정을 가능하게 한다는 점에서는 진일보한 측정방법이나, 현실에 존재하는 불평등의 정도를 나타내는 지표로서는 한계가 있다. 예컨대, 지니계수가 낮아졌다는 것은 소득분배상태가 개선된 것을 의미하나, 이와 같이 지니계수의 값이 기수적으로 작아졌다는 것이 현실적으로 소득이 얼마나 균등하게 배분되었는지를 의미하는가에 대해서는 아무런 답을 주지 못한다는 것이다.

[그림 9-2]는 1990년부터 2012년 사이의 우리나라의 지니계수의 변화추이를 나타낸 것인데, 이를 통하여 우리나라의 경우 상대적으로 소득분배 상태가 어느 정도 균등화되었다고 볼 수 있으나, 최근에는 지니계수가 상승추세를 보이고 있어 소득분배 상태가 상대적으로 악화되고 있음을 알 수 있다.

[그림 9-2] 우리나라 지니계수의 변화추이

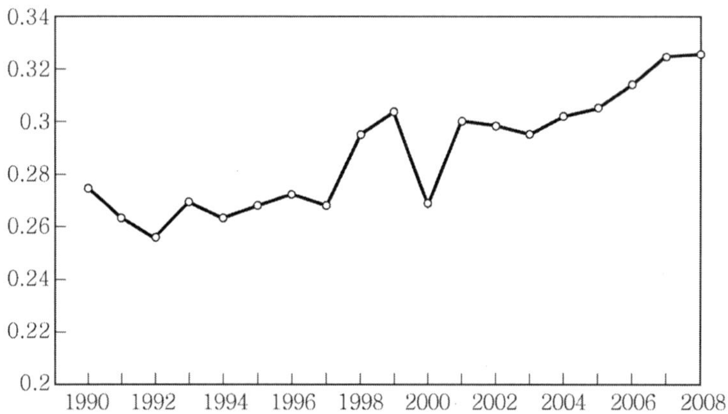

자료 : 통계청, KSIS.

(3) 십분위분배율

십분위분배율은 전체가계를 소득의 크기에 따라 배열한 후, 가계수를 기준으로 10등분한 후, 최하위 소득계층 40%에 해당하는 가계의 소득총계를 최상위 소득계층 20%에 해당하는 가계소득의 총계로 나눈 비율을 말한다.

$$\text{십분위분배율} = \frac{\text{최하위 소득계층 40\%에 해당하는 가계의 소득총계}}{\text{최상위 소득계층 20\%에 해당하는 가계의 소득총계}} \quad (9\text{-}5)$$

여기서 최상위소득계층 20%란 9분위 및 10분위의 소극계층의 소득을 의미하고, 최하위소득계층 40%란 1분위로부터 4분위 소득계층의 소득을 의미한다.

십분위분배율로서 소득분배상태를 측정하면 완전히 균등한 소득분배의 경우 그 값은 2가 될 것이며, 모든 소득이 최상위소득계층 20%에 집중되어 있어 최하위소득계층 40%는 소득이 전혀 없는 경우 그 값은 0이 된다. 이와 같이 십분위분배율은 0에서 2 사이에 있게 되는데, 0에 가까울수록 소득분배상태는 불균등해지는 것이며, 2에 가까울수록 소득분배상태는 균등해진다고 본다. 일반적으로 십분위분배율이 0.45 이상이면 고균등분배, 0.45와 0.35 사이에 있으면 저균등분배, 0.35이면 불균등분배로 분류된다.

십분위분배율은 측정이 비교적 간단하며, 소득분배정책의 주 대상이 되는 하위 40%계층의 소득분배상태를 직접 나타낼 수 있고, 또 이를 상위계층의 소득분배상태와 비교할 수 있기 때문에 일반적으로 가장 많이 이용되고 있다.

제 3 절 소득재분배 정책

1. 소득재분배 정책

시장경제에서 각 가계의 소득은 1차적으로 생산요소시장에서의 기능적 소득분배과정을 통하여 결정된다. 그러나 생산요소시장에서 결정되는 소득으로서는 공평한 분배가 실현될 수 없는 것이 현실이다. 따라서 정부는 1차적으로 결정된 기능별 소득분배가 종료된 이후에 소득분배를 조정하는 소득재분배(income redistribution)정책을 실시한다. 이러한 2차적인 소득재분배정책은 계층별소득분배의 평등화에 기여한다고 볼 수 있다.

소득분배는 1차적인 분배로서 생산요소시장에서 이루어지는 데 반해, 2차적인 소득재분배는 정부의 강제를 필요로 한다. 정부개입으로 소득재분배정책을 추구하는 것은 크게 둘로 구분할 수 있는데, 하나는 조세라는 수단을 동원하는 것이고, 다른 하나는 사회보장제도를 시행하는 것이다.

(1) 조세를 통한 소득재분배

정부는 여러 종류의 조세를 통하여 소득을 재분배할 수 있으나, 특히 누진적인 소득세와 재산세를 이용하여 소득재분배효과를 추구하고 있다. 소득세의 경우 저소득층에 다양한 형태의 소득공제제도를 적용하여 이들의 세 부담을 경감시키는 한편, 고소득층에 대해서는 높은 누진세율을 적용함으로써 소득재분배를 추구한다. 상속세와 증여세와 같은 재산세도 누진적인 세율을 적용하면 재산보유의 불공평으로 인한 불평등 분배문제에의 해결에 크게 기여할 것이다.

물론 조세에 의한 소득의 재분배가 원활하게 이루어지려면 개인의 소득을 우선 정확하게 파악할 수 있어야 한다. 개인의 각종 소득이 정확히 파악되어야만 누진세율적용의 의미가 있기 때문이다. 한편, 소득격차를 줄이는 효과를 극대화하기 위하여 고소득층에게 지나치게 높은 세율을 적용하면 탈세가 성행하거나 일할 의욕을 상실하여 오히려 역효과를 가져올 수 있다.

(2) 사회보장제도

넓은 의미의 사회보장제도에는 국민연금제도, 의료보험제도, 고용보험제도 등의 사회보험(social insurance)제도와 빈곤한 사람들에게 도움을 주는 공공부조(public assistance)정책의 두 가지가 포함되어 있다. 그런데 사회보험제도의 경우에는 보험의 성격이 강해 재분배의 효과가 그다지 크지 않다. 예를 들어 국민연금제도는 노후의 생활을 안정시킨다는데 주목적을 두고 있기 때문에, 소득재분배는 주목적이 되지 못한다. 이와 같이 일반적으로 사회보험제도는 부수적인 재분배효과만을 갖는다고 말할 수 있다.

좁은 의미에서의 사회보장제도는 공공부조정책을 의미한다. 공공부조정책은 빈곤계층에게 최저소득을 보장해 주도록 보조금이나 식료품 등을 지급하기 때문에 뚜렷한 소득재분배효과를 갖는다. 우리나라에서 시행하고 있는 생활보호사업이 공공부조정책의 대표적인 예이다. 그런데 세계 각국에서 시행되고 있는 공공부조정책이 빈곤의 원인을 퇴치하는데 기여하기보다는, 오히려 정부의 도움에 더욱 의존하는 태도를 조장하고 있다는 비판은 시사하는 바가 크다고 하겠다.

2. 소득재분배 정책의 문제점

앞에서 살펴본 바와 같이 소득재분배정책은 그 어느 것이라도 빈곤의 근본적인 치유에는 이르지 못한다는 한계를 갖고 있다. 이는 소득재분배와 관련하여 공평성과 효율성이 서로 상충되기 때문이다. 소득재분배를 실시하기 위하여 누진적인 소득세제를 도입하면 세금납부 후 소득이 감소하므로 인하여 사람들의 근로의욕이 떨어지게 될 것이다. 그 결과 사회 전체의 생산성이 떨어지고 분배할 소득총량 자체가 줄어든다. 또한 빈곤계층을 비롯한 저소득층에게 계속해서 생계보조금을 지급할 경우, 충분히 일할 수 있는 사람들이 일을 하지 않고 사회보장제도만에 의존하는 이른바 복지병(welfare disease)현상이 나타나기도 한다. 이처럼 소득재분배정책의 시행에 의해 경제의 효율성이 감소함으로 인하여 총생산의 크기가 감소할 수 있다.

따라서 소득재분배정책을 효과적으로 실시하기 위해서는 경제적 효율성에 대한 부정적인 영향을 최소화하면서 소득을 합리적으로 재분배하도록 하여야 할 것이다. 소득재분배정책의 소기의 목적을 달성하기 위해서 무엇보다도 중요한 것은 일하고자 하는 의욕을 저해하지 않아야 하며, 교육 및 훈련을 통하여 스스로 빈곤에서 벗어나도록 유도하는 정책이 체계적으로 이루어져야 할 것이다.

◈ 경제이론과 현실경제

연일 나오는 불평등 확대 지표 심각하게 봐야

양극화 심화로 부의 불평등 현상이 확대되고 있다는 지표들이 연이어 나오고 있다. 우리 사회의 분배구조가 전반적으로 악화하는 모습을 보여주는 것들이다.

한국보건사회연구원의 '2015년 빈곤통계연보'에 따르면 지니계수(Gini coefficient)는 소득과 지출 측면 모두에서 정체되거나 나빠지고 있다. 지니계수는 1에 가까울수록 불평등 정도가 심하다는 의미다. 2014년 지니계수는 시장소득 기준 0.331로 전년대비 0.003 상승했다. 소비 지출 기준으로는 0.262로 2013년부터 다시 올라 세계 금융위기 때인 2008년 수준으로 높아졌다. 또 최상위 10%에 해당하는 가구의 소득을 최하위 10%에 해당하는 가구의 소득으로 나눠 구한 값인 '10분위 소득배율'도 세계 금융위기 이후 2009년부터 3년간 9.5를 유지하다가 2012년 9.4로 떨어지고 지난해에는 9.1로 추락했다.

얼마 전 '수저 계급론'을 내세웠던 김낙년 동국대 교수는 우리나라 20세 이상 성인 기준으로 자산 상위 10% 계층에 전체 부의 66.4%가 쏠려있다는 연구결과를 발표한 바 있다. 이는 2000～2007년 연평균 63.2%보다 높아진 것으로 부의 집중화가 가속되고 있다는 얘기다. 통계청 자료에도 2013년 기준 소득 상위 10% 가구의 연 평균소득은 1억3,757만원, 하위 10% 가구의 평균소득은 497만원으로 집계됐다. 상·하위계층의 소득격차가 무려 30배에 달한다.

문제는 이 같은 불평등 심화 추세가 반전되기 어렵다는 것이다. 지금처럼 경제가 저성장국면에 돌입한 상태에서는 재산형성과정에 상속과 증여의 비중이 높아지면서 부의 쏠림 현상이 더 심해질 가능성이 높다. 이 같은 상황이 지속되면서 지난해 우리나라 중산층 100명중 11명이 저소득층으로 추락했다는 조사결과도 나왔다. 중산층이 줄어든다는 것은 사회적 완충지대가 엷어지면서 계층 갈등을 유발해 궁극적으로 민주주의를 위협할 가능성이 높아진다는 뜻이다. 남미의 경우가 대표적이다.

해법은 두 갈래다. 양질의 일자리 제공이 소득 불평등 개선책으로는 최선이다. 일정 수준의 노동개혁이 뒷받침돼야 하는 이유다. 또 하나는 분배구조를 획기적으로 개선하는 것이다. 여기에는 복지 사각지대를 줄이는 정책과 적극적인 세제개편 등이 병행돼야 한다. 버락 오바마 미국 대통령이 올해 초 밝힌 파격적인 중산층 육성방안을 참고할 만하다. 일정 수준 이하 임금소득 가계의 소득세율을 낮추고, 보육과 교육비 지원, 공공서비스 이용료 보조 등의 복지개선과 함께 자본소득세에 대한 세율을 인상하는 정책이다.

〈출처 : 한국일보 사설 (2015.12.08.)〉

중요개념 및 용어

소득분배	기능적 소득분배	계층별 소득분배
소득불평등	소득불평등도	로렌츠곡선
지니계수	십분위분배율	소득재분배정책
사회보장제도	사회보험제도	공공부조정책

연 습 문 제

1. 기능별 소득분배와 계층별 소득분배를 비교하여 설명하라.

2. 로렌츠곡선에 대하여 설명하라.

3. 지니계수에 대하여 설명하라.

4. 십분위분배율에 대하여 설명하라.

5. 조세를 통한 소득재분배정책에 대하여 설명하라.

6. 좁은 의미의 사회보장제도인 공공부조정책에 대하여 설명하라.

7. 소득재분배정책의 문제점에 대하여 설명하라.

제 2 편

거시경제학

10
chapter

거시경제학의 기본적인 이해

학습목표

본 장을 학습하면 거시경제학을 본격적으로 학습하기에 앞서, 기본적으로 습득해야 할 사항에 대하여 이해할 수 있다.

1. 거시경제학이 무엇을 분석하는 학문이고, 거시경제학 분석을 통해 국가경제가 달성해야 할 목표가 무엇인지를 이해할 수 있다.
2. 국민소득, 물가, 실업, 국제수지, 환율 등 거시경제학을 분석하는데 필요한 주요경제변수에 대하여 이해할 수 있다.
3. 국가경제의 가계 · 기업 · 정부 · 해외부문 간의 생산 · 소득 · 지출의 순환적 흐름에 대하여 이해할 수 있다.

제 1 절 거시경제학의 정의와 주요과제

1. 거시경제학의 정의

앞에서 학습한 미시경제학은 가계, 기업 등과 같은 경제주체의 경제행위에 관하여 중점을 두고 분석하는 학문으로서, 각 개인이나 기업이 어떠한 동기로 어떠한 목적을 위하여 경제행동을 전개하며, 경제활동의 결과 여러 가지의 재화, 서비스 및 생산요소의 가격과 수급량이 어떻게 결정되는가의 문제를 연구대상으로 삼는다.

이에 비해 거시경제학은 경제현상을 총체적으로 파악하여 국가경제의 현상을 분석하는 학문이다. 즉 국가경제 전체를 분석대상으로 삼아 경제현상을 총체적으로 인식한 다음 이를 규명하고 이해하는 데에 주안점을 두고 있는데, 국가경제 전체의 관점에서 재화와 서비스의 총생산량, 총고용량, 물가수준, 국제수지 등이 어떻게 결정되는가의 문제를 연구대상으로 삼는다.

이와 같이 거시경제학과 미시경제학은 분석대상 및 보는 각도에서는 차이가 있으나, 두 경제학 모두 경제행위자들의 상호작용에 대하여 분석한다는 점에서는 기본적으로 차이가 없다. 예를 들어 생산수준과 산출물가격 혹은 고용수준과 임금 등에 관하여 분석할 때, 그 대상이 기업일 경우에는 미시경제학적 분석이 되고, 경제전체를 대상으로 총생산물, 총고용의 수준 및 모든 근로자의 평균임금수준 등에 관하여 분석할 경우에는 거시경제학적 분석이 된다. 이처럼 거시경제학과 미시경제학은 서로 유기적인 관계를 맺고 있기 때문에, 거시경제학을 그 기초가 되는 미시경제학과 유기적으로 연결시켜 분석할 때 거시경제현상을 보다 더 일관성 있게 설명할 수 있다.

2. 거시경제학의 주요과제

거시경제학 분석을 통해 국가경제가 달성해야 할 목표에는 여러 가지가 있으나, 대표적인 것으로 ① 완전고용의 달성 ② 물가의 안정, ③ 지속적인 경제성장, ④ 공정한 소득분배, ⑤ 국제수지의 균형 등을 들 수 있다.

(1) 완전고용의 달성

완전고용이란 비자발적 실업이 없는 상태를 말한다. 여기서 비자발적 실업은 고용주가 지불하고자 하는 일반화된 임금수준에서 근로자가 일을 하고자 하는 의사가 있지만 일자리를 발견할 수 없는 경우를 말한다. 따라서 완전고용은 고용주가 지불하고자 하는 일반화된 임금수준 하에서 기꺼이 일을 하려는 모든 근로자를 위하여 일자리가 마련되어 있는 상태를 의미한다.

그러나 현실적으로는 고용대상인구(만 15세 이상의 인구) 모두가 계속적으로 고용될 수는 없다. 왜냐하면 현재의 임금수준에서 일할 의사가 없거나, 혹은 더 좋은 일자리를 찾는 과정에 있는 소위 자발적 실업자로서 고용되지 않은 사람들도 있기 때문이다. 또한 근로자의 취향 내지는 생산 방법이 급격히 변화하고 있는 동적인 경제상황하에서는 일하고자 하는 의사가 있어도 새로운 기술을 습득중이거나 보다 적절한 일자리를 찾고 있는 비고용 근로자도 있을 수 있다. 이와 같이 완전고용상태에서도 자발적 실업은 존재할 수 있기 때문에, 각국의 경제상황에 따라 차이는 있지만 일반적으로 4% 내지 5%의 실업률(자발적 실업)이 존재하는 상태를 완전고용상태라고 한다. 이러한 관점에서 볼 때, 완전고용은 자발적 실업이 존재하는 상태에서 비자발적 실업이 없는 상태로 정의할 수 있다.

완전고용의 달성이 거시경제학의 주요과제의 하나로 부각되는 것은 총고용량이 총생산량을 결정하는 요인이 되고, 또한 노동은 소득과 부의 원천이 되기 때문이다. 이러한 관점에서 볼 때, 완전고용의 달성은 한나라의 국가경제에 있어서 생산과 소득을 극대화하는 근원이라고 말할 수 있다. 따라서 고용이 불안정하면 국가경제의 실물부문인 소득, 소비, 투자, 수출, 임금 등에 악영향을 미치는 주요한 요인으로 작용할 수 있다.

(2) 물가의 안정

물가의 안정은 국가경제 전체적으로 바람직한 현상이며, 또한 경제정책의 주요한 목표의 하나이다. 경제학에서 가격은 절대적 가격과 상대적 가격으로 구분되는데, 절대적 가격은 생산된 모든 상품의 개별가격을 의미하고, 상대적 가격은 어떤 상품의 개별가격에 대한 비율을 말한다. 여기서 물가안정의 대상이 되는 것은 절대가격을 의미한다. 시장메커니즘에 의존하는 자본주의 경제체제하에서 물가수준은 자원배분의 주요한 기능을 수행한다. 즉 시장에서 초과수요가 발생하면 가격이 상승하고 초과공급이 발생하면 가격이 하락함으로써 시장균형의 안정성이 유지되고, 자원배분의 공정성이 이루어진다.

한편, 물가수준은 소비자들의 실질구매력을 결정하는 요인이 될 뿐만 아니라, 소득분배에 있어서도 중요한 역할을 수행한다. 경험적으로 볼 때,

생활필수품의 가격이 떨어지면 동일한 소득으로 더 많은 재화를 구입할 수 있고, 이에 따라 상대적으로 일반 서민층의 생활수준이 향상되어질 수 있다고 말할 수 있다. 또한 현재의 물가안정은 소비자 내지 생산자들의 미래의 경제행위에 대한 예측 또는 기대를 안정시켜 주는 요인으로 작용하므로, 국민경제의 급격한 변동을 완화시키는데 기여할 수 있다.

(3) 지속적인 경제성장

경제성장은 일반적으로 전년도와 비교한 총생산물 혹은 개인당 총생산물의 증감률로 표시되는데, 이는 사회복지의 척도로도 사용된다. 앞에서 언급한 것처럼 총생산량은 총고용량과 밀접한 관계가 있어, 경제성장은 총생산량의 변동 내지는 변화추이 뿐만 아니라, 노동생산성의 변화에도 반영될 수 있다. 따라서 국가경제가 순기능을 발휘하기 위해서는 적정수준의 지속적인 경제성장을 유지해야 한다. 어느 수준의 경제성장률이 적정수준의 경제성장인가는 국가경제의 발전단계, 경제적 환경, 자원 및 기술여건을 감안하여 산정되어야 한다.

그런데 양적인 측면만을 강조하는 경제성장은 공기오염, 수질오염, 환경훼손 등 사회적으로 바람직하지 못한 여러 가지의 문제를 야기시킬 수가 있다. 따라서 총생산물의 증가라는 양적인 측면만을 추구하는 경제성장정책보다는 경제성장으로부터 산출되는 사회적 편익(social benefit)과 경제성장에 의해서 야기되는 사회적 비용(social cost)을 비교하여 합리적인 경제성장정책을 추구하여야 할 것이다. 이와 같이 모든 사회적 비용을 합친 것보다 증가된 총생산물의 사회적 편익이 더 클 때에 경제성장은 주어진 사회의 복지수준을 향상시키는 사회복지의 척도로 사용될 수 있다.

(4) 공정한 소득분배

공정한 소득분배는 거시경제학의 주요과제 중의 하나이다. 일반적으로 정부는 세금과 정부지출의 변화를 통하여 국민소득의 분배에 영향력을 행사하고 있으며, 경우에 따라서는 특정정책을 선택하여 소득분배의 변화를 꾀하기도 한다.

흔히 경제성장과 소득분배는 상호경합적인 관계로 생각할 수 있으나, 국가경제가 건전하게 발전하기 위해서는 지속적인 경제성장과 공정한 소득분배는 상호보완적인 관계로 전환되어야 함을 유의해야 할 것이다. 이는 경제성장의 혜택이 경제주체들 간에 공정하게 분배되어야 한다는 교과서적인 윤리관을 떠나서라도 지속적인 경제성장달성을 위한 소득의 공정배분의 잠재적인 역할을 간과해서는 안 되기 때문이다.

경제성장은 공급의 측면으로 볼 수 있는 반면에 소득분배는 수요의 측면으로 볼 수 있는데, 이 둘은 상호보완적인 관계에서 양립될 수 있다. 다시 말하면 경제성장으로 생산물의 공급이 증가하게 되면 이에 상응하는 수요가 필요하게 되는데, 이 수요가 해외시장에서 확보될 수도 있겠지만 지속적이고 안정적인 경제성장을 뒷받침하기 위해서는 세계경기의 변화와 관계없이 국내시장에서 국내생산물을 어느 정도 소화시킬 수 있는 수요계층이 형성되어야 한다. 이와 같이 안정적인 수요계층을 형성하기 위해서는 극심한 소득의 불공정한 분배상태보다는 사회적으로 바람직한 공정한 분배상태에서 효율적인 국내유효수요를 창출할 수 있을 것이다.

(5) 국제수지의 균형

국제수지는 어느 한 나라가 다른 여러 나라와 제반 경제교류를 행함으로써 발생하는 총체적인 수입과 지출을 의미하는데, 특히 우리나라와 같이 대외의존도가 높은 나라에서는 국제수지의 균형을 통한 대내외 균형은 거시경제학의 주요과제의 하나이다. 일반적으로 한 나라의 대외의존도는 수출입액의 합계를 국내총생산으로 나눈 비율로 나타낸다.

$$\text{대외의존도} = (\text{총수출액} + \text{총수입액}) / \text{국내총생산(GDP)} \qquad (10\text{-}1)$$

그런데, 우리나라의 경우 1970년에 40% 수준이었던 대외의존도가 2010년 이후에는 줄곧 100% 이상의 수준으로 크게 높아졌다.

국제수지의 정도는 교역당사국간의 환율결정에 직접적으로 영향을 미치며, 환율은 국내화폐가치, 이자율, 물가수준, 통화공급량 등과 같은 국민경제의 주요경제변수에 광범위하게 영향을 미친다. 특히 우리나라와 같이 대외의존도가 높은 국민경제에 있어서는 국내경제상황과 국제수지는 양쪽 수레바퀴와 같이 긴밀한 상호의존관계가 있기 때문에 국제수지의 균형은 국가경제의 발전을 위해 해결해야 할 주요과제 중의 하나이다.

제 2 절 거시경제학의 주요 경제변수

우리는 매일매일 신문이나 방송 등을 통하여 경제에 관한 뉴스에 접하게 된다. 이때에 흔히 접하게 되는 경제용어가 국민소득, 경제성장, 경기변동, 인플레이션, 실업률, 이자, 통화량, 국제수지, 환율 등일 것이다. 이와 같은 경제용어들은 거시경제학에서 취급하고 있는 주요경제변수들로, 이들 경제변수들을 통해 앞에서 언급한 국가경제의 주요목표가 달성된다. 따라서 먼저 이들 경제용어에 대해 올바르게 이해하는 것이 거시경제학을 공부하는데 있어서 뿐만 아니라, 현재의 경제상황의 변화를 파악하는데 도움이 될 것이다.[1)]

1. 국민소득

소득의 크기에 따라 개인의 경제적 복지수준이 결정되는 것처럼, 한나라 전체의 경제적 복지수준도 그 나라 국민의 소득수준에 의해 결정된다. 국민소득은 일정기간 동안의 한 나라 국민의 총체적인 소득을 의미하는데, 일반적으로 한나라 전체의 경제활동수준을 파악하는 지표로 활용된다. 일반적으로 국민소득은 국내총생산(gross domestic product : *GDP*)이나 국민총생산(gross national product : *GNP*)의 개념으로 측정되어 활용되

1) 여기서는 이들 경제용어에 대한 개념을 중심으로 간략하게 다루고, 보다 자세한 내용은 각 장에서 다시 다루고자 한다.

는데, 최근에는 국내총생산을 주로 사용하고 있다.

[그림 10-1] 우리나라의 명목 GDP 및 GDP 실질GOP의 추이

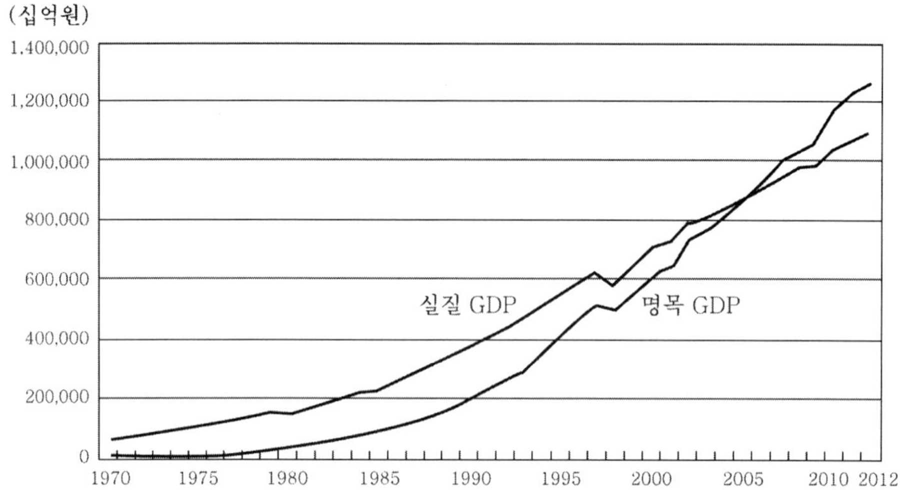

자료 : 한국은행

[그림 10-1]은 1970년부터 최근까지의 우리나라의 명목GDP 및 실질GDP의 변화추이를 보여주고 있는데, 여기서 다음과 같은 특징을 알 수가 있다. 먼저 우리나라의 GDP가 지속적으로 그리고 빠른 속도로 증가했다는 것이다. 그 결과 2014년의 GDP는 1970년과 비교해 거의 530배 수준으로 증가하였다. 다음으로는 GDP가 지속적으로 증가하였으나 매년 같은 비율로 증가한 것은 아니라는 사실이다. 예를 들어 1999년과 같이 GDP 실질성장률이 연 10.7%인 경우가 있는가 하면 1998년처럼 -5.7%인 경우도 있었다.

이와 같은 특징은 GDP의 장기적, 그리고 단기적 변화와 밀접한 관련이 있는데, 앞에서 언급한 전자의 경우는 GDP가 장기적으로 변화해 가는 추이와 관련된 것으로 경제학에서는 GDP의 장기적 추세를 경제성장이라고 한다. 한편 후자의 경우는 GDP의 단기적 양상과 관련된 것으로 이와 같은 GDP의 단기적인 움직임을 경제학에서는 경기변동이라고 한다.

[그림 10-2] 주요국의 경제성장률 추이

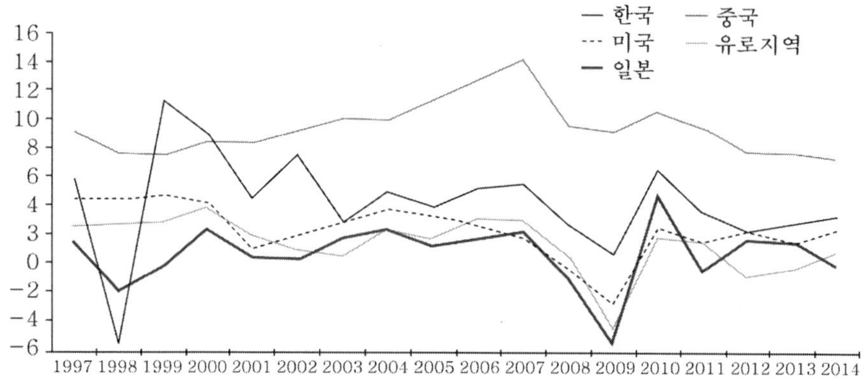

자료 : 한국은행 경제통계시스템

2. 경제성장과 경기변동

해마다 GDP가 전년도에 비해 얼마만큼 성장했는가를 알아보기 위해서는 경제성장률이라는 개념을 사용한다. 예를 들어 t년도의 GDP성장률은 다음과 같은 식에 의하여 구한다.

$$t\text{년도의 GDP성장률} = \frac{GDP_t - GDP_{t-1}}{GDP_{t-1}} \times 100(\%) \qquad (10\text{-}2)$$

GDP는 매년 장기추세선을 중심으로 등락을 거듭하고 있는 것을 알 수 있는데, 이와 같이 실제의 GDP가 장기추세선을 중심으로 오르고 내리고를 반복하는 것을 경기변동이라고 한다.

경기변동은 몇 개의 국면 또는 단계를 가지고 순환하는 데, 학자에 따라 이분법, 사분법 등으로 구분한다. 먼저, 경기변동의 국면을 두 가지의 국면으로 나눌 경우, 실제GDP가 장기추세선 위에 있으면 호황기라고 하고, 반대로 실제GDP가 장기추세선 아래에 있으면 불황기라고 한다. 한편 경기변동을 네 가지의 국면으로 나눌 경우에는 호황기→정점→후퇴기→침체기→저점→회복기→호황기의 순으로 반복되고 있음을 알 수 있다([그림 10-3] 참조).

[그림 10-3] 경기변동의 국면

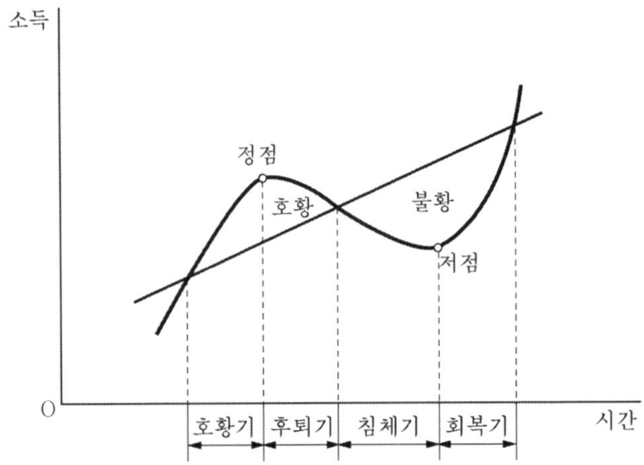

일반적으로 회복기면에서 호황기면을 거쳐 정점에 이르는 과정에서는 투자 및 소비가 활발하게 일어나 생산 및 고용이 증대하나, 동시에 물가가 상승하여 인플레이션에 대한 우려가 증대하게 된다. 한편 정점을 지나 후퇴기에서 침체기로 그리고 저점에 이르는 과정에서는 투자와 소비가 위축되고 이에 따라 생산과 고용도 감퇴되어 실업이 증가하나, 물가는 상대적으로 안정을 되찾는다.

실제에 있어서의 경기변동은 앞에서 언급한 것처럼 호황이나 불황이 규칙적으로 반복되기보다는, 호황이나 불황의 지속기간이나 경기변동의 폭 등이 상당히 불규칙으로 변화하는 것이 일반적이다. [그림 10-4]와 같이 우리나라 경기변동의 추이를 보더라도 호황과 불황의 지속기간이나 경기변동의 폭이 규칙적이지 않음을 알 수 있다. 또한 경기변동은 그 변동의 과정에서 여러 변수가 일정한 관련을 맺고 함께 움직이는 특징이 있다. 예를 들어 불황국면에는 소비와 투자가 둔화됨에 따라 고용과 임금소득, 주가 등이 떨어지고 실업률이 상승하는 등 여러 가지 경제문제가 한꺼번에 표출한다.

[그림 10-4] 우리나라의 경기변동

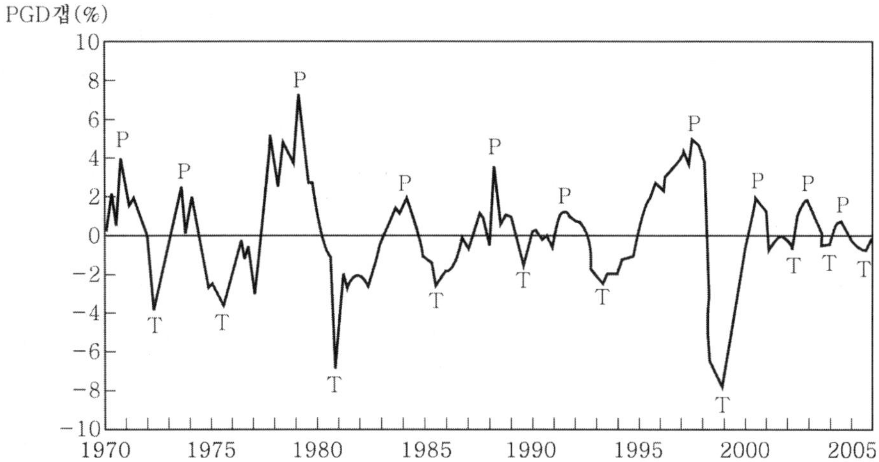

자료 : 이준구 · 이창용, 『경제학 들어가기』, 법문사, 2007. 한국은행, 「국민계정」, 각년호.

이와 같은 특징에 기인에 경기변동은 자칫 경제의 불안정을 초래하는 요인으로 작용할 수 있기 때문에, 이를 사전에 예방함과 아울러 경기변동을 정확히 예측하는 것이 거시경제학에서 다루어야 할 중요한 과제 중의 하나이다.

3. 물가와 인플레이션

물가는 개별 상품의 가격을 종합하여 이를 평균적인 가격수준으로 나타낸 것을 의미하는 데, 이와 같은 물가의 동향은 물가지수(price index)라는 지표를 통해 구체적으로 파악할 수 있다. 물가지수란 기준시점의 물가를 100으로 잡고 비교시점의 물가를 이의 백분비로 표시한 지수를 의미한다. 예를 들어 2010년도를 기준으로 2015년도의 물가지수가 112이었다면, 이는 2010년도의 평균적인 가격을 100원이라고 할 때 2015년도에는 그 값이 112원으로 상승하였음을 의미하며, 다르게는 이 기간 동안에 물가가 12%만큼 상승하였다고 표현할 수 있다.

그런데 모든 상품을 똑같이 취급하여 이들의 가격을 단순히 평균함으로써 물가를 산출한다면 이는 별 의미가 없을 것이다. 따라서 각 상품의 중요성에 따라 상이한 가중치를 부여하여 물가지수를 구해야 한다. 여기서 가중치란 각 상품의 거래량이 전체거래량에서 차지하는 비중을 의미하는데, 어떤 방식으로 가중치를 부여하느냐에 따라 각각 다른 물가지수를 구할 수 있다. 가중치가 고정된 대표적인 물가지수로는 소비자물가지수(consumer price index : *CPI*)와 생산자물가지수(producer price index : *PPI*)를, 가중치가 변화하는 대표적인 물가지수로는 GDP디플레이터(GDP deflator)를 각각 들 수 있다.

소비자물가지수(*CPI*)는 도시가계가 소비생활을 하는 데에 필요한 각종 상품과 서비스의 가격변동을 종합적으로 파악하기 위한 물가지수로서, 우리나라의 경우 2010년을 기준으로 서울을 비롯한 36개의 주요도시의 가계가 사용하는 대표적인 481여개의 가격을 대상으로 작성한다. 한편 생산자물가지수(*PPI*)는 국내시장의 기업 상호간에 일차적으로 거래되는 모든 재화의 평균적인 가격변화를 측정하기 위한 물가지수로서, 기업간에 거래되는 재화와 서비스품목의 가격을 조사대상으로 하고 있는데, 2012년을 기준으로 884개 품목(재화부문 801개, 서비스부문 83개)을 대상으로 작성하고 있다.

소비자물가지수와 생산자물가지수는 고정된 가중치를 적용해 물가지수를 구하는 라스파이레스지수(Laspeyres Index)의 일종으로, 기준시점의 각 상품의 거래량을 가중치로 삼아 작성한다. 예를 들어 〈표 10-1〉과 같이 생산된 상품들을 모두 그 해 소비된다는 가정에서 2015년의 소비자물가지수를 구하면 다음과 같다. 먼저 가중치를 구해야 하는데, 소비자물가지수는 기준시점의 각 상품의 거래량을 가중치로 삼기 때문에 기준년도의 각 상품의 거래량 즉, 2010년의 사과 3,000상자, 옷 300벌, 자전거 800대가 그대로 유지된다. 다음으로 이를 앞에서 언급한 물가지수를 계산하는 식에 대입하면 2015년의 소비자물가지수를 구할 수 있다.

〈표 10-1〉 2010년과 2015년의 상품의 생산량과 가격

	2010년		2015년	
	생산량	가격(달러)	생산량	가격(달러)
사과	3,000상자	35	4,000상자	40
옷	300벌	10	400벌	12
자전거	800대	100	1,000대	110

$$2015년의\ 소비자물가지수 = \frac{3,000 \times 40 + 300 \times 12 + 800 \times 110}{3,000 \times 35 + 300 \times 10 + 800 \times 100} \times 100 = 112.55$$

2015년의 소비자물가지수는 112.55가 되는데, 이는 사과 3,000상자, 옷 300벌, 자전거 800대로 구성된 상품들을 구입하는 데 드는 금액이 2010년에 비해 2015년에는 12.55%가 더 증가하였음을 의미한다. 또한 이는 2010년에서 2015년 사이에 생계비가 12.55% 상승했다고도 말할 수 있다.

GDP디플레이터는 어떤 한해의 명목국내총생산을 실질국내총생산으로 나누어 얻은 값에 100을 곱해 구할 수 있다. GDP디플레이터는 GDP계산에 포함되는 모든 재화의 가격변화를 반영하므로 가장 포괄적인 물가지수라고 말할 수 있으나, 반면에 국내에서 생산된 재화만을 조사대상으로 삼고 있기 때문에 수입상품의 가격동향은 전혀 반영하지 못하는 한계성도 지니고 있다.

$$GDP디플레이터 = \frac{명목국내총생산}{실질국내총생산} \times 100 \qquad (10\text{-}3)$$

GDP디플레이터는 해가 바뀜에 따라 각 상품가격에 적용되는 가중치가 변화하여 물가지수를 구하는 방식인 파셰지수(Paasche Index)의 일종으로, 비교시점의 각 상품의 거래량을 가중치로 삼아 작성한다. 앞에서 언급한 〈표 10-1〉을 예를 들어 2005년의 GDP디플레이터를 구하면 다음과

같다. 먼저 가중치를 구해야 하는데, GDP디플레이터는 비교시점의 각 상품의 거래량을 가중치로 삼기 때문에 비교년도의 각 상품의 거래량 즉, 2015년의 사과 4,000상자, 옷 400벌, 자전거 1,000대가 가중치가 된다. 다음으로 이를 앞에서 언급한 식에 대입하면 2015년의 GDP디플레이터를 구할 수 있다.

$$2005\text{년의 GDP디플레이터} = \frac{4{,}000 \times 40 + 400 \times 12 + 1{,}000 \times 110}{4{,}000 \times 35 + 400 \times 10 + 1{,}000 \times 100} \times 100 = 112.62$$

2015년의 GDP디플레이터가 112.62라는 것은 그해에 생산된 모든 최종재를 바로 그 해의 가격으로 구입하기 위해 필요한 지출이 2010년의 가격으로 구입할 때 필요한 지출보다 12.62% 더 증가하였다는 것을 의미한다.

[그림 10-5]는 1971년부터 최근까지의 우리나라의 소비자물가지수(*CPI*), 생산자물가지수(*PPI*), GDP디플레이터의 변화추이를 표시한 것인데, 각 지수마다 물가의 변동폭이 조금씩 다르게 나타남을 알 수 있다. 1970년대 이후 최근까지의 각 지수의 변화추이의 특징은 다음과 같이 정리할 수 있다. 먼저, 소비자물가지수의 경우 70년대 초반 및 70년대 말에 걸쳐 두 차례 발생한 오일 쇼크 등의 영향으로 높은 상승률을 보였으나, 80년대 초반 경제안정화기조가 정착됨에 따라 1998년의 외환위기여파를 제외하고는 한 자리 숫자의 안정적인 추세를 보여주고 있다. 한편, 생산자물가지수의 경우도 원자재의 해외의존도가 높은 우리나라의 실정을 반영하여 국제적으로 원자재가격 및 환율의 안정이 지속된 80년대의 이후에는 안정적인 추세를 보여주고 있다. GDP디플레이터도 80년대 이후 원자재가격이 안정세를 유지해 온 것에 기인하여 상대적으로 안정적인 추세를 보여주고 있다.

[그림 10-5] 우리나라의 CPI, PPI, GDP디플레이터의 변화추이

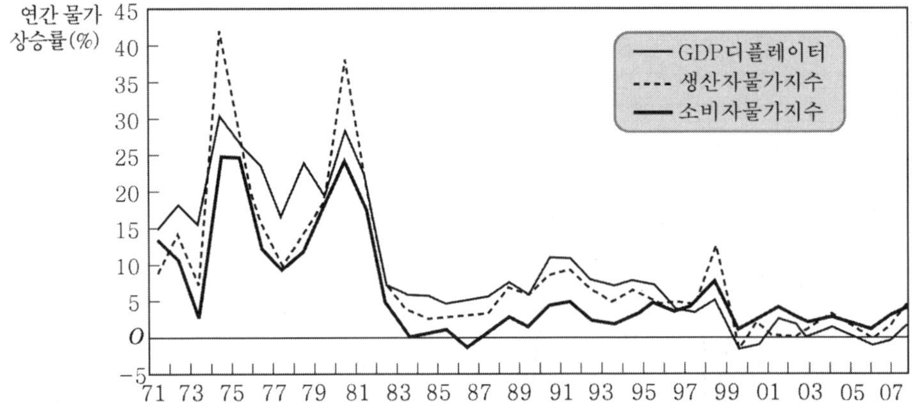

자료 : 한국은행, 「조사통계월보」, 각월호.

인플레이션은 물가가 지속적으로 상승하는 현상을 말하는데, 이는 물가지수가 상승하는 것으로 나타낸다. 따라서 인플레이션율은 물가상승률을 말하고 이는 물가지수의 상승률로 표시한다. 예를 들어 2014년과 2015년의 소비자물가지수를 각각 CPI_{14}, CPI_{15}이라고 하면, 물가상승률(π)은 다음과 같다.

$$물가상승률(\pi) = \frac{CPI_{15} - CPI_{14}}{CPI_{14}} \times 100(\%) \qquad (10\text{-}4)$$

여기서 물가수준이 높다는 것과 물가상승률이 높다는 것은 전혀 다른 의미라는 점에 유의해야 할 것이다. 예를 들어 일본의 경우 물가수준은 상당히 높지만, 1990년대 이후 경기침체지속으로 물가상승률은 매우 낮은 수준에 머무르고 있다.

[그림 10-6]은 1970년 이후 최근까지의 소비자물가상승률의 변화추이를 표시한 것인데, 1980년대 이후 경제안정화 기조의 정착으로 한 자리단위로 물가상승률이 크게 떨어지고 있는 것을 알 수 있다. 또한 물가상승

률의 변동폭도 종전에 비해 현저히 작아져 안정화추세가 정착되고 있음을 입증해 주고 있다.

[그림 10-6] 우리나라의 인플레이션율의 변화추이

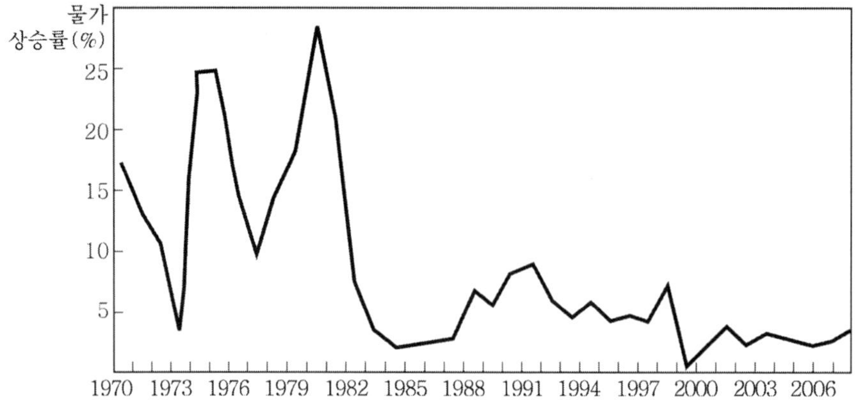

자료 : 한국은행, 「조사통계월보」, 각월호.

일반적으로 인플레이션은 경제생활에 나쁜 영향을 미치는 것으로 알고 있다. 예를 들어 물가가 지속적으로 상승하면 화폐가치가 하락하고, 이에 따라 소비자의 실질구매력이 떨어지며 이는 사람들로 하여금 저축이나 투자를 주저하게 하는 요인으로 작용하여 결국에는 경제성장률이 떨어지게 된다. 따라서 인플레이션과 관련하여 인플레이션의 발생원인 및 경제적 효과, 이에 대한 대책 등은 거시경제학에서 관심을 갖고 다루어야 할 과제이다.2)

4. 실업

최근 우리는 신문이나 방송 등 언론매체들을 통해 청년실업, 특히 대학 졸업자의 실업이 심각한 수준에 달하고 있다는 뉴스를 자주 접한다. 대학에서 전공분야에 대한 지식과 실무능력을 쌓고 졸업하더라도 취업이 되

2) 자세한 내용 제16장 참조 요망.

지 않아 이를 활용할 수 없다면, 이는 개인적으로는 말할 것도 없고 사회적으로 국가적으로도 커다란 손실일 것이다.

사람들은 원만한 경제생활을 영위하기 위해 직업을 갖고자 한다. 직업에는 종류도 아주 많기 때문에 사람들이 종사하고 있는 일도 천차만별이다. 우리는 금전적 대가를 받고 일정한 일에 종사하고 있는 사람을 취업자라고 부르는 반면에, 금전적 대가를 받고 일을 할 준비가 되어 있으며 또한 실제로 일을 찾고 있는데도 불구하고 일자리가 없는 사람을 실업자라고 부른다. 우리나라에서는 15세 이상이 되면 일할 능력을 갖추었다고 보아 이들을 생산연령가능인구 또는 노동가능인구라고 하는데, 생산연령가능인구는 다시 일을 하려고 하는 의사가 있는 경제활동인구와 그럴 의사가 없는 비경제활동인구로 분류된다. 비경제활동인구에는 연로자, 가정주부, 학생, 심신장애자 등이 포함된다.

이와 같은 분류에 따라 앞에서 언급한 취업자와 실업자는 경제활동인구에 포함되게 된다. 따라서 실업자는 "15세 이상으로서 일할 의사가 있음에도 불구하고 일자리를 얻지 못한 사람"이라고 규정할 수 있다.

경제활동인구 중 실업자의 비율을 실업률이라고 한다. 실업률은 한 나라경제의 실상을 노동시장의 여건을 통해 파악할 수 있는 지표로서, 실업률이 높으면 그 만큼 경제활동이 위축되어 사람들이 살기가 힘들어지고 있음을 알 수 있고, 실업률이 낮아지면 경기가 좋아져 생산이 늘고 노동시장에서 사람 구하기가 힘들어짐을 짐작할 수 있다.

$$\text{생산연령가능인구}(P) = \text{경제활동인구}(L) + \text{비경제활동인구}(NL)$$

$$\text{경제활동인구}(L) = \text{취업자}(E) + \text{실업자}(U) \tag{10-5}$$

$$\text{실업률} = \frac{\text{실업자}(U)}{\text{경제활동인구}(L)} \times 100(\%) \tag{10-6}$$

이와 같이 개념적으로 실업률을 정의하는 데에는 별 문제가 없지만, 현실적으로 실업률을 측정하는 데에는 여러 가지 문제점이 있다. 예를 들어 어떤 대학졸업생이 연봉 2,800만원 이상이면 취직을 하겠지만 그렇지 못하면 대학원에 진학하겠다고 하면, 이를 일하려는 의사가 있는지 없는지를 판단하기가 힘들다.

또한 우리나라의 경우 실업률 조사기간 동안 한 주일에 수입을 얻기 위해 1시간 넘게 일한 사람도 취업자로 간주하고 있다. 구체적으로 살펴보면 다음과 같다. 우리나라는 매달 33,000가구를 대상으로 실시한 표본조사의 결과에 기초에 실업률을 측정하고 있는데, "조사대상기간 동안 한 주일에 수입을 얻기 위해 1시간 넘게 일한 적이 있는가"라는 질문에 "그렇다"라고 대답하면 취업자로 분류하고, "아니다"라고 대답한 경우에는 "지난 일주일 동안 일자리를 찾아본 적이 있는가"라는 질문을 다시 해 "아니다"라고 대답하면 비경제활동인구로, "그렇다"라고 대답하면 실업자로 분류하고 있다. 이와 같은 기준을 적용해 일주일에 서너 시간밖에 일하지 않는 사람도 취업자로 간주해야 하는가는 의문이 남는다.

한편, 실업률의 측정에는 상당히 자의성이 개재될 소지가 많다. 예를 들어 어느 고학력의 여성이 아무리 노력해도 자기의 적성과 능력발휘에 적합한 직장을 구하지 못해 취직을 포기하고 가사에 전념하게 되는 경우, 이를 실망실업자 혹은 구직단념자로 규정하여 일할 의사가 없는 것으로 간주해 비경제활동인구로 분류함으로써 실업자통계에서 제외시킨다. 이들 실망실업자의 경우 실망한 나머지 일자리를 찾는 것을 포기한 것이지 진짜로 일할 의사가 없는 것은 아니다. 이와 같이 우리나라의 경우 가사에 전념하는 상당수의 여성이 실질적으로는 실업자와 다름없는 데도 실업자통계에서 빠지기 때문에, 공식통계에 나타난 실업률은 현실보다 훨씬 낮게 반영하고 있다고 말할 수 있다.

[그림 10-7]은 우리나라의 실업률의 변화추이를 표시한 것인데, 노동시장과 관련한 통계를 작성하기 시작한 1963년 이후 실업률이 단계적으로 낮아지고 있음을 알 수 있다. 1963년 8.3%에 달했던 실업률이 1970년대에는 3~5%수준으로 낮아졌다가 1980년대 초반에 5~6%수준으로 높아지기도 하였으나, 그 이후 지속적으로 하락하여 1990년대에는 2.5% 이하에서 유지되었다. 다만, 1997년의 외환위기의 여파로 실업률이 8%수준으

로 급격히 상승하기도 하였으나, 그 이후 빠른 경기회복으로 다시 4%수준 이하로 낮아지게 되었다.

연도별로 실업률의 변화추이를 보면 실업률도 순환변동하고 있다는 사실을 알 수가 있다. 즉, 대체로 장기적인 하향추세를 보이고 있는 가운데 [그림 10-7]에서 보는 바와 같이 장기추세선을 중심으로 몇 년간은 장기추세선보다 높아졌다 또 몇 년간은 낮아졌다 하는 변화를 보이고 있는데, 이는 실업률이 경기변화에 민감하게 반응하고 있음을 입증하는 것이다.

[그림 10-7] 우리나라 실업률의 변화추이

자료 : 통계청, 「경제활동인구연보」, 각년호.

〈표 10-2〉 우리나라의 교육정도별 실업률

(단위:%)

	2000	2005	2006	2007	2008	2009	2010	2011	2012	2013
계	4.4	3.7	3.5	3.2	3.2	3.6	3.7	3.4	3.2	3.1
중졸 이하	3.6	2.6	2.4	2.1	2.2	2.5	3.0	2.6	2.5	2.2
고졸	5.1	4.6	4.1	3.8	3.8	4.4	4.2	4.0	3.6	3.4
대졸 이상	4.2	3.4	3.4	3.2	3.0	3.5	3.6	3.2	3.2	3.3

자료: 통계청

노동력 구성에 따라 실업률을 비교해 보면, 성인의 실업률은 비교적 낮은 반면에 청년층의 실업률이 높으며, 학력별로는 대졸이상의 실업률이 학력이 낮은 노동자의 실업률보다 높다. 또한 산업별로는 농가실업률은 낮으나 광업부문의 실업률은 높고, 제조업에 비해서는 서비스산업의 실업률이 높다.

5. 국제수지와 환율

오늘날 개방경제체제를 유지하고 있는 대부분의 나라들은 재화와 서비스의 수출입 등을 통해 국제교역을 행하고 있으며, 또한 빈번하게 자본거래도 수행하고 있다. 한 나라의 모든 대외거래에는 이에 상응해 화폐의 흐름이 발생하게 되는데, 이와 같이 다른 나라와의 모든 대외거래에 따른 화폐의 흐름을 함께 모아 정리한 것을 국제수지(balance of payments)라고 하고, 이를 체계적으로 분류・작성한 것을 국제수지표라고 한다.

국제수지표는 크게 경상계정(current balance 또는 경상수지)과 자본금융계정(capital balance 또는 자본수지) 등으로 구성되어 있다. 경상계정은 경상거래를 기록한 것으로 가장 큰 비중을 차지하는 재화와 서비스의 교역을 비롯하여, 임금, 이자, 배당 등의 투자소득, 해외교포송금, 정부간의 무상원조 등으로 구성되어 있다. 한편 자본금융계정은 자본 및 금융거래를 기록한 것으로 직접투자를 비롯하여 증권투자, 국가간의 대출과 차입, 무역신용의 제공, 준비자산 등으로 구성되어 있다.

〈표 10-3〉 국제수지표의 구성

구 분	거래 형태	구성항목의 예
경상계정	-상품수지 -서비스수지 -본원소득수지 -이전소득수지	-재화의 수출 및 수입 -항공기, 선박 등의 운임, 관광수입, 보험, 통신요금 등 -임금, 투자소득 -해외교포 송금, 기부금, 국가간의 무상원조
자본금융계정	-투자수지 -기타 기타투자 -준비자산 증감	-직접투자, 증권투자, 파생금융상품투자, -해외 이주비, 특허권 등의 자산거래 -통화당국이 보유하고 있는 외환, 금 및 SDR의 증감

국제수지표는 경상계정이든 자본금융계정이든 외화를 수취하는 경우에

는 수취란에 기록되고, 외화를 지불하는 경우에는 지급란에 기록한다. 따라서 제반 대외거래의 수취가 지급을 초과하면 국제수지는 흑자(surplus)가 발생했다고 하고, 지급이 수취를 초과하면 국제수지는 적자(deficit)가 발생했다고 한다. 그리고 제반 대외거래의 수취와 지급이 일치하면 국제수지가 균형을 이루었다고 한다.

그런데 단순히 국제수지표의 수취란의 합과 지급란의 합이 같다고 하여 국제수지가 균형을 이루었다고 말하지는 않는다. 왜냐하면 국제수지표는 복식부기의 원리에 입각해 기록하는 것이기 때문에 사후적으로 수취란의 합과 지급란의 합은 언제나 일치하게끔 되어 있다.

국제수지표를 구성하고 있는 제반의 대외거래는 자율거래(autonomous transaction)와 보정거래(accommodating transaction)로 구분할 수 있는데, 자율거래는 상품수출, 자본도입 등 경제행위 자체에 어떤 목적이 내포되어 있는 거래를 말하고, 보정거래는 자율거래의 결과 발생한 적자나 흑자를 메꾸기 위해 수동적으로 이루어지는 거래를 말한다.

따라서 실질적인 국제수지의 흑자 및 적자를 규명하기 위해서는 국제수지표를 구성하고 있는 여러 가지의 대외거래 중에서 자율거래(autonomous transaction) 성격의 거래만을 대상으로 하는데, 일반적으로 경상계정을 국제수지로 간주하여 측정한다.

국제수지와 밀접한 관련이 있는 것이 환율(exchange rate)인데, 환율은 한 나라의 화폐가 다른 나라의 화폐로 교환되는 비율을 의미한다. 환율은 어느 나라의 화폐를 기준으로 나타내느냐에 따라 자국통화표시와 외국통화표시의 두 가지 표시방법이 있다. 먼저 자국통화표시는 외국화폐를 기준으로 하여 화폐 1단위를 바꾸기 위해서 자국화폐를 얼마나 지급하여야 하는가를 나타내는 방법으로서, 지불계산법적 표시(giving quotation)라고도 하는데 세계 대부분의 국가가 이 방법을 채택하고 있다. 한편 외국통화표시는 자국화폐 1단위로 외국화폐를 얼마나 받을 수 있는가를 표시하는 방법으로서 수취계산법적 표시(receiving quotation)라고도 말하는데, 현재 영국이 이 방법을 사용하고 있다.

〈표 10-4〉 우리나라의 국제수지 추이

	2012	2013	2014
경상계정	508.4	811.5	892.2
상품수지	494.1	827.8	926.9
서비스수지	-52.1	-65.0	-81.6
본원소득수지	121.2	90.6	102.0
이전소득수지	-54.7	-41.9	-55.0
자본금융계정			
자본계정	-0.4	-0.3	-0.1
금융계정	-515.8	-801.0	-963.8
직접투자	-211.4	-555.9	-206.6
증권투자	67.5	-93.4	-336.1
파생금융상품	26.3	44.1	37.0
기타투자	-266.4	-432.8	-219.4
준비자산	-131.8	-163.0	-178.9

자료: 한국은행

그런데 환율의 변동은 일반적으로 일국통화의 대외가치가 변동되는 것을 의미하는데, 환율이 올랐다든가 내렸다고 말할 때에는 환율표시방법에 따라 다르게 나타나므로 이 점을 유의해야 할 것이다. 외국통화표시방법에 의한 환율의 경우에는 환율이 오르면 그 나라의 대외가치도 올라가 별 문제점이 없으나, 대부분의 국가가 사용하고 있는 자국통화표시방법의 경우에는 그 의미가 반대방향으로 나타나게 된다. 예를 들어 원화의 대미 달러환율이 1US$당 1,000원에서 1,100원으로 변동하였다면 우리는 환율이 올랐다고 말하는데, 이 경우 미달러화에 대한 원화의 가치는 하락(혹은 평가절하)하였다고 말한다.

그리고 일본의 엔화나 중국의 위안화 등 미 달러화 이외의 기타 통화에 대한 환율은 원화의 대미 달러환율에 국제외환시장에서 형성되는 기타 통화의 대미 달러환율을 재정하여 간접적으로 산출하고 있다. 예를 들어 원화의 대미 달러환율이 US$1=₩1,000이고 미 달러화와 중국의 위안화의 환율이 US$1=¥5라면 원화의 대 위안화환율은 연쇄방식에 의해 간접적으로 ¥1=₩200으로 산출된다. 여기서 우리나라의 대미 달러환율을 기준으로 간접적으로 계산된 원화의 위안화에 대한 환율을 재정환율(arbitrage rate)이라고 하며, 재정환율을 계산하기 위해 사용된 달러화와 위안화의 환율을 크로스 레이트(cross rate)라고 한다.

제 3 절 국가경제의 순환

앞에서 언급한 것처럼 거시경제학은 국가경제 전체의 관점에서 경제문제를 분석한다. 여기서 총체적 관점에서 분석한다는 것은 국가경제 각 부문사이의 연관관계를 밝혀내고 전체 경제활동을 순환적 흐름으로 파악하는 것을 의미한다. 이와 같은 관점에 의거 본 절에서는 국민소득을 중심으로 국가경제의 순환적 과정을 알아봄과 더불어 국민소득의 순환이 균형을 이루는 조건에 대하여 살펴보고자 한다.

1. 국민소득의 순환과정

거시경제학에서는 국가경제의 고용, 총생산량, 물가, 국제수지 등의 경제변수 상호간의 연구를 중요시하는데, 이들 경제변수 가운데 가장 기본이 되는 것은 고용과 총생산량의 수준을 나타내는 국민소득이다. 국민소득에 대해서는 다음 장에서 상세히 설명하겠지만 여기서는 어떤 경제가 일정기간동안 생산해 낸 총생산물의 가치를 나타내는 것으로 간주한다. 이러한 국민소득은 국가경제의 순환과정상의 여러 측면을 통해 알아볼 수 있다.

국가경제의 순환적 성격을 화폐소득과 그 지출이라는 측면에서 살펴본 순환과정을 국민소득의 순환이라고 하는데, 이는 참가하는 경제주체의 정도에 따라 크게 3가지로 분류해 살펴볼 수 있다.

(1) 단순한 소득순환 모형-개인부문과 기업부문-

이는 국가경제에 있어서 ① 경제주체가 가계부문과 기업부문만이 존재하고, ② 가계부문은 생산요소를 기업부문에 판매해서 얻은 소득의 전부를 기업이 생산한 재화와 서비스를 구매하는데 지출하는 반면에, 기업은 재화와 서비스를 판매해서 얻은 수입의 전부를 가계부문으로부터 생산요소를 구입하기 위하여 임금, 지대, 이자, 이윤의 형태로 지불하며, ③ 자본의 양은 항상 일정하여 기존의 자본스톡이 생산과정에서 소모되는 부분만큼의 대체투자만이 이루어진다고 가정한 단순경제모델을 의미한다.

이와 같은 단순경제에서 가계는 노동, 토지, 자본 등의 생산요소를 기업에 제공하고 그 대가로 재화와 서비스를 구매할 수 있는 소득을 얻으며, 기업은 재화와 서비스를 생산하여 가계에 판매하고 그 대가로 생산요소를 구매할 수 있는 수입을 얻는다. 그런데 앞에서 가정한 것처럼 가계는 모든 소득을 재화와 서비스의 구입에 지출하므로 기업의 수입은 가계소득과 같고, 기업의 모든 수입은 다시 가계소득으로 되돌아온다. 이러한 소득순환은 일정한 수준을 계속적으로 유지하며 지속될 것이다.

[그림 10-8] 단순한 소득순환모형

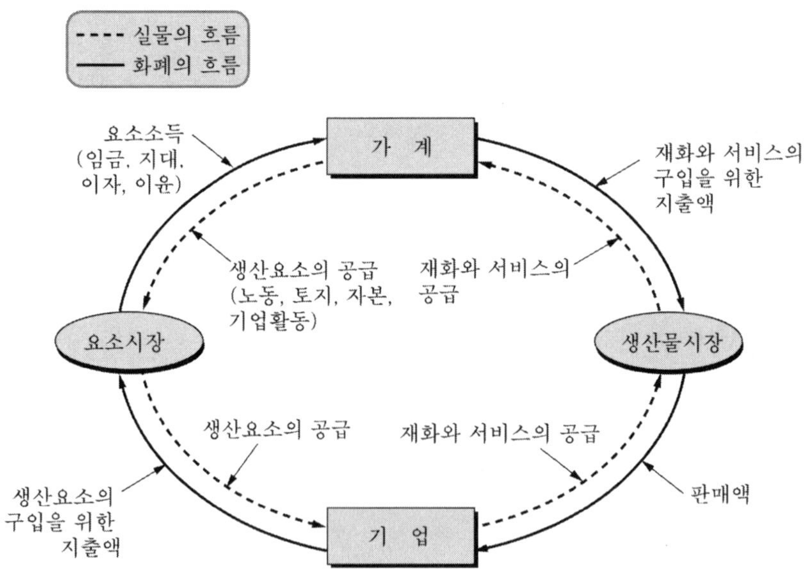

[그림 10-8]은 가계와 기업부문간의 순환과정을 나타내고 있는데 한방향의 실물의 흐름이 있으면 다른 방향으로는 화폐의 흐름이 발생함을 알

수 있다. 여기서 생산물이 거래되는 곳을 생산물시장이라고 하고, 생산요소가 거래되는 곳을 요소시장이라고 한다. 생산물시장에서는 재화와 서비스에 대한 가계부문의 수요와 기업의 공급이 대응하여 생산물의 가격과 수량이 결정되며, 요소시장에서는 노동, 토지, 자본 등에 대한 가계부문의 공급과 기업의 수요가 대응하여 요소가격과 고용량이 결정되며, 이때 기업은 생산요소를 가계는 요소소득을 각각 얻게 된다. 앞에서 가정한 것이 지속된다고 하면 이와 같은 주어진 수준에서의 생산과 소득의 흐름은 계속적으로 순환하면서 일어날 것이다.

(2) 누출과 주입

현실경제에서는 단순소득순환모형에 있어서도 소득순환을 증가시키거나 감소시키는 여러 가지의 요인이 영향을 미치게 된다. 예를 들어 가계가 소득 가운데 일부분을 재화나 서비스의 구입에 사용하지 않고 저축을 한다면 그만큼은 소득의 순환으로부터 빠져 나갈 것이며, 기업이 상품판매로부터 얻은 수입 가운데 일부를 생산요소의 구매에 사용하지 않는다면 그만큼도 소득의 순환으로부터 빠져나갈 것이다. 이와 같이 소득의 순환과정으로부터 빠져나가는 것을 누출(leakage)이라고 하는데, 누출은 소득의 처분과정에서 그 크기가 결정되기 때문에 소득의 함수인 것이 일반적이며, 대체로 소득의 크기에 의존하는 종속변수의 성격을 띠고 있다.

한편 소득순환의 외부로부터 도입되어 새로운 소득을 창출하는 지출을 주입(injection)이라고 한다. 예를 들어 기업이 생산요소를 구입하는데 있어서 상품판매수입에서 나온 것이 아닌 다른 소득을 사용한다면 그 만큼의 화폐흐름은 소득의 순환으로부터 새로 들어오는 것이다. 이와 같이 주입은 소득의 처분과정에서 결정되는 것이 아니라 소득의 크기를 결정하는 독립변수로서 소득순환을 증가시키는 데에 작용한다.

경제주체 중 가계부문과 기업만이 존재하는 것으로 가정한 단순소득순환모형에서는 저축이 누출에 투자가 주입에 해당된다. 일반적으로 가계는 소득의 전부를 소비하지 않는데, 소득 중에서 소비되지 않는 부분을 저축이라고 한다. 이와 같이 저축은 소득 가운데 소비되지 않은 부분으로 소득순환의 과정에서 빠지게 되므로 누출에 해당된다.

투자는 현재의 소비가 아니라 장래의 소비를 위한 지출로서 설비, 건설 및 기업재고와 같은 재화에 대한 지출의 형태로 나타난다. 투자의 주체는 기업이며, 기업은 이윤에 대한 기대 내지는 예상에 의해 투자를 시행한다. 투자는 자금의 원천이 무엇이든지 간에 소득을 결정하는 요인으로 작용하기 때문에 주입에 해당된다.

(3) 세 부문경제의 소득순환모형-정부부문의 도입-

가계부문과 기업부문에 아울러 정부부문을 추가한 세 부문경제의 순환과정은 다음과 같이 살펴볼 수 있다.

정부는 가계나 기업과는 달리 요소시장에서 생산요소를 고용하여 국민들의 생활에 필요한 재화와 서비스를 생산함과 아울러 기업이 생산한 생산물을 소비하는 경제주체이다. 여기서 가계와 기업은 정부가 생산하는 재화와 서비스를 소비하는데 일일이 대가를 지불하지 않는 대신에 조세(tax)를 납부한다. 이에 대응하여 정부는 조세수입을 근간으로 국민들의 생활에 필요한 재화나 서비스를 생산하는데 지출한다([그림 10-9] 참조).

조세는 저축과 마찬가지로 소득순환과정에서 빠져나가는 누출이다. 정부가 가계에 조세를 부과하면 가계는 가계부문의 소득으로 그 세금을 내게 된다. 따라서 가계부문이 조세액만큼 저축을 감소시키지 않는 한 소비지출은 감소하게 된다. 따라서 소득순환의 관점에서 보면 조세는 누출이 된다. 마찬가지로 정부는 기업에게도 조세를 부과하는데, 이에 따라 기업의 요소수입은 조세만큼 감소하게 되므로 조세는 소득순환에서 빠져나오는 누출이다.

한편 정부는 조세수입으로 요소시장에서 생산요소를 고용하거나 생산물시장에서 기업이 생산한 생산물을 소비하는데 지출하는데, 이를 정부지출(government expenditure)이라고 한다. 그리고 정부는 정부지출 이외에 사회보장을 위한 지출, 재해보상금 등 어떤 생산활동에 대한 대가로 지불되는 것이 아닌 지출인 이전지출(transfer payment)을 행하고 있는데, 이러한 이전지출은 수혜자의 소득을 증가시킨다. 따라서 이전지출을 포함한 정부지출은 소득순환을 증가시키는 주입이 된다.

[그림 10-9] 세 부문경제의 소득순환모형

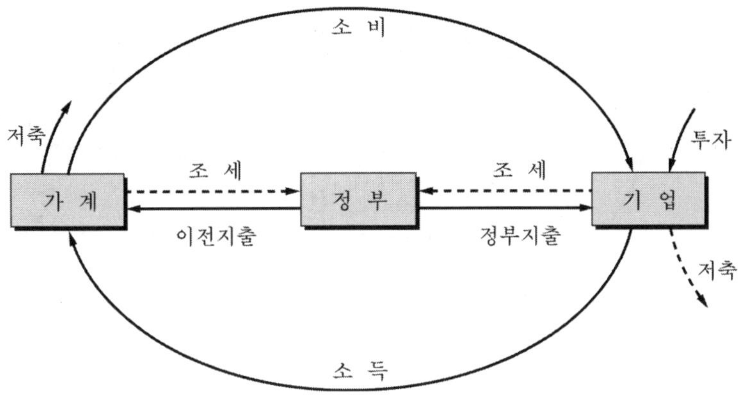

4) 확대된 소득순환모형-해외부문도입-

오늘날과 같은 세계화시대에서 해외부문이 국가경제에 미치는 영향은 지대하다. 특히 우리나라와 같이 해외의존도가 높은 나라의 경우 해외부문의 중요성은 아무리 강조해도 지나침이 없을 것이다. 이와 같은 관점에서 해외부문을 도입한 소득순환모형은 다음과 같다.

[그림 10-10]에서 보는 바와 같이 해외부문의 도입으로 한 나라 안에 있는 생산요소와 생산물은 그 나라 안에서만 소비되는 것이 아니라 해외에서도 소비되며, 반대로 해외에 있는 생산요소와 생산물을 국내에 들어와 소비되기도 한다.

수입(import)은 국내의 가계 또는 기업이 그들의 소득으로 국내재화 대신 외국에서 생산된 재화를 구입하는 것을 의미하기 때문에 수입이 증가하면 그 만큼 국내에서 생산되는 재화에 대한 소비 또는 투자지출이 감소하게 된다. 따라서 수입은 국내소득순환으로부터의 누출이 된다. 반면에 수출(expert)은 외국의 가계나 기업이 우리나라에서 생산된 재화를 구매하는 것이므로 국내소득순환으로부터의 주입이 된다.

[그림 10-10] 확대된 소득순환모형-해외부문 포함-

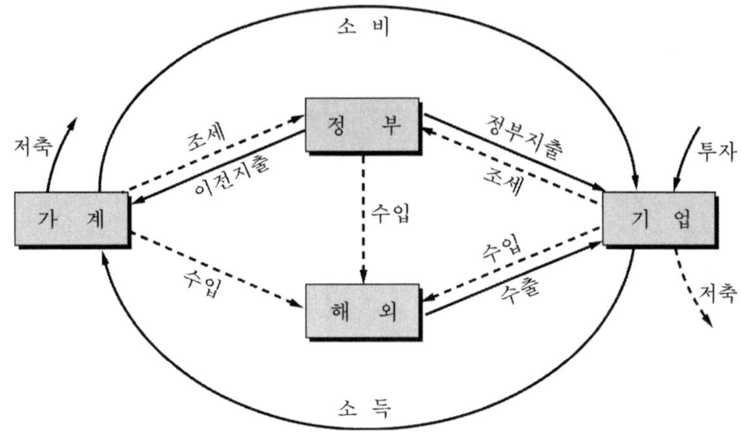

2. 국민소득의 균형조건

(1) 누출=주입에 의한 국민소득의 균형조건

앞에서 언급한 바와 같이 어떠한 모형의 소득순환이든 관계없이 누출의 합이 주입의 합보다 크면 소득순환은 감소하고, 이와 반대로 누출의 합이 주입의 합보다 적으면 소득순환은 증가한다. 그리고 누출의 합과 주입의 합이 같으면 주어진 수준에서의 소득순환은 변하지 않고 그대로 유지되는데, 이를 국민소득이 균형상태에 있다고 말한다. 이와 같은 원리에 입각해 각각의 소득순환모형에 있어서의 국민소득의 균형조건을 구하면 다음과 같다.

저축을 S, 투자를 I, 정부지출을 G, 조세를 T, 수출을 X, 수입을 M이라고 하면, 먼저 가계부문과 기업부문만으로 구성된 두 부문의 경제(단순소득순환모형)에 있어서의 국민소득의 균형조건은

$$S = I \tag{10-7}$$

가 되고, 여기에 정부부문을 도입한 세 부문경제에 있어서의 국민소득의 균형조건은

$$S + T = I + G \tag{10-8}$$

가 된다. 또한 해외부문을 포함한 네 부문경제를 가정하면 이때의 국민소득의 균형조건은

$$S + T + M = I + G + X \tag{10-9}$$

가 된다.

(2) 총공급=총수요를 통한 국민소득의 균형조건

생산을 통해 얻어진 국민소득은 다음과 같은 방식에 의거해 처분된다. 만약 가계와 기업만이 경제주체로 존재하다면 소득과 가운데 일부는 소비(C)되고 나머지는 저축(S)되어진다. 여기에 정부부문과 해외부문을 고려하면 소득 가운데 일부는 조세(T)로 정부에 귀속되고, 다른 일부는 수입품에 대한 지출(M)로 사용된다. 이와 같이 소득처분의 관점에서 보면 총공급(Y_S)은

$$Y_S = C + S + T + M \tag{10-10}$$

이 된다.

한편 생산물에 대한 수요가 있어야 생산활동이 이루어진다. 이러한 관점에 의거 만약 경제주체로서 개인과 기업만이 존재한다면 생산물에 대

한 수요는 소비(C)와 투자(I)로 이루어지고, 여기에 정부와 해외부문을 고려하면 정부지출(G)과 수출(X)이 추가된다. 이와 같이 총수요가 증가하면 생산이 증가하고 이에 따라 국민소득이 증가한다. 이는 총수요가 국민소득을 창출함을 의미하는데, 이와 같이 소득창출의 관점에서 보면 총수요(Y_D)는

$$Y_D = C + I + G + X \qquad (10\text{-}11)$$

이 된다.

균형국민소득은 총공급과 총수요가 일치하는 수준($Y_S = Y_D$)에서 결정되므로 이는

$$C + S + T + M = C + I + G + X \qquad (10\text{-}12)$$

또는

$$S + T + M = I + G + X \qquad (10\text{-}13)$$

으로 나타낼 수 있다. 이와 같이 국민소득의 균형조건은 앞에서 언급한 소득순환모형의 누출·주입의 균형조건과 일치함을 알 수 있다.

◈ 경제이론과 현실경제

국내총생산과 국민행복

최근 유럽에서는 국내총생산(GDP)을 둘러싼 논란이 한창이다. 마약거래, 매춘 등 '지하경제'를 GDP 통계에 합산하는 움직임이 확산되면서 벌어진 일이다. 유럽연합(EU)이 회원국의 GDP 산출 기준을 올 9월부터 통일하기로 하자 프

랑스 등 일부 국가들이 반대했지만 영국, 이탈리아 등은 앞다퉈 마약거래와 매춘을 GDP 통계에 넣기로 결정했다.

정확히 측정하기 어려운 마약거래, 매춘 등 지하경제를 GDP에 합산하자는 주장이 힘을 얻는 것은 경제규모를 보여주는 대표적 지표인 GDP가 갖고 있는 불완전성 때문이다.

GDP는 일정 기간 가계, 기업, 정부 등 경제주체들이 한 국가 내에서 생산활동을 통해 창출한 부가가치의 합계다. 하지만 지하경제, 가사노동 등 가치를 평가하기 어려운 생산 활동은 GDP 통계에 잡히지 않는다. GDP의 다른 약점 중 하나는 '국민행복'과의 괴리다. 여가, 직업의 안정성, 노후, 환경오염 등 행복에 직간접적인 영향을 미치는 요소들은 GDP에 포함되지 않는다. 이렇다 보니 GDP가 증가해도 국민들이 피부로 느끼는 행복감은 제자리걸음을 하거나 오히려 과거보다 후퇴하는 사례도 적지 않다.

특히 한국은 GDP와 행복지수의 괴리가 큰 대표적인 나라로 꼽힌다. 최근 영국의 여론조사 업체 입소스모리의 조사결과에 따르면 '모든 상황을 고려할 때 행복한가?'라는 질문에 64%의 한국인만이 '그렇다'고 답했다. 주요 20개국 중 19위로 꼴찌 수준이었다. 남아프리카공화국(83%), 브라질(81%), 인도(81%), 중국(75%) 등 1인당 GDP가 한국보다 적은 국가들에 비해 한국의 행복 수준이 훨씬 낮은 것으로 나타난 것이다.

한국인의 행복 수준이 낮은 이유로 전문가들은 '민생 불안'을 지목한다. 높은 청년실업률과 비정규직 증가로 빚어진 고용 불안, 집값 하락 속에 전월세 값이 폭등하며 심화된 주거 불안, 자식 키우느라 노후 준비에 소홀했던 중장년층의 노후 불안 등이 대표적이다. 고속성장 과정에서 쌓인 구조적 경제 불균형으로부터 비롯된 이런 민생불안은 월급통장에 10만~20만 원이 더 들어온다고 쉽게 해결되기 어려운 난제들이다.

최경환 경제부총리 겸 기획재정부 장관은 내정 직후부터 여러 차례 "국민이 체감할 수 있는 경제정책을 추진하겠다"고 밝혔다. 기업들의 사내유보에 대한 과세 등 최 부총리 취임 후 정부가 내놓은 창의적인 정책들도 많은 관심을 불러 모으고 있다.

'국민 체감형 정책'들을 통해 무기력증에 빠진 가계와 기업에 활력을 불어넣으려는 시도는 환영할 만하다. 다만 일각에서는 자칫 가시적 성과에만 집중하다 민생경제의 근본적 해결책인 경제혁신이 뒷전으로 밀릴까 걱정하는 목소리도 나온다. 부디 '최경환호'가 경제심리 회복과 경제혁신을 위한 중장기 과제들을 균형감 있게 추진해 진정한 '국민행복' 시대의 주춧돌을 놓은 성공한 경제팀으로

훗날 평가받길 바란다.

〈출처 : 문병기 기자, 동아일보(2014. 07.29)〉

중요개념 및 용어

거시경제학	거시경제학의 주요과제	완전고용
경제성장	국제수지	국내총생산
국민총생산	경기변동	물가지수
소비자물가지수	GDP디플레이터	물가상승률
실업률	경상계정	자본금융계정
환율	자국통화표시	외국통화표시
재정환율	크로스 레이트	주입
누출	정부지출	조세
수출	수입	균형국민소득
총공급	총수요	

연 습 문 제

1. 국가경제가 달성해야 할 대표적인 과제를 열거하고, 이에 대해 간략하게 설명하라.

2. 경제성장과 경기변동의 개념을 GDP와 관련하여 설명하라.

3. 다음의 표는 2010년과 2015년의 상품의 생산량과 가격을 나타낸 것이다.

	2010년		2015년	
	생산량	가격(달러)	생산량	가격(달러)
사과	2,000상자	30	3,000상자	40
옷	400벌	15	500벌	20
자전거	800대	120	1,000대	150

(1) 2015년의 소비자물가지수를 구하라.
(2) 2015년의 GDP디플레이터를 구하라.

4. 실업률은 어떻게 산정하는지를 설명하라.

5. 국제수지의 균형에 대하여 설명하라.

6. 원화의 대미 달러환율이 US$1 = ₩950이고 미달러와 일본 엔화의 환율이 US$1 =¥100이면, 원화의 대 엔화환율은 얼마인가를 자국통화표시방법에 의해서 표시하라.

7. 주입과 누출에 대하여 설명하라.

8. 총공급=총수요를 통한 국민소득의 균형조건을 도출하라.

11
chapter

국민소득의 측정

학습목표

국민소득은 국가경제가 어느 정도 활발히 움직이는가를 나타내는 지표로서, 국가경제의 흐름을 파악하는데 유용하게 사용된다. 본 장을 학습하면 국민소득이 어떻게 측정되는지를 이해할 수 있다.

1. 국내총생산의 개념 및 유용성과 한계를 이해할 수 있다.
2. 국내총생산이 어떻게 측정되는지를 이해할 수 있다.
3. 국민총생산 및 국내총소득과 국민총소득이 어떻게 측정되는지를 이해할 수 있다.

제 1 절 국내총생산

1. 국내총생산의 개념

거시경제학에서 다루는 여러 경제변수들 가운데 가장 기본적이고 중요한 변수는 국민소득이다. 국민소득은 국가경제의 생산 · 소득 · 지출을 나타내는 지표이다. 이러한 국민소득의 내용과 구성을 경제주체 및 경제활동의 형태별로 정리하고 그 결과를 수입과 지출로 나타낸 통계표를 국민소득계정(national income and product accounts : NIPA)이라고 한다.

그런데 국민소득의 개념은 국가경제의 생산 · 소득 · 지출순환과정 중 어디에서 국민소득을 측정하는가, 그리고 어디까지 국민소득으로 포함시키는가에 따라 다양한데, 이 중 국민소득을 나타내는데 최근 가장 많이 이용되는 개념이 국내총생산(gross domestic product : GDP)이다.

국내총생산(GDP)은 "일정기간 동안 한 나라 안에서 생산된 모든 최종생산물의 시장가치의 합"으로 정의된다. 이와 같은 국내총생산의 개념을 보다 세부적으로 설명하면 다음과 같다.

첫째, 국내총생산의 정의 중 '일정기간 동안'이라는 것은 대개 1년을 의미한다. 즉, 어떤 한 해의 국내총생산에는 그 해 안에 새로 생산된 생산물의 가치만이 포함되며, 그 이전에 생산되어 존재하는 생산물의 가치는 포함되지 않는다. 이와 같이 국내총생산은 1년이란 기간에 대해 측정하기 때문에 유량(flow)의 성격을 지니고 있다고도 말할 수 있다.

둘째, '한 나라 안에서'라는 것은 생산주체의 국적과 관계없이 한 나라의 국경 안에서 생산된 재화와 서비스의 가치를 모두 포함시킨다는 것을 의미한다. 예를 들어 우리나라에 진출해 있는 외국기업에 의해 생산된 상품의 가치는 우리나라의 국내총생산에 포함되는 반면에, 외국에 진출해 있는 우리나라 기업에 의해 생산된 상품의 가치는 우리나라의 국내총생산에는 포함되지 않는다.

셋째, '최종생산물'이라는 것은 최종용도로 사용되는 재화와 서비스만이 국내총생산에 포함된다는 것을 의미한다. 즉, 최종생산물을 생산하는데 투입된 원재료, 반제품 등의 중간생산물의 가치는 국내총생산에 포함되지 않는다는 것이다. 예를 들어 빵을 만드는데 사용되는 밀가루의 가치는 국내총생산에 포함되지 않는다. 이는 다음 절에 나오는 국내총생산의 측정방법에서 다시 자세히 언급하겠지만 이중계산을 피하고 새로이 창출된 부가가치의 합만을 국내총생산에 포함시킨다는 것을 의미한다.

넷째, '시장가치의 합'은 원칙적으로 시장에서 거래되는 생산물의 가치만을 국내총생산에 포함시킨다는 것을 의미한다. 예를 들어 일반 가정주부는 집안에서 가사를 돌보는 유용한 서비스를 생산하지만 이는 시장에서 거래되지 않기 때문에 국내총생산에 포함되지 않는다. 그런데 만일 어떤 가정주부가 다른 가정에 파출부로 나가 일을 하고 일당으로 50,000원을 받는다면 이는 파출부 시장에서 거래가 이루어졌기 때문에 국내총생산에 포함된다. 그리고 시장가치란 각 생산물이 시장에서 평가되는 화폐액을 말한다. 예를 들어 쌀 1가마, 자동차 10대, 옷 50벌을 직접 합산할 수는 없다. 왜냐하면 생산물의 종류와 물리적 단위가 다르기 때문이다.

그러나 쌀 1가마, 자동차 10대, 옷 50벌의 시장가치를 합산할 수는 있다. 국내총생산은 이처럼 최종생산물의 시장가치를 합산하여 산출하는 데, 이때 시장가치는 시장가격을 당해연도의 시장가격으로 하느냐 아니면 어떤 특정연도의 시장가격으로 하느냐에 따라 명목국내총생산과 실질국내총생산으로 나누어진다.

2. 명목국내총생산과 실질국내총생산

국내총생산(GDP)은 일정기간 동안에 한 나라 안에서 생산된 모든 최종생산물의 시장가치이므로, 만약 최종생산물이 n개가 있고 i생산물의 수량이 q_i, 가격이 p_i라고 하면, 국내총생산(GDP)은 다음과 같이 각 생산물의 가격과 수량의 곱을 합한 것으로 표시된다.

$$\text{GDP} = p_1q_1 + p_2q_2 + \ldots\ldots\ p_nq_n = \sum_{t=1}^{n} p_iq_i \qquad (11\text{-}1)$$

이때 당해연도의 최종생산물에 당해연도의 시장가격을 곱하여 얻은 국내총생산(GDP)을 명목GDP 또는 경상가격GDP라고 하고, 당해연도의 최종생산물에 임의의 특정연도를 기준연도로 하여 그 기준연도의 시장가격을 곱하여 얻은 GDP를 실질GDP 또는 불변가격GDP라고 한다.

〈표 11-1〉 명목GDP 및 실질GDP 계산의 예

	2015년도 생산량	가 격	
		2010년도	2015년도
사과	3,000 상자	30,000	40,000
옷	300 벌	40,000	42,000
자전거	800 대	200,000	220,000

〈표 11-1〉을 예를 들어 명목GDP와 실질GDP를 구하면 다음과 같다. 먼저 2015년도의 가격을 기준으로 구한 GDP가 명목GDP인데, 이는 각

생산물의 2015년도의 생산량에다 2015년도의 가격을 곱한 후 이를 합산하여 구할 수 있다. 즉

명목GDP = (3,000×40,000) + (300×42,000) + (800×220,000) = 308,600,000

한편, 실질GDP는 어느 연도를 기준삼아 언제나 그 연도의 가격을 곱해 각 상품의 시장가치를 합산하여 구하므로, 예를 들어 2010년을 기준연도로 삼는다면 각 생산물의 2015년도의 생산량에 2010년도의 가격을 곱한 후 이를 합산하여 구할 수 있다. 즉

실질GDP = (3,000×30,000) + (300×40,000) + (800×200,000) = 262,000,000

이와 같이 실질GDP는 앞에서 구한 명목GDP보다 상당히 작다는 점을 발견할 수 있다. 이는 앞에서 설명한 바와 같이 2010년과 2015년 사이의 물가상승을 반영하였기 때문이다. 명목GDP는 해당연도의 경제활동의 규모와 실적을 나타내는데 유용하게 사용된다. 그러나 경제의 전반적인 수준의 변화, 즉 다른 연도와 비교해 생산량이 실질적으로 얼마나 변화하였는가를 파악하고자 하는 경우에는 명목GDP보다 실질GDP가 더 적합하다. 왜냐하면 명목GDP의 경우 생산량이 증가하지 않더라도 물가가 상승하면 그만큼 커지나, 실질GDP의 경우 미리 정해진 기준연도의 가격을 기초하여 산정하기 때문에 생산량의 추이만을 반영한다. 따라서 물가가 상승하더라도 생산량이 불변이면 실질GDP는 변하지 않기 때문이다. 국내총생산(GDP)이라고 하면 특별한 경우를 제외하고는 실질국내총생산(실질GDP)을 말한다.

[그림 11-1]은 최근의 우리나라의 명목GDP와 2010년을 기준연도로 한 실질GDP로 산출한 경제성장률의 추이를 나타내 주고 있는데. 우리나라경제가 2012년 이후 최근까지 2~4%의 실질GDP성장률을 시현하고 있음을 알 수 있다.

[그림 11-1] 국내총생산(명목GDP)과 경제성장률(실질GDP성장률)

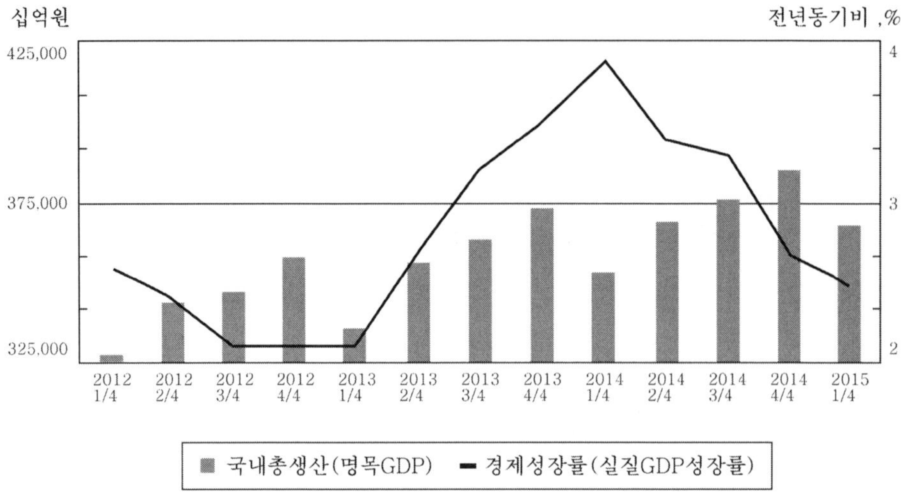

자료 : 한국은행

3. 국내총생산의 유용성과 한계

(1) 국내총생산(GDP)의 유용성

국내총생산(GDP)은 한 나라의 전반적인 경제활동을 나타내는 지표로서 널리 이용되고 있다. 한 나라의 경제활동수준은 생산과 고용 등에 의해 측정되는데, 이들 변수들은 국내총생산(GDP)과 밀접한 관련을 맺고 있다. 실질GDP가 증가한다는 것은 생산과 고용, 소비 등이 증가한다는 것을 의미하는데, 특히 발전도상국의 경우 실질GDP의 성장은 무엇보다도 우선적으로 달성해야 할 정책적 과제이다.

국내총생산(GDP)은 국가 간의 생활수준을 나타내는 지표로 활용되기도 한다. 명목GDP를 인구수로 나눈 것을 1인당 GDP라고 하는데, 이를 통해 국가간의 경제력과 생활수준을 비교하여 선진국, 발전도상국 등으로 구분하기도 한다.

(2) 국내총생산(GDP)의 한계

앞에서 언급한 것처럼 국내총생산(GDP)은 한 나라의 경제활동수준을 나타내는 지표로 널리 이용되고 있다. 그러나 국내총생산(GDP)은 어디까지나 추계치로써 실제로 시장에서 거래되고 있는 수많은 재화와 서비스의 내용을 정확히 반영할 수 없을 뿐만 아니라, 단지 양적인 지표에 기인하여 삶의 질적인 면을 나타내는데 한계가 있다는 점 등의 문제점을 지적할 수 있다. 이와 같은 문제점과 더불어 국내총생산(GDP)이 지니고 있는 개념상의 한계는 다음과 같이 정리할 수 있다.

첫째, 국내총생산(GDP)은 시장에서 거래된 재화와 서비스의 가치만을 포함하고 있다는 점이다. 이에 따라 경제생활에 유용하게 사용되는 것이더라도 시장에서 거래되지 않으면 국내총생산(GDP)에 포함되지 않는다. 예를 들어 주부의 가사활동은 시장에서 거래되지 않기 때문에 국내총생산(GDP)에 포함되지 않는다. 반면에 주부가 하는 똑같은 일이 음식점, 세탁소, 파출부 등에 의해 행해지면 이는 국내총생산(GDP)에 포함된다.

둘째, 국내총생산(GDP)은 재화를 생산하는 데 사용된 시간만을 가치가 있는 것으로 파악할 뿐, 레저(leisure)로 소비되는 시간의 가치는 전혀 반영하지 않는다. 일반적으로 레저의 증가는 삶의 질적 향상을 통해 복지를 증대시키는 것으로 인식되고 있다. 따라서 레저의 가치를 포함하지 않는 국내총생산(GDP)은 복지수준을 나타내는 지표로서 활용하기에는 한계를 지니고 있다.

셋째, 국내총생산(GDP)은 양적인 생산만을 반영할 뿐, 생산과정에서 파생되는 대기오염, 수질오염, 소음 등의 공해와 자연파괴, 교통체증, 범죄의 증가 등과 같은 부작용은 반영하지 않는다. 앞에서 언급한 것처럼 물질의 풍요 못지않게 삶의 질을 중요시하는 오늘날의 관점에서 볼 때, 이러한 외부불경제를 감안하지 않은 국내총생산(GDP)은 복지지표로 활용하기에는 한계가 있다.

넷째, 앞에서 언급한 것처럼 국내총생산(GDP)은 생산물의 양적인 변화만을 반영할 뿐, 생산물의 질적인 변화는 반영하지 못한다. 예를 들어 컴퓨터는 성능이 계속적으로 향상되고 있는데도 가격은 하락하고 있다. 이에 비해 노트와 라면은 가격인상을 억제하여 가격상승이 이루어지지 않으면 단위분량이나 품질이 떨어진다. 이와 같이 국내총생산(GDP)은 소비자의 만족도에 영향을 미치는 품질의 변화를 제대로 반영하지 못한다.

다섯째, 국내총생산(GDP)은 마약, 밀수, 사채(私債)거래 등 소위 지하경제(underground economy)에서 생산되는 것을 전혀 반영하지 못한다.

제 2 절 국내총생산의 측정

앞에서 국내총생산(GDP)을 어떤 나라가 한 해 동안 생산한 최종생산물의 총 화폐가치로 정의했다. 그런데 생산측면에서 생산된 최종생산물의 가치는 모두 생산에 투입된 각 생산요소의 사용대가로 분배되며, 경제주체는 이러한 소득으로 지출을 행한다. 이와 같이 동일한 최종생산물의 가치는 생산, 분배, 지출이라는 세 가지의 측면에서 측정할 수 있는데, 어떤 방법을 적용하든지 모두 같은 값을 갖는다는 것을 의미한다. 즉, 생산측면에서 측정한 것을 생산국민소득, 분배측면에서 측정한 것을 분배국민소득, 지출측면에서 측정한 것을 지출국민소득이라고 하는데, 이들 생산, 지출, 분배국민소득은 언제나 서로 같은 값을 갖는다는 것을 의미하는 것으로 이와 같은 관계를 '삼면등가의 법칙'이라고 한다.

1. 생산측면에서의 국내총생산

생산물시장에서 생산물의 흐름을 기초로 GDP를 측정한 것을 생산국민소득이라고 한다. 이와 같은 생산국민소득은 앞에서 언급한 것처럼 일정기간동안 한 나라 안에서 생산된 최종생산물의 시장가치의 합으로 구하는 것이 일반적이지만, 일정기간동안 생산물의 생산과정에서 새로이 창출되는 부가가치(value-added)의 합으로도 측정할 수 있다. 여기서 부가가치란 각 생산자가 생산과정에서 새로 창출한 가치를 의미하는데, 이는 생산된 상품의 가치에서 사용된 중간생산물의 가치를 빼면 그 값을 구할 수 있다. 예를 들어 농민이 생산한 밀로 빵을 생산하여 최종소비자에게 전달되기까지의 각 생산단계를 통해 국내총생산(GDP)을 구하면 다음과 같다.

지난해 어느 빵 공장에서 15억원어치의 빵을 생산하여 소비자에게 팔았다고 하자. 이때 빵공장에서는 밀가루를 만드는 회사들로부터 12억원어치의 밀가루를 구입해 빵을 생산하는데 사용했고, 밀가루회사들은 그 만큼의 밀가루를 만들기 위해 농민들로부터 10억원어치의 밀을 사들였다고 하자. 이 경우 일반적인 국내총생산(GDP)의 측정방법을 사용하면 빵이라는 최종생산물로 소비자에게 팔린 빵의 시장가치 15억이 국내총생산(GDP)이 된다. 이를 각 생산과정에서 새로이 창출된 가치인 부가가치의 합의 방법으로 구하더라도 국내총생산(GDP)은 15억원이 된다. 즉, 빵공장이 창출한 부가가치 3억원(15억원-12억원), 밀가루회사가 창출한 부가가치 2억원(12억원-10억원), 농민들이 창출한 부가가치 10억원(농민들은 다른 중간투입물을 투입하지 않고 직접 밀을 생산하였으므로 10억 그 자체가 부가가치가 됨)을 각각 더하면 국내총생산(GDP)은 15억원이 된다.

[그림 11-2] 각 생산단계에서의 부가가치

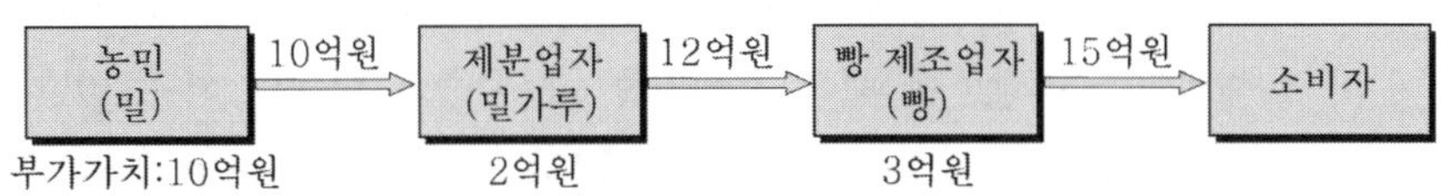

이와 같이 국내총생산(GDP)과 최종생산물의 가치, 부가가치의 사이에는 다음과 같은 관계가 성립함을 알 수 있다.

국내총생산(GDP) = 최종생산물의 가치의 합 = 부가가치의 합 (11-2)

2. 분배측면에서의 국내총생산

생산과정에서 창출된 부가가치는 그 생산과정에 투입된 생산요소에게로 분배되는데, 이들 생산요소의 소득의 합으로 국내총생산(GDP)을 측정할 수 있다. 기업이 창출한 부가가치는 노동이나 토지와 같은 생산요소를 제공한 경제주체에게 대가로 지불되고, 나머지는 이윤의 형태로 주주에게 귀속된다. 이와 같이 부가가치는 결국에는 임금, 지대, 이윤 등 여러 가지 소득의 형태로 국민들에게 되고 있음을 알 수 있다.

부가가치가 소득으로 분배된다는 것은 부가치의 합이 한 해 동안 전 국민이 얻은 소득의 합과 같게 된다는 것을 의미한다. 이와 같이 국내총생산(GDP)을 분배의 측면에서 파악할 수 있는데 이를 분배국민소득이라고 한다. 이때 분배국민소득으로 계산된 수치는 생산국민소득의 수치와 언제나 같다.

$$
\begin{aligned}
\text{국내총생산(GDP)} &= \text{부가가치} = \text{총생산액} - \text{중간생산물의 가치} \\
&= \text{임금} + \text{지대} + \text{이자} + \text{이윤} \qquad (11\text{-}3)
\end{aligned}
$$

3. 지출측면에서의 국내총생산

한 나라 안에서 생산된 모든 최종생산물은 소비, 투자, 정부지출, 그리고 해외의 국내상품에 대한 소비지출 즉 수출의 형태로 최종소비자에게 모두 소비된다. 한편 가계, 기업, 정부에 의해 행하여진 지출 중에는 국내생산품 뿐만이 아니라 해외로부터 수입된 것도 있는데, 수입품은 외국에서 생산된 것이므로 국내총생산(GDP)의 정의에 따라 경제주체들이 행한 총지출에서 빼야 한다.

소비(consumption)는 재화와 서비스에 대한 소비자들의 지출을 말하는데, 가계의 서비스(의료, 교육, 이발 등)에 대한 지출과 옷, 음식같은 비내구재에 대한 지출, 자동차, 가전제품 등과 같은 내구재에 대한 지출이 포함된다. 한편 투자에는 총고정자본형성과 재고증감이 포함되는데, 총고정자본형성은 다시 설비투자(신축공장 및 기계에 대한 기업의 지출)와 건설투자(사무실건물에 대한 기업의 지출 및 신주주택에 대한 가계의 지출)등으로 구분된다. 정부지출은 재화와 서비스에 대한 중앙정부와 지방정부의 지출을 의미한다. 단, 정부의 이전지출은 새로운 재화나 서비스의 생산과 독립적으로 이루어지므로 GDP에 대한 지출항목으로 정부지출에 포함되지 않는다. 순수출은 수출에서 수입을 뺀 것으로 GDP에 대한 지출항목에 포함된다.

이와 같이 소비, 투자, 정부지출, 순수출을 모두 합한 것은 한 나라 안에서 생산된 최종생산물의 총 가치와 같게 된다. 이처럼 지출의 측면에서 측정한 국내총생산(GDP)을 지출국민소득이라고 한다. 지출국민소득으로 계산된 수치는 항상 생산국민소득의 수치와 같게 된다.

$$\text{국내총생산(GDP)} = \text{소비(C)} + \text{투자(I)} + \text{정부지출(G)} + \text{순수출(X-M)} \qquad (11\text{-}4)$$

제 3 절 국민소득의 다른 개념

1. 국민총생산

국민총생산(gross national product : *GNP*)은 “일정기간동안 한 나라의 국민에 의해 새로이 생산된 모든 최종생산물의 시장가치의 합”으로 정의된다. 이와 같은 의미를 지닌 국민총생산(GNP)은 앞에서 언급한 국내총생산(GDP)과는 거의 같은 개념으로 사용하나 다음과 같은 측면에서 차이가 있음을 알 수 있다.

국내총생산(GDP)은 한 나라 국경 안에서 생산된 최종생산물의 가치를 의미하는데 비해, 국민총생산(GNP)은 그 나라의 국민이 생산한 최종생산물의 가치를 의미한다는 점에서 차이가 있다. 즉, 국내총생산(GDP)의 경우 한 나라 안에서 생산된 것이면 국적불문하고 생산주체가 누구이든 모두 포함시켜 계산하는데 반해, 국민총생산(GNP)의 경우에는 어디에서 생산하든지간에 생산주체가 자국민이면 모두 포함시켜 계산한다. 따라서 자국민이 해외에서 벌어들인 소득(대외수취요소소득)은 국민총생산(GNP)에 포함되지만, 국내에서 생산에 참여한 외국인에게 지불되는 소득(대외지불요소소득)은 국민총생산(GNP)에서 제외된다. 이와 같은 관점에 의거 GNP와 GDP의 관계는 다음과 같이 표시할 수 있다.

$$\begin{aligned} \text{GNP} &= \text{GDP} + \text{대외수취요소소득} - \text{대외지불요소소득} \\ &= \text{GDP} + \text{대외순수취요소소득} \qquad (11\text{-}5) \end{aligned}$$

한 나라의 총체적인 생산수준을 나타내는 지표로서 최근에는 국내총생산(GDP)을 더 많이 사용한다. 이는 범세계화(globalization)의 영향으로 국내에 진출해 있는 해외기업이 많아지고 또한 현지인을 고용하는 다국적기업의 수가 급격히 불어나고 있는 현상을 반영하고 있기 때문이다.

2. 국내총소득과 국민총소득

앞에서 누차 강조한 것처럼 국내총생산(GDP)은 생산수준을 나타내는 지표로 이는 생산에 참여한 경제주체에게 임금, 이자, 지대, 이윤 등으로 분배된다. 이러한 관점에 의거 원래 생산수준을 나타내는 지표인 국내총생산(GDP)을 소득 혹은 복지수준의 지표로 사용하기도 한다. 그런데 최근 범세계화의 진전으로 각국경제의 대외의존도가 높아짐에 따라 국내총생산(GDP)을 소득의 지표로 삼는데 의문이 제기되었다.

이는 기본적으로 수출품과 수입품 가격사이의 상대적 비율인 교역비율이 변화하면 그 나라의 실질구매력도 변화한다는 데서 연유한다. 예를 들어 어떤 나라가 2014년에 반도체 30만개를 생산해 5달러의 가격에 전량 수출하고, 톤당 50달러의 가격으로 바나나 3만톤을 수입했는데, 만약 2015년에 반도체의 수출가격이 2.5달러로 하락한 반면에 바나나의 수입가격은 변화가 없다면, 반도체 30만개를 수출한 대금으로 수입할 수 있는 바나나가 반으로 줄어들게 된다. 이는 교역조건이 변화함으로써 그 나라국민의 실질구매력이 줄어든 것을 의미한다.

이와 같은 예에서 볼 수 있는 것처럼, 총생산의 흐름을 나타내는 지표인 국내총생산(GDP)만으로 소득이나 복지수준의 변화를 정확하게 측정하는 데에는 문제가 있다. 이에 따라 교역조건의 변화까지를 반영한 새로운 소득지표의 필요성이 제기되어 만들어진 것이 국내총소득(gross domestic income : *GDI*)이다. 국내총소득(GDI)은 국내총생산(GDP)에 교역조건변화에 따른 실질 무역손익을 더함으로써 구할 수 있다.

국내총소득(GDI) = 국내총생산(GDP)
+ 교역조건변화에 따른 실질무역손익 (11-6)

한편 생산지표로서 국내총생산(GDP)과 국민총생산(GNP)을 사용하고 있는 것처럼, 소득지표도 앞에서 언급한 국내총소득(GDI)과 국민총소득(gross national income : *GNI*)을 사용하고 있다. 국내총소득(GDI)이 한 나라 안에 존재하는 총 실질구매력을 나타내는 지표라면, 국민총소득(GNI)은 한 나라국민의 총 실질구매력을 측정하는 지표이다. 이는 국내총소득(GDI)에 대외순수취요소소득을 더해 구할 수 있다.

국민총소득(GNI) = 국내총소득(GDI) + 대외순수취요소소득 (11-7)

한나라 국민의 경제복지의 수준을 측정하는 데에는 국민총소득(GNI)을 많이 사용한다. 이에 따라 최근에는 1인당 국내총생산(GDP)보다 1인당

국민총소득(GNI)을 이용해 국제간의 비교를 많이 행하고 있다

3. 국민총소득의 다른 개념

(1) 국민순소득(NNI)

국민순소득(net national income : *NNI*)은 국민총소득에서 감가상각이 되는 부분을 공제한 것이다.

국민순소득(NNI) = 국민총소득(GNI) - 감가상각 (11-8)

자본재는 시간이 경과함에 따라 그 가치가 점점 떨어지는 특성이 있다. 이처럼 자본재의 가치가 떨어지는 것을 감가상각이 일어난다고 하는데, 국가경제가 생산 자본재의 일부는 감가상각이 된 부분을 보충하는데 쓰여지기도 한다. 국민총소득(GNI)에는 이와 같은 목적으로 사용된 자본재의 가치가 포함되는데, 이러한 부분은 새로이 창출된 가치로 볼 수 없다. 이와 같이 국민총소득(GNI)에서 감가상각을 뺀 나머지만이 새로이 창출된 소득으로 볼 수 있다는 의미에서 이를 국민순소득(NNI)이라고 한다.

(2) 처분가능소득(DI)

국민순소득(NNI)은 기업이 지급하는 이자, 지대, 이윤을 통해 가계의 소득으로 변화한다. 그런데 기업은 이윤을 모두 배당금으로 가계에 분배하는 것이 아니라, 일부를 사내유보의 형태로 기업에 남겨둔다. 이에 따라 가계가 실제로 쓸 수 있는 소득은 기업이 보유하고 있는 사내유보 이윤만큼 감소하게 된다. 또한 정부에게 들어가는 각종 세금도 가계가 사용할 수 있는 소득을 감소시키는 요소로 작용한다. 이에 비해 정부와 기업이 가계에게 아무 대가도 바라지 않고 제공하는 이전지출은 가계가 사용할 수 있는 소득을 증가시키는 요소로 작용한다. 이와 같이 산출해 가계가 마음대로 처분할 수 있는 소득을 처분가능소득(disposable income :

DI)이라고 한다.

$$\text{처분가능소득(DI)} = \text{국민순소득(NNI)} - \text{사내유보 이윤} - \text{각종세금} + \text{이전지출} \quad (11\text{-}9)$$

◈ 경제이론과 현실경제

북한 1인당 GDP는 854달러…우리나라의 3.6%

북한의 1인당 국내총생산(GDP)은 지난해 854달러로, 우리나라(2만 3천838달러)의 3.6% 수준이라고 현대경제연구원이 밝혔다.

현대경제연구원은 16일 발표한 '2013년 북한 GDP 추정과 남북한의 경제·사회상 비교' 보고서에 따르면 자체 추정한 모델을 통해 북한의 1인당 명목 GDP는 지난해 815달러에 비해 39달러 증가했다.

다른 사회주의 국가들과 비교하면 중국(6천569달러), 베트남(1천896달러), 라오스(1천490달러)보다 적고 아시아 국가들과 비교하면 방글라데시(899달러) 미얀마(915달러)와 비슷한 수준이다.

또 북한의 현재 사회상을 남한의 모습과 비교하면, 농업분야에서 북한은 1인당 농업생산성이 남한의 1970년 수준이며 북한은 현재 전체 인구의 3분의 1이 농업에 종사하고 있다. 광공업 분야에서는 북한은 시멘트와 화학비료 생산량이 남한의 1970년과 유사하며 철강생산량은 남한의 현재 생산량의 1.8%에 불과하다.

대외 거래 분야에서 북한의 현재 교역규모는 남한의 1970년대 초반 수준에 머물러 있는데 북한의 교역규모는 2012년 남한의 0.6% 수준인데다 만성적인 무역수지 적자구조를 나타내고 있다.

에너지 분야에서 현재 북한의 발전량은 남한의 1975년과 유사하며 1인당 에너지 소비량은 남한의 1970년 수준에 미치지 못했다.

다만 교육 분야에서 북한은 고학력자 비중이 남한의 1980년대 초반 수준으로 타 분야에서 비해 상대적으로 높아 북한의 교육수준은 향후 남북 경제통합 시 긍정적인 측면이라고 연구원은 밝혔다.

연구원은 "남북관계 개선 시 경협 활성화를 통해 북한 경제의 자생력을 키워야 한다"며 "또 북한의 식량부족으로 가장 큰 피해가 예상되는 영유아 등 취약계층에 대해 인도적 지원을 계속해야 한다"고 지적했다.

〈출처: 김덕준 기자, 부산일보(2014. 03.17)〉

중요개념 및 용어

국민소득계정	국내총생산(GDP)	명목GDP
경상가격GDP	실질GDP	불변가격GDP
지하경제	삼면등가의 법칙	부가가치
분배국민소득	지출국민소득	소비
투자	정부지출	순수출
국민총생산(GNP)	국내총소득(GDI)	국민총소득(GNI)
국민순소득(NNI)	처분가능소득(DI)	

연 습 문 제

1. 국내총생산(GDP)의 개념에 대하여 구체적으로 설명하라.

2. 다음과 같이 세 상품만을 생산, 소비하는 경제에 있어서 2010년을 기준으로 하여 2010년과 2015년의 명목국내총생산과 실질국내총생산을 각각 구하라.

	2010년		2015년	
	생산량	가격(달러)	생산량	가격(달러)
사과	2,000상자	30	3,000상자	50
옷	400벌	15	500벌	20
자전거	800대	120	1,000대	150

3. 국내총생산의 한계에 대하여 설명하라.

4. 국내총생산의 삼면등가의 법칙에 대하여 설명하라.

5. GNP와 GDP의 차이점은 무엇인가?

6. 국내총소득(GDI)과 국민총소득(GNI)은 어떻게 산출되는지를 설명하라.

7. 국민순소득(NNI)에 대해 설명하라.

8. 처분가능소득(DI)은 어떻게 산출되는가.

12
chapter

총수요의 구성

학습목표

케인즈의 국민소득결정이론의 주안점은 총수요가 국가경제의 총생산량과 고용량을 결정한다는 것이다. 본 장을 학습하면 국가경제의 가계·기업·정부·해외부문의 최종생산물에 대한 수요를 모두 합한 것인 총수요에 대하여 이해할 수 있다.

1. 소비의 결정요인은 무엇인지를 알 수 있다.
2. 투자는 어떻게 결정되는지를 알 수 있다.
3. 정부지출에 대해 이해할 수 있다.
4. 순수출의 결정요인은 무엇인지를 알 수 있다.

제1절 소 비

1. 소비함수

소비수요란 사전적으로 계획된 또는 의도된 소비를 말하는 것으로, 사후적으로 실현된 소비지출과는 엄밀한 의미에서는 다르다. 그러나 구매력이 존재하는 범위 내에서 가계가 계획하고 의도한 대로 소비를 시행한다는 관점에서 소비수요와 소비지출을 구분하지 않고 소비(C)로 간단히 줄여서 표현한다.

소비는 소득, 이자율, 재산, 물가, 미래소득 등 여러 가지 요인들에 의해 영향을 받는다. 예를 들어 소득이 높을수록, 이자율이 낮을수록, 재산이 많을수록, 물가가 떨어질수록 소비는 증가한다. 소비함수(consumption function)는 소비에 영향을 미치는 요인들과 소비수준 사이에 존재하는 함수관계를 의미한다.

그런데 케인즈는 소비수준에 영향을 미치는 요인에는 여러 가지가 있지만, 그 중에서 가장 중요한 것은 당기의 처분가능한 절대소득수준이라고 하는 절대소득가설(absolute income hypothesis)을 주장하였다. 이와 같이 케인즈의 소비함수는 소비에 영향을 미치는 다른 요인들은 일정불변이라 가정한 상태에서 단순하게 당기의 소득(Y)과 소비(C) 사이의 관계로 정의할 수 있다.

$$C = C(Y) \quad = a + bY \qquad (12\text{-}1)$$
$$(\text{단, } a > 0,\ \ 0 < b < 1)$$

당기의 소득과 소비와의 관계에서 평균소비성향(average propensity to consume : APC)과 한계소비성향(marginal propensity to consume : MPC)이라는 개념을 도출할 수 있다. 평균소비성향(APC)은 주어진 소득에서 소비가 차지하는 비중을, 한계소비성향(MPC)은 소득이 1단위 증가함에 따른 소비의 증가분을 각각 나타낸다.

$$APC = C/Y \qquad MPC = \triangle C/\triangle Y \qquad (12\text{-}2)$$

소비곡선은 소비함수를 그림으로 나타낸 것인데, [그림 12-1]에서 볼 수 있는 바와 같이, 평균소비성향은 선분상의 한 점 G점과 원점을 이은 $0G$의 기울기로, 한계소비성향은 소비곡선의 기울기 b로, 각각 나타낼 수 있음을 알 수 있다.

한편, 평균소비성향과 한계소비성향을 알면, C(소비) + S(저축) = Y(소득)의 식에 의거해 평균저축성향(average propensity to save : APS)과 한계저축성향(marginal propensity to save : MPS)을 구할 수 있다.

[그림 12-1] 소비곡선

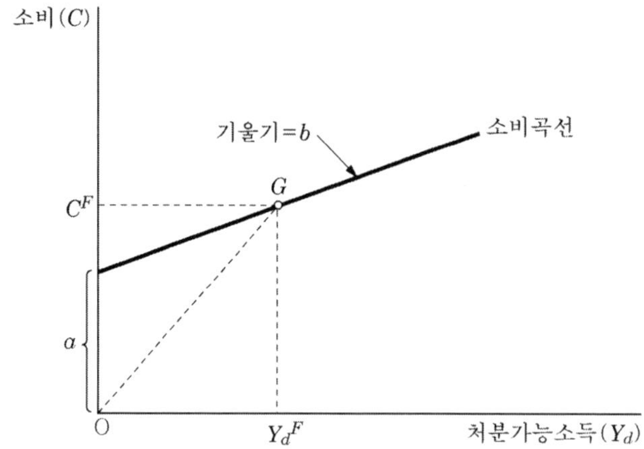

$$APS = S/Y \qquad MPS = \triangle S/\triangle Y \tag{12-3}$$

[그림 12-2] 우리나라의 GDP에 대한 최종소비지출의 변화추이

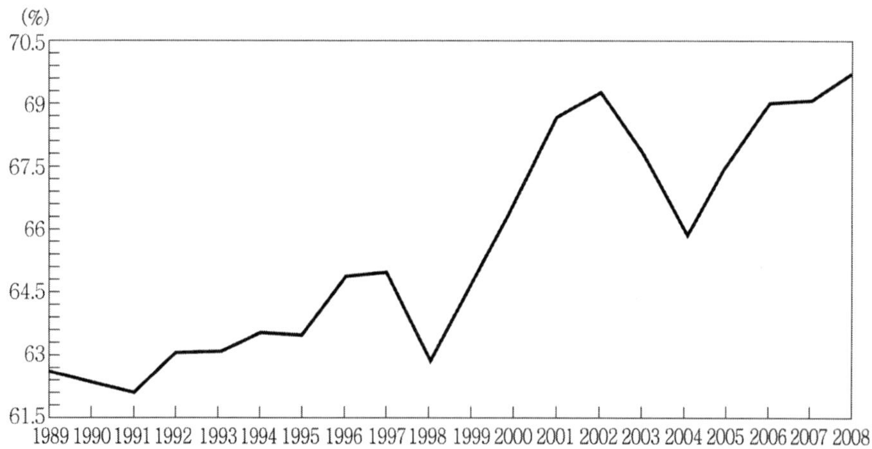

자료 : 한국은행

2. 소비이론

(1) 절대소득가설

케인즈의 절대소득가설은 현재소비는 현재소득의 절대적 수준에 의해서 결정된다는 이론으로, 이는 앞에서 언급한 소비함수의 특징인

첫째, 소득이 증가하면 소비도 증가하지만, 그 비율은 감소한다($0 < MPC$ (한계소비성향) $= b < 1$이라는 조건에 기인하는 것으로 소득이 증가하면 소비와 함께 저축도 증가한다는 것을 의미한다).

둘째, 평균소비성향은 소득수준이 높아짐에 따라 점점 작아진다.

셋째, 한계소비성향은 일정하다.

넷째, 소득수준에 관계없이 평균소비성향은 한계소비성향보다 항상 크다.

다섯째, 평균소비성향은 소득수준이 높아지는 호경기에서는 감소하고, 소득수준이 낮아지는 불경기에서는 증가한다라고 하는 사실을 입증하고 있다.

그런데, 케인즈의 절대소득가설은 너무 단순하여 현실적인 소비성향을 제대로 설명해 주지 못한다는 한계를 노출하고 있다. 예를 들어 소득과 소비간의 단기적인 관계는 설명할 수 있으나, 장기의 경우에는 이를 설명할 수 없다는 비판을 받고 있다.

(2) 상대소득가설

이는 듀젠베리(J. S. Duesenberry)가 주장한 이론으로, 현재소비는 현재소득에 의해서 영향을 받을 뿐만 아니라, 과거의 최고소득과 자신이 속한 집단의 다른 소비자의 소비행태에 의해서도 영향을 받는다는 것이다. 이것은 구체적으로 톱니효과(ratchet effect)와 전시효과(demonstration effect)로 특징되는 이론이다.

톱니효과(ratchet effect)는 개인의 소득이 증가하여 소비가 일단 증가

하면, 비록 경기가 불황에 빠져 자신의 소득이 일시적으로 감소한다고 하더라도 과거에 해온 소비습관에 의거해 소비는 소득감소와 비례하여 감소하지 않는다는 것이다. 전시효과(demonstration effect)는 소비자들의 소비행태가 자신의 현재소득에서 영향을 받을 뿐만 아니라, 자신이 속한 집단의 소비행태에 의해서도 영향을 받는다는 것이다.

이와 같은 상대소득가설에 의하면, 정부가 긴축정책을 시행할 경우 그 효과가 케인즈의 절대소득가설을 적용하였을 때보다 작게 나타난다. 왜냐하면 조세증가가 처분가능소득의 감소를 유발하여 소비감소를 야기시키지만, 처분가능소득의 감소와 비례적으로 감소하지 않으므로 긴축정책의 효과는 작아지기 때문이다. 한편, 상대소득가설에 의하면 소비자의 소비는 자기가 속한 집단의 소비행태에 의해 영향을 받기 때문에 만약 사회적으로 사치풍조가 만연되면, 사회전체의 소비성향은 상승하게 될 것이다.

(3) 생애주기이론

이는 모딜리아니(F. Modigliani), 브룸버그(R. E. Brumberg), 안도(A. Ando) 등이 주장한 이론으로서, 소비자는 현재소득이 아니라 일생동안에 얻을 수 있을 것으로 예상하는 소득을 고려하여 소비수준을 결정한다는 것이다. 즉, 소비자는 일생에 걸친 소득수준을 유지하게 되므로 그때그때의 소득변화에 대하여 소비는 민감하게 반응하지 않는다는 것이다. 이와 같이 생애주기이론(life-cycle theory)은 소비자들이 소비를 일정한 수준에서 유지하려고 하는 경향을 갖고 있다는 것을 강조하는 이론이다. 소비자의 일생에 걸친 소득과 소비의 변화양상에 주안점을 두고 있다는 점에서 프리드만의 항상소득가설과 구분된다.

[그림 12-3]에서 보는 것처럼 소득의 경우 청년기에는 낮은 수준에 머물러 있으나, 장년기에는 높은 수준으로 상승하고 노년기에는 다시 낮아지는 변화양상을 보이고 있다. 이에 비해 소비의 경우는 일생에 걸쳐 거의 일정한 수준이 유지되고 있음을 알 수 있다.

[그림 12-3] 생애주기이론

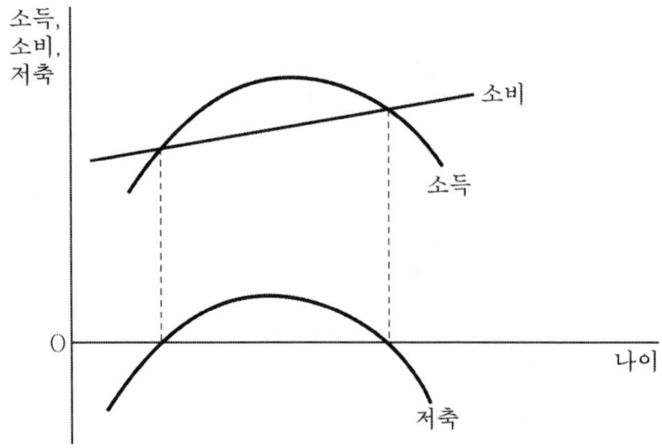

이와 같이 생애주기이론에 의하면, 소득이 적은 청년기에는 향후 소득이 증가할 것을 예상하여 소득보다 더 높은 소비수준을 유지하게 된다(이때 소비자의 저축은 음(-)의 값). 한편 장년기에 들어서면 높은 소득 전부를 소비하는 것이 아니라 은퇴 후를 대비해 저축을 하게 된다. 그리고 은퇴 후에는 장년기에 모아둔 돈으로 종전과 유사한 소비수준을 유지하게 된다(이때 소비자의 저축은 음(-)의 값).

생애주기이론에 의하면 소비에 영향을 주는 소득은 단기소득이 아닌 장기소득의 개념에 가깝기 때문에, 단기소득에 영향을 주는 정책은 소비에 영향을 줄 수 없다는 것이다.

(4) 항상소득가설

항상소득가설(permanent income hypothesis)은 프리드만(M. Friedman)이 주장하는 이론으로, 소비자의 소비는 자신의 현재소득의 크기에 의존하는 것이 아니라, 장기적인 기대치인 항상소득의 크기에 의해 결정된다는 것이다.

이 이론에 의하면, 어떤 소비자의 소득은 항상소득(permanent income)과 임시소득(transitory income)으로 구성된다고 하는데, 여기서 항상소득은 일생에 걸친 평균적인 소득을, 임시소득은 일시적인 여건변화에 따라 생성된 소득을 각각 의미한다. 따라서 항상소득이 일반적인 경우의 소득에 해당된다면 임시소득의 경우 호황기에는 양(+)의 값을 갖는 반면, 불황기에는 음(-)의 값을 갖는다.

이 이론에 의하면 소비자들은 소비를 비교적 일정한 수준에서 유지하고 싶어하며, 그 소비수준은 자신의 항상소득을 고려하여 결정한다는 것이다. 예를 들어 불황기에 임시소득이 감소하게 되면 소비자는 돈을 빌려서라도 종전과 같은 소비수준을 유지하려고 하고, 호황기에 임시소득이 증가하면 그 일부를 저축하고자 한다는 것이다. 이와 같이 소비자들은 소비를 일정한 수준에서 유지하려는 태도를 갖고 있기 때문에 임시소득의 변동에 따라 소비를 늘리거나 줄이거나 하지 않는다는 것이다.

이와 같이 항상소득가설에 의하면 항상소득과 관련한 한계소비성향은 상당히 큰 반면, 임시소득과 관련된 한계소비성향은 상대적으로 훨씬 작다는 것을 알 수 있다. 따라서 소득의 변화가 일어났을 때, 그것이 항상소득의 변화를 의미하는지 아니면 임시소득의 변화를 의미하는지 여부에 따라 소비자의 반응이 다르게 나타날 것이다.

한편, 항상소득가설에 의하면, 일시적인 조세감소에 의한 소득의 증가와 같이 임시소득에 영향을 주는 경제안정화정책은 별 효과가 없고, 영구적인 조세감소와 같이 항상소득을 변화시키는 경제안정화정책이 소비에 커다란 영향을 미침을 알 수 있다.

제 2 절 투 자

1. 투자의 개념과 종류

거시경제학에서 말하는 투자는 생산설비 및 재고품을 마련하기 위해

행하는 지출로서, 기업이 구입하는 자본재의 총가치를 의미한다. 이와 같이 투자는 새로 만들어진 자본재를 구입하는 것을 의미하기 때문에 투자가 증가하면 그 만큼 국민경제의 총자본량이 증가하게 된다.

투자는 어떤 자본재를 구입하였느냐에 따라 고정투자(fixed investment)와 재고투자(inventory investment)로 구분할 수 있다. 고정투자는 공장, 도로, 다리 등을 건설하는 등 생산과정에서 마모된 자본시설을 보충하는 대체투자와 기계, 공구, 자동차 등의 새로운 자본재를 구입하는 순투자로 구성되어 있다. 한편 재고투자는 재고를 더 늘려 보유하는 형태로 이루어지는 투자를 말한다. 이러한 관점에서 볼 때 일정기간 동안의 국내총투자는 고정투자와 재고투자로 구성되어 있다고 말할 수 있다.

[그림 12-4] 우리나라의 GDP에 대한 투자의 변화추이

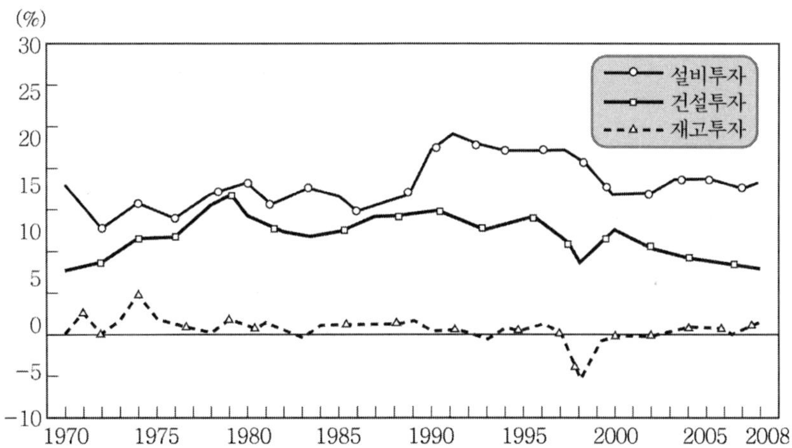

자료 : 한국은행, 「국민계정」, 각년호

[그림 12-4]에서 보는 바와 같이 우리나라의 국민계정에서는 투자가 설비투자, 건설투자, 재고투자로 구성되어 있음을 알 수 있다. 국내총생산에서 설비투자, 건설투자, 재고투자가 각각 차지하는 비중의 변화추이를 보면 1970년도 이후 총투자율이 지속적으로 20% 이상의 높은 수준을 유지해 왔음을 알 수 있다. 이와 같은 투자율은 타국에 비해 상당히 높은 수준으로 그동안의 우리나라의 경제가 높은 성장률을 달성하는데 높은

투자율에 기여한 바가 큼을 입증해 주고 있다.

한편, 투자는 소득변화에 반응하느냐 여부에 따라 독립투자(autonomous investment)와 유발투자(induced investment)로 구분할 수 있다. 독립투자는 신제품개발을 위한 투자, 도로, 항만 등의 사회간접자본의 공공투자 등과 같이 소득수준과 관계없이 이루어지는 투자를 의미한다. 한편 유발투자는 국민소득이 증가하면 기업의 제품에 대한 수요가 증가하여 기업이 생산시설을 늘리는 것과 같이, 소득수준이 증가함에 따라 이루어지는 투자를 의미한다. 그런데, 케인즈는 단기적인 투자를 독립투자로 간주하였다. 이는 현재의 투자지출이 과거의 투자계획에 의해 결정되는 것으로 보았기 때문이다.

[그림 12-5] 독립투자와 유발투자

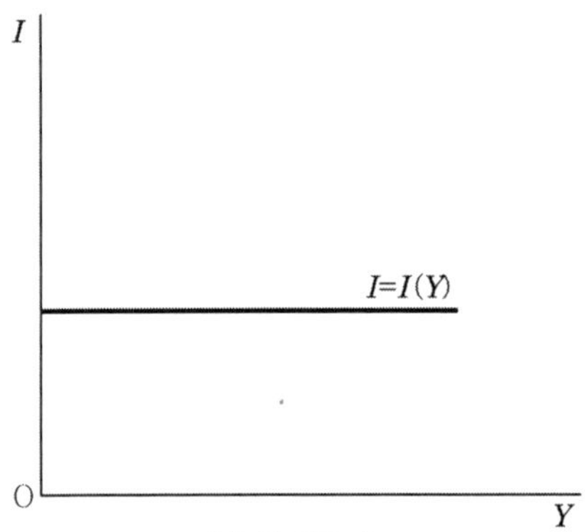

(a) 독립투자

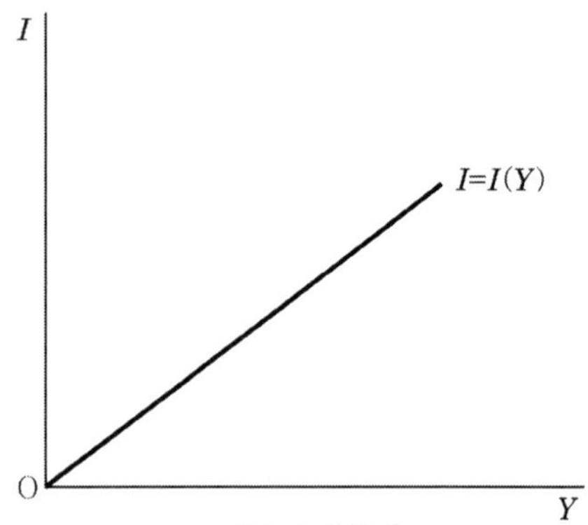

(b) 유발투자

2. 투자의 결정

투자의 결정이론에는 여러 가지의 이론이 있는데, 여기서는 피셔(I. Fisher)의 현재가치법을 이용하여 살펴보기로 한다. 현재가치법은 투자에 의해서 발생하는 기대수익의 현재가치(present value : PV)와 자본재의 구입가격을 비교하여 투자를 결정하는 방법이다.

$$PV = \frac{R_1}{(1+i)} + \frac{R_2}{(1+i)^2} + \ldots + \frac{R_n}{(1+i)^n} \qquad (12\text{-}4)$$

(PV : 기대수익의 현재가치, R : 기대수익, i : 이자율, n : 기대년수)

여기서 기대수익의 현재가치는 투자로 인해 발생한 것으로 기대되는 미래 총수익의 흐름을 이자율로 할인해서 현재가치로 환산한 금액을 말한다. 만약, 기대수익의 현재가치(PV)가 자본재의 구입가격(C)보다 크면($PV > C$) 이윤이 발생하므로 투자를 시행할 것이고, 기대수익의 현재가치(PV)가 자본재의 구입가격(C)보다 작으면($PV < C$) 투자를 시행하지 않을 것이다. 따라서 최적 투자수준은 기대수익의 현재가치(PV)가 자본재의 구입가격(C)과 같게 될 때($PV = C$)가 성립된다.

이자율의 변화는 기대수익의 현재가치를 변화시킴으로써 투자에 영향을 미치고 있다. 즉, 이자율이 상승하면 기대수익의 현재가치는 낮아지므로 투자는 감소하고, 이자율이 하락하면 기대수익의 현재가치는 높아지므로 투자는 증가한다. 이와 같이 이자율과 투자는 서로 역(-)의 관계가 성립되고 있음을 알 수 있다. 환언하면 기업의 입장에서 보면 이자율의 상승은 투자를 하는데 드는 기회비용이 상승하는 것을 의미하는 것으로 이 경우 투자를 적게 할 것이고, 반대로 이자율이 낮으면 기회비용이 하락하는 것을 의미하는 것으로 투자를 많이 하게 된다는 것이다.

이와 같이 투자에 영향을 주는 가장 중요한 변수는 이자율이다. 그런데, 이자율 이외에도 자본재의 가격, 예상수익, 재원조달의 용이성, 정부의 정책 등과 같은 변수도 투자에 영향을 미치고 있다. 이와 같이 투자에 영향을 주는 여러 변수들과 투자 사이에 존재하는 관계를 체계적으로 나타낸 것을 투자함수(investment function)라고 한다.

이러한 투자함수를 그림으로 나타낸 것이 투자곡선(investment curve)인데, 이는 이자율 이외의 모든 변수는 일정하다고 가정하고 곡선을 도출한 것이다. [그림 12-6]에서 보는 바와 같이 투자곡선은 우하향하는 모양을 나타내고 있는데, 이는 이자율과 투자 사이에 역(-)의 관계가 성립되고 있음을 보여주고 있다.

[그림 12-6] 투자곡선

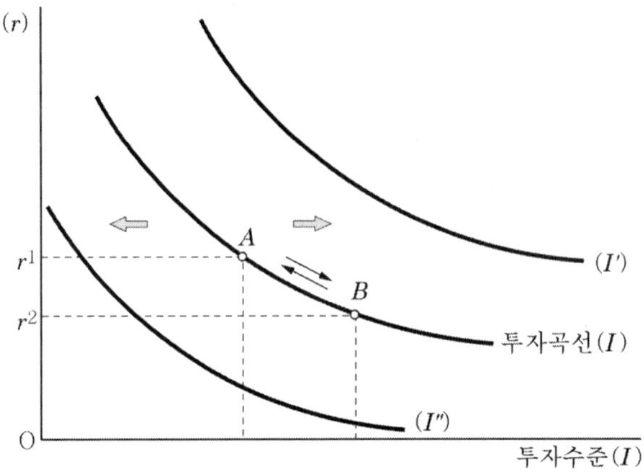

[그림 12-6]에서 보는 바와 같이 일정하다고 가정한 투자에 영향을 미치는 여러 변수에 변화가 생기면 투자곡선 자체가 이동한다. 예를 들어 예상수익이 더욱더 커지면 모든 이자율에 대해 투자가 더욱 더 커질 것이므로 투자곡선은 우측으로 이동([그림 12-6]에서 투자곡선(I)에서 투자곡선(I')로 이동)하게 된다. 한편, 이자율변화에 따른 투자수준의 변화는 투자곡선상의 한 점에서 다른 한 점으로의 이동([그림 12-6]에서 투자곡선(I) 상의 A점에서 B점 혹은 B점에서 A점으로의 이동)으로 나타난다.

제3절 정부지출

오늘날 정부는 국가를 통치하는 기능을 수행하기 위하여 여러 가지의 지출을 행하고 있다. 예를 들어 치안, 국방, 사회보장 등 국가를 통치하는데 필요한 재화와 서비스를 구입하기 위하여 정부가 지출을 행하는 데, 이와 같이 그 대상이 무엇이든 정부가 행한 모든 지출을 재정지출이라고 한다. 이에 비해 정부지출(government expenditure)은 일정기간 동안 새로이 생산된 최종생산물 가운데 정부의 기능을 수행하는데 필요한 재화와 서비스를 구입하기 위해 지출한 것을 의미한다. 따라서 정부가 지급한 실업수당, 각종 보조금과 같은 이전지출은 재정지출에는 포함되지만, 정부지출에는 포함되지 않는다.

정부지출은 지출용도에 따라 크게 정부투자지출과 정부소비지출로 구분할 수 있다. 예를 들어 도로, 항만, 공공시설 등의 건설을 위해 정부가 지출한 것은 정부투자지출로, 공무원의 급여 내지는 비품구입을 위해 정부가 지출한 것은 정부소비지출로 각각 간주한다.

케인즈는 총수요의 하나인 정부지출을 정책변수로 활용하여 국민소득에 영향을 미침으로써 경기를 조절할 수 있다고 주장하였다.

제4절 순수출

1. 순수출의 의미

오늘날과 같은 개방경제하에서는 총수요를 계산할 때에 국내의 총수요뿐만 아니라 수출된 상품의 가치도 포함시켜야 한다. 왜냐하면 국내에서 생산된 상품을 해외에 수출하는 것은 국내생산물에 대한 수요로 나타나므로 다른 총수요의 구성항목과 같은 성격을 갖고 있기 때문이다. 한편 수입은 국내의 소득이 국내생산물의 구매에 사용되지 않고 외국의 생산물의 구매에 사용되는 것이므로 국내생산물에 대한 총수요에서 공제되어야 한다. 따라서 수출(X)에서 수입(M)을 뺀 것, 즉 순수출(net export: $X-M$)이 총수요의 구성요소가 된다.

[그림 12-7] 우리나라의 수출, 수입의 변화추이

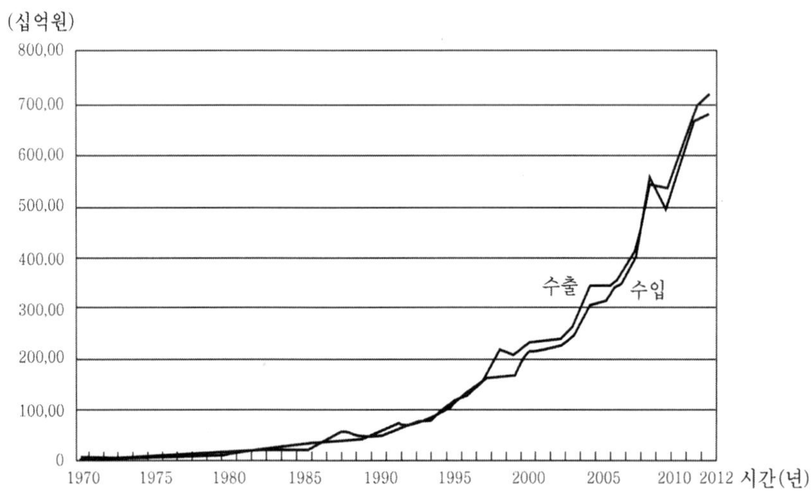

자료 : 한국은행

[그림 12-7]은 우리나라의 GDP에서 수출, 수입의 변화추이를 나타낸 것으로 1980년대 후반 이후부터는 대체로 수출금액이 수입금액보다 많아 순수출이 정(+)의 값을 형성해 왔음을 알 수 있다.

2. 순수출의 결정요인

수입은 국내의 국민소득의 수준에 따라 크게 영향을 받는다. 즉 국내의 소득수준이 높아질수록 수입이 늘고, 소득수준이 낮아질수록 수입은 줄어든다. 이와 같이 수입은 단순하게 소득수준과 정(+)의 관계가 성립한다고 말할 수 있다. 한편 수출은 국내의 소득수준과는 관계없이 결정된다(단, 외국의 소득수준과는 정의 관계가 성립됨). 따라서 다른 조건에 변화가 없다고 가정하면, 국내의 국민소득이 높아지면 수입이 증가하는 반면에 수출에는 변화가 없어 순수출이 감소하게 된다.

환율은 국가와 국가간의 상대적 가격비율을 결정하는데 중요한 역할을 하는데, 순수출은 환율에 의해 크게 영향을 받는다. 다른 조건이 변화가 없다면, 환율과 수출은 정(+)의 관계가 성립한다. 따라서, 예를 들어 1달러당 1,000원인 환율이 1달러당 1,100원으로 올라가면 수출은 증가하고, 이와 같이 수출이 증가하면 순수출도 증가하게 된다.

이와 같이 순수출은 국내의 소득소준, 외국의 소득수준, 국내외 물가수준, 환율 등에 의해서 결정된다는 것을 알 수가 있다.

◈ 경제이론과 현실경제

KDI "韓경제 성장세 점차 둔화…총수요 부진"

한국개발연구원(KDI)은 우리나라의 경기 관련 주요 지표가 부진한 모습을 보이는 등 경제 성장세가 점차 둔화하고 있다고 평가했다.

KDI는 4일 '12월 경제동향'에서 "광공업 생산 및 출하가 부진한 가운데 동행지수 순환변동치가 기준치인 100까지 하락하는 등 생산 관련 지표의 회복세가 약화하고 있다"며 이같이 진단했다.

다만, 서비스업 생산은 도소매업 등 민간소비 관련 업종이 다소 부진했으나 부동산·임대업, 금융·보험업을 중심으로 완만한 회복세를 유지하고 있다고 KDI는 분석했다.

KDI는 또 주요 내수지표 부진 속에 수출까지 감소 전환한 것이 우리 경제의 총수요가 둔화되고 있음을 시사하는 것으로 평가했다.

민간소비는 소매판매액지수가 감소로 전환한 가운데 소비자심리지수까지 하락해 내수 부진 가능성을 높인 것으로 풀이됐다. 투자 관련 지표도 설비투자가 크게 위축됐으며 건설투자는 토목부문을 중심으로 감소세가 확대됐다. 수출의 경우 미국을 제외한 주요국으로의 수출이 감소했고, 일평균 수출액 증가세도 둔화해 우려를 키우고 있다.

KDI는 물가 전망에 대해 "소비자물가가 1.0%의 낮은 상승률을 기록해 상승세가 점차 둔화하고 있다"며 "앞으로도 내수 부진과 국제유가 하락 등의 영향으로 낮은 상승세가 지속될 것"이라고 말했다.

〈출처: 한창헌 기자, 연합인포맥스(2014. 12. 04)〉

중요개념 및 용어

소비	소비함수	절대소득가설
평균소비성향	한계소비성향	소비곡선
상대소득가설	톱니효과	전시효과
생애주기이론	항상소득가설	투자
고정투자	재고투자	독립투자
유발투자	기대수익의 현재가치	이자율
투자함수	투자곡선	재정지출
정부지출	순수출	환율

연습문제

1. 케인즈의 절대소득가설에 대해 설명하라.

2. 한계소비성향과 평균소비성향에 대하여 설명하라.

3. 듀젠베리의 상대소득가설에 대하여 설명하라.

4. 생애주기이론과 항상소득가설을 비교해서 설명하라.

5. 이자율과 투자 사이에는 어떠한 관계가 성립하는지를 설명하라.

6. 정부지출과 재정지출을 비교해서 설명하라.

7. 순수출의 결정요인에 대하여 설명하라.

13
chapter

총수요-총공급 모형

학습목표

본 장을 학습하면 국가경제의 총수요측면을 강조한 케인즈의 총지출모형과 이를 일반화시킨 총수요-총공급 모형을 이해할 수 있다.

1. 총지출모형에 의거해 균형국민소득이 어떻게 결정되는지를 이해할 수 있다.
2. 균형국민소득의 변화에 따른 승수효과가 어떻게 나타나는지를 이해할 수 있다.
3. 케인즈의 유효수요이론에 대하여 이해할 수 있다.
4. 단기적으로 물가수준과 총수요, 물가수준과 총공급은 어떠한 관계에 있으며, 총수요와 총공급의 상호작용에 의하여 균형국민소득과 물가수준이 어떻게 결정되는가를 이해할 수 있다.
5. 인플레이션갭과 경기침체갭이 존재할 때 단기균형의 상태가 어떻게 장기균형으로 수렴하는가를 이해할 수 있다.

제 1 절 총지출모형

1. 총지출곡선의 도출

(1) 소득-지출분석

먼저, 문제의 분석을 보다 단순화하기 위해서, "물가는 일정하게 고정되어 있다"고 하는 가정 하에서 국가경제를 분석하고자 한다. 이와 같이 물가가 고정되어 있다는 가정 하에서 국가경제를 분석하는 것을 소득-지출분석(income-expenditure analysis)이라고 한다.

소득-지출분석과 관련하여 물가가 일정하게 고정되어 있다는 가정 이외에 분석의 편의를 도모하기 위해 다음과 같이 몇 가지의 단순한 가정을 추가할 수 있다.

첫째, 소비(C)는 처분가능소득(Y_d)의 함수이다. 이는 케인즈의 소비함수를 그대로 적용한 것으로 다음과 같이 표시할 수 있다.

$$C = a + bY_d \quad (13\text{-}1)$$

$$(\text{단, } a > 0,\ 0 < b < 1)$$

둘째, 투자(I), 정부지출(G), 조세(T), 순수출(X_n)은 모두 외생적으로 주어졌다. 이는 투자지출(I), 정부지출(G), 조세(T), 순수출(X_n)이 일정하다는 것을 의미하는 것으로, 다음과 같이 표시할 수 있다.

$$\begin{aligned} I &= I_0 \quad (13\text{-}2) \\ G &= G_0 \\ T &= T_0 \\ X_n &= X_0 \end{aligned}$$

(2) 총지출곡선의 도출

앞에서 설명한 것처럼, 국가경제의 총수요는 소비(C), 투자(I), 정부지출(G), 순수출(X_n)로 구성된다. 주어진 물가수준 하에서 국가경제의 총수요의 합을 식으로 표시한 것을 총지출(aggregate expenditure : AE)이라고 한다. 이를 식으로 표시하면 다음과 같다.

$$AE = C + I + G + X_n \quad (13\text{-}3)$$

한편, 위의 식 (13-1)에서 소비는 처분가능소득(Y_d)으로, 그리고 위의 식 (13-2)에서 조세는 소득수준에 관계없이 일정하게 주어지는 것으로 각각 가정하였기 때문에, 다음과 같이 처분가능소득과 소비와의 관계를 다시 표시할 수 있다.

$$Y_d = Y - T = Y - T_0 \quad (13\text{-}4)$$

$$C = a + bY_d = a + b(Y - T_0) \quad (13\text{-}5)$$

(단, $a > 0$, $0 < b < 1$)

또한, 위의 식 (13-2)에서 투자, 정부지출, 순수출은 모두 외생적으로 주어진 것으로 가정하였으므로, 이들을 위의 식 (13-3)에 대입하면, 총지출(AE)은 다음과 같은 식으로 표현할 수 있다.

$$\begin{aligned} AE &= C + I + G + X_n \quad (13\text{-}6) \\ &= a + b(Y - T_0) + I_0 + G_0 + X_0 \end{aligned}$$

이와 같은 식 (13-6)을 그림으로 나타낸 것이 총지출곡선(aggregate expenditure curve : AE)이다.

[그림 13-1] 총지출곡선

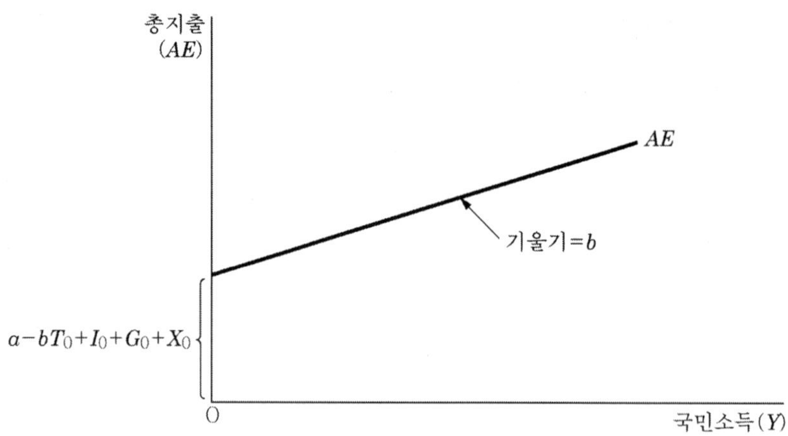

[그림 13-1]에서 보는 바와 같이 총지출곡선은 국민소득이 증가함에 따라 총지출이 증가하는 우상향의 형태를 띠고 있다. 여기서 b는 총지출곡선의 기울기로 한계소비성향(MPC)을 나타내고 있다.

2. 균형국민소득의 도출

국가경제의 균형은 총수요와 총공급이 일치할 때 이루어진다. 총지출모형에서는 총지출이 총수요에 해당되므로 총지출과 총공급이 같을 때 국가경제의 균형이 성립된다.

만약, 총공급이 총지출보다 크면, 팔리지 않은 상품이 쌓여 기업의 재고가 증가하고 이에 따라 상품의 생산이 감소됨에 따라 경제의 생산수준은 점차로 떨어지게 된다. 한편, 총지출이 총공급보다 크면, 재고가 줄어들어 기업의 상품생산이 증가함에 따라 생산수준은 점차로 증가하게 된다. 따라서 총지출과 총공급이 일치할 때 균형이 성립되게 된다.

여기서 총공급은 국내총생산(Y)을 의미하므로, 총지출과 국내총생산이 일치할 때 국가경제의 균형이 이루어진다고 말할 수 있다. 이와 같은 균형조건은 다음과 같은 식으로 표시할 수 있다.

$$Y = AE \qquad (13\text{-}7)$$

균형국민소득은 위의 식 (13-6)과 (13-7)을 이용하여 도출할 수 있다. 즉, 위의 식 (13-7)에 식 (13-6)을 대입하면 다음과 같은 식을 도출할 수 있다.

$$Y = bY + a - bT_0 + I_0 + G_0 + X_0 \qquad (13\text{-}8)$$

위의 식 (13-8)에서 국민소득(Y)에 대하여 구한 결과가 균형국민소득이므로, 이를 표시하면 균형국민소득(Y_e)은 다음과 같이 표시할 수 있다.

$$Y_e = \frac{1}{1-b}(a - bT_0 + I_0 + G_0 + X_0) \qquad (13\text{-}9)$$

여기서 한계소비성향(b)과 절편(a)을 알고 있다고 가정하고, 또한 조세, 투자, 정부지출, 순수출을 외생적으로 주어졌다고 가정하였기 때문에, 위의 식 (13-9)에 이들의 구체적인 값을 대입하면 균형국민소득을 구할 수 있다.

한편, 균형국민소득은 다음과 같이 도표분석을 통해서도 도출할 수 있다. [그림 13-2]를 보면, 원점을 지나면서 기울기가 1인 45°선을 볼 수 있는데, 이 45°선은 수요가 증가하면 수요증가만큼 곧바로 공급의 증가가 이루어진다는 '케인즈의 법칙'을 의미한다. 따라서 45°선은 $Y = AE$인 관계가 성립됨을 나타내고 있다. 한편 AE는 총지출곡선을 의미하는데, 이 총지출곡선의 기울기는 한계소비성향(b)으로 이는 1보다 작기 때문에, 총지출곡선은 45°선보다 완만한 형태를 띠고 있다.

[그림 13-2] 소득-지출분석

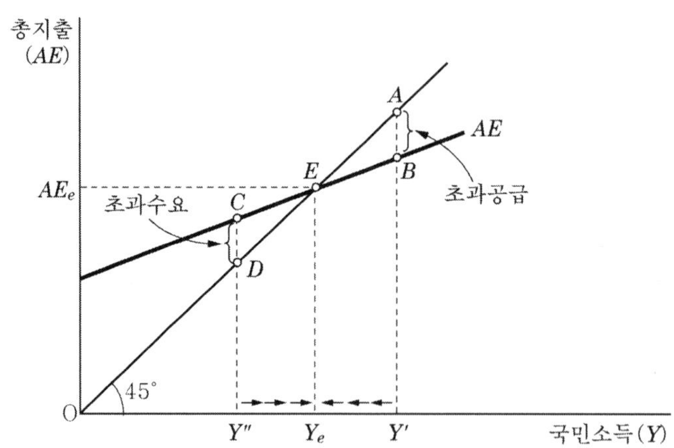

국가경제의 균형은 $Y = AE$인 관계를 나타내는 45°선과 총지출곡선(AE)이 마주치는 E점에서 이루어진다. 이 점에서의 국민소득수준 Y_e

를 균형국민소득이라고 한다. 또한 이 점에서의 총지출수준 AE_e을 균형 총지출이라고 한다. 만약, 국민소득이 균형국민소득(Y_e)보다 많으면, [그림 13-2]에서 보는 것처럼 총공급이 총지출보다 많아 AB만큼의 초과공급이 발생하게 하는데, 이와 같이 초과공급이 발생하면 기업은 생산량을 줄여 결국에는 국민소득이 줄어들게 되어 다시 균형국민소득(Y_e)의 방향으로 회귀하게 된다. 한편, 국민소득이 균형국민소득(Y_e)보다 작으면, 총지출이 총공급보다 많아 CD만큼의 초과수요가 발생하여 기업의 생산량이 증가함으로써 국민소득이 증가하게 되는데, 이에 따라 다시 균형국민소득(Y_e)의 방향으로 회귀하게 된다.

3. 유효수요이론

'세이의 법칙'으로 대표되는 고전학파의 이론에 의하면 만성적인 수요부족이나 이에 따른 실업은 존재할 수가 없다. 왜냐하면 물가 등의 경제변수가 신축적으로 움직이기 때문에 초과공급이나 초과수요는 일시적으로 존재할 수 있으나 이와 같은 불균형은 금방 해소되어 균형을 회복하기 때문이다. 그러나 대공황이 일어났던 1930년대에는 이와 같은 '세이의 법칙'이 적용되지 않았다.

케인즈는 임금의 하방경직성을 예로 들면서 물가와 임금 등이 신축적으로 작동하지 못하면 총수요가 부족한 상황이 지속되는 만성적인 경기침체가 일어날 수 있다고 주장하였다. 이와 더불어 이와 같은 만성적인 경기침체를 해결하기 위해서는 구매력을 수반한 수요인 유효수요를 늘리기 위해 정부지출을 늘리거나 조세를 감면하는 등의 총수요팽창정책을 시행해야 한다고 하는 유효수요이론을 제시하였다.

케인즈의 유효수요이론 설명과 관련하여 중요한 개념은 완전고용국민소득(full employment GDP)에 대한 개념이다. 여기서 완전고용국민소득이란 한 나라 안에 존재하는 모든 자원을 정상적으로 고용하여 얻을 수 있는 최대한의 생산량을 나타내는 국민소득수준을 의미한다.

[그림 13-3]에서 보는 것처럼 어떠한 한 나라의 국민경제에 있어 단기적으로 완전고용국민소득이 Y_f로 주어졌다고 가정하자.

[그림 13-3] 디플레이션갭과 인플레이션갭

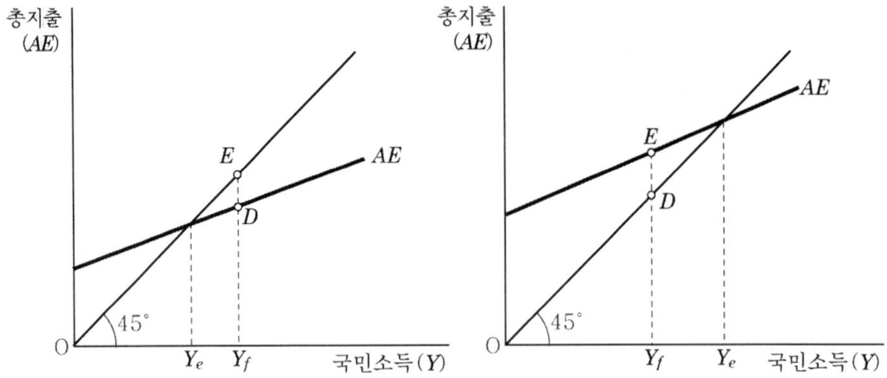

(a) $Y_e < Y_f$인 경우　　(b) $Y_f < Y_e$인 경우

[그림 13-3]의 (a)의 경우는 균형국민소득(Y_e)이 완전고용국민소득(Y_f)보다 작은 경우를 나타내고 있다. 이는 생산자원의 일부가 생산과정에서 제대로 투입되지 못하고 있음을 의미하는 것으로, 완전고용국민소득(Y_f)에서 볼 때에는 총수요가 DE만큼 부족함을 알 수 있다. 이를 디플레이션 갭(deflationary gap)이라고 한다. 이와 같이 디플레이션 갭이 발생하면 경기가 침체되어 있음을 알 수 있다.

한편, [그림 13-3]의 (b)의 경우는 균형국민소득(Y_e)이 완전고용국민소득(Y_f)보다 큰 경우를 나타내고 있다. 이는 생산자원이 정상적인 수준이상으로 사용되고 있음을 의미하는 것으로, 완전고용국민소득(Y_f)에서 볼 때에는 총수요가 FG만큼 초과함을 알 수 있다. 이를 인플레이션 갭(inflationary gap)이라고 한다. 이와 같이 인플레이션 갭이 발생하면 물가상승, 즉 인플레이션이 가중되고 있음을 알 수 있다.

고전학파의 이론에 의하면, [그림 13-3]의 (a)의 경우와 같이 디플레이션갭이 발생하면 물가의 신축적인 움직임에 의하여 자동적으로 경기침체의 상황은 해소된다고 한다. 즉, 경기가 침체하면 재고가 쌓이게 되어 자연히 물가가 하락하고, 이에 따라 총지출이 증가하여 총지출곡선(AE)이 위로 이동하게 되는데, 결국에는 총지출곡선(AE)이 D점을 지나가게 되어 균형국민소득(Y_e)과 완전고용국민소득 DE가 같아지게 된다는 것이다.

이에 반해, 케인즈는 경기침체에서 벗어나기 위해서는 인위적으로 총수요를 팽창시키는 정책을 써야 한다고 주장하였다. 즉, 정부지출의 증가, 조세감면 등 총수요를 팽창시키는 정책을 쓰면 총수요가 증가하여 재고가 감소하고 나아가서는 생산이 증가함과 더불어 고용도 높아지어 결과적으로는 균형국민소득(Y_e)이 완전고용국민소득(Y_f)에 도달할 수 있다는 것이다.

이와 같이 케인즈의 유효수요이론은 수요가 공급을 창출하는 역할을 주장하는 이론으로써 특히 경기침체의 상황을 설명하는데 적합하다고 말할 수 있다.

제 2 절 균형국민소득의 변화와 승수효과

1. 승수효과

앞에서 설명한 총지출모형에서 외생적으로 주어진 변수, 즉, 투자(I), 정부지출(G), 조세(T), 순수출(X_n) 등의 독립적 지출이 변화하면 균형국민소득은 독립적 지출의 변화분만큼만 변화하는 것이 아니라, 독립적 지출의 변화분보다 몇 배 더 변하게 된다. 이와 같이 균형국민소득에 대한 독립적 지출의 변화의 효과를 승수효과(multiplier effect)라고 한다.

여기서 승수(multiplier)란 독립적 지출에 의해 유인된 균형국민소득의 변화를 나타내는 비율을 의미하는 데, 이는 독립적 지출의 증가가 균형국민소득의 증가를 가져오는 배수 혹은 균형국민소득의 증가에 대한 독립적 지출의 증가의 비율로 나타낼 수 있다.

$$K_E = \frac{\triangle Y}{\triangle AE} \tag{13-10}$$

단, K_E : 지출승수 $\triangle Y$: 국민소득의 변화 $\triangle AE$ = 독립적 지출의 변화

[그림 13-4]에서 보는 바와 같이 총지출곡선 AE_1이 AE_2로 증가하면 균형국민소득은 Y_1에서 Y_2로 증가하게 된다. 이와 같이 독립적인 지출의 변화에 의해 균형국민소득이 변화하는 비율을 나타낸 것을 지출승수라고 하는데, 이는 다음과 같은 식을 통해 구할 수 있다.

[그림 13-4] 지출승수의 도출

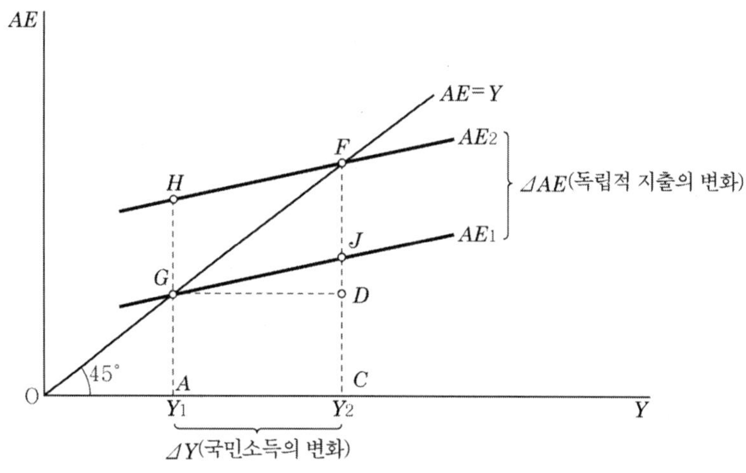

$$K_E = \frac{\triangle Y}{\triangle AE} = \frac{AC}{GH} = \frac{1}{GH/AC} \cdots\cdots ①$$

$$GH/AC = JF/AC = \frac{DF - DJ}{AC} = \frac{AC - DJ}{AC}$$

$$= 1 - DJ/AC = 1 - DJ/GD$$

$(DJ/GD =$ 총지출곡선 AE_1의 기울기 $= MPC)$

∴ ①에서

$$K_E = \frac{\triangle Y}{\triangle AE} = \frac{AC}{GH} = \frac{1}{GH/AC} = \frac{1}{1 - DJ/GD} = \frac{1}{1 - MPC}$$

이에 따라 승수효과는 다음과 같은 식으로 나타낼 수 있다.

$$\triangle Y = KE \cdot \triangle AE = \frac{1}{1 - MPC} \cdot \triangle AE \qquad (13\text{-}11)$$

이는 독립적 지출이 $\triangle AE$만큼 증가(감소)하면 균형국민소득은 $\triangle Y$ 만큼 증가(감소)한다는 것으로, 이 때 균형국민소득은 지출승수(1/1-MPC)에 독립적 지출의 변화분($\triangle AE$)을 곱한 것만큼 변화한다는 것을 의미한다.

2. 각종 지출승수의 유도

총지출모형에 의거 식 (13-9)와 같이 균형국민소득이 성립함을 보았다. 앞에서 구한 식 (13-9)의 양변에 변화분(△)을 각각 취하면 각종의 지출승수를 유도할 수 있는 식을 도출할 수 있다.

$$\triangle Y = \frac{1}{1-b}(\triangle a - b\triangle T_0 + \triangle I_0 + \triangle G_0 + \triangle X_0) \qquad (13\text{-}12)$$

먼저, 정부지출승수의 경우 다음과 같이 도출할 수 있다. 만약, 식 (13-10)에서 다른 조건이 일정하다고 가정하고(예를 들어 $\triangle a = \triangle T_0 = \triangle I_0 = \triangle X_0 = 0$) 정부지출을 $\triangle G_0$만큼 변화시키면, 식 (13-11)에서 보는 바와 같이 균형국민소득의 변화($\triangle Y$)는 $\triangle G_0$에 1/(1-b)를 곱한 만큼 변한다는 것을 알 수 있다.

$$\triangle Y = \frac{1}{1-b} \triangle G_0 \tag{13-13}$$

이와 같이, 정부지출승수는 정부지출이 증가(감소)할 때 균형국민소득이 증가(감소)하는 배수를 의미하므로, 식 (13-11)에서 정부지출승수는 1/1-b(한계소비성향)임을 도출할 수 있다.

같은 이치로 다른 조건이 일정할 때($\triangle a = \triangle T_0 = \triangle G_0 = \triangle X_0 = 0$) 독립적인 투자를 변화시키면, 균형국민소득은 $\triangle I_0$에 1/(1-b)를 곱한 만큼 변한다. 즉 독립적인 투자승수도 1/(1-b)임을 알 수 있다.

$$\triangle Y = \frac{1}{1-b} \triangle I_0 \tag{13-14}$$

한편, 위에서 언급한 같은 이치로 다른 조건이 일정할 때($\triangle a = \triangle I_0 = \triangle G_0 = 0$) 조세징수액을 $\triangle T_0$만큼 변화시키면 균형국민소득은 $\triangle T_0$에다 $-b/(1-b)$만큼 변함을 알 수 있다. 따라서 조세승수는 $-b/(1-b)$가 된다.

$$\triangle Y = \frac{-b}{1-b} \triangle T_0 \tag{13-15}$$

정부지출승수와 조세승수의 원리에 의거, 정부가 균형재정을 유지하면서 정부지출을 증가시키는 경우 균형국민소득은 $1/1-b \ \triangle G_0$만큼 증가하는 반면에, 조세징수액의 증가는 균형국민소득을 $b/1-b \ \triangle T_0$만큼 감소시키는 결과를 초래한다. 즉, 이 둘을 합칠 경우 균형국민소득은 다음과 같이 변화함을 알 수 있다.

$$\triangle Y = \frac{1}{1-b}\triangle G_0 + \frac{-b}{1-b}\triangle T_0 \qquad (13\text{-}16)$$

$$= \frac{1-b}{1-b}\triangle G_0 = 1 \cdot \triangle G_0$$

즉, 다른 조건이 일정할 때 정부지출과 조세징수액을 동시에 동일한 액수로 증가시키면 균형국민소득은 $\triangle G_0$에 1을 곱한 것만큼 증가하게 되는데, 이를 균형예산승수(balanced budget multiplier)라고 한다. 따라서 균형예산승수는 1임을 알 수 있다.

3. 재정정책과 승수효과

재정정책(fiscal policy)은 정부지출이나 조세징수액을 조정함으로써 총수요에 영향을 주어 국민경제의 안정적인 성장을 추구하는 정책을 의미한다. 총수요를 팽창시키는 효과를 추구하는 재정정책을 채택할 경우에는 다음과 같은 세 가지 방법 중 하나를 선택할 수 있다.

(방법 1) 조세징수액을 그대로 두고, 정부지출만을 증가시키는 경우

예를 들어, 한계소비성향이 0.6일 때 국민소득을 2,000억원 증가시키기 위해서는 정부지출은 얼마만큼 증가시켜야 하는가를 알아보도록 하자. 이를 정부지출승수효과로 나타내면 다음과 같은 식으로 표시할 수 있다.

$$\triangle Y = \frac{1}{1-b} \quad \triangle G_0$$

위의 식에 $b = MPC = 0.6$, $\triangle Y$=2,000억원을 대입하면 $\triangle G_0$ = 800억원, 즉 정부지출을 800억원만큼 증가시켜야 함을 알 수 있다.

(방법 2) 정부지출을 그대로 둔 채 조세징수를 감면하는 경우

이 경우도 위에서 언급한 예를 그대로 사용하여 조세를 얼마만큼 감면하여야 하는가를 알아보도록 하자. 아래와 같이 조세승수효과를 나타내는 식을 표시할 수 있는데, 이 식에

$$\triangle Y = \frac{-b}{1-b} \quad \triangle T_0$$

$b = MPC = 0.6$, $\triangle Y =$ 2,000억원을 대입하면, $\triangle T_0$ =-1,333억원, 즉 조세를 1,333억원 감면해야 함을 알 수 있다.

(방법 3) 균형재정을 유지하면서 정부지출을 늘리는 경우

이 경우는 균형예산승수효과를 나타내는 경우로서 균형예산승수가 1이므로 아래와 같은 식에 의해 정부지출을 2,000억원 늘리면 된다.

$$\triangle Y = 1 \cdot \triangle G_0$$

이와 같은 세 가지 방법 중에서, 균형국민소득을 향상시키고자 하는 목적으로 정부지출의 증가, 조세징수의 감면이라는 선택문제에 직면하였을 시에는, 다른 조건이 일정하다고 가정하면 정부지출의 증가가 조세징수의 감면보다 효과적임을 알 수 있다(〈표 13-1〉 참조). 한편, 만약 작은 정부를 지향하는 경우라면 정부지출보다는 조세감면의 방법을 선호할 것이다.

〈표 13-1〉 우리나라의 정부지출승수 및 조세승수의 추정결과[1]

기간:2000~2009년

1인당 GDP 효과	조세	정부지출 승수
평균[2]	0.605	0.876
최소[2]	0.465	0.615
최대[2]	0.808	1.242

주: 1) 선형추세를 제거한 로그차분변수 및 4분기 시차를 적정시차로 사용하였으며, 변수는 1인당 정부지출, 1인당 GDP 미국의 1인당 GDP, 우리나라의 1인당 조세.
2) 표본기간 동안 GDP의 조세비중은 평균 23.0%, 최소 17.2%, 최대 29.9%이고, 정부지출의 비중은 평균 21.1%, 최소 14.9%, 최대 30.1%.

자료: 삼성경제연구소, 「한국재정정책의 효과와 재정건전성」, 「SERI경제포커스」 (제275호), 2010년 1월 12일.

제3절 총수요곡선

1. 총수요곡선의 도출

앞에서 물가가 고정되어 있다는 가정에서 소득-지출분석에 입각해 총지출(AE)곡선을 도출하였다. 그런데, 총수요곡선은 물가수준과 총수요사이의 관계를 그림으로 나타낸 것이다. 따라서 총수요곡선을 도출하기 위해서는 물가의 변화에 따른 총수요가 어떻게 변화하는가를 파악해야 할 것이다. 이는 물가수준의 변화→총지출곡선의 이동→균형국민소득의 변화에 따른 총수요의 변화라는 일련의 과정을 통하여 도출할 수 있다.

[그림 13-5]의 (a)에서 보는 것처럼 물가수준이 P_1으로 주어졌다고 가정하고 이 상태에서 도출한 총지출곡선이 AE_1이라고 하면 균형국민소득은 Y_1이 된다. 이때 다른 조건은 일정하다고 하고 물가가 P_2 수준으로 상승하면 실질자산효과가 발생하여 소비수요가 감소하고 이에 따라 총지출이 감소하게 되어 총지출곡선은 AE_2와 같이 아래로 이동하게 되는데,

그 결과 균형국민소득은 종전보다 더 낮은 수준인 Y_2로 하락하게 된다.

이와는 반대로 만약 물가가 P_0수준으로 하락하면 소비수요가 증가하고 이에 따라 총지출이 증가하여 총지출곡선은 AE_0와 같이 위로 이동하게 되며 균형국민소득도 Y_0로 상승하게 된다. 이와 같이 물가수준이 올라가면 균형국민소득이 줄어들고 물가수준이 떨어지면 균형국민소득이 늘어나는 등 물가수준과 균형국민소득 사이에는 역(-)의 관계가 성립되고 있음을 파악할 수 있다.

그런데, 여기서 균형국민소득은 국민경제에 있어서 총수요를 의미하기도 하기 때문에, [그림 13-5]의 (b)와 같이 물가수준과 총수요 사이의 관계를 나타내는 총수요곡선을 도출할 수 있다. 물가가 P_1으로 주어졌을 때의 총수요가 Y_1이라는 것을 나타내는 점을 G_1이라고 한다면 이와 동일한 방법으로 G_2, G_0라는 점을 구할 수가 있다. 이와 같이 구한 점을 모두 연결하면 그림에서 보는 바와 같이 우하향하는 형태의 곡선을 도출할 수가 있는데, 이것이 총수요곡선(aggregate demand curve)이다.

[그림 13-5] 총수요곡선의 도출

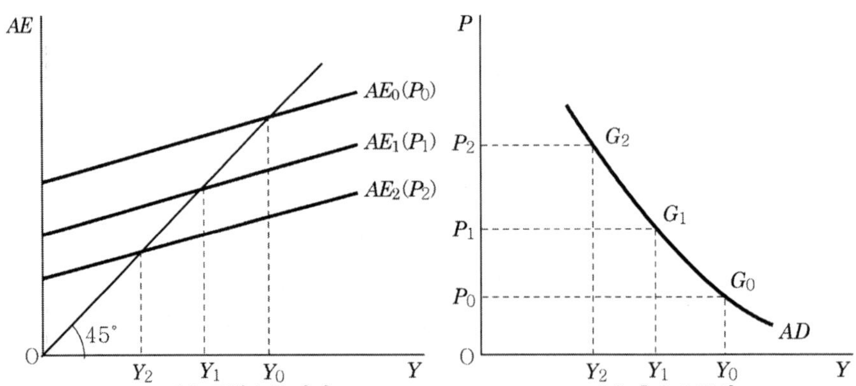

(a) 균형소득결정 (b) 총수요곡선

2. 총수요곡선의 이동

물가의 변화를 제외하고, 총수요를 구성하고 있는 소비, 투자, 정부지출, 순수출 등이 변화하면 총수요곡선은 이동한다.

예를 들어, 정부지출이 증가하면, [그림 13-6]의 (a)에서 보는 것처럼 AE_1였던 총지출곡선이 AE_2와 같이 위로 이동하여, 균형국민소득 즉 총수요가 Y_1에서 Y_2로 증가하게 된다. 그 결과 [그림 13-6]의 (b)에서 보는 것처럼 AD_1이었던 총수요곡선이 우측으로 이동하여 AD_2가 된다.

이와 같이 물가변동과 관계없이 소비수요, 투자지출, 정부지출, 순수출 등과 같은 경제변수가 증가(감소)하면, 총수요곡선은 오른쪽(왼쪽)으로 이동함을 알 수 있다.

[그림 13-6] 총수요곡선의 이동

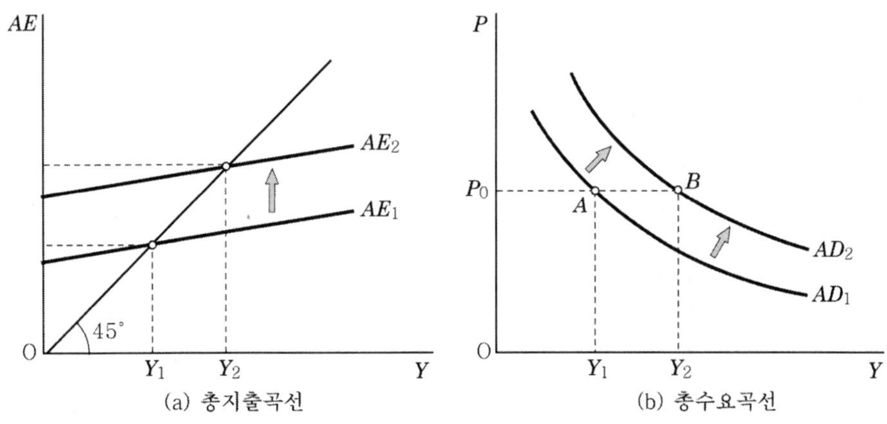

제 4 절 총공급곡선

1. 총공급곡선의 도출

총공급(aggregate supply)은 개별기업의 공급에 대한 개념을 보다 확대 적용한 것으로서, 한 경제에 존재하는 모든 기업들이 일정기간 동안에 생산하고자 하는 재화를 합한 것을 의미한다. 이와 같은 총공급은 물가수준, 생산요소의 가격, 기술수준 등에 의해서 결정된다.

그런데, 여기서 총공급에 영향을 미치는 다른 요인들에는 변화가 없다고 가정할 때, 각 물가수준에서 기업들이 생산하고자 하는 재화의 총공급량을 나타내는 곡선을 도출할 수 있는데, 이를 총공급곡선(aggregate supply curve)이라고 한다.

임금, 지대, 이자, 원자재가격, 기술수준 등 다른 요인은 일정하다고 가정하였기 때문에, 일반적으로 재화의 가격이 오르면 이윤획득의 기회를 늘리기 위해 기업들은 생산량을 증가시킬 것이다. 이와 같이 물가수준과 총공급량은 서로 정(+)의 관계를 갖고 있기 때문에 총공급곡선은 [그림 13-7]과 같이 우상향하는 모양을 갖는다.

[그림 13-7]에서 보는 바와 같이 총공급곡선은 영역별로 다른 특징을 나타내고 있다. 먼저 총생산량이 낮은 수준에 있을 때에는 매우 완만한 기울기를 보이다가 높은 수준에서는 매우 급한 기울기를 보이고 있다. 총생산수준이 낮은 수준에서는 기업들이 많은 유휴설비와 유휴노동력을 보유하게 된다. 이런 상태에서는 물가가 조금만 올라도 기업들은 공급량을 크게 늘릴 수 있어 총공급곡선은 완만한 기울기를 갖게 된다. 이때 특히 총공급곡선이 수평이 되어 물가가 오르지 않아도 생산량을 증가시킬 수 있는 영역을 '케인즈영역'이라고 한다.

[그림 13-7] 총공급곡선

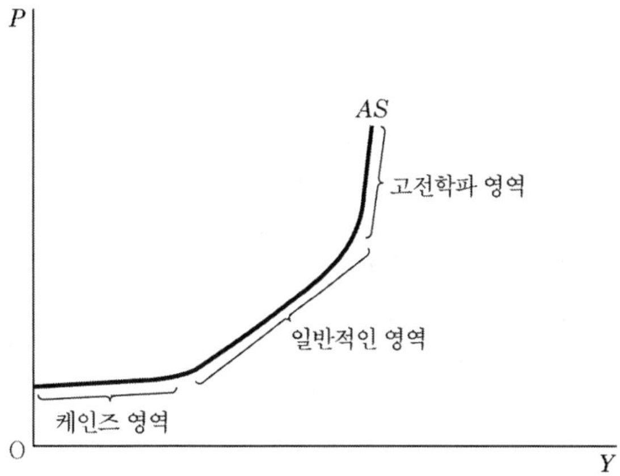

한편 물가가 점차적으로 상승하면 기업들은 고용수준을 증대시키고 생산설비의 가동률도 높이게 된다. 그러나 총생산량이 매우 높은 수준에서는 기업들이 생산설비뿐만 아니라 노동력도 완전가동하고 있기 때문에 생산량을 증가시키기 위해서는 급격한 비용의 증가를 감수해야 한다. 결국 높은 총생산수준에서는 물가가 올라도 기업들이 공급량을 크게 증가시키기 힘들어 총공급곡선은 가파른 기울기를 갖게 된다. 이때 극단적으로 생산능력이 한계에 도달하면 총공급곡선은 수직이 되는데 이와 같은 영역을 '고전학파 영역'이라고 한다.

2. 총공급곡선의 이동

임금, 지대, 이자 등 생산요소의 가격이 단기적으로는 변하지 않는다고 말할 수 있지만, 장기적으로는 이들 생산요소의 가격도 변하게 된다. 이와 같은 관점에서 볼 때 앞에서 일정하다고 가정했던 생산요소의 가격이 변하면 총공급곡선도 이동하게 된다.

[그림 13-8] 총공급곡선의 이동

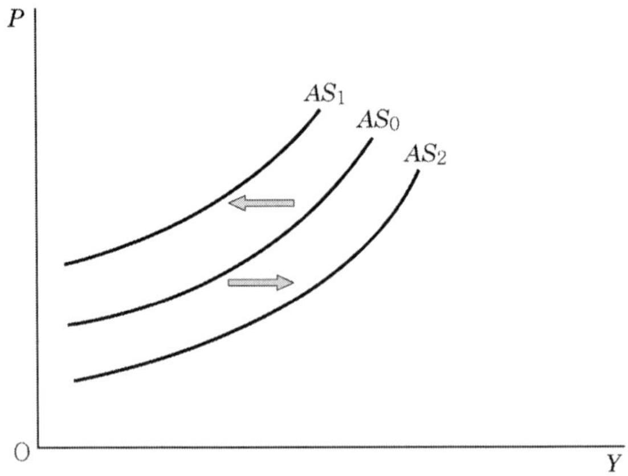

[그림 13-8]에서 보는 바와 같이 임금 등 생산요소의 가격과 기술수준이 일정하게 주어진 경우의 총공급곡선을 AS_0이라고 하자. 이때 만약 임금이 상승하면 기업의 생산비가 증가하게 되어 물가수준이 일정한 상태 하에서는 기업의 이윤이 줄어들게 된다. 따라서 물가수준이 주어져 있는 상태 하에서 이윤이 줄어들면 기업들이 공급하고자 하는 생산량도 감소하게 된다. 이와 같이 임금 등 생산요소 가격의 상승은 총공급곡선을 AS_1과 같이 왼쪽으로 이동시키는 결과를 초래한다. 반면에 임금 등 생산요소의 가격이 하락하면 총공급곡선은 AS_2와 같이 왼쪽으로 이동하게 된다.

이외에도 생산성의 향상, 노동 혹은 자본 등의 생산요소의 축적 등과 같은 것도 총공급곡선을 이동시키는 요인으로 작용한다.

제 5 절 균형국민소득과 균형물가의 결정

먼저, 본 절에서 의미하는 균형국민소득의 개념은 앞에서 언급한 소득-지출분석에 도출한 균형국민소득의 개념과는 판이하게 다름을 염두에 두어야 할 것이다. 소득-지출분석에서의 균형국민소득은 단지 수요측면만을 강조한 제한된 의미의 균형국민소득이었음에 비해, 본 절에서 말하고자 하는 균형국민소득은 국가경제의 총수요와 총공급이 균형을 이룰 때의 국민소득수준으로서, 진정한 의미의 균형국민소득이라고 말할 수 있다.

1. 단기균형국민소득과 균형물가

국가경제의 균형은 총수요곡선과 총공급곡선이 교차하는 점에서 이루어진다. [그림 13-9]에서 총수요곡선과 총공급곡선이 E점에서 교차하고 있는데, 여기서 결정되는 Y^*를 균형국민소득이라 하고, P^*를 균형물가라고 한다.

만약 물가가 균형물가 P^*보다 높은 P_1이라면, 총공급이 총수요를 초과하여 판매되지 않은 재화가 재고로 쌓이게 된다. 이와 같이 초과공급이 발생하여 재고가 쌓이면 기업은 이를 처분하기 위해 가격을 낮춤과 아울러 생산량을 줄이게 된다. 반면에 물가가 균형물가 P^*보다 낮은 P_2이라면, 총수요가 총공급을 초과하여 초과수요가 발생함으로써 재고가 줄어들어 기업들은 가격을 올림과 아울러 생산량을 늘리게 된다.

이와 같이 물가가 균형수준에서 벗어나면 초과공급이나 초과수요가 발생하여 국민소득수준이 변화하는 불균형상태에 빠지게 되나, 시장기능에 맡겨두면 이와 같은 불균형이 해소되어 다시 균형을 회복하게 된다.

그런데 지금까지의 균형국민소득과 균형물가의 결정에 관한 분석은 생산요소의 가격, 특히 임금이 단기적으로 고정되어 있다는 가정 하에서 진행되어 왔다. 이러한 관점에서 볼 때 [그림 13-9]의 균형점 E는 생산요소의 가격이 고정되었다는 가정 하에서 성립된 단기의 균형이라고 말할 수 있다. 만약, 생산요소의 가격이 변화할 수 있는 장기의 경우에는 총공급곡선이 이동하여 균형국민소득과 균형물가도 변화하게 될 것이다.

[그림 13-9] 균형국민소득과 물가의 결정

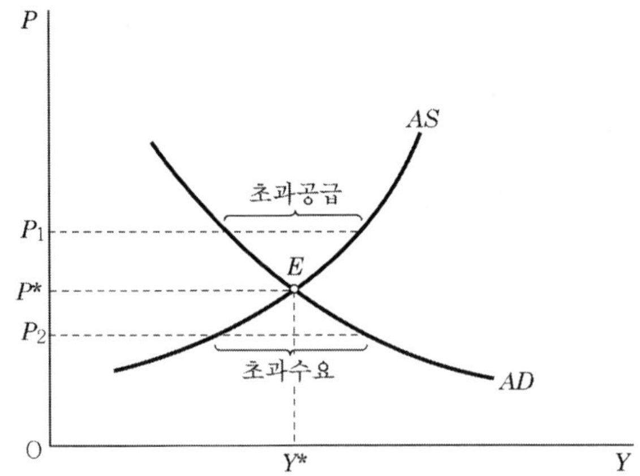

2. 장기균형국민소득과 균형물가

단기균형의 상태가 장기균형으로 수렴하는 과정은 단기균형국민소득과 완전고용국민 사이에 존재하는 차이에 따라 달라지는데, 이는 크게 인플레이션갭이 존재할 때와 경기침체갭이 존재할 때로 구분하여 살펴볼 수 있다.

(1) 인플레이션갭이 존재할 경우

[그림 13-10]에서 보는 것처럼 단기균형국민소득(Y^*)이 완전고용국민소득(Y_f)보다 큰 경우, 이를 인플레이션갭(inflationary gap)이라고 한다. 이와 같이 인플레이션갭이 존재하는 경우는 총수요가 과다하여 기업들이 정상수준이상으로 조업하고 있음을 나타내는데, 이에 대응하기 위해 기업은 근로자들을 추가로 고용하던지 혹은 기존의 고용자에게 초과근무를 부과하기도 한다. 이처럼 기업들이 노동력확보에 치중함에 따라 임금이 상승할 뿐만 아니라, 다른 생산요소의 가격도 상승하게 된다. 이에 따라 AS_0로 주어져 있던 총공급곡선은 왼쪽으로 이동하게 된다. 이와 같이 총

공급곡선이 왼쪽으로 이동함에 따라 E_0에 있던 균형점도 따라서 왼쪽으로 이동하게 된다.

[그림 13-10] 인플레이션갭이 존재시의 장기균형

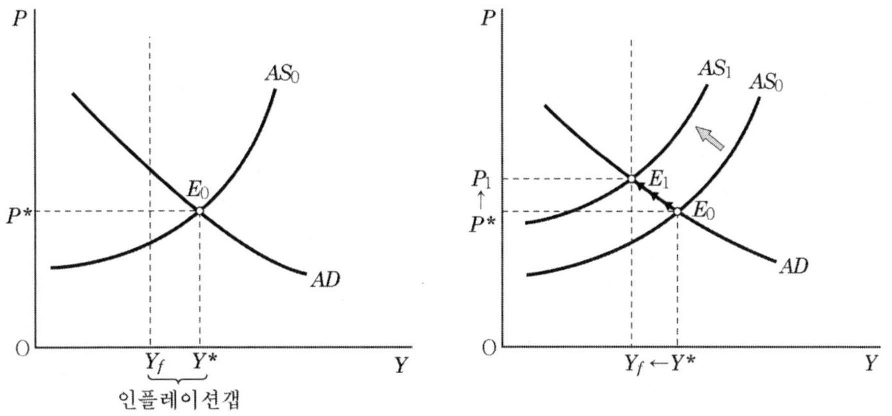

(a) 단기균형 (b) 장기균형

이와 같이 인플레이션갭이 존재하는 경우 단기균형에서 장기균형으로 수렴하는 과정에서 임금의 상승이 핵심적인 역할을 수행하고 있으며, 결과적으로는 물가는 상승하고 국민소득은 감소함을 알 수 있다.

(2) 경기침체갭이 존재하는 경우

[그림 13-11]에서 보는 것처럼 단기균형국민소득(Y^*)이 완전고용국민소득(Y_f)보다 작은 경우, 이를 경기침체갭(recessionary gap)이라고 한다. 경기침체갭이 존재하는 경우는 경기가 침체되고 실업률이 높아지고 있음을 나타내는데, 이와 같이 실업률이 높아지고 생산활동이 둔화되면 임금과 다른 생산요소의 하락하게 되어, AS_0로 주어져 있던 총공급곡선이 오른쪽으로 이동하게 된다. 이와 같이 총공급곡선이 오른쪽으로 이동함에 따라 E_0에 있던 균형점도 따라서 오른쪽으로 이동하게 된다.

이러한 과정이 지속됨에 따라 결국에는 총공급곡선이 AS_2으로 이동됨으로써 균형국민소득과 완전고용국민소득이 일치하게 되어 더 이상의 임금하락과 총공급곡선의 이동이 일어나지 않는 장기균형상태에 도달하게 된다.

[그림 13-11] 경기침체갭이 존재시의 장기균형

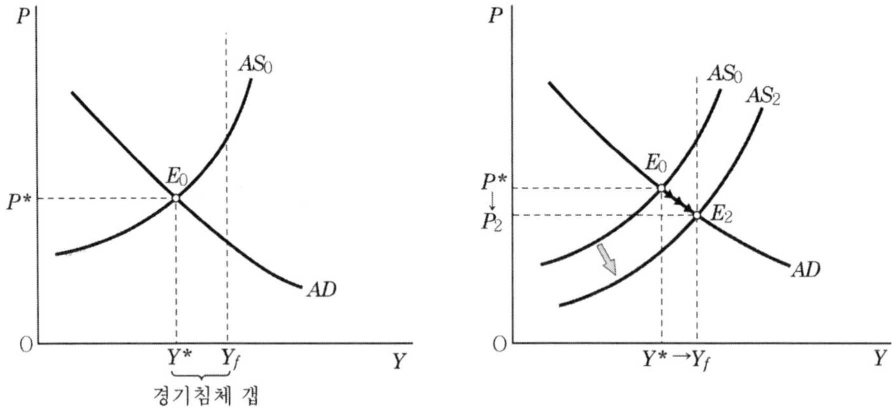

(a) 단기균형 (b) 장기균형

이와 같이 경기침체갭이 존재하는 경우 단기균형에서 장기균형으로 수렴하는 과정에서도 임금의 하락이 핵심적인 역할을 수행하고 있으며, 결과적으로는 물가는 하락하고 국민소득은 증가함을 알 수 있다.

◈ 경제이론과 현실경제

자본주의 결함지적한 자본주의자, '국가'를 논하다 -케인즈 혁명-

전세계 화학 자동차 정유 산업이 미국과 독일 중심으로 굴러가던, 소위 중후장대공업의 전성기가 그리 멀지도 않은 19세기에 있었다. 이 시기에 독일의 바이엘, BASF, AGFA 등 화학염료 및 제약사가 세계적인 화학공업회사로 발전했고 미국의 듀퐁은 1차대전을 거치면서 막대한 부를 축적한 뒤 1920년대 공장을 짓고 합성고무, 나일론, 테프론, 농약, 도료 등을 대량생산한다. 듀폰이 GM의 대주주가 돼 GM을 키웠고 헨리 포드는 1913년 조립라인 방식의 포드시스템으로 자동차를 대량생산한다. 존 록펠러는 1882년 미국 석유 생산의 95%를 점유하는 석유왕이 됐다. 듀폰, 포드, 록펠러에 발명왕 에디슨, 강철왕 카네기까지 대활약하던 그 시기에 미국은 결국 1911년 영국을 앞지르고 세계 제1의 경제대국으로 등극했고 독일은 게르만 민족주의와 커진 국력을 앞세워 전쟁을 준비한다.

미국의 다섯 거인들이 활약하던 시기에 "그의 이름이 단 한 번도 등장하지 않는다면 필시 경제학 서적은 아닐 것이다"는 말이 있을 정도로 현대 경제학사에서 메가톤급 영향력을 지닌 영국 경제학자 존 메이나드 케인스가 등장한다.

하지만 돌이켜 보면 그의 명성도 소위 '경기를 탔다'. 세계 경제가 좋을 때와 나쁠 때, 디플레이션 우려가 있을 때와 그 반대일 때, 신자유주의가 팽배할 때와 그 기세가 꺾였을 때 등의 상황에 따라 케인스를 바라보는 사람들의 평가는 큰 온도차를 보였다. 특히 그 변심의 정도가 칼 마르크스나 애덤 스미스와도 비교하기 어려울 정도, 즉 '애증이 교차한다'는 표현이 들어맞을 정도로 컸다는 점은 그가 그만큼 중요한 인물이라는 반증이기도 하다. 무엇보다 현대 경제학의 난제들, 글로벌경제 위기의 원인과 처방에서 이 못 생긴(외모 콤플렉스가 심했고 더구나 동성애자였다) 경제학자의 이론이 관여하지 않는 곳이 거의 없기 때문이다.

1929년 미국 대공황의 시작은 한편으로는 '케인스 경제학'의 태동이다. 미국은 주기적으로 과잉생산에 의한 디플레이션을 겪었다. 이것이 불황을 넘어 공황에까지 이르렀다. '공급은 스스로 수요를 창출한다'는 세이의 법칙을 맹신한 고전파 경제학자 어빙 피셔와 엘리트 집단인 하버드대학 경제연구소가 "곧 경제가 좋아질 것"이라고 대중을 선동한다. 이자율이 낮았던 시대라 사람들은 소비가 경기 회복을 촉진할 것이라고 믿었다.

하지만 케인스는 생각이 달랐다. 수요(소비)가 있어야 공급이 생긴다며 당시 학자들과는 정반대로 생각했다. 소비는 이자율이 낮아진다고 살아나고 그래서 경기가 회복되는 것이 아니라 사람들의 소득, 특히 가처분 소득에 절대적으로 영향받는다고 했다. 대공황의 처방은 소비를 살리는 것이어야 하고 소비를 살리려면 국민소득을 올려주어야 한다고 생각했다. 소득재분배는 빈곤층을 영원히 예속 상태에 빠뜨린다는 것이다. 내수부진을 해소하기 위해 소비자들에게 직접 돈을 주는 것이 가장 효과적이라고 케인스는 생각했다. 소득재분배를 하면 한계소비성향이 높은 하위계층의 소득이 상대적으로 많아져 내수부족이 해소될 수 있다는 것이다.

이 생각이 얼마나 대단한 것이었는지는 작금의 대한민국 현실과 비교할 때도 잘 드러난다. 현 최경환 경제팀이 국민의 가처분소득 증진을 통한 경기 활성화를 외쳤을 때 많은 사람들이 "방향을 잘 잡았다"며 기대감을 나타낸 것도 그런 이유에서다. 물론 결과는 "빚을 내서라도 집을 사야 한다"는 엉뚱한 쪽으로 흘러갔지만 말이다. 케인스는 국민 소비를 자극하려면 우선 정부가 지출을 많이 해야 한다며 대통령 테오도르 루즈벨트에게 정부의 지출을 권유하는 편지를 썼다. 돈 항아리를 땅 속에 묻어 놓고 사람들로 하여금 땅을 파서 갖고 가게 해도 효과가 있을 것이라는 말까지 편지에 썼다. 경제에 관심이 지대해진 현대인 기준으로는 별 것 아닐지 모르겠지만 소비를 절대소득의 함수로 생각하는 자체가 혁명적 발상이었다.

더구나 자본주의의 한계를 극복하는, 현실적 처방책을 제시했고 그것이 주효했기에 그의 주장과 그를 따르는 후학들의 등장, 그리고 세계 경제가 그를 배우려 했던 일련의 현상을 우리는 '케인스 혁명'이라고 부르는 것이다. 어쨌든 이후 지구촌은 대공황의 공포로부터 탈출했고 전세계적으로 케인지안들이 늘어난다. 케인스식 경제학은 대공황 이후 무려 50년 넘게 특히 자본주의 진영의 경제정책을 지배해 왔다.

지금은 어떨까? 미국에서 출발한 서브프라임 모기지라는 매우 비경제적이고 몰상식한 방식의 부동산 대출이 파도를 만들어 전세계를 강타하자 세계 경제가 허우적댄다. 소위 '망가진' 상황이 되면 사람들은 1920년대 대공황과 당시 루스벨트의 처방, 즉 '잊혀진 사람들을 위한 뉴딜'을 찾는다. 재정정책을 통해 총수요를 관리해야 불황에서 벗어날 수 있다며 루즈벨트를 충동질했던 이가 케인스다.

시장에 맡겨졌던 자본주의의 주도권을 정부가 찾아왔던 이 사건 이후 세계는 글로벌 불황의 여지가 조금이라도 보이면 '메이나드'(케인스의 중간 이름)를 연호하다가도 경기 부양에 나선 중앙정부의 재정적자가 심해지거나 혹은 긴축이 필요해지면 바로 '脫케인스경제학'을 외쳐대곤 한다. 미국과 유럽 선진국들이 최근 '양적 완화 정책'을 펴면서 엉뚱하게 피해를 입고 있는 사람도 케인스이고 현대경제학으로부터 70년대 미국의 스태그플레이션을 막지 못한 이유가 그의(이론) 탓이라며 비판받는 사람도 케인스다.

하지만 오해, 그것도 다분히 의도적인 오해다. 경제학자들, 특히 신자유주의에 경도된 학자들은 케인스를 매우 자의적으로 해석한다. 경제가 디플레이션 조짐을 보일 때 케인스의 이론에 반론을 제기하는 이는 없다. 디플레이션 때는 물가가 하락한다. 가격이 더 떨어지기를 기다리느라 물건을 잘 사지 않는다. 소비가 감소하고 승수효과로 인해 경기는 위축된다. 케인스는 이때 정부가 수단 방법을 가리지 말고 시장에 돈을 퍼부어야 한다고 주장했다. 재정정책과 통화정책을 모두 동원, 시장에 돈을 퍼부어 시장이 살아나도록 자극(stimulus)해야 한다고 주장했다.

이는 대표적인 케인지안인 前 미국 연방준비은행장 '헬리콥터' 밴 버냉키와 후임 재닛 옐런이 시중에 돈을 뿌려대는 이유이기도 하다. 세계경제는 몇 차례 위기를 맞고 또 그 위기를 가까스로 넘기곤 했지만 하지만 대공황 때처럼 급속한 회복은 이뤄지지 않았다. 케인스 이론에 의문부호를 붙이는 사람들이 생겨난다.

하지만 케인스 이론은 미국에 수입되던 1940년경부터 이미 변질됐다. 케인스는 위기에 직면한 경제를 살리기 위해 자극과 부양책을 말했지만 일부 경제학자들은 경기 침체기에도 정부가 계속 (경기를) 자극해야 한다고 주장한다. 기축통화인 달러화에 대한 과도한 자부심이 원인이었다. 달러가 있는 한 미국은 아무 제약 없이 자극책을 쓸 수 있다고 생각했지만 이것이 크나큰 오류였음은 역사가 입증하는 진실이다.

反케인스 진영의 또 하나의 공격 포인트는 정치다. 정치인이나 정치학자들은 그게 정치의 속성이라고 말하겠지만 정치의 대립은 통화정책에만 의존해 소위 '경제하려는 마음'을 자극할 수는 없도록 방해했다. 케인스의 처방대로 재정 확대 없이 통화만 팽창시켰더니 많은 부작용을 낳았고 경기 회복은 더디기만 했다는 것이다.

그런데 이 또한 케인스 반대론자들의 의도적 곡해다. 결코 케인스의 주장이 아니다. 케인스는 자본주의 체제가 수요 부족을 일으키는 그 경향성에 주목해 소득재분배를 통해 이 문제를 해결해야 함을 주창했다. 경제학자들은 바로 이 부분, 소득재분배에 대해서 일제히 침묵하고 있다. 케인스 이론의 큰 지주(支柱)를 외면한 채 겉으로 드러난 명제에만 집착하다 보니 '케인스 이론=중앙정부의 경제 개입론'이라는 등식이 완성된 것이다.

2차대전 이후 세계경제의 장기 호황은 각국 정부가 외부자본을 관리하고 고금리를 억제, 투자가 원활하게 이뤄지게 하고 내수시장 활성화에 주력하는 등 케인스의 이론에 입각해 경기를 적절히 조절한 결과였다. 하지만 호황이 장기화되면서 각 나라에는 공급 과잉이 발생한다. 이로 인해 수출 압력이 증대하고 임금 상승으로 인한 국제적 자본이동 압박이 신자유주의 세계화로 나타났고 이 신자유주의가 아직까지는 현실 자본주의의 근간으로 역할을 하고 있다. 1980년대 미국의 레이거노믹스와 영국의 대처리즘을 앞세워 세계경제를 풍미했던 신자유주의를 비판하는 목소리들이 다시 힘을 얻으면서 케인스는 다시 부활했다.

케인스는 대부분 경제활동이 합리적, 경제적 동기에 따라 이뤄지는 것이 사실이지만 동시에 야성적 충동의 영향도 상당하다는 사실을 강조했다. 바로 이 야성적 충동이 경기순환과 비자발적 실업의 요인이 된다는 것이다. 경제의 작동원리와 정부가 취해야 할 역할에 대한 케인스의 분석은 불황과 이에 대응하는 재정 및 통화정책의 중요성이 점차 부각되면서 '보이지 않는 손'을 고수하는 고전파 경제학과 기업의 국유화를 주장하는 사회주의 경제학의 두 극단에 대한 대안으로 각광받았다. 실제로 대공황 이후 자본주의를 표방한 나라의 정부 대부분이 적극적으로 케인스의 생각을 받아들였다. 전세계의 정치, 경제 정책에 큰 영향을 미쳤다.

물론 케인스의 생각이 절대적으로 옳고 그에 반대한 고전학파 경제학자들이 무조건 틀리다는 것은 아니다. 케인스의 주장이 항상 맞은 것도 아니었고 절대 불변의 진리는 더더욱 아니다. 단기적으로는 수요진작을 통한 경제회복이 중요하고 효과가 있지만 장기적으로는 공급의 확대없는 경제성장은 한계가 있다는 고전학파의 생각은 틀리지 않다.

그의 말대로 정부가 주도해 소비를 촉진하고 소위 '사회적' 일자리를 만들기 위해 돈을 찍어냈더니 통화량은 늘고, 물가는 올라갔다. 시간이 흐르면서 정책 효과가 희석돼 실업률도 높아졌다. 대공황 직후 케인스는 100년 뒤의 미래는 ▲생산력이 8배 늘어 하루 3시간, 주 15시간 노동으로도 유지되며 ▲사람들이 경제 문제가 아닌 문화, 예술만 생각하고 ▲돈만 밝히면 이상한 사람 취급받는 사회가 될 거라고 상상했다. 물론 틀렸다. 전세계의 경제력이 8배 이상 성장한 것은 맞지만 선진국과 개도국 간 분배 문제, 빈부 격차, 자본의 탐욕, 성장과 복지의 양립 등 자본주의의 제반 문제들은 여전히 해결되지 않은 채로 남아 있다.

그럼에도 그의 주장을 빼고 현대 경제를 논하기 어려울 정도로 그의 학문적 발자취는 현대사회의 곳곳에 묻어 있다. 대공황이라는 유례없는 글로벌 경제위기에 직면한 경제학자의 선택은 현안 해결을 위한 것이었다. 대공황이라는 발등의 불을 꺼야 했다. 태풍이 지나가고 바다가 잠잠해지길 기다릴 경황이 없었다.

작금의 시대는 금융시장이 제 기능을 상실한 채 탐욕으로만 가득해 더 이상 신자유주의에 기반한 자본주의로는 버티기 힘들어 보인다. 그래서 경제를 시장에만 맡겼을 때 어떤 결과를 초래할 수 있는지 깨달은 인류는 자본주의에 대한 새 패러다임의 논의를 시작하고 있다.

지금 존 메이나드 케인스가 살아 있다면 어떤 해답을 내 놓았을까? 케인스 역시 자본주의 체제를 내재적으로 결함을 가진 경제 시스템으로 간주했다. 케인스는 그의 명저 《고용과 이자 및 화폐의 일반이론》의 마지막 장을 시작하며 이렇게 말한다. "우리가 살고 있는 경제사회에서 나타나는 가장 큰 문제는 이 체제가 완전고용을 보장하지 못하고 부와 소득을 임의로 그것도 불평등하게 분배한다는 데 있다"

또 다른 지점에서는 이런 말도 했다. "심각한 소득 및 부의 불평등을 정당화하는 사회적·심리적 기제가 존재하지만 오늘날처럼 심각한 불평등을 정당화할 수 있는 논리는 없다" "유산 상속을 통한 부의 불평등은 결코 정당화할 수 없다"

자본주의의 탐욕을 그나마 저지할 수 있는 이론적 기제를 만들어 인류에 퍼트린 두 사람, 칼 마르크스와 존 메이나드 케인스에게 경의를 표한다.

〈출처: 김종길 사회부동산 부장, 브릿지경제(2015.04.22.)〉

중요개념 및 용어

소득-지출분석	총지출	총지출곡선
균형국민소득	세이의 법칙	완전고용국민소득
유효수요이론	디플레이션갭	인플레이션갭
승수효과	지출승수	정부지출승수
조세승수	균형예산승수	재정정책
총수요곡선	총공급곡선	균형국민소득
균형물가	인플레이션갭	경기침체갭

연 습 문 제

1. 소득-지출분석의 특징에 대하여 간략하게 설명하라.

2. 다음과 같이 어떠한 나라의 소비, 투자, 정부지출, 조세, 순수출이 주어져 있다고 가정하자(단, 단위는 억원).

$$C = 300 + 0.6(Y - T)$$

$$I = 400, \quad G = 100, \quad T = 1{,}000, \quad X_n = 100$$

(1) 균형국민소득이 얼마인가를 계산하라.
(2) 투자가 10억늘면 균형국민소득에는 어떠한 변화가 일어나는지를 설명하라.

3. 균형국민소득을 향상시키고자 하는 목적으로 정부지출이나, 조세징수의 감면이라는 선택문제에 직면한다면 어느 방법이 더 효과적인가를 예를 들어 설명하라.

4. 총수요곡선이 어떠한 경우에 오른쪽으로 이동하는지를 주요경제변수를 예로 들어 설명하라.

5. 총공급곡선이 우상향하는 형태를 취하는 이유에 대하여 설명하라.

6. 총공급곡선이 주요경제변수를 예로 들어 어떠한 경우에 오른쪽으로 이동하는지를 설명하라.

7. 단기의 균형국민소득과 균형물가가 어떻게 성립되는지를 그림을 이용하여 설명하라.

9. 단기적으로 인플레이션갭이 발생했을 때 어떠한 과정을 거쳐 장기균형으로 수렵하는지를 그림을 이용하여 설명하라.

10. 단기적으로 경기침체갭이 발생했을 때 어떠한 과정을 거쳐 장기균형으로 수렵하는지를 그림을 이용하여 설명하라.

14
chapter

화폐시장의 균형과 금융정책

학습목표

본 장을 학습하면 화폐의 수요와 공급에 대한 분석을 통하여 화폐시장의 균형이 어떻게 결정되는지를 이해할 수 있다.

1. 화폐의 기능, 변천과정, 통화지표에 대하여 이해할 수 있다.
2. 화폐의 공급에 대하여 이해할 수 있다.
3. 화폐수요이론에 대하여 이해할 수 있다.
4. 화폐시장의 균형이 어떻게 결정되고, 통화정책이 이자율에 어떠한 영향을 미치는지를 이해할 수 있다.
5. 금융정책수단, 금융정책지표, 금융정책목표 등 금융정책의 체계에 대하여 이해할 수 있다.

제 1 절 화폐에 대한 기본적인 이해

1. 화폐의 기능

경제생활에서 화폐가 수행하는 기능은 다양한데, 이는 크게 본원적 기능과 파생적 기능으로 구분할 수 있다. 화폐의 본원적 기능에는 교환의 매개수단 및 가치척도로서의 기능이 있으며 화폐의 파생적 기능으로서는 가치의 저장수단, 지불수단 등의 기능이 있는데, 이를 정리하면 다음과 같다.

(1) 교환의 매개수단으로서의 기능

화폐는 교환의 매개수단으로서의 기능을 수행한다. 만약에 갑은 쌀을 필요이상으로 가지고 있으나 옷감은 없으며 을은 옷감은 많지만 쌀은 없다고 가정하자. 이럴 경우에는 갑과 을 두 사람은 화폐가 없더라도 서로가 추구하는 욕구가 일치하므로 물물교환이 이루어진다. 그런데 만약 을이 옷감이 아니라 소금을 많이 갖고 있으면 갑과 을 사이에는 물물교환이 이루어지지 않는다. 따라서 서로의 욕구가 일치하는 상대방을 구하기 위해 수많은 시간과 노력, 즉 거래비용을 지불해야만 하는데, 거래비용이 증가할수록 경제효율은 떨어질 수밖에 없다.

그런데, 화폐가 존재하면 서로의 욕구가 일치하는 상대방을 찾기 위한 거래비용이 필요하지 않다. 앞에서의 예를 적용하면, 을은 소금을 화폐로 바꾸고 이 화폐로 갑에게서 쌀을 구입할 수 있으며, 갑은 쌀과 교환하여 얻은 화폐로 필요한 옷감을 구입할 수 있다. 이와 같이 화폐는 본원적 기능으로서 서로 욕구가 일치하지 않는 사람들 사이에 교환을 성립시켜 주는 매개적 역할을 수행한다.

(2) 가치척도로서의 기능

화폐는 재화와 서비스의 경제적 가치를 측정해 주는 척도로서의 역할을 수행한다. 즉, 사람들은 모든 재화와 서비스의 가치를 화폐로 표시하여 측정한다. 예를 들어 소금은 1킬로그램에 3,000원이고 우유 1리터에 1,000원이라고 하면, 소금 1킬로그램은 우유 1리터보다 3배의 가치가 있다고 말할 수 있다. 이와 같이 화폐는 모든 재화의 가치를 측정하고 비교할 수 있는 가치척도로서의 기능을 수행한다.

(3) 가치저장수단으로서의 기능

화폐는 가치저장으로서의 기능을 수행한다. 이는 화폐의 구매력을 저장하는 역할을 의미하는데, 여기서 가치저장은 소득이 발생한 때부터 지출이 이루어질 때까지 구매력을 저장하는 것을 말한다.

그런데 화폐가 가치저장수단으로서의 기능을 원활히 수행하기 위해서는 화폐가치가 안정적이어야 한다는 전제가 성립되어야 한다. 예를 들어 물가가 가파르게 상승하여 그만큼 화폐가치가 떨어진다면 화폐는 가치저장수단으로 부적합하게 된다.

(4) 지불수단으로서의 기능

화폐는 지불수단으로서의 기능을 수행한다. 이는 화폐가 재화와 서비스의 거래에 있어서 교환의 매개기능을 수행함으로써 매매를 성립시킨다는 것을 의미하는 것으로, 모든 교환이나 거래는 화폐단위로 표시되고 화폐로 지불된다.

화폐가 지불수단으로서의 역할을 원활히 수행하기 위해서는 부피가 작으면서 가벼워야 하고, 소액으로 세분할 수 있으며, 내구성이 강해야 하는 등의 물리적인 특성을 지니고 있어야 한다.

2. 화폐의 변천과정

화폐는 인간이 경제생활을 영위함과 더불어 시대 및 사회의 필요성 내지는 제조기술 등에 따라 다양한 형태로 변화되어 왔다. 이와 같은 관점에 의거 화폐의 변천과정을 살펴보면 다음과 같다.

(1) 물품(상품)화폐

물품화폐는 물물교환의 불편함을 없애기 위해 생활주변에서 사용하고 있는 물품을 화폐로 사용한 것을 말하는데, 대표적인 예로는 쌀, 밀, 조개, 소금, 가축 등을 들 수 있다. 그런데 이러한 물품화폐는 소액거래를 위해 세분하기 힘들고, 동질성을 확보하기 어려워 표준화하기 어려우며, 시간이 경과함에 따라 변질되기 쉬울 뿐만 아니라, 휴대하기 불편하다고 하는 결점을 지니고 있어 금, 은과 같은 금속화폐로 대체되었다.

(2) 금속화폐

금속제련 기술이 발달하면서 금속화폐가 등장하게 되었는데, 초기의 금속화폐는 귀금속의 순도와 무게를 거래할 때마다 직접 측정하여 사용하였다. 그런데 화폐를 사용할 때마다 무게를 측정하는 것이 번거로워짐에 따라 일정한 중량과 크기를 갖춘 금화와 은화와 같은 주조화폐가 등장하게 되었다. 주조화폐는 운반하기 편리하고, 위조가 어려우며, 변질되지 않는다는 특성 때문에 널리 사용되기도 하였으나, 다음과 측면에서 몇 가지의 한계에 직면하게 되었다.

먼저 경제규모가 확대되면서 화폐에 대한 수요가 증가함에도 주조화폐는 공급이 한정되어 실물경제를 충분히 뒷받침할 수 없었다는 점을 지적할 수 있다. 그리고 금과 은의 원활한 공급을 확보하기 위해서는 새로이 광산을 개발해야만 했는데, 광산은 한정되어 있을 뿐만 아니라 이에 따른 비용부담이 상당히 컸다. 이와 더불어 금화에서 금을 긁어내어 이득을 추구하는 사람들이 등장함에 따라 주조화폐의 순도가 떨어져, 결국에는 순도가 높은 주조화폐는 시장에서 점점 사라지고 순도가 떨어지는 주조화폐만이 유통되는 결과를 초래하게 되었다. 이와 같은 현상에서 "악화가 양화를 구축한다"고 하는 그레샴의 법칙(Gresham's law)이 나오게 되었다.

(3) 지폐

금속화폐가 지닌 한계를 해결하면서 등장한 화폐가 지폐이다. 지폐는 주조화폐가 지닌 장점을 그대로 유지하고 있을 뿐만 아니라, 제조하는데 드는 비용이 매우 낮아 공급량을 쉽게 조절할 수 있다는 장점도 갖고 있다. 그런데 지폐는 그자체로는 사용가치가 없는 종이조각에 불과하기 때문에, 처음에는 미리 예치된 금과 은을 기반으로 지폐를 발행하고 지폐소지자의 요구만 있으면 언제든지 금과 은으로 바꿀 수 있는 태환성을 지닌 태환지폐가 발행되었다.

그런데 실제로 태환을 요구하는 사람이 드물 뿐 아니라, 금과 은의 생산에도 한계가 있어, 더 이상 금과 은으로 태환되지 않는 불환지폐가 발행되었다. 오늘날 우리가 사용하는 지폐는 불환지폐인데, 종이조각에 불과한 불환지폐가 화폐로 사용될 수 있는 것은 정부가 법적으로 그 가치를 보증하는 법화의 성격을 지니고 있기 때문이다.

(4) 전자화폐

최근에는 정보·통신기술의 발달에 따라 지폐나 수표 대신에 결제대금을 거래쌍방의 은행계좌에서 직접 이체하는 전자자금이체제도(electronic funds transfer system : *EFTS*)가 등장하였다. 이와 관련한 대표적인 예로는 지로(GIRO)제도, 급여이체와 같은 자동결제(automated clearing house)제도, 현금자동인출기(automated teller machine : *ATM*), 텔레뱅킹(tele-banking)제도 등을 들 수 있다. 향후 보안상의 문제 등 해결되어야 할 문제가 많이 남아 있지만 전자자금이체 등 전자화폐의 이용은 더욱 확대될 전망이다.

3. 통화지표

현대경제는 모든 거래에 화폐가 직·간접으로 개입되는 화폐경제라고 말할 수 있다. 그런데 이렇게 중요한 역할을 수행하는 화폐가 정확하게 무엇인가, 다시 말하면 어디까지를 화폐의 범주로 보느냐 하는 문제는 통화량의 조절을 주요한 수단으로 삼는 통화정책의 측면에서도 매우 중요한 의미를 지니고 있다.

통화지표는 한 나라의 경제에서 유통되는 화폐의 양을 나타내는 지표를 말한다. 따라서 유동성을 지닌 금융자산의 어디까지를 화폐로 포함시키느냐에 따라 통화지표의 내용이 달라질 수 있다. 우리나라의 경우 M_1(협의의 통화), M_2(광의의 통화), L_f(금융기관유동성 : Liquidity Aggregates of Financial Institutions), L(광의의 유동성 :Liquidity Aggregates)의 네 가지로 통화지표를 설정해 놓고, 이 중 하나에 의해 통화량을 측정하고 있다.

(1) 협의의 통화(M_1)

협의의 통화(M_1)는 가장 좁은 의미의 지표로서, 민간이 보유하는 현금통화와 요구불예금, 수시입출식 저축성예금으로 구성되어 있다.

협의의 통화(M_1) = 민간보유의 현금통화 + 요구불예금 + 수시입출식 저축성예금 + 요구불예금

여기서 현금통화는 민간이 보유하고 있는 지폐와 주화를 뜻하는데, 이는 유동성이 가장 큰 현금만을 화폐의 범주에 넣는 통화지표라는데 특징이 있다. 요구불예금은 고객이 요구할 때 이에 응해 은행이 즉시 지불해주는 예금으로 당좌예금, 보통예금, 별단예금 등이 이에 속한다. 수시입출식 저축성예금은 손쉽게 현금이나 요구불예금으로 전환될 수 있기 때문에 최근 이를 M_1의 범주에 포함시키고 있다.

(2) 광의의 통화(M_2)

광의의 통화(M_2)는 협의의 통화(M_1)에 은행의 정기예금이나 정기적금과 같은 저축성예금과 양도성 예금증서(CD)나 환매채(RP)와 같은 시장형 금융상품, 그리고 수익증권과 금전신탁과 같은 실적 배당형 금융상품 등을 더한 것을 뜻한다.

광의의 통화(M_2) = 협의의 통화(M_1) + 저축성예금* + 시장형 금융상품 + 실적배당형 상품* + 금융채* 및 기타

(* 만기 2년 이상은 제외)

(3) 금융기관유동성(Lf: Liquidity Aggregates of Financial Institutions)

금융기관유동성(L_f)은 M_2에 상업어음매출, 표지어음매출 등과 같이 유동성이 상대적으로 떨어지는 금융자산까지 포함시킨 통화지표이다.

금융기관유동성(L_f) = 광의의 통화(M_2)+만기 2년 이상의 저축성예금

및 금융채+생명보험회사의 보험계약준비금 및 기타

(4) 광의유동성(L : Liquidity)

광의유동성(L)은 금융기관유동성에 정부, 지방자치단체, 기업 등과 같은 비금융기관이 발행한 금융상품까지를 포함하는 가장 포괄적인 통화지표이다.

광의유동성(L) = 금융기관유동성(L_f) + 정부 및 기업 등이 발행한 금융상품 (국채, 지방채, 기업어음, 회사채 등)

(5) 통화지표의 선택

정책지표로서의 통화지표는 국가경제활동과 밀접한 관계가 유지되어야 하며 동시에 통화당국에 의해 적절한 통제가 가능해야 한다. 따라서 통화당국은 이러한 조건을 가장 잘 충족시키는 통화지표를 선정, 이를 중심으로 통화정책을 실시하는데 이와 같은 통화지표를 중심통화지표라고 한다.

우리나라의 경우 1978년까지는 M_1을 1979년부터 1996년까지는 M_2를 각각 중심통화지표로 사용하였으나, 최근에는 금융자유화, 자본자유화의 진전으로 금융자산의 다양화뿐만 아니라 금융구조도 급격히 변화해 가는 추세를 보이고 있어 보다 포괄적인 통화지표의 필요성이 제기되어 왔다. 이에 따라 2006년의 통화지표체계의 개편을 통해 유동성을 가지고 있는 대부분의 금융자산을 포괄하는 L_f(금융기관유동성)라는 통화지표를 중심통화지표로 도입해 사용하고 있다.

[그림 14-1]은 우리나라의 통화지표의 추세를 나타낸 것인데 최근 들어 모든 통화지표의 증가추세가 지속되고 있음을 알 수 있다.

[그림 14-1] 우리나라의 M_1, M_2 L_f, L

(단위: 10억원)

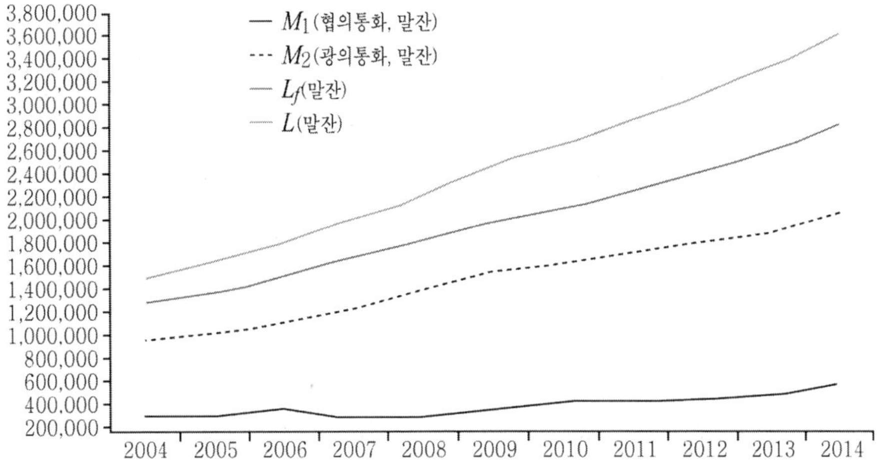

자료 : 한국은행 경제통계시스템

제 2 절 화폐의 공급

화폐의 공급은 크게 중앙은행의 본원통화 공급과 이를 기초로 한 예금은행의 신용창조기능에 의한 공급으로 구분할 수 있다.

1. 중앙은행의 본원통화

본원통화(reserve base, high-powered money)는 통화공급의 기초가 되는 중앙은행의 통화성 부채를 말한다. 즉, 중앙은행 창구를 통하여 시중에 나온 현금이 본원통화이며, 이는 민간보유의 현금통화로 존재하거나 예금은행에 예치되어 지불준비금이 된다. 지불준비금은 예금자가 예금인출을 요구할 때 언제든지 지급할 수 있도록 한 준비금을 말한다. 중앙은행은 예금은행에 대하여 예금인출요구에 응할 수 있도록 일정한 비율을 반드시 지불준비금으로 보유하도록 규정하고 있는데, 이를 법정지불준비금이라고 한다.

예금은행은 지불준비금을 직접 금고에 보관하거나 중앙은행에 예치하는데, 전자를 시재금, 후자를 중앙은행 지준예치금이라고 한다. 대개의 예금은행의 경우, 법정지불준비금의 대부분을 중앙은행에 예치하고 법정준비금 이상의 지불준비금을 시재금으로 보유하고 있는데, 이를 초과지불준비금이라고 한다. 이와 같이 예금은행의 지불준비금은 예금은행이 보유한 시재금과 중앙은행에 예치한 지준준비금으로 다시 구분할 수 있다.

중앙은행 지준예치금은 중앙은행의 창구를 통해 나간 본원통화 중 일부가 중앙은행에 다시 환류된 부분이다. 본원통화에서 중앙은행 지준예치금을 뺀 것을 화폐발행액이라 하며 결국 화폐발행액은 중앙은행밖에 남아 있는 현금총액을 나타낸다. 이상에서 논의된 본원통화 구성을 종합하면 다음과 같다.

$$\begin{aligned}\text{본원통화} &= \text{현금통화} + \text{예금은행의 지불예치금} \\ &= \text{현금통화} + \text{예금은행 시재금} + \text{중앙은행 지준예치금} \\ &= \text{화폐발행액} + \text{중앙은행 지준예치금}\end{aligned}$$

[그림 14-2]는 1971년 이후 최근까지의 우리나라의 본원통화 및 화폐발행액의 변화추이를 나타낸 것인데, 본원통화 및 화폐발행액이 1987년을 계기로 급격히 증가하는 추세를 보이다가 1997년, 1998년 등 외환위기 시에는 일시적으로 감소추세를 보이기도 하였으나 1999년 이후 다시 지속적으로 증가추세를 보이고 있음을 알 수 있다.

본원통화는 중앙은행의 통화성부채이므로 본원통화의 공급규모는 중앙은행의 자산이나 다른 부채들의 변동에 의해 영향을 받는다. 따라서 본원통화의 공급요인을 알아보기 위해서는 중앙은행의 자산 및 부채구조의 내용을 파악해 볼 필요가 있다.

[그림 14-2] 우리나라의 본원통화, 화폐발행액의 변화추이

(단위:10억원)

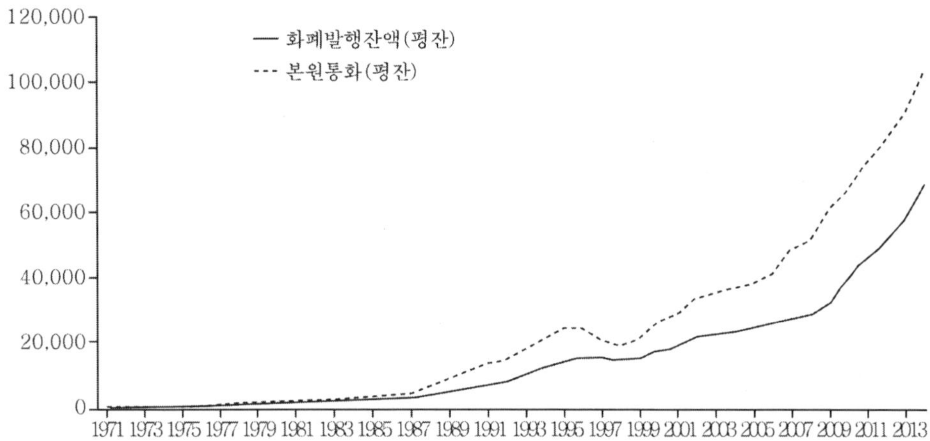

자료 : 한국은행 경제통계시스템

중앙은행의 대차대조표는 크게 정부부문, 민간부문, 해외부문 그리고 기타부문으로 나누어 볼 수 있다. 이러한 기준에 따라 중앙은행의 대차대조표를 정리한 다음 부채항목 중 본원통화를 구성하는 항목만을 대변에 남기고 나머지 항목들을 모두 차변에 옮겨 각 부문의 자산에서 부채를 뺀 부문별 순자산을 표시하면 본원통화의 결정요인을 알 수 있다.

〈표 14-1〉의 대변은 본원통화를 표시하고 이에 대응하는 차변은 본원통화가 구체적으로 어느 부문에 어떤 형태로 공급될 수 있는가를 나타낸 것이다. 즉, 본원통화는 중앙은행이 정부나 민간에 신용을 공급하거나 해외자산이나 기타자산의 순증가를 통해 공급된다. 이렇게 네 가지의 경로를 통하여 공급되는 본원통화는 중앙은행의 창구를 통해서 나가기 때문에 중앙은행이 그 규모를 적절히 조절할 수 있는 것이다.

〈표 14-1〉 본원통화의 구성

차 변	대 변
대 정부 순대출(정부대출 - 정부예금) 대 예금은행대출 순해외자산(해외자산 - 해외부채) 순기타자산(기타자산 - 기타부채)	본원통화 예금은행의 대 중앙은행지준예치금 화폐발행액

2. 예금은행의 신용창조

(1) 신용창조와 신용승수

통화는 크게 현금통화와 예금통화로 구성된다. 이때 예금은행 조직은 중앙은행이 공급한 본원통화의 일부라고 할 수 있는 최초의 예금(이를 본원적 예금이라고 함)을 기초로 하여 그 몇 배만큼의 예금통화를 창출할 수 있는데, 이를 신용창조라고 한다.

신용창조과정을 보다 쉽게 이해하기 위해 다음과 같이 몇 가지 가정을 설정하도록 한다.

첫째, 은행에 예치되는 모든 예금은 요구불예금이다.

둘째, 예금은행조직 밖으로의 현금유출(cash drain)이 없다고 가정한다. 즉, 어떤 한 예금은행으로부터 대출을 받은 사람은 전액을 자신이 거래하는 은행에 요구불예금 형태로 예금하고 모든 거래는 현금 아닌 수표로 이루어진다고 가정한다.

셋째, 예금은행은 대출의 형태로만 자금을 운용하며 유가증권에 대한 투자는 하지 않는다.

넷째, 예금은행은 중앙은행이 강제하는 법정지불준비금만 보유한다. 즉, 초과지불준비금은 없다고 가정한다. 이는 셋째 가정과 연계하여 예금액 중 법정지불준비금을 공제한 나머지가 모두 대출된다는 것을 의미한다.

이와 같은 가정 하에서 예금은행이 예금통화를 어떻게 창조하는가를 살펴보도록 한다. 먼저 갑이 현금 100,000원을 A은행에 요구불예금으로 예치하였다고 하자. 이것이 예금은행조직 밖에서 예금은행 조직 안으로 최초로 흘러들어온 예금인 본원적 예금이다. 이때 법정지불준비율이 20%라고 한다면 A은행은 100,000원의 20%인 20,000원을 법정지불준비금으로 보유하고 나머지 80,000원은 대출로써 운용할 수 있게 된다. 만약 A은행이 80,000원을 을에게 대출하고 을은 다시 80,000원 자기 거래은행 B은행에 요구불예금으로 예치한다면 B은행은 80,000원 중 20%에 해당하는 16,000원을 법정지불준비금으로 보유하고 나머지 64,000원을 다시 대출할 수 있게 된다. 이때 A은행과 B은행의 대차대조표의 변화는 다음과 같다.

〈표 14-2〉 예금은행의 대차대조표

A은행

자 산		부 채	
법정지불준비금 대출금	20,000원 80,000	요구불예금	100,000원
합 계	100,000원	합 계	100,000원

B은행

자 산		부 채	
법정지불준비금 대출금	16,000원 64,000원	요구불예금	80,000원
합 계	80,000원	합 계	80,000원

이상과 같이 예금→대출→예금의 경로를 밟아 처음 유입된 본원적 예금을 기초로 예금은행 조직전체의 예금통화가 창조되어 나가는 것을 알 수 있다. 이때 예금은행 조직전체의 총예금 창출액은 다음과 같다.

$$\begin{aligned} \text{총예금창출액} &= 100{,}000 + 80{,}000 + 64{,}000 + \cdots \\ &= 100{,}000(1 + 0.8 + 0.8^2 + \cdots) \\ &= 100{,}000[\ 1/(1-0.8)] = 500{,}000\text{원} \end{aligned}$$

이와 같이 결국 신용창조는 최초의 본원적예금(A)이 예금은행 전체의 법정지불준비금과 동일하게 될 때까지 계속되게 된다. 예금은행 전체의 법정지불준비금은 법정지불준비율에 총요구불예금을 곱한 것과 같으므로 총예금 창출액(D)을 구하는 일반식은

$$A = rD \quad \text{혹은} \quad D = (1/r)A \qquad (14\text{-}1)$$

가 된다. 여기서 r은 법정지불준비율을 나타내는데 이것의 역수 $1/r$을 신용승수(credit multiplier)라고 한다. 신용승수 $1/r$은 현금유출이 없고 초과지불준비금이 없다고 할 때 본원적 예금이 몇 배의 예금통화를 창출할 수 있는가를 나타낸다. 한편 본원적 예금에 의해 추가로 창출된 은행예금을 파생적 예금(derivative deposits)이라고 하는데, 상기의 예에서의 파생적 예금은 400,000원이다.

지금까지 설명한 신용승수는 현금유출과 초과지불준비금이 없고 유가증권에 대한 투자도 없다는 가정 하에서 도출하였다. 그러나 현실적으로는 현금유출과 초과지불준비금이 존재하며 은행은 대출뿐만 아니라 유가증권에 투자한다. 이러한 경우에 총예금창출액은 당연히 줄어들게 될 것이다. 따라서 신용승수 $1/r$은 이론적으로 가능한 신용창조의 최대한도를 나타낸다고 말할 수 있다.

(2) 통화승수와 통화공급

이번에는 예금은행조직 내에 현금유출과 초과지불준비금이 없다는 비현실적인 가정을 수정하여 현금유출과 초과지불준비금이 존재하는 경우를 살펴보고자 한다.

먼저, 현금통화(C)가 통화(M_1, 구체적으로는 협의의 통화이나 이하에서는 통화라고 칭함)에서 차지하는 비중을 현금통화비율(c)이라고 하면,

$$c = C/M_1 \qquad (14\text{-}2)$$

이 된다. 이와 같은 현금통화비율은 일정하다고 가정하는데, 이는 현실세계에서도 현금통화비율이 상당히 안정적이기 때문이다.

다음으로 예금은행의 실제지불준비금(R)이 총요구불예금(D)에서 차지하는 비중을 실제지불준비율(r)이라고 하면

$$R = rD \tag{14-3}$$

이 된다. 이 경우 실제지불준비율(r)은 법정지불준비율에 초과지불준비율까지도 포함한 개념이다. 한편, 본원 통화(H)는 다음과 같다.

$$H = C + R = C + rD \tag{14-4}$$

그런데, 위식에서 $C = cM_1$, $D = (1-c)M_1$이므로 위 식은 다음과 같이 다시 쓸 수 있다.

$$H = cM_1 + r(1-c)M_1 = [c + r(1-c)]M_1 \tag{14-5}$$

이를 다시 정리하면

$$M_1 = \frac{1}{c + r(1-c)}H \tag{14-6}$$

로 표시된다. 여기서 $1/[c+r(1-c)]$는 본원통화(H)가 몇 배의 통화(M_1)를 창조하는가를 나타내는 승수로 신용승수와 구분하여 통화승수(money multiplier)라고 한다.

위의 식 (14-6)은 통화와 통화에 영향을 미치는 요인과의 관계를 나타내는 것으로 통화공급함수라고도 한다. 이 통화공급함수에 의하면 결국 한 나라의 통화공급은 현금통화비율(c)와 지불준비율(r) 그리고 본원

통화(H)의 크기에 의해 결정됨을 알 수 있다. 즉, 본원 통화(H)가 일정할 때 현금통화비율(c)와 지불준비율(r)이 작을수록 통화공급은 커지게 된다.

그런데 일반적으로 현금통화비율(c)은 경제 및 사회적 관습에 의해 일정하므로 통화량의 결정은 중앙은행이 조절·통제할 수 있는 법정지불준비율과 본원통화에 의해 결정된다고 말할 수 있다. 이는 통화공급이 중앙은행의 재량에 달려 있음을 의미하기도 한다.

제 3 절 화폐의 수요

1. 고전학파의 현금잔고수량설

마샬(A. Marshall)에 의하여 정립된 이론으로서 실질화폐수요는 실질국민소득에 비례한다는 것이다.

사람들이 보유하고자 하는 현금비율을 k라 하고 물가를 P, 실질국민소득을 Y, 보유하고자 하는 현금잔고를 M_d라고 하면, 현금잔고방정식은

$$\frac{M_d}{P} = kY \qquad (14\text{-}7)$$

이다. 이때 k를 마샬의 k(Marshallian k)라고 한다. 상관습이나 거래관습 등에 의해서 k가 결정되는데 이것들은 대체로 일정하므로 k는 안정적이라는 것이다. 따라서 현금잔고수량설의 화폐수요이론에 의하면 실질소득이 많아지면 이에 따라 화폐수요가 증가하고, 실질소득이 일정하더라도 물가가 상승하면 이에 따라 화폐수요가 증가한다.

고전학파에 의하면 실질국민소득 Y는 노동시장에서의 완전고용수준에

서 항상 결정되므로 단기적으로 일정하다. 따라서 k 및 Y가 일정하므로 M의 변동은 단지 P를 비례적으로 변동시키게 된다. 이것이 바로 고전학파의 화폐수량설이며, 고전학파의 화폐수량설은 화폐의 역할이 교환의 매개물임을 강조하고 있다.

2. 케인즈의 유동성선호설

케인즈는 화폐의 유통속도가 일정하다는 고전학파의 견해를 비판하고 이자율의 중요성을 강조하는 화폐수요이론인 유동성선호설(liquidity preference theory)을 주장하였다. 여기서 유동성이란 어떤 자산을 그 가치를 크게 변화시키지 않고 쉽게 현금화할 수 있는 정도를 나타내는 것인데, 유동성선호설은 케인즈가 개인은 왜 화폐를 보유하는가 하는 의문에서 제기되었다. 화폐는 유동성이 가장 큰 자산이므로 화폐를 선호한다는 것은 유동성선호를 의미하게 되는데, 케인즈는 화폐를 수요하는 동기를 거래 및 예비적 동기, 투기적 동기로 구분하여 유동성선호설을 전개하였다.

가계와 기업이 일상의 거래를 위하여 어느 정도의 화폐를 보유하는 것을 거래적 동기의 화폐수요라고 한다. 그런데 일반적으로 소득이 증가하면 거래적 동기의 화폐수요는 증가한다. 따라서 거래적 동기에 의한 화폐수요는 소득의 증가함수임을 알 수 있다. 한편, 예비적 동기의 화폐수요는 가계나 기업이 장래의 불확실성 또는 예기치 않은 장래의 위험에 대비하기 위해 화폐를 보유하는 것을 의미하는데, 일반적으로 예비적 동기의 화폐보유액은 주로 장래에 발생될 거래규모에 의해 결정된다. 그런데 이러한 거래규모는 소득에 비례하게 된다. 따라서 예비적 동기에 의한 화폐수요도 소득의 증가함수가 된다.

케인즈의 화폐수요이론에 있어서 고전학파와 다른 부분은 투기적 동기에 의한 화폐수요이다. 케인즈에 의하면 사람들은 유가증권에 투기하기 위한 기회를 노려서 거래 및 예비적 목적 이외의 유휴잔고(idle cash)를 보유한다고 본다. 그런데 이와 같은 투기적 동기의 화폐수요는 이자율과 역의 관계에 있다. 이를 구체적으로 살펴보면 다음과 같다.

일반적으로 채권가격과 이자율과는 역의 관계가 성립된다. 따라서 앞으로 이자율의 상승이 예상될 때, 지금 채권을 매입하면 자본손실(capital loss)이 따르고, 만약 그 자본손실이 채권보유로부터 나오는 이자수입보다 크다면 화폐를 보유하는 것이 유리하게 된다. 이처럼 이자율은 화폐수요를 결정하는데 중요한 역할을 하는 것이다.

그러면 어떤 경우에 사람들은 이자율이 상승 또는 하락하리라고 예상하는 것일까? 사람들은 마음속에 어떤 정상적인 이자율을 생각하고 있다. 이것을 정상이자율(normal rate of interest)이라고 하는데, 실제이자율이 정상이자율보다 높으면 사람들은 앞으로 이자율이 하락할 것이라고 예상할 것이며, 반대의 경우 사람들은 앞으로 이자율이 상승할 것이라고 예상한다는 것이다. 따라서 현재의 이자율이 정상이자율보다 높으면 장래 이자율이 하락할 것(채권가격이 상승할 것)으로 예상하여 채권만을 매입하기 때문에 투기적 동기에 의한 화폐수요는 감소한다. 반면에 현재의 이자율이 정상이자율보다 낮으면 장래 이자율이 상승할 것(채권가격이 하락할 것)으로 예상하기 때문에, 채권을 매각하여 투기적 동기에 의한 화폐수요는 증가한다. 그런데 사람들이 생각하는 정상이자율은 개인마다 다르기 때문에 경제전체의 투기적 동기에 의한 화폐수요곡선은 이자율과 반비례의 관계를 나타내는 곡선이 된다.

한편 시장의 이자율이 어느 일정수준([그림 14-3]에서 $r_{\min}$) 이하로 떨어지면, 모든 사람들은 이자율이 더 떨어질 수 없는 최저수준의 이자율로 생각하여 향후 이자율이 상승(채권가격이 하락)할 것으로 예상하기 때문에 투기적 동기에 의한 화폐수요는 무한대로 커진다. 이 경우를 케인즈는 유동성함정(liquidity trap)이라고 하였는데, 유동성함정에서는 아주 작은 이자율의 변화에 대하여서도 무한대의 화폐수요의 변화를 가져오는, 화폐수요의 이자율탄력성이 무한대인 경우이다. 이는 실제적으로는 유동성함정에 빠지면 금융당국의 이자율에 대한 통제력이 상실됨을 의미한다.

[그림 14-3] 투기적 동기에 의한 화폐수요

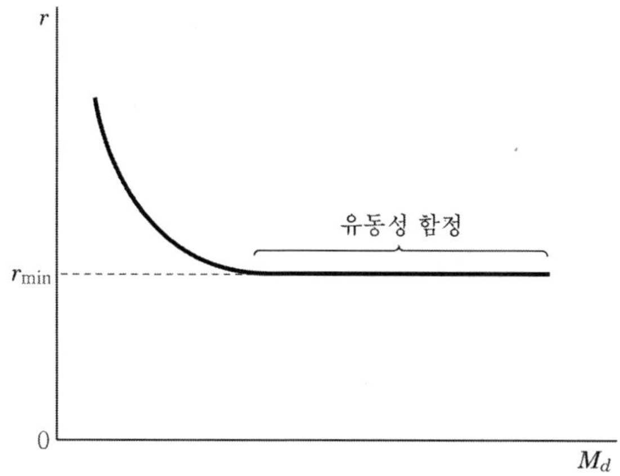

이상과 같이, 거래 및 예비적 동기에 의한 화폐수요는 소득의 증가함수이고, 투기적 동기에 의한 화폐수요는 이자율의 감소함수임을 알 수 있다. 따라서 케인즈의 유동성선호설은 국민소득(Y)과 이자율(r)에 의하여 영향을 받는다.

$$M_d = L(Y, \quad r), \quad \text{단 } L_y > 0, L_r < 0 \tag{14-8}$$

(M_d : 화폐수요량, Y : 국민소득, r : 이자율)

3. 프리드만의 신화폐수량설

유통속도가 일정하다는 고전학파의 가정을 배제하고 화폐수요도 다른 재화나 자산과 마찬가지로 취급하여 전통적인 미시경제이론에 의해서 결정된다고 하는 것이 프리드만의 신화폐수량설이다. 즉, 프리드만에 의하면 화폐수요는 자산수요에 영향을 주는 동일한 요인들에 의하여 영향을 받는다는 것인데, 구체적으로 화폐수요는 소득, 부, 그리고 각종 자산의 수익률(주식의 예상수익률, 화폐의 예상수익률, 채권의 예상수익률), 물가수준, 예상인플레이션 등의 요인에 의하여 결정된다는 것이다.

이와 같이 화폐수요가 소득과 이자율의 변화에 의해 영향을 받는다는 점에서는 케인즈의 유동성선호이론과 일맥상통하나, 케인즈가 이자율을 더 중시하는 반면에 프리드만은 소득을 더 중요시한다는 점에서 명백한 차이가 존재한다. 화폐수요량에 가장 큰 영향을 미치는 것이 소득(구체적으로는 항상소득)이라는 프리드만의 주장은 고전학파의 화폐수량설과 흡사하기 때문에 신화폐수량설이라고 한다.

한편, 소득과 이자율뿐만 아니라 물가수준(P)에 의해서도 화폐수요량은 영향을 받는다. 화폐의 구매력은 화폐로 구입할 수 있는 상품의 양으로 측정될 수 있기 때문에, 만일 물가수준과 명목소득이 두 배로 상승하는 경우 이전과 동일한 구매력을 유지하기 위해서는 사람들이 보유하고자하는 화폐량도 두 배로 증가시켜야 한다. 이와 같이 물가상승은 거래적 동기에 의한 명목화폐의 수요량을 증가시키게 된다. 또한 예상인플레이션율(π^e)도 화폐수요량에 영향을 미친다. 미래에 인플레이션이 상승할 것으로 예상된다면 향후 예상되는 인플레이션을 추가하여 이자율을 결정하여야 물가상승으로 인한 이자소득의 손실을 보상받을 수 있다. 이와 같이 예상인플레이션은 이자율의 변화를 통하여 화폐수요량에 영향을 미치게 된다.

이상과 같이 화폐수요와 화폐수요에 영향을 미치는 요인들과의 관계를 다음과 같이 프리드만의 화폐함수로 나타낼 수 있다.

$$M_d = f(Y,\ r, P,\ \pi^e) \qquad (14\text{-}9)$$

(M_d: 화폐수요, Y : 항상소득, r: 이자율, P : 물가수준, π^e : 예상인플레이션율)

제 4 절 화폐시장의 균형과 통화정책

1. 화폐시장의 균형

(1) 화폐수요곡선

앞에서 설명한 바와 같이 화폐수요는 물가수준, 예상인플레이션, 이자율, 국민소득 등 여러 요인에 의해 영향을 받고 있음을 알 수 있다. 이와 같이 화폐수요량과 이자율 등의 요인과의 관계를 함수의 형태로 표시한 것을 화폐수요함수라고 하는데, 이를 기초로 화폐수요에 영향을 주는 다른 변수들은 일정하다고 간주하고 이자율(r)과 화폐수요량의 관계를 그림으로 나타낸 화폐수요곡선(money demand curve)을 도출할 수 있다. 앞에서 설명한 바와 같이 이자율과 화폐수요량 사이는 역(-)의 관계가 성립하기 때문에 화폐수요곡선은 우하향하는 형태를 띠고 있음을 알 수 있다([그림 14-4] 참조).

그런데, 화폐수요곡선의 기울기는 이자율변화에 대하여 화폐수요량이 얼마나 민감하게 반응하는가를 나타내는 화폐수요의 이자율탄력성과 밀접한 관계를 갖고 있다. 만약 화폐수요량이 이자율에 대하여 민감하게 반응하면 화폐수요곡선의 기울기는 완만해질 것이다.

또한 앞에서 일정하다고 가정한 다른 요인이 변화하면 화폐수요곡선 그 자체가 이동하게 된다. 예를 들어 국민소득수준이 증가하면 화폐수요는 M_0^d에서 M_1^d으로 이동하게 되고, 그 결과 주어진 이자율 r_0하에서 화폐수요량은 M_0에서 M_1으로 증가하게 된다. 왜냐하면 국민소득이 상승함에 따라 거래적 동기에 의한 화폐수요량이 증가하기 때문이다([그림 14-4] 참조).

[그림 14-4] 화폐수요곡선과 화폐수요곡선의 이동

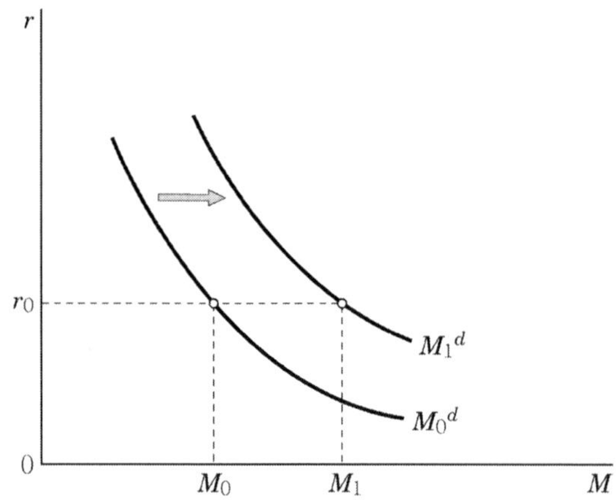

(2) 화폐공급곡선

본 장 제2절에서 통화량은 중앙은행의 본원 통화(H)와 지급준비율(r), 그리고 민간부문에서 결정하는 현금보유비율(c) 등에 의하여 결정된다고 하였다. 따라서 화폐공급량은 중앙은행뿐만 아니라 예금은행, 그리고 민간부문에 의해서도 영향을 받는다는 것을 알 수 있다. 또한 중앙은행의 본원 통화공급도 정부부문과 해외부문 그리고 시중자금의 수급사정에 의하여 결정되므로, 결국 화폐공급은 국내외 경제동향, 금융시장동향, 그리고 정책당국의 의사결정에 의해 결정된다고 말할 수 있다.

그런데, 여기서 유의해야 할 것은 어느 경제부문보다도 중앙은행이 화폐공급에 커다란 영향력을 행사하고 있다는 것이다. 이와 같은 관점에 의거 분석의 편의를 위해 중앙은행이 전적으로 화폐공급을 조절한다고 가정하기로 하고 이론을 전개하고자 한다. 만약 중앙은행이 화폐공급량을 M_0로 결정했다면 화폐공급곡선(money supply curve)은 이자율수준과 무관하게 수직선의 형태가 된다. 이때 만약 화폐공급량이 M_0에서 M_1으로 증가하면 M_0^s였던 화폐공급곡선은 오른쪽으로 이동하여 M_1^s이 된다 ([그림 14-5] 참조).

[그림 14-5] 화폐공급곡선과 화폐공급곡선의 이동

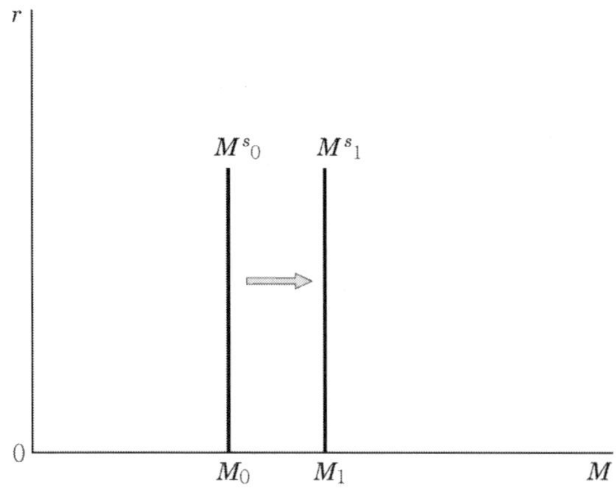

(3) 화폐시장의 균형

화폐시장의 균형은 화폐수요곡선과 화폐공급곡선이 만나는 점에서 결정된다. [그림 14-6]을 보면 화폐수요곡선과 화폐공급곡선이 만나는 F점에서 화폐시장의 균형이 이루어지는 것을 알 수 있는데, 이 점에서의 이자율 r^*을 균형이자율이라고 한다.

만약, 이자율이 균형이자율보다 높아 r_1의 수준에 있으면 화폐의 초과공급이 발생하게 된다. 이와 같이 화폐의 초과공급이 존재한다는 것은 사람들이 수요하고자 하는 양보다 더 많은 양의 화폐가 공급되고 있음을 의미하는데, 이에 따라 사람들은 초과된 화폐를 채권 등 다른 자산의 형태로 바꾸려고 할 것이다. 즉 화폐의 초과공급은 채권 등의 다른 자산에 대한 수요의 증가로 이어져 이들 자산의 가격을 상승시키는 요인으로 작용하게 된다. 여기서 예를 들어 채권가격의 상승은 이자율을 하락시키게 되는데, 이러한 과정이 계속되면 결국 이자율은 균형이자율수준으로 떨어지게 된다.

[그림 14-6] 화폐시장의 균형

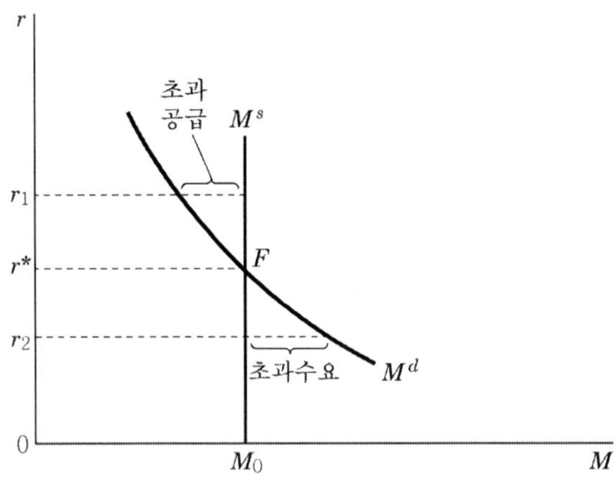

이에 반해 만약 이자율이 균형이자율보다 더 낮은 r_2의 수준에 있으면 화폐의 초과수요가 발생하게 된다. 이 경우 화폐를 더 많이 보유하기를 원하는 사람들은 채권 등을 팔아서 화폐를 수요하려고 할 것이다. 이와 같이 채권 등의 자산의 공급량이 증가하면 이들 자산의 가격이 떨어지게 된다. 여기서 예를 들어 채권가격의 하락은 이자율을 상승시키게 되는데, 이러한 과정이 계속되면 결국 이자율은 균형이자율 수준으로 올라가게 된다.

2. 통화정책과 이자율

통화정책(monetary policy)이란 화폐시장의 균형을 통해 화폐공급량을 조절함으로써 경제를 바람직한 방향으로 이끌어 가는 정책을 말하는데, 앞에서 살펴본 바와 같이 통화정책은 이자율에 지대한 영향을 미침을 알 수 있다.

만약 중앙은행이 화폐공급량을 M_0에서 M_1으로 늘리면, 즉, 팽창적 통화정책을 시행하면 다른 여건에 아무런 변화가 없다고 할 때 화폐곡선은 오른쪽으로 이동하여 M_1^s이 되며, 이에 따라 균형이자율은 r^*에서 r_1으로 떨어지게 된다. 이와 반대로 중앙은행이 화폐공급량을 줄이면, 즉 긴축적 통화정책을 시행하면 화폐공급곡선은 왼쪽으로 이동하여 결과적으로 이자율이 올라가게 된다.

[그림 14-7] 통화정책과 이자율

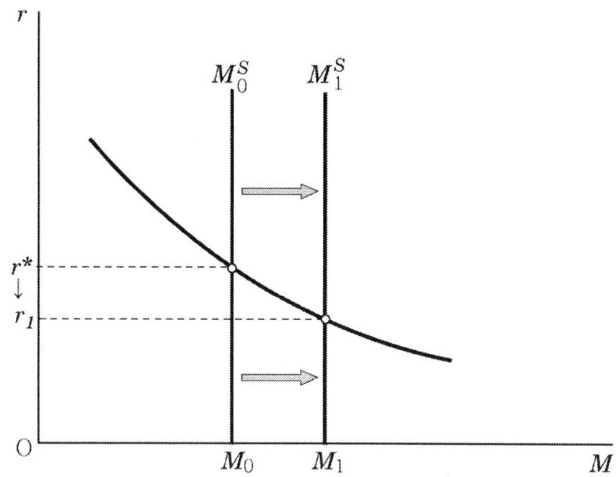

그런데 여기서 유의해야 할 것은 위와 같은 결과는 국민소득이나 물가와 같은 다른 요인은 일정하다는 가정 하에서 성립되었다는 것이다. 현실경제에서는 화폐공급량이 증가함에 따라 이자율이 떨어지면 투자와 소비지출에 영향을 미쳐 국민소득과 물가에 변화가 생기게 된다. 이와 같은 관점에서 볼 때 실물부문을 전혀 고려하지 않은 화폐시장만의 분석은 명백한 한계가 있음을 알 수 있다. 보다 현실적인 경제현상을 이해하기 위해서는 실물부문과 화폐부문 사이의 상호 관련성을 고려한 분석을 시행해야 하는데, 이는 다음 장에서 다루기로 한다.

제 5 절 금융정책의 체계

1. 금융정책의 목표

금융정책(monetary policy)이란 통화정책이라고도 하는데, 정책당국이 통화량이나 이자율을 조절하여 국민경제의 안정적인 성장을 실현하고자 하는 경제정책을 말한다.

일반적인 금융정책의 최종목표로는 완전고용, 물가안정, 적정한 경제성장유지, 국제수지균형, 소득분배의 형평 등을 들 수 있다. 이와 같은 최종목표가 정해지고 나면 정책당국은 그 목표를 달성하기 위해 여러 가지의 정책수단을 사용한다. 그런데 각종 정책수단이 최종목표에 영향을 미치기까지에는 상당기간이 소요되고 그 과정도 불확실하다. 따라서 정책당국은 최종목표와 정책수단의 사용과 관련하여 정책당국이 직접 영향력을 미칠 수 있는 정책지표를 설정하여 관리함으로써 최종목표를 효율적으로 수행할 수 있도록 한다.

이와 같이 금융정책의 체계는 금융정책의 수단, 금융정책의 지표, 금융정책의 목표로 구성된다.

[그림 14-8] 금융정책의 체계

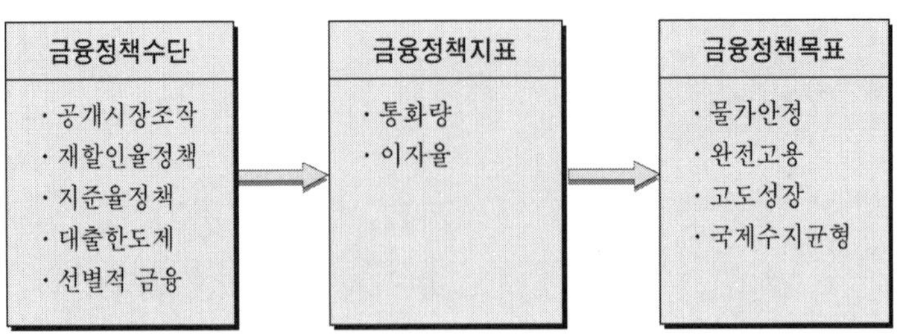

2. 금융정책의 수단

금융정책의 수단이란 금융정책의 최종목표를 달성하기 위해 정책당국이 사용할 수 있는 정책수단을 말한다. 금융정책의 수단은 크게 일반적 정책수단과 선별적 정책수단으로 구분할 수 있다. 일반적 정책수단은 정책효과가 국민경제 전반에 미칠 수 있도록 고안된 간접규제수단을 의미하는데, 이에는 공개시장조작, 지불준비율정책, 재할인율정책 등이 있다. 선별적 정책수단은 정책효과가 국민경제의 어떤 특정부문에만 선별적으로 미치도록 하는 직접규제수단을 의미한다. 이에는 대출한도제, 이자율규제정책 등이 있는데, 이것은 국내신용, 이자율 등에 최고한도를 설정해 놓고 그 이상을 초과하지 않도록 규제하는 것이다. 이하에서는 일반적 정책수단에 대해서 보다 더 구체적으로 살펴본다.

(1) 공개시장조작

공개시장조작(open market operation)은 중앙은행이 공개시장에서 국채와 기타유가증권을 매매함으로써 은행 등 금융기관의 지불준비금을 변동시켜 통화량을 조절하는 동시에 유가증권의 가격에 대한 효과를 통하여 간접적으로 이자율을 변화시키는 정책이다.

일반적으로 중앙은행이 국공채를 매입(매각)하면 통화량은 증가(감소)하고 이자율은 하락(상승)한다.

공개시장조작의 최대 장점은 탄력적인 운용이 가능하다는 점이다. 즉, 공개시장조작은 필요한 시점에 필요한 규모만큼을 쉽게 시행함으로써 금융기관의 지불준비금을 적절히 조정할 수 있다. 공개시장조작은 금융시장이 고도로 발달하여 금융자산이 다양화되어 있고 금리가 자유화되어 있는 선진국의 경우에는 통화조절수단으로 공개시장조작을 가장 많이 활용하고 있다.

(2) 지불준비율정책

지불준비율정책(reserve requirements policy)이란 중앙은행이 예금은행의 법정지불준비율을 변동시킴으로써 금융기관의 신용창조능력을 조정하고자하는 정책이다. 공개시장조작 및 재할인정책이 금융기관의 지불준비금규모에 영향을 미쳐 통화량을 조절하는데 비해 지불준비율정책은 파생적 통화를 창조할 수 있는 능력을 나타내는 통화승수를 변화시켜 통화량을 조절한다. 이 경우 중앙은행이 법정지불준비율을 인하(인상)하면 통화량은 증가(감소)하게 된다.

지불준비율정책은 통화량 증감효과가 직접적이고 확실하고, 정책의 집행효과가 즉시 나타나는 장점이 있는 반면에, 정책이 무차별적으로 적용되고 강제적인 집행이라는 데에 문제점이 있다.

(3) 재할인율정책

재할인율정책(rediscount rate policy)이란 중앙은행이 예금은행을 상대로 한 재할인율을 변동시켜 통화량을 조절하는 금융정책이다. 여기서 재할인율이란 예금은행이 할인한 고객의 약속어음을 다시 중앙은행에 제시하여 할인받고 자금을 차입하는 것을 말하는데, 이 경우 중앙은행이 예금은행에 대하여 적용하는 이자율을 재할인율이라 한다.

중앙은행이 재할인율을 인하(인상)하면 통화량이 증가(감소)하고 시중이자율이 하락(상승)압력을 받게 된다.

재할인율정책은 강제성이 없고, 은행의 요구에 의존하며, 공시효과를 유발한다는 장점이 있다. 예를 들어 재할인율을 인상하면 가계와 기업에게 긴축정책을 시사해 줌으로써 가계는 소비지출계획을 기업은 투자계획을 각각 축소 조정할 것을 예고해 주는 의미를 지니고 있다. 반면에 재할인정책의 효과를 기대하기 위해서는 중앙은행에 대한 예금은행의 자금의존도가 높고 또한 예금은행에 대한 민간의 자금의존도가 높아야 하는 선행조건이 충족되어야 한다.

3. 금융정책의 지표

금융정책의 지표란 금융정책의 최종목표를 달성하기 위하여 정책당국이 직접적으로 영향을 미칠 수 있는 경제변수를 말한다. 금융정책의 지표로는 통화량과 이자율이 있다. 그런데 금융정책의 정책지표가 되기 위해서는 중앙은행이 직접적으로 통제, 조절할 수 있어야 하고, 금융정책의 최종목표와 밀접한 연관이 있어야 한다.

통화량과 이자율 중 어느 것을 금융정책의 지표로 삼아야 할 것인가 대해서는 케인즈학파와 프리드만을 중심으로 한 통화주의자(monetarist)들의 입장이 서로 다르다. 케인즈는 그의 유동성선호설에서 이자율이 통화량보다 금융정책의 지표보다 더 적절하다고 보았다. 케인즈학파에 의하면 통화량을 증감시키는 것은 이자율을 변동시켜 투자수요에 영향을 미치는 간접적인 역할을 하는 데 불과하며, 따라서 통화량의 증감 그 자체는 아무런 의미가 없고 통화량증감이 이자율을 변동시키는데 의의가 있다는 것이다.

그러나 프리드만을 중심으로 하는 통화주의자들은 이자율지표는 경우에 따라 매우 불완전하기 때문에 이자율 대신 통화량을 금융정책의 지표로 삼아야 한다고 주장하였다. 통화주의자들의 견해를 정리하면 다음과 같다.

정책당국이 통화량을 증가시키면 유동성이 풍부하여 초기단계에서 이자율이 감소한다. 이를 유동성효과(liquidity effect)라고 한다. 또한 통화량증가는 명목국민소득의 증가를 가져오고 이는 다시 화폐수요를 증가시킴으로써 이자율을 상승시킨다. 이를 소득효과(income effect)라고 한다. 한편 통화량증가는 물가를 상승시키고 따라서 기대물가상승률을 증가시킨다. 시장의 명목이자율은 실질이자율에다 기대물가상승률을 합한 것과 같기 때문에 통화량증가는 시장의 명목이자율을 상승시킨다. 이를 가격효과(price effect)라고 한다. 이때 이들 효과들의 상호작용으로 인하여 이자율의 변동이 정책당국자에게 잘못된 신호(signal)를 줄 수 있기 때문에 이자율보다는 통화량을 금융정책의 지표로 삼아야 한다는 것이 통화주의자들의 견해이다. 예를 들어 통화량을 증가시킬 경우 소득효과와 가격효과가 크게 나타나면 이자율은 상승하는데, 이자율 상승의 사실만으로 금융시장의 자금사정을 잘못 판단할 수 있다는 것이다.

금융정책의 지표로 무엇을 삼을 것인가는 처해 있는 경제환경 여건에 따라 변할 것이나, 기본적으로는 국내외 경제전반의 상황변화에 따라 통화량과 이자율을 적절히 혼합해서 사용해야 할 것이다.

◈ 경제이론과 현실경제

미 금리인상, 세계 통화정책 양극화 진입

미국의 16일(현지시간) 금리인상은 전세계 통화정책 양극화의 신호탄이다. 유명 이코노미스트인 모하메드 엘 에리안 알리안츠 그룹 경제고문이 지적했듯 "대대적인 정책 분화"를 부르게 될 전망이다.

미 경제 의존도가 높은 멕시코를 비롯한 중남미 국가들은 미 연방준비제도(연준)를 따라 금리인상 대열에 동참할 가능성이 높고, 영국은행(BOE)도 내년 이후 금리인상에 나서겠다고 시사해 왔다.

반면 유럽중앙은행(ECB)은 이달초 통화정책 회의에서 양적완화(QE) 기간을 6개월 연장하는 등 규모를 확대했고, 마리오 드라기 총재는 최근 기자회견에서 필요할 경우 더 과감한 완화정책 카드를 들고 나오겠다고 다짐했다. 여기에는 현재 마이너스(-) 0.3%까지 떨어뜨린 예치금리 추가 인하도 포함된다.

재정적자 확대를 우려하는 일본은행(BOJ)은 내년 추가 QE를 꺼릴 가능성이 높다.

중국 경제 의존도가 높은 신흥시장에서는 중국 경기둔화에 따른 국내 경기 하강세를 진정시키기 위해 통화완화를 결정할 것으로 예상된다.

■ 중남미, 금리인상 나설 것

파이낸셜타임스(FT)는 미 금리인상으로 동반 금리인상 압력이 높아질 가장 확실한 국가로 멕시코를 꼽았다. 미국과 맞닿아 있는데다 미 경제 의존도가 높아 자본유출을 막기 위해서라도 금리를 올려야 할 것으로 예상됐다. 물가상승률(인플레이션)이 낮아 경기부양을 위한 금리인하 여력은 충분하지만 자본유출에 따른 타격이 더 클 것이기 때문에 금리를 올리는 것 외에는 대안이 없다는 것이다. 이미 멕시코 페소는 올들어 미국 달러 대비 14% 가까이 폭락해 사상최저치인 달러당 17.46페소까지 추락했다. 시장에서는 멕시코중앙은행이 17일 통화정책 회의에서 2008년 중반 이후 첫 금리인상에 나서 기준금리를 3.25%로 끌어올릴 것으로 예상하고 있다.

콜롬비아도 금리인상이 확실시 된다. 이미 3개월 연속 금리인상에 나선 콜롬비아는 18일 통화정책 회의에서 기준금리를 0.25%포인트 더 높여 5.75%로 끌어올릴 전망이다. 치솟는 인플레이션을 잡고, 페소 가치 폭락을 막기 위한 방안이다. 콜롬비아의 11월 물가상승률은 중앙은행 목표치 중간값의 2배를 훌쩍 넘는 6.39%에 이르렀고, 콜롬비아 페소가치는 올 들어 달러대비 28% 폭락하며 사상최저치로 떨어졌다. 노무라는 콜롬비아 중앙은행이 물가를 잡기 위해 앞으로 수개월간 금리인상 기조를 이어갈 것으로 예상했다.

또 지난주 금리를 올린 페루와 칠레 등도 연준과 보조를 맞춰 금리인상에 나설 것으로 예상됐다.

■ 아시아, 동유럽은 유동적

그러나 유럽 경제 의존도 높은 동유럽 신흥시장은 중립 기조를 보일 것으로 예상됐다.

이와 함께 인도네시아, 말레이시아, 태국 등 아시아 신흥시장은 중국 경기둔화 충격을 상쇄하기 위해 금리 인하에 나설 것으로 전망됐다.

호주와 뉴질랜드 등 오세아니아 지역은 전망이 엇갈린다. 중국 의존도가 높은 호주는 철광석, 석탄 등 원자재 수출이 직격탄을 맞으면서 성장세가 크게 둔화돼 금리인하 가능성이 점쳐진다. 반면 뉴질랜드는 중립기조가 예상된다. 지난 9일 이미 기준금리를 내린데다 추가 인하는 없을 것이란 전망이다. 시장에서는 기준금리가 2.50%로 떨어지면서 이제 바닥을 친 것으로 보고 있다. 기준금리 바닥이라는 인식은 금리인하에도 불구하고 이날 뉴질랜드 달러가 강세로 전환된 배경이 됐다.

■ 한국 전망은

미 금리인상은 달러 강세와 이에 따른 신흥시장 자본유출이라는 악재이지만 이미 2013년 당시 벤 버냉키 의장의 QE 축소 발언으로 한차례 홍역을 치른

데다 수년전부터 금리인상이 예상했던 터라 유출 속도가 가팔라지지는 않을 전망이다. 이미 어느 정도는 금리인상이 반영돼 있는 것이다. 금리인상 속도가 빨라지거나 인상 폭이 커지면 얘기는 달라지겠지만 지금으로서는 연준이 점진적 인상을 강조하고 있어 신흥시장에 심각한 추가 충격은 없을 것으로 보인다.

특히 미 금리인상에 따른 달러 강세와 신흥시장 통화 약세는 한국처럼 수출 의존도가 높은 신흥시장에는 도움이 될 수 있다. 연준의 금리인상 근거인 탄탄한 미 경제회복세는 연준의 예상이 맞아떨어진다면 신흥시장에 새로운 수출 돌파구가 된다. 경제회복과 강달러로 높아진 미 소비자들의 구매력이 신흥시장 제품 수요로 이어질 것이기 때문이다.

미 시장에서 한국이 주로 경쟁하는 일본과 중국의 통화가치 전망도 한국에는 유리하다. 모건스탠리, JP모건 등 투자은행은 내년에 일본 엔화가 달러당 110엔까지 가치가 치솟을 것으로 예상하고 있다. 일본은행이 QE에 소극적이 될 것이란 전망에 근거한 것이다.

중국 위안화 전망은 다소 복합적이다. 중국이 이미 달러 강세에 부담을 느끼고 기준환율을 통화바스킷으로 갈아타겠다고 밝힌 것처럼 지난 8월에 이어 추가 평가절하 가능성을 열어뒀다. 그러나 급속한 평가절하는 중국의 대외채무 부담을 높이고, 자본유출을 심화시키는 엄청난 후유증을 몰고올 것이어서 속도조절을 할 것으로 보인다.

결국 지금 상태라면 수출에서는 미 금리인상이 한국에 보탬이 될 수 있다.

그러나 최근 미 정크본드 시장이 출렁거리고, 그 여파로 신흥시장 채권 수요가 급감하고 있다는 점이 걸림돌이다. 신흥시장 전반으로 충격이 확산되면 우려하던 금리인상 후폭풍을 피할 수 없다.

한편 월스트리트저널(WSJ)은 BNP파리바가 보고서를 인용해 한국, 필리핀, 태국을 아시아 지역에서 미 금리인상에 가장 '덜 취약한' 국가로 꼽았다.

〈출처: 송경재 기자, 파이낸셜 뉴스(2015. 12.17)〉

중요개념 및 용어

화폐의 기능	물품화폐	그레샴의 법칙
금속화폐	지폐	전자화폐
통화	총통화	총유동성
통화지표	본원통화	신용창조
파생적 예금	통화승수	현금통화비율
현금잔고수량설	마샬의 k	유동성선호설
거래적 동기의 화폐수요	예비적 동기의 화폐수요	투기적 동기의 화폐수요
정상이자율	유동성함정	신화폐수량설
화폐수요곡선	화폐공급곡선	화폐시장의 균형
금융정책의 수단	금융정책의 지표	금융정책의 목표
공개시장조작	지불준비율정책	재할인율정책
유동성효과	소득효과	가격효과

연습문제

1. 화폐의 기능에 대하여 설명하라.

2. 화폐가 어떻게 변천하여 왔는지를 설명하라.

3. 광의의 통화(M_2)와 금융기관 유동성(L_f)이 각각 어떻게 구성되어 있는지 설명하라.

4. 중앙은행의 본원통화의 개념 및 구성에 대하여 설명하라.

5. 예를 들어 예금은행 조직 안으로 최초로 흘러들어온 본원적 예금이 200,000원이고, 법정지불준비율이 10%라고 하면, 총예금창출액은 얼마인가?

6. 현금통화비율이 0.20, 실제지불준비율이 0.10, 초과지불준비율이 0.01이라고 하자.
   (1) 통화승수를 구하라.
   (2) 본원통화가 10억원이라면 통화량은 얼마가 되는가?
   (3) 통화량을 2억원 증가시키려면 본원통화를 얼마나 늘려야 하는가?

7. 케인즈의 화폐수요이론의 하나인 투기적 동기에 의한 화폐수요는 이자율과 어떠한 관계를 갖고 있는지를 설명하라.

8. 유동성함정에 대하여 설명하라.

9. 화폐시장의 균형을 그림을 이용하여 설명하라.

10. 공개시장정책, 지불준비율정책, 재할인정책의 각각의 특징에 대해 설명하라.

11. 금융정책의 지표설정과 관련하여 케인즈학파와 통화주의자의 견해를 비교하라.

15
chapter

총수요-총공급 모형과 화폐시장 : 통화정책과 재정정책

학습목표

본 장을 학습하면 실물시장과 화폐시장을 동시에 고려한 모형을 통하여 두 시장의 상호 관련성에 따라 국민소득, 물가, 이자율이 동시에 어떻게 결정되는지를 이해할 수 있다.

1. 통화정책의 단기·장기효과를 이해할 수 있다.
2. 재정정책의 단기·장기효과를 이해할 수 있다.
3. 통화정책과 재정정책의 유효성을 이해할 수 있다.

제 1 절 통화정책의 단기·장기효과

1. 통화정책의 전달경로

어떠한 국민경제가 완전고용상태에 있어, [그림 15-1]과 같이 화폐시장에서 화폐공급곡선(M_0^S)과 화폐수요곡선(M_0^D)이 교차하는 점 E_0에서 균형을 이루어 균형이자율 r^*을 형성하고 있고, 실물시장에서 총공급곡선(AS_0)과 총수요곡선(AD_0)이 교차하는 F_0점에서 균형이 이루어져 균형국민소득 Y_f, 균형물가 P^*를 형성하고 있다고 가정하자.

이 상태에서 화폐공급량을 M_1으로 늘리면, 화폐공급곡선이 오른쪽으로 이동하게 되어 M_1^S이 됨에 따라 균형점은 E_1으로 이동하여 균형이자율이 r^*에서 r_1으로 떨어지게 된다.

이와 같이 이자율이 떨어지면 실물시장에서는 기업들이 투자지출을 늘리게 되는데, 이는 승수효과를 통해 보다 큰 폭의 총수요증가를 야기시킨다. 이처럼 총수요가 증가함에 따라 총수요곡선은 오른쪽으로 이동해

AD_1이 된다. 그 결과, 총공급곡선(AS_0)과 새로운 총수요곡선(AD_1)이 교차하는 F_1점에서 새로운 균형이 이루어져 국민소득은 Y_1으로 증가하고 물가도 P_1으로 상승하게 된다.

[그림 15-1] 통화정책의 전달경로

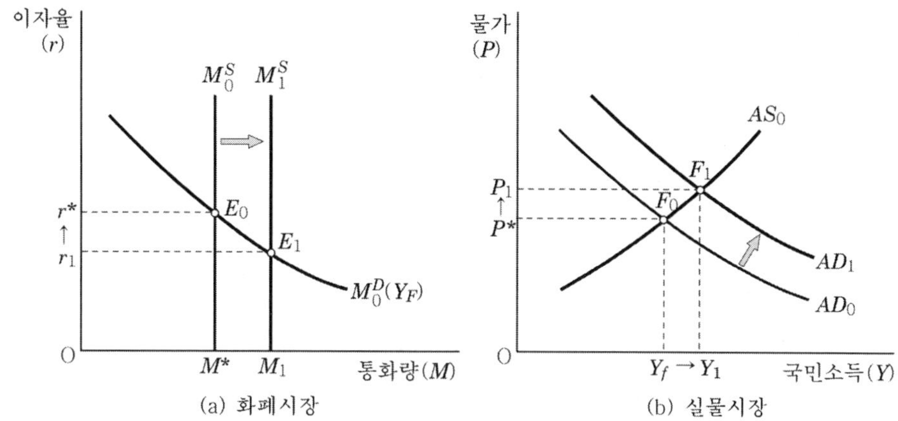

이상과 같이 화폐공급의 증가는 경기를 팽창시키는 효과를 지니고 있음을 알 수 있는데, 이처럼 화폐공급의 변화가 이자율의 변화를 가져와 실물시장에 영향을 미치는 과정을 통화정책의 전달경로라고 한다.

[그림 15-2] 통화정책의 전달경로

화폐공급의 증가 ⇒ 이자율하락 ⇒ 투자증가 ⇒ (승수효과) ⇒ 총수요증가
⇒ 국민소득증가

화폐공급의 감소 ⇒ 이자율상승 ⇒ 투자감소 ⇒ (승수효과) ⇒ 총수요감소
⇒ 국민소득감소

2. 통화정책의 유효성

통화정책이 실물시장에서 유효하게 영향을 미치기 위해서는 여러 조건

이 충족되어야 한다. 먼저, 통화정책이 총수요를 변화시키는데 효력을 발휘하기 위해서는 화폐공급량의 변화에 이자율이 민감하게 반응해야 한다.

화폐공급량이 변화할 때 이자율이 어느 정도로 민감하게 반응하느냐는 화폐수요의 이자율탄력성의 크기에 달려 있다. 일반적으로 화폐수요곡선의 기울기가 완만할수록 이자율탄력성이 크다고 말한다. 여기서 화폐수요의 이자율탄력성이 크다는 것은 동일한 이자율의 변화에 대하여 화폐수요량이 더욱 큰 폭으로 변화한다는 것을 의미한다.

바꿔 말하면 화폐수요의 이자율탄력성이 더 크면 화폐공급량이 같은 크기로 증가해도 이자율은 한층 더 작은 폭으로 떨어진다는 것이다. [그림 15-3]에서 보는 바와 같이 화폐공급량이 증가해 화폐공급곡선이 M_1^S으로 이동하면, 화폐수요의 이자율탄력성이 더 큰 화폐수요곡선 M_e^D가 주어진 경우에는 이자율이 r_e로 떨어진 반면에, 상대적으로 화폐수요의 이자율탄력성이 작은 화폐수요곡선 M_i^D가 주어진 경우에는 이자율이 r_i로 떨어져, 그 하락폭이 상대적으로 더 큼을 알 수 있다. 이와 같이 화폐수요의 이자율탄력성이 작을 때 이자율이 더 큰 폭으로 떨어진다는 것을 알 수 있다.

[그림 15-3] 화폐수요의 이자율탄력성

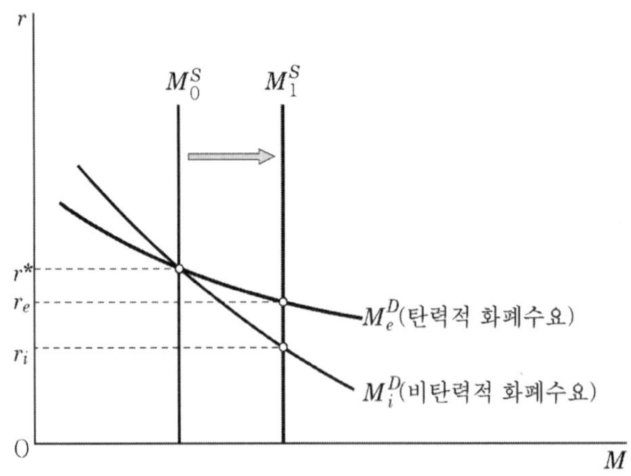

이와 같은 사실을 염두에 두고, 이번에는 화폐수요의 이자율탄력성이 무한대로 극단적인 경우를 분석해 보자. 이 경우는 화폐수요곡선의 형태가 수평선을 이루게 되는데, 아무리 화폐공급량을 변화시켜도 이자율은 변화하지 않는다. 이러한 상황에 직면했을 경우를 앞에서 언급한 것처럼 유동성함정(liquidity trap)에 빠졌다고 한다. 이와 같이 유동성함정에 빠져 있는 경우는 화폐공급량을 아무리 증가시켜도 이자율에 아무런 영향을 미치지 못해 투자, 나아가서 총수요에 전혀 영향을 못 미치게 된다.

다음으로, 투자의 이자율탄력성이 통화정책의 유효성에 크게 영향을 미친다. 왜냐하면 아무리 화폐공급량을 늘려 이자율이 큰 폭으로 떨어진다 하여도 투자가 민감하게 반응하지 않으면 총수요는 크게 늘어나지 못하기 때문이다. 다시 말하면, 투자가 이자율에 탄력적인 반응을 보여야만 통화정책이 총수요에 크게 영향을 미칠 수 있는 것이다.

마지막으로 투자의 변화가 승수효과를 통해 큰 폭의 총수요로 연결되느냐의 여부에 의해 통화정책의 유효성이 좌우된다. 왜냐하면 동일한 투자의 증가일지라도 투자승수가 클수록 총수요가 더 한층 큰 폭으로 증가하기 때문이다. 따라서 통화정책의 효과가 크게 나타나기 위해서는 투자승수가 커야 한다는 조건이 충족되어야 한다.

3. 통화정책의 장기효과

[그림 15-4]는 화폐공급량이 증가했을 때의 실물시장에서의 장기적인 변화를 나타내 주고 있다. 이는 앞에서 본 [그림 15-1]과 거의 유사하나, 다만 완전고용국민소득을 나타내는 수직선이 새롭게 추가되었다는 점에서 차이가 있다.

실물시장에서 총공급곡선 AS_0와 총수요곡선 AD_0이 교차하는 점 F_0에서 균형을 이루고 있다고 하자. 이때 화폐공급량을 증가시키면 화폐시장에서 화폐공급곡선이 오른쪽으로 이동하여, 이자율이 하락하게 된다. 이와 같이 이자율이 하락하면 투자가 증가하고, 투자의 증가는 승수효과를 수반해 보다 더 큰 폭의 총수요를 증가시켜 총수요곡선을 AD_1으로 이동시키게 된다. 그 결과 F_1점에서 새로운 균형이 성립되게 된다. 이는 앞에서 언급한 통화정책의 단기적 효과와 같은 내용으로, 이제부터는 장기적인 조정과정에 대해 살펴보기로 하자.

[그림 15-4]에서 보는 것처럼 국민경제의 단기균형이 F_1점에서 이루고 있을 때, 국민소득은 Y_1의 수준에 있게 된다. 그런데, 균형국민소득 Y_1은 완전고용국민소득(Y_f)보다 크기 때문에 인플레이션갭이 발생한다. 이와 같이 인플레이션갭이 발생하면 앞에서 언급한 바와 같이 임금과 다른 생산요소의 가격이 상승하기 시작하여 총공급곡선이 왼쪽으로 이동하게 된다.

[그림 15-4] 통화정책의 장기효과

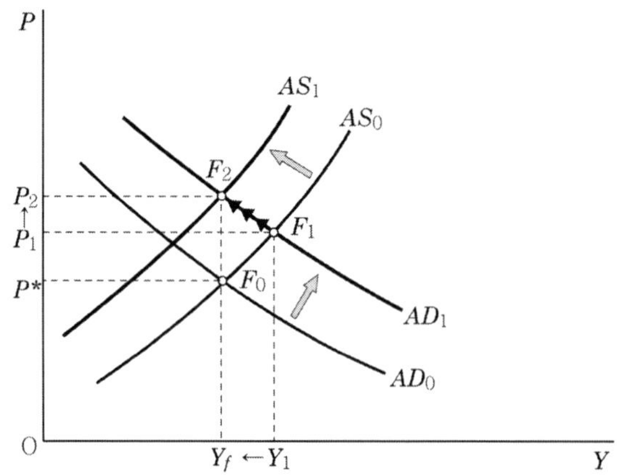

이와 같은 조정은 총공급곡선이 AS_1으로 이동하여 새로운 장기균형을 이룰 때까지 지속적으로 이루어진다. 새로운 장기균형은 F_2점에서 이루어지는데, 이때 균형국민소득은 완전고용국민소득수준으로 되돌아온 반면에, 물가는 P_2의 수준으로 상승한 것을 알 수 있다.

한편, 화폐시장에서도 화폐수요가 점차로 증가하여 이자율이 다시 상승하는 변화가 일어난다. 이는 실물시장에서 물가가 상승함에 따라 거래적 동기에 의한 화폐수요가 증가하여, 이자율이 다시 올라가기 시작하기 때문이다. 결국 단기균형상태에서 r_i으로 떨어졌던 이자율이 장기균형 상태에서는 다시 r^*의 수준으로 되돌아오게 된다. 이에 따라 투자도 원래의 위치로 되돌아오게 되고, 균형국민소득도 완전고용국민소득수준으로 되돌아오게 된다.

이상과 같이 장기에서는 화폐공급의 증가가 경기를 팽창시키지 못하고 단지 물가만을 상승시키는 결과를 초래했다는 것을 알 수 있다. 이와 같이 화폐공급의 변화가 장기적으로는 물가의 변화만을 야기시킬 뿐 투자나 국민소득과 등과 같은 실물변수에는 아무런 영향을 미치지 못하는 현상을 화폐의 장기중립성(long-run neutrality of money)이라고 한다. 위에서 설명한 것처럼 화폐의 장기중립성은 장기적인 측면에서는 실물경제의 움직임이 통화량과 아무런 관련성을 맺고 있지 않다는 의미를 내포하고 있다.

제 2 절 재정정책의 단기 · 장기효과

1. 재정정책의 단기효과

어떠한 국민경제가 완전고용상태에 있어, [그림 15-5]와 같이 화폐시장에서 화폐공급곡선(M_0^S)과 화폐수요곡선(M_0^D)이 교차하는 점 E_0에서 균형을 이루어 균형이자율 r^*을 형성하고 있고, 실물시장에서 총공급곡선(AS_0)과 총수요곡선(AD_0)이 교차하는 F_0점에서 균형이 이루어져 균형국민소득 Y_f, 균형물가 P^*를 형성하고 있다고 가정하자.

이 상태에서 정부지출을 증가시키면 어떠한 변화가 일어나는지 살펴보기로 하자. 먼저, 정부지출이 총수요를 구성하는 요소이므로 총수요곡선이 오른쪽으로 이동하여 AD_0에서 AD_1으로 이동하게 된다. 이와 같이 총수요곡선이 이동하면 물가가 P^*에서 P'으로 상승하고 국민소득은 Y_f에서 Y'으로 증가하게 된다.

[그림 15-5] 재정정책의 단기효과

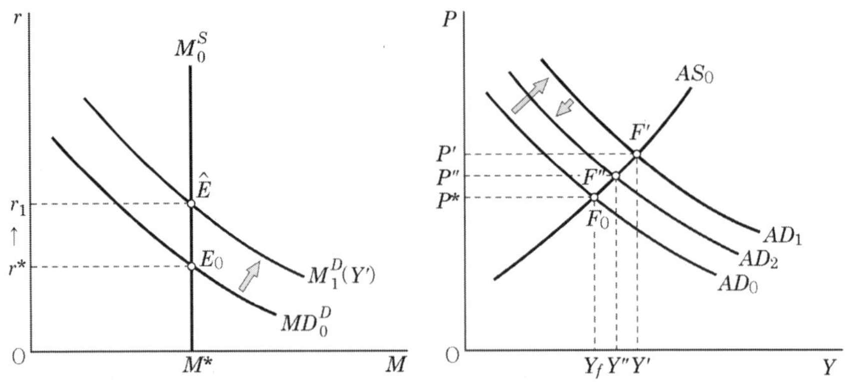

(a) 화폐시장 (b) 실물시장

한편, 화폐시장에서는 정부지출의 증가가 물가를 상승시켜 거래적 동기의 화폐수요를 증가시킴에 따라 화폐수요곡선이 M_0^D에서 M_1^D으로 오른쪽으로 이동해 이자율이 r_1으로 상승하게 된다.

이와 같이 이자율이 상승하면 실물시장에서 투자가 감소하고 이에 따라 총수요도 감소하게 되어 총수요곡선이 왼쪽으로 이동하여 AD_2가 된다. 이에 따라 AS_0곡선과 AD_2곡선이 교차하는 점 F''점에서 새로운 균형이 이루어져 국민소득은 Y''가 되고 물가는 P''가 된다. 여기서 국채발행 등으로 정부지출을 증가시킨 결과 이자율이 상승하고 투자가 줄어드는 현상을 정부지출이 투자를 구축한 결과를 야기시켰다는 의미에서 구축효과(crowding-out effect)가 발생했다고 말한다. 이와 같이 투자가 감소하여 원래의 총수요증가효과를 부분적으로 상쇄함에 따라 국민소득의 증가폭은 실물시장만을 고려했을 때의 국민소득 증가폭보다 작게 나타난다.

이상과 같이 정부지출을 증가시키는 재정정책을 시행할 때에도 단기적으로는 경기팽창효과가 있음을 알 수 있다. 다만, 통화정책의 경우 통화량의 증가를 통해 이자율이 하락하여 투자가 늘어나는 반면에, 재정정책의 경우 정부지출이 증가하면 이자율이 상승해 투자가 감소한다는 점에서 국민소득에 미치는 영향에 차이가 있음을 유의해야 할 것이다.

2. 재정정책의 장기효과

이번에는 정부지출을 증가시켰을 때의 장기효과에 대하여 알아보기로 하자. 이는 재정정책의 단기효과에서 살펴본 바와 같이 단기균형 상태에서 균형국민소득(Y'')은 완전고용국민소득(Y_f)보다 크기 때문에 인플레이션갭이 발생한다. 이와 같이 인플레이션갭이 발생하면 앞에서 언급한 바와 같이 임금과 다른 생산요소의 가격이 상승하기 시작하여 총공급곡선이 왼쪽으로 이동하게 된다.

이와 같은 조정은 총공급곡선이 AS_1으로 이동하여 새로운 장기균형을 이룰 때까지 지속적으로 이루어진다. 새로운 장기균형은 F_3점에서 이루어지는데, 이때 균형국민소득은 완전고용국민소득수준으로 되돌아온 반면에, 물가는 P_3의 수준으로 한층 더 상승한 것을 알 수 있다.

이와 같이 정부지출의 증가가 장기적으로 국민소득수준에 아무런 영향을 미치지 못한다고 해서 재정정책의 경우에도 통화정책에서와 같이 장기중립성이 성립한다고 하지는 않는다. 왜냐하면 국채발행 등을 통해 정부지출을 증가시킬 때 발생하는 구축효과는 장기에서도 그대로 남아 이자율이 계속 높은 수준으로 머무르기 때문이다. 이에 따라 정부지출의 증가는 장기에 있어서도 투자가 줄어들도록 영향을 미쳐 결국에는 실물경제에도 영향을 미치게 되는 것이다.

[그림 15-6] 재정정책의 장기효과

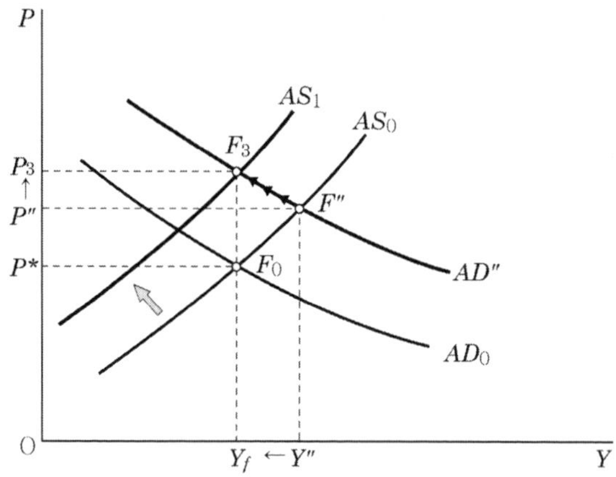

제 3 절 통화정책과 재정정책의 유효성

일반적으로 경제안정화정책에 대하여 케인즈를 비롯한 케인즈학파(keynesian)들은 재정정책의 효과가 강력하나 통화정책의 효과는 미약하다고 보는데 반해, 프리드만을 중심으로 한 통화주의자(monetarist)들은 화폐수요함수가 매우 안정적이므로 재정정책보다 통화정책의 효과가 더 강력하다고 여기고 있다. 이와 같이 재정정책과 통화정책에 대한 두 학파의 견해차가 발생하는 것은 정책의 전달경로와 정책의 시차에 대해 서로 다른 견해를 갖고 있기 때문이다.

1. 정책의 전달경로에 대한 견해차

케인즈 경제학자들은 통화정책의 전달경로가 너무 길 뿐만 아니라 확실하지도 않기 때문에 경기가 침체 시 화폐공급량을 늘리는 정책이 별로 유효하지 않다고 보고 있다. 특히, 화폐시장이 유동성함정에 빠져 있는 상태에서는 정책당국이 아무리 화폐공급량을 늘려도 이자율이 좀처럼 떨어지지 않기 때문에 통화정책은 별 소용이 없다고 주장한다. 이에 비해 정부지출이나 조세의 크기를 조절하는 재정정책의 효과는 강력하고 확실하다는 것이 케인즈학파들의 견해이다. 즉, 정부지출의 증가는 보다 직접적으로 총수요의 증가에 영향을 미치며, 조세감면도 처분가능소득을 늘리는 효과를 발휘해 소비를 확실히 늘릴 수 있다는 것이다. 따라서 침체에 빠진 경기를 부양시키기 위해서는 정책효과가 불투명한 통화정책보다 총수요에 직접적으로 영향을 미칠 수 있는 재정정책을 시행하는 것이 바람직하다고 여긴다.

한편, 통화주의자들은 화폐함수가 매우 안정적이고 화폐가 주로 교환의 매개수단으로 사용되기 때문에 화폐공급량의 변화는 이자율의 변화를 거치지 않고 직접적으로 총수요에 영향을 미친다고 주장한다. 이들의 주장에 의하면 정부지출의 증가를 통한 재정정책의 시행은 구축효과에 기인하여 경기진작에 별로 유효하지 않다는 것이다. 왜냐하면 정부지출의 증가가 설사 약간의 경기팽창효과를 발휘할지라도 투자를 감소시키는 결과를 초래하기 때문에 바람직하지 않다는 것이다. 이에 비해 화폐공급량을 늘리면 이자율이 떨어져 투자가 촉진되기 때문에 통화정책이 경기진작에 크게 도움이 된다는 것이다.

2. 정책시차에 대한 견해차

재정정책과 통화정책의 유효성에 대한 두 학파의 견해가 다른 것에는 정책시차에 대해 서로 다른 견해를 갖고 있다는 것도 영향을 미치고 있다. 정책이 수립되고 집행되어 실제로 효과가 나올 때까지는 어느 정도의 시간이 걸리는 데 이를 정책시차라고 한다. 정책시차는 크게 정책을 수립하고 집행할 때까지의 내부시차와 정책시행 후 결과가 나타날 때까지의 외부시차로 구분된다.

그런데 이와 같은 정책시차의 존재는 경기를 효과적으로 조절하는 데 중대한 역할을 한다. 예를 들어 경기가 침체에 빠질 것을 대비하여 확대정책을 시행했는데 그 효과가 경기침체를 지나 회복단계에 나타난다면 이는 경기확대를 야기시켜 오히려 경제를 한층 더 불안하게 만드는 결과를 초래할 수 있다. 그러므로 시차를 줄이거나 정확히 판단하는 것이 무엇보다도 중요하다.

일반적으로 재정정책은 내부시차가 길다고 알려져 있다. 왜냐하면 경제관료들이 경기의 진행사항을 인식하고 정책을 수립·집행하기까지는 시간이 많이 걸리고, 특히 예산집행을 위하여서는 국회의 동의가 필요한 경우가 많기 때문이다. 이에 비해 정책을 시행하면 그 효과는 바로 총수요의 증가로 나타나 국민소득을 증가시키므로 외부시차는 짧다고 볼 수 있다. 한편 통화정책은 내부시차가 짧지만 정책의 효과가 나오는 데까지 상당한 시간이 걸리므로 외부시차가 긴 것으로 알려져 있다.

이와 같은 관점에 의거 케인즈학파는 정책시차에 있어서 외부시차를 더 중요시하여 정책효과가 빨리 나오는 재정정책을 보다 효과적인 경기안정화정책으로 간주하고 있다. 즉, 통화정책이 이자율변화를 통해 투자지출을 변화시키는 데에는 상당한 시간이 걸리는 데에 비해, 정부지출의 증가는 직접적으로 실물시장의 총수요증가로 이어진다는 것이다.

한편 통화주의자는 재정정책은 내부시차가 길기 때문에 자칫하면 정책을 실기하여 오히려 경기의 진동폭을 크게 함으로써 경제를 불안하게 할 수 있다는 것이다. 반면에 통화정책은 국회동의와 같은 법적 절차를 거칠 필요없이 정책당국의 의지 하나만으로 신속히 정책을 수립·집행할 수 있기 때문에 경제안정화정책으로서 보다 효과적이라는 것이다. 다만, 정책효과가 나오기까지의 외부시차가 길으므로 경제환경변화에 따라 재량적으로 다른 통화정책을 시행하기보다는, 일정한 통화준칙(monetary role)에 따라 정책을 시행하는 것이 바람직하다고 주장한다.

◈ 경제이론과 현실경제

통화정책인가 재정정책인가

정부는 지난 8일 올해보다 3% 증가한 약 386조7,000억원의 내년도 예산안을 국무회의에서 의결하고 오는 11일 국회에 제출하기로 했다. 이를 두고 갑론을박이 한창이다. 일부에서는 "짠돌이 알뜰예산"이라고 옹호하기도 하고, 일부에서는 "더 화끈한 팽창재정"을 주문하기도 한다. 또 일부에서는 법인세 인상 등 재정건전성 확보 방안이 결여된 예산은 받아들일 수 없다는 입장을 보이기도 한다. 그런데 이런 논란은 두 가지보다 근본적인 고민을 결여하고 있다. 하나는 경제활성화를 위해 통화정책을 사용할 것인가, 아니면 재정정책을 쓸 것인가 하는 선택에 관한 것이고, 다른 하나는 악화하는 재정건전성을 어떻게 개선시킬 것인가 하는 점이다.

먼저 통화정책과 재정정책간 선택 문제부터 살펴보자. 먼저 두 정책을 사용할 때의 장단점을 비교해 보자. 확장적 재정정책은 성장률을 즉각적으로 올리지만 한편으로 금리 인상 요인이 되고 다른 한편으로 재정부채 누증의 악영향을 미친다. 재정부채 부분은 뒤에서 다시 살피기로 하고 금리 인상 부작용부터 보면, 이는 가계부채, 민간투자에 악영향을 미치고 원화의 절하를 방해하여 수출기업의 가격경쟁력 제고를 방해할 가능성이 크다.

반면 확장적 통화정책은 금리 인하를 통해 채무자의 금리부담을 완화시키고 민간 투자 유인을 제고하여 우회적으로 성장률을 상승시킨다. 재정부채 문제는 없으나 민간의 가계 부채가 증가할 가능성이 있다. 금리 인하는 외국자본의 탈출 유인을 부추겨 원화는 절하될 가능성이 크다. 이는 외환시장에 긴장을 야기하겠으나 수출기업에는 도움이 될 것이다.

결국 재정정책이나 통화정책이나 모두 나름대로의 장점과 단점을 가졌다는 점에서 만병통치약이 아니라는 점은 자명하다. 문제는 그래도 어떤 장점이 중요하고 어떤 단점이 다른 방식으로 보완가능할 것인가 하는 점이다. 우선 두 정책의 효과가 가장 엇갈리는 부분은 금리에 미치는 효과다. 재정정책은 금리를 올리고, 통화정책은 금리를 낮춘다. 필자는 현재 금리 인하가 절실하다고 믿고 있다. 왜냐하면 그것이 경제활성화의 본령이기 때문이다. 따라서 확장적 재정정책보다는 확장적 통화정책을 선호한다. 어떤 이는 금리 인하가 외국자금의 이탈을 재촉할 것이라고 걱정하지만 필자는 그것은 오히려 우리가 절실하게 필요로 하는 원화 절하를 가져오는 축복이라고 생각한다.

확장적 통화정책의 가장 큰 문제는 가계부채의 급증이다. 이것은 단점이다. 그러나 "보완 가능한 단점"이다. 어떻게 보완하는가? 정부가 가계부채에 대한 진정한 의미의 구조조정을 지금부터 시작하면 된다. 구체적으로 신용부채를 갚지 못하는 다중채무자의 부채는 실질적으로 탕감해주고, 주택담보대출의 증가세는 최대한 억제하는 정책을 시급하게 펼쳐야 한다. 통화당국도 먼 산 바라보듯이 정부만 쳐다볼 것이 아니라 은행의 대출을 통제할 수 있는 한국은행법상 금융통화운영위원회의 권한을 적극적으로 활용하여 주택담보대출의 증가를 억제하도록 해야 한다.

마지막으로 재정 적자에 따른 재정건전성 확보 문제를 살펴보자. 필자는 정부가 내년도 예산을 편성하면서 "노골적으로" 재정 적자를 당연시하는 태도를 수용할 수 없다. 자칫 이번 정부는 임기 중 단 한 차례도 재정 균형을 달성하지 못한 채 다음 정권에 빚만 잔뜩 물려줄 가능성이 크다.

보다 근본적으로 현세대의 이익을 위해 미래 세대의 부담을 잔뜩 늘리는 무책임한 정권으로 각인될 가능성이 크다. 내년도 예산은 절대로 "짠돌이 알뜰예산"이 아니라 무책임한 적자 예산인 것이다.

상황이 이런데도 정부는 법인세 인상이나 부유세 신설 등 재정건전성을 확보하기 위한 근본적인 처방에는 기를 쓰고 반대하고 있다. 도대체 미래 세대가 이번 정부에 무슨 죄를 지었기에 이처럼 핍박을 받는지 이해할 수 없다. 물론 일부에서는 우리나라 국가부채가 국내총생산 대비 40% 수준을 넘기는 했지만, 다른 선진국에 비교하면 아직 양호한 수준이라서 괜찮다는 견해를 보인다.

그러나 이것은 매우 위험한 발상이다. 일본의 경우를 보면 노령화와 저성장이 본격화된 1990년대 중반 이후 확장적 재정정책을 남발하다가 재정부채가 급증했던 경험이 있기 때문이다. 이런 추세라면 우리나라도 아마 10년 내에 일본과 유사한 상황에 직면할 것이다. 그때는 백약이 무효가 될 것이다. 무모한 모험은 자제해야 한다. 지금은 부자에게 세금을 걷어서 재정건전성을 확보하고 돈을 찍어서 경기부양할 때다.

〈출처 : 전성인 홍익대 교수·경제학 경향신문(2015-09-09)〉

중요개념 및 용어

통화정책의 전달경로	통화정책의 단기효과	화폐수요의 이자율탄력성
유동성함정	투자의 이자율탄력성	통화정책의 장기효과
화폐의 장기중립성	재정정책의 단기효과	구축효과
재정정책의 장기효과	경기팽창효과	정책시차
내부시차	외부시차	통화준칙

연 습 문 제

1. 통화정책의 전달경로에 대하여 설명하라.

2. 통화정책의 유효성에 영향을 미치는 요인에 대해 개략적으로 설명하라.

3. 화폐의 장기중립성에 대하여, 그 의미를 설명하고, 이를 그림을 이용하여 설명하라.

4. 재정정책과 관련하여 구축효과에 대하여 설명하라.

5. 정부지출을 증가시켰을 때의 재정정책의 장기적 효과에 대해 그림을 이용하여 설명하라.

6. 통화정책과 재정정책의 전달경로에 대한 케인즈 경제학자들의 견해와 통화주의자들의 견해의 차이를 간략하게 설명하라.

16 chapter

인플레이션과 실업

학습목표

본 장을 학습하면 경제안정화정책과 관련하여 인플레이션과 실업이 어떻게 발생하고, 이에 대해서는 어떻게 대처해야 하는지를 이해할 수 있다.

1. 인플레이션의 정의 및 경제적 효과에 대하여 이해할 수 있다.
2. 인플레이션이 발생하는 원인과 이에 대한 대책을 이해할 수 있다.
3. 실업의 정의 및 종류, 대책에 대하여 이해할 수 있다.
4. 인플레이션 또는 실업을 진정시키려는 노력이 인플레이션의 억제, 실업의 해소라는 각각의 목표와 상충될 수 있다는 것을 시사해 주는 필립스곡선에 대하여 이해할 수 있다.
5. 물가상승과 경기침체가 동시에 나타나는 스태그플레이션의 원인과 대책에 대하여 이해할 수 있다.

제 1 절 인플레이션의 정의와 경제적 효과

1. 인플레이션의 정의와 분류

인플레이션(inflation)이란 일반적인 물가수준이 지속적으로 상승하는 현상을 말한다. 바꾸어 말하면 화폐가치가 하락하는 것을 의미하는데, 모든 물가들이 계속적으로 상승하면 명목화폐단위의 구매력은 계속 하락하게 된다.

인플레이션은 정부의 직접통제 유무에 따라 억압형 인플레이션(repressed inflation)과 개방형 인플레이션(open inflation)으로 분류된다. 정부가 물가나 임금 등을 직접 통제하여 물가상승요인을 억제하고 있는 상태를 억압형 인플레이션이라 하고, 정부의 직접적인 통제가 없어 인플레이션요인이 그대로 현재화하여 물가가 상승하는 현상을 개방형 인플레이션이라고 한다.

또한, 인플레이션은 진행속도에 따라, 물가수준의 연평균상승률이 완만하게 지속적으로 상승하는 서행성인플레이션(creeping inflation)과 화폐의 유통속도가 빨라 교환의 매개수단으로 화폐가 그 기능을 다하지 못할 정도로 물가가 상승하는 주행성 인플레이션(galloping inflation) 또는 초 인플레이션(hyper inflation)으로 분류된다.

한편, 경기상태에 따라 인플레이션을 진성 인플레이션(true inflation)과 반 인플레이션(semi inflation)으로 분류할 수 있다. 진성인플레이션은 완전고용 하에서 총수요가 증가할 경우 실질생산의 증가는 없고 물가만 상승하는 것을 말하며, 반 인플레이션은 불완전고용 하에서 총수요가 증가하면 실질생산의 증가와 동시에 물가상승이 일어나는 현상을 말한다. 이와 관련하여 생산과 고용이 감소하였는데도 불구하고 물가가 지속적으로 상승하는 현상을 스태그플레이션(stagflation)이라고 한다.

2. 인플레이션의 경제적 효과

첫째, 소득재분배의 효과가 있다. 만약 지속적으로 물가가 상승하면 노동자들의 명목임금도 상승하지만, 이때 임금상승률이 물가상승률보다 낮다면 노동자들의 실질임금도 하락하게 된다. 이와 같이 인플레이션은 임금소득자와 연금소득 생활자와 같이 고정명목임금을 받는 사람들은 손해를 보고 기업가들에게는 유리하다.

둘째, 자산의 재분배효과가 있다. 만약 인플레이션이 발생하면 상품의 가격이 상승하므로 실물자산을 보유하고 있는 사람은 보호받을 수 있지만, 금융자산의 경우는 인플레이션으로부터 보호받을 수 없다. 따라서 화폐자산보유자와 채권자는 손해를 보고, 실물자산소유자와 채무자는 오히려 이익을 본다.

셋째, 인플레이션은 경제의 효율성을 떨어뜨려 경제성장을 저해한다.

즉, 급속한 인플레이션은 통화가치와 실질이자율의 하락으로 저축이욕을 감퇴시키고 실물선호를 조장하기 때문에 기업은 생산활동보다는 부동산 투기 등에 보다 많은 관심을 갖게 되어 경제성장을 저해한다.

그러나 완만한 인플레이션은 기업의 이윤증대와 부채탕감을 통해 기업의 투자를 증대시키고 고용을 확대시키는 등 경제성장에 긍정적인 영향을 미친다. 완만한 인플레이션이 바람직하다면 구체적으로 몇 %의 인플레이션이 적정한 가하는 문제가 제기된다. 예를 들어 물가안정목표의 경우 미국은 2%, 유로지역은 '2% 미만이지만 이에 근접한 수준', 영국은 2%인데 비해, 신흥시장국(emerging countries)은 선진국보다 다소 높은 수준이다. 이와 같이 어느 정도의 인플레이션이 적정한가는 그 나라의 경제구조, 과거의 인플레이션 경험, 정치 및 사회 환경 등에 의해 영향받고 있다고 말할 수 있다.

넷째, 인플레이션은 자원배분을 왜곡시킨다. 즉, 인플레이션이 발생하면 재화나 서비스의 가격이 수요와 공급의 원리를 제대로 반영하지 못하므로 이러한 가격을 기준으로 하는 경제활동은 합리적인 자원배분을 왜곡시키는 경향이 있다. 예를 들어 인플레이션이 발생하면 정액법에 따라 감가상각시 감가상각충당금을 마련해 두어도 기계설비 가격의 상승 때문에 충당금으로는 노후 기계설비를 대체할 수 없어 재투자의 의욕이 상실되므로 자원배분이 왜곡된다. 따라서 기업은 예상된 인플레이션 하에서 인플레이션으로 인한 피해를 막기 위해 생산자금을 투기자금으로 돌림으로써 경제적 효율성이 떨어지는데 이를 인플레이션 헤징(inflation hedging)이라고 한다.

다섯째, 인플레이션은 국제수지를 악화시킨다. 인플레이션이 발생하면 외국제품에 비해 국내제품이 상대적으로 비싸지기 때문에 국내상품의 국제경쟁력을 약화시켜 수출은 둔화되고, 반면에 국내상품에 대한 외국상품의 상대가격이 하락하므로 수입이 증가하게 되어 국제수지가 악화된다.

제 2 절 인플레이션의 원인과 대책

1. 수요견인 인플레이션

국민경제의 총수요가 총공급을 초과함으로써 발생하는 물가상승현상을 수요견인 인플레이션(demand pull inflation)이라고 한다. 이는 인플레이션의 원인을 총수요측면에서 본 것으로 [그림 16-1]에서 보는 것처럼 총수요곡선이 오른쪽으로 이동하여 총수요가 총공급을 초과할 때 발생한다. 이때 초과수요는 주로 과다한 통화공급의 증가와 실물수요의 계속적인 증가로 인해 발생된다.

고전학파, 통화주의자들은 과도한 통화량이 인플레이션을 초래한다고 본다. 즉, 통화량이 증가하여 민간부문이 필요이상의 화폐를 보유하게 되면 가계는 화폐를 소비에 사용하게 되며, 이때 실물부문이 일정하면 소비의 증가는 결국 물가를 상승시킨다. 이와 같이 고전학파, 통화주의자들은 적정수준보다 많은 통화량의 공급에 의해 인플레이션이 발생한다고 보았기 때문에, 통화량을 적정수준으로 묶지 않고는 인플레이션을 진정시킬 수 없다고 생각하였다. 따라서 고전학파, 통화주의자들은 인플레이션에 대한 대책으로 통화 공급량을 일정하게 유지하는 안정적인 통화 공급대책을 제시하였다.

한편, 케인즈는 통화량의 증가가 없더라도 총수요가 총공급을 초과하면 인플레이션이 발생한다는 것이다. 즉, 소비, 투자, 정부지출, 순수출과 같은 총수요가 증가하면 총수요곡선을 오른쪽으로 이동시키게 되는데, 이때 총공급의 증가가 수반되지 않는 이상 초과수요를 발생시켜 물가상승을 유발한다는 것이다. 이와 같이 케인즈는 인플레이션의 원인이 실물부문에서 과다한 총수요에 있다고 보기 때문에, 인플레이션의 대책으로는 총수요를 억제시키는 긴축재정정책을 제시하고 있다.

[그림 16-1] 수요견인 인플레이션

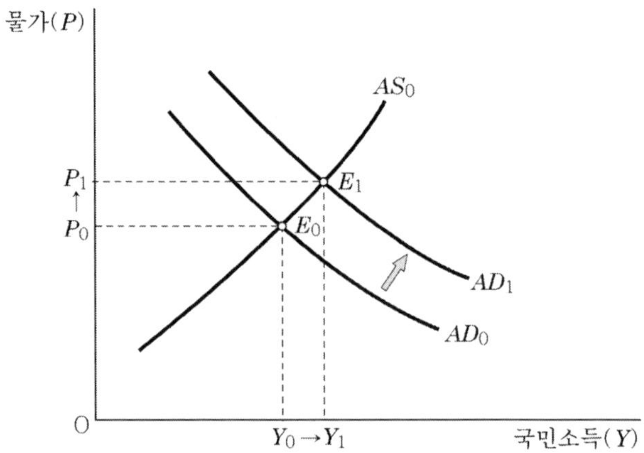

2. 비용상승 인플레이션

비용상승 인플레이션(cost-push inflation)은 원자재가격의 상승이나 임금의 상승 등과 같이 총공급측면에서 비용의 상승으로 물가가 상승하는 것을 말한다. [그림 16-2]에서 보는 바와 같이 임금, 원료비 등이 상승하면 총공급곡선(AS)을 왼쪽으로 이동시켜 물가를 P_0에서 P_1로 상승시키게 된다.

케인즈는 비용상승 인플레이션의 원인을 임금, 관리가격, 이윤율인상 등으로 보고 있다. 먼저 노동자들이 노동생산성의 향상보다 더 높은 화폐임금의 인상을 요구할 때 인플레이션이 발생한다는 데 이를 임금인상 인플레이션이라고 한다. 즉, 노동의 생산성향상은 총공급곡선(AS)을 오른쪽으로 이동시키지만, 화폐임금의 인상은 총공급곡선을 왼쪽으로 이동시켜 물가를 상승시킨다는 것이다.

다음으로 과점기업들이 담합을 통하여 설정한 가격을 관리가격이라고 하는데, 이 관리가격이 인상되면 총공급곡선(AS)을 왼쪽으로 이동시켜 물가가 상승하게 된다는 것이다. 이를 관리가격인플레이션이라고 한다.

또한 기업이 이윤율을 증가시키기 위해서 이윤 부가율을 제품가격에 반영시키는 경우에도 인플레이션이 발생한다는 데 이를 이윤인상인플레이션이라고 한다.

[그림 16-2] 비용상승 인플레이션

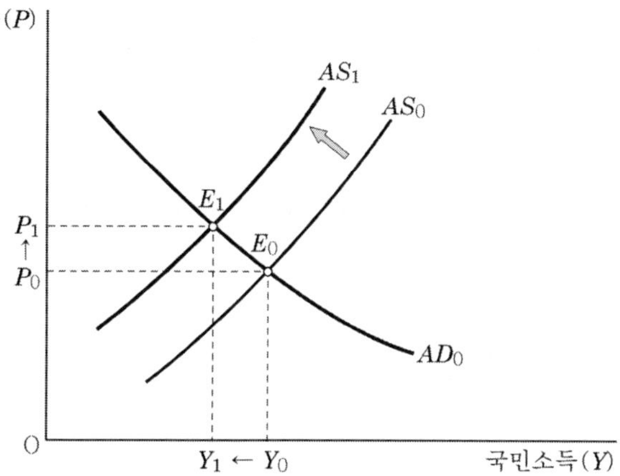

이와 같은 비용상승 인플레이션에 대해 케인즈학파는 정부가 개입하여 임금인상과 물가상승을 억제함으로써 전반적인 인플레이션을 관리하는 소득정책(income policy)을 시행할 것을 주장한다.

일반적으로 인플레이션이 지속되고 있는 상황에서는 인플레이션의 기대심리로 노동자와 기업들은 서로 자기의 이익을 추구하고자 하기 때문에 임금과 물가의 상승이라는 악순환이 되풀이된다. 이러한 임금과 물가의 악순환을 방지하고 인플레이션을 억제함으로써 실질소득을 보장하고자 하는 정책이 바로 소득정책인 것이다. 소득정책이 일환으로 사용되는 정책으로는 임금가이드라인(wage guideline)이 있다. 이는 예를 들어 정부가 공무원들의 임금인상률을 사전에 명시함으로써 민간부문의 임금수준을 유도하거나, 노동자들의 과도한 임금인상요구를 억제하기 위해 임금인상을 연평균 노동생산성증가율 범위 내에서 제한하는 경우가 이에 해당된다. 이외에도 임금과 물가를 동시에 억제하거나 동결하는 임금-물가 연동제(wage-price controls) 등이 있다.

3. 혼합형 인플레이션

수요견인 인플레이션과 비용상승 인플레이션이 복합적인 요인으로 발생하는 인플레이션을 혼합형 인플레이션이라고 한다. 이는 국민소득이 증가하면서 물가수준이 상승하는 수요견인 인플레이션과 국민소득이 감소하면서 물가수준이 상승하는 비용상승 인플레이션의 양상과는 다르게 국민소득 내지는 생산활동에 현저한 변동을 보이지 않으면서 인플레이션이 발생하는 경우이다.

[그림 16-3] 혼합형 인플레이션

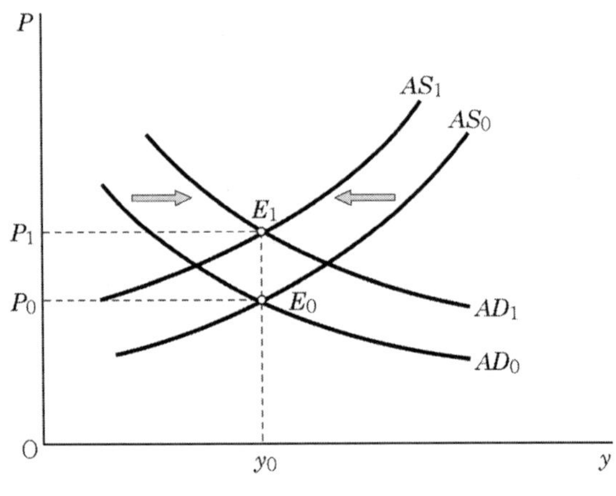

[그림 16-3]에서 보는 바와 같이 예를 들어 정부지출의 증가와 통화량이 증가하면 총수요곡선(AD)이 오른쪽으로 이동하면서 물가가 상승한다. 이와 같이 물가가 상승하면 생산요소의 가격이 함께 상승하면서 기업의 생산비가 증가하기 때문에 총공급곡선(AS)이 왼쪽으로 이동하고 물

가가 상승한다. 결과적으로 혼합형 인플레이션은 국민소득은 변동하지 않으면서 물가수준만 P_0에서 P_1으로 상승함을 알 수 있다.

1970년대 초반의 석유파동 이후 전 세계적으로 물가가 상승하면서 실업률이 증가하였는데, 이는 비용상승 인플레이션을 의미한다. 이에 대응해 각국에서는 확장적 재정정책 및 금융정책을 시행하였는데, 그 결과 인플레이션과 기대인플레이션이 가속화되었다. 이와 같이 1970년대 초반에 세계 각국이 경험한 것이 비용상승 인플레이션과 수요견인 인플레이션이 혼합된 혼합형 인플레이션의 전형적인 예라고 볼 수 있다.

제 3 절 실업의 정의와 종류

1. 실업의 정의

적정한 고용수준을 유지한다는 것은 국가경제의 중요한 과제 중의 하나이다. 고용수준을 적정하게 유지한다는 것은 국민의 기본생활을 보장하고 생활터전을 제공해 준다는 점에서 단순한 경기대책의 차원을 넘어 국민복지증대의 차원에서 다루어야 할 중요한 과제로 인식되고 있다. 특히 인구구조의 고령화가 급격히 진행되어 2000년에 전체인구 대비 노인인구 비율이 7.2%로 고령화사회에 도달하였고, 2018년에는 14%를 넘는 고령사회에, 2026년에는 20%인 초고령사회에 진입할 것이 예상되는 우리나라의 경우, 더욱 더 그렇다.

실업(unemployment)이란 사람들이 일할 능력이 있음에도 불구하고 일자리가 없어서 일하지 않는 상태를 말한다. 한 나라의 인구 중 15세 미만의 인구를 뺀 나머지를 생산가능연령인구라고 하며, 이 가운데 일할 의사와 능력을 가진 사람들을 경제활동인구라고 한다. 경제활동인구의 범위는 나라마다 약간의 차이가 있으나 대체로 국제노동기구(International Labor

Organization : ILO)의 권고방식을 따르고 있다. 우리나라의 경우도 국제노동기구의 권고방식을 따르고 있는데, 15세 이상 인구 중에서 일할 의사가 없는 학생들이나 전업주부, 일할 능력이 없는 노약자를 제외한 사람들을 경제활동인구로 보며 이들이 전체인구에서 차지하는 비율을 경제활동참가율이라고 한다.

경제활동인구는 다시 취업자와 실업자로 구분된다. 취업자란 주당 1시간 이상 수입을 목적으로 일하거나, 가족구성원이 경영하는 일터에서 주당 18시간 이상 무보수로 일하는 사람으로 정의된다. 실업자는 경제활동인구에서 취업자를 뺀 것으로, 이를 경제활동인구로 나누면 실업률이 된다.

$$\text{경제활동참가율} = \frac{\text{경제활동인구}}{\text{15세 이상 인구}} \times 100 \tag{16-1}$$

$$\text{실업률} = \frac{\text{실업자수}}{\text{경제활동인구}} \times 100 \tag{16-2}$$

[그림 16-4] 우리나라의 노동시장

(2015년 9월 현재)

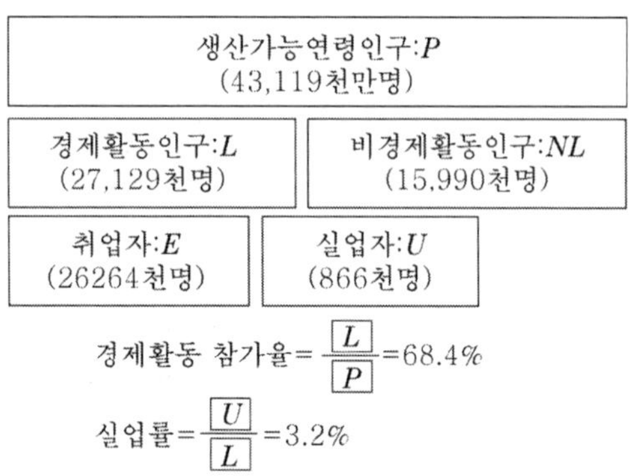

자료 : 통계청

우리나라의 경우 매달 34,000가구를 대상으로 실시한 표본조사의 결과에 기초에 실업률을 측정하고 있다. 그런데 실업통계를 보면 실업률이 실제 피부로 느끼는 것보다 낮게 측정되는 경향이 있다. 이는 실업률 측정상 크게 두 가지의 문제점이 있기 때문이다. 하나는 주당 수입을 얻기 위해 1시간 이상 일을 해도 취업자로 간주하기 때문이다. 다른 하나는 일자리를 찾으려고 오랫동안 노력하다가 결국 포기하고 만 사람들, 이들을 실망노동자(discouraged worker)라고 하는데 이들은 실질적으로는 실업상태에 있는데도 불구하고 일할 의사가 없는 것으로 간주하여 실업통계에서 제외하기 때문이다. 이들을 실업자에 포함하면 실업률은 훨씬 높게 나타날 것이다.

2. 실업의 종류

실업은 취업할 의사의 유무를 기준으로 비자발적 실업과 자발적 실업으로, 또한 표면에 나타나는 형태에 따라 현재적 실업과 잠재적 실업으로, 그리고 실업의 발생 원인이 경제의 내부에 있는가 없는가에 따라 내재적 실업과 외생적 실업으로 각각 구분할 수 있다.

(1) 자발적 실업과 비자발적 실업

자발적 실업은 노동의 대가로 받는 현재의 임금수준이 노동에 따른 고통보다 낮다고 생각하기 때문에 노동자 스스로가 취업하기를 거부하여 실업상태에 있는 경우를 말한다. 자발적 실업의 경우 본인이 기대수준을 조금만 낮추면 얼마든지 일자리를 구할 수 있기 때문에 이는 개인적인 문제이고 일시적일 수 있어, 경제적으로나 사회적으로 큰 문제가 되지는 않는다.

경제에 자발적 실업만 있는 경우를 완전고용이라고 하며, 이 경우의 실업률을 자연실업률(natural rate of unemployment)이라고 한다. 이러한 자발적 실업의 대표적인 예로는 마찰적 실업과 계절적 실업 등을 들 수 있다.

① 마찰적 실업

마찰적 실업이란 더 좋은 직업이나 직장에 대한 정보를 수집하는 과정에서 일시적으로 실업상태에 있는 경우를 말한다. 예를 들어 어떤 사람은 직장에 대한 정보를 수집하는 과정에서 일시적으로 실업상태를 경험한다. 또한 대학을 갓 졸업한 사회초년생이 적성에 맞는 직장을 구하기 위해 여러 직장을 옮겨 다니는 과정에서 실업상태를 경험하게 되는 경우가 이에 해당된다. 이와 같이 완전한 정보를 가지고 있지 않는 한 마찰적 실업은 불가피할 것이다.

② 계절적 실업

계절적 실업은 기후나 기타 계절적 변화, 그리고 관습 등이 계절적으로 변화함으로써 발생하는 실업을 말한다. 기후나 기타 계절적 변화, 그리고 관습 등에 의해 생산 및 상품소비가 변화하면 노동의 수요도 계절적으로 변화하게 된다. 계절적 실업은 농업, 수산업 등 1차 산업과 건설업에서 주로 발생한다. 이러한 계절적 실업은 마찰적 실업의 구성요소로 간주된다.

(2) 비자발적 실업

비자발적 실업이란 현재의 임금수준에서 일할 의사가 있음에도 불구하고 일자리를 얻지 못하는 상태를 말한다. 비자발적인 실업은 그 발생 원인에 따라 경기적 실업, 구조적 실업, 기술적 실업 등으로 구분할 수 있다.

① 경기적 실업

경기적 실업은 경기침체기에 총수요의 부족으로 인해 발생하는 실업을 말한다. 경기침체로 전반적인 수요가 감소하면 판매부진으로 재고가 증가한다. 재고가 장기간 누적되면 기업은 생산을 줄이며, 생산감소는 노동투입량도 감소시키므로 실업이 발생하게 된다. 한편 실업의 증가는 소득의 감소를 의미하므로 전반적인 수요부족현상을 보다 심화시켜 다시 실업을 증가시키는 악순환을 되풀이하게 되는데, 이것이 경기적 실업인 것이다. 이와 같이 경기적 실업은 그 진행과정이 누적적으로 진행되는 특징을 갖고 있음을 알 수 있는데, 총수요의 감소와 실업이 누적적으로 진행되면 경제는 불황국면으로 진행하게 된다.

② 구조적 실업

구조적 실업은 전체 노동에 대한 수요가 부족해서 발생하는 것이 아니라 기술진보, 산업구조조정 등 경제구조의 불균형에 기인하여 특정한 부문의 노동에 대한 수요가 부족해서 발생하는 실업으로 이는 다음과 같이 노동구조적 실업과 경제구조적 실업으로 분류해 볼 수 있다.

첫째, 노동구조적 실업은 어떤 특정한 부문의 노동에 대한 수요가 부족하여 발생하는 경우로서, 이러한 노동구조적 실업은 노동의 질이 서로 다르기 때문에 부문 간의 노동력의 이동이 용이하지 않은데서 연유한다.

둘째, 경제구조적 실업은 다시 만성적인 총수요부족에서 연유하는 선진국형 구조적 실업과 자본부족에서 연유하는 발전도상국형 구조적 실업으로 구별된다. 선진국의 경우 소득수준이 높아짐에 따라 소비성향은 낮아지고 투자기회가 감소함에 따라 투자가 둔화되는 것이 일반적인 현상이다. 이와 같이 선진국형 구조적 실업은 소득수준이 높아짐에 따라 소비수요와 투자수요가 상대적으로 감소하기 때문에 만성적으로 총수요가 부족한 경우에 발생한다. 한편 발전도상국에서는 자본부족에 기인하여 많은 노동력이 생산에 참여하지 못하고 실업상태로 방치되고 있는 실정이다. 특히 인구가 많은 발전도상국에서는 취업기회의 제한으로 필요이상의 많은 노동력이 농업부문에 종사하고 있는데, 이들의 노동 한계생산력은 거의 제로(0)에 가깝기 때문에 이들이 농업에 종사하여 얻는 대가는 자가의 소비의 일부를 충족시킬 정도에 불과하여 거의 실업상태에 있는 것과 다름없다. 이와 같이 발전도상국에서는 농업부문에 종사하는 사람들이 표면적으로는 실업상태는 아니지만 실업자와 다름없기 때문에 많은 잠재실업이 존재함을 알 수 있다.

③ 기술적 실업

기술적 실업은 기술진보 또는 공장자동화와 경제구조의 변동으로 자본의 유기적인 구성이 고도화됨에 따라 노동력이 기계 내지는 기술로 대체된 노동자가 경제의 다른 분야로 흡수되지 못함으로써 발생하는 실업을 말한다. 그런데 이와 같은 기술적 실업은 앞에서 설명한 경기적 실업이나 구조적 실업과 같이 경제정책의 주요한 고려대상이 되는 것은 아니다. 왜냐하면 기술진보는 한편으로는 실업을 초래함과 아울러 다른 한편으로는 새로운 노동수요를 창출하기 때문이다.

제 4 절 실업에 대한 대책

실업은 앞에서 언급한 것처럼 당사자 개인뿐만 아니라 국가적 차원에서도 큰 손실이다. 개인의 입장에서 실업은 소득과 기회의 상실에 따른 경제적 손실은 물론, 실업으로 인한 정신적, 육체적 고통 등으로 막대한 비용을 지불한다. 한편 국가적 차원에서도 실업은 인력자원의 낭비를 초래할 뿐만 아니라 사회불안을 야기시키는 등 해결하지 않으면 안 되는 과제이다. 이에 따라 어느 나라든지 주요 경제정책 목표의 하나로 완전고용의 달성을 추구하고자 하는데, 이를 위해서는 실업예방과 더불어 실업을 방지할 수 있는 대책을 마련해야 한다. 앞에서 언급한 실업의 원인으로부터 다음과 같은 대책을 마련할 수 있다.

1. 총수요관리정책

경기적 실업을 예방하거나 줄이기 위해서는 경기가 침체상태에 빠지지 않도록 적절한 총수요관리정책을 시행해야 한다. 앞에서 설명한 것처럼 총수요가 부족하면 소비가 감소하며 이에 따라 노동에 대한 수요가 감소하면 실업은 증가하게 된다. 이와 같이 경기침체에 기인한 경기적 실업을 해소하기 위해서는 확대재정·금융정책을 시행함으로써 유효수요(effective demand)를 증가시켜야 한다는 것이다.

경기가 침체되어 실업률이 높을 때 확대재정·금융정책을 시행하면 소비가 증가해 기업의 이윤이 증가하기 시작하는데, 소비가 증가하고 기업의 이윤이 증가하면 기업은 조업을 확대하고 노동에 대한 수요를 늘리려고 할 것이다. 이와 같이 조업이 확대되고 노동에 대한 수요가 증가함에 따라 일자리도 많아지고 고용이 확대되는데, 이에 따라 실업은 감소하게 된다.

그런데, 총수요관리정책을 시행할 경우 앞에서 설명한 바와 같이 시차(time-lag)로 인한 부작용이 발생하여 사태를 보다 악화시키지 않도록 정책결정과 시행에 주의를 기울여야 할 것이다.

2. 인력정책

인력정책(manpower policy)이란 노동시장의 구조적인 측면에서 고용을 확대하고자 하는 정책을 말한다. 앞에서 언급한 구조적 실업(특히 노동구조적 실업)은 경기가 좋아진다고 해결되는 것은 아니다. 직능의 차이 또는 노동의 질적인 차이 때문에 구조적 실업이 발생하기 때문에 경기를 부양시킨다고 구조적 실업이 해결될 수는 없다. 따라서 구조적 실업을 해결하기 위해서는 노동에 대한 수요구조가 변하는데 대응하여 노동의 공급구조를 신속히 변화시켜 나아가는 인력정책을 시행해야 한다는 것이다.

인력정책의 내용으로는 ① 현재 및 미래의 노동수요를 예측하고, 예측된 노동수요구조를 노동공급자에게 미리 알려주는 정책, ② 장기적인 인력의 수요, 공급을 맞추기 위한 교육, ③ 노동력의 지역적 이동을 원활하게 하는 정책 등을 들 수 있다.

3. 기타 정책

(1) 취업정보확보 및 공개

취업정보를 완벽하게 갖추고 이를 누구에게나 공개한다면 마찰적 실업과 같은 자발적 실업은 어느 정도 줄일 수 있으며, 나아가서 비자발적 실업을 방지할 수 있을 것이다.

(2) 직업훈련

산업구조의 변화나 기술진보 등에 기인하여 구조적 실업이나 기술적 실업이 발생할 경우에 대비하여 미리 직업훈련을 통하여 새로운 기술을 습득하게 함으로써 실업을 예방하거나 최소화할 수 있을 것이다.

(3) 실업보험

실업상태에 있는 노동자들의 실업기간 동안의 생활안정을 위하여 실업보험제도를 완비하는 것이다. 다만, 선진국의 경우 마찰적 실업이 발생하는 대표적인 제도적 요인의 하나가 실업보험제도에 있다는 점을 감안하여, 근로의욕을 해치지 않도록 실업보험금이 직전임금의 어느 정도인가를 나타내는 실 임금대체율을 정하는 것이 중요할 것이다.

제5절 필립스곡선과 스태그플레이션

1. 필립스곡선

필립스곡선은 원래 영국의 경제학자 필립스(A. W. Phillips)가 약 100년 동안(1861~1957년)의 영국의 통계로부터 명목임금상승률과 실업률간에 매우 큰 상충관계(trade-off)가 있다는 것을 실증적으로 분석한 곡선을 말하는데, 이를 립시(R. Lipsey)가 명목임금상승률 대신에 물가상승률을 사용함으로써 물가상승률과 실업률과의 사이에 역의 관계가 있다는 사실을 나타내는 것으로 사용되고 있다. 즉, 실업률이 낮을수록 물가상승률은 높고, 실업률이 높을수록 물가상승률은 낮다는 것이다. 이와 같이 필립스곡선이 시사하는 정책적 의미는 완전고용을 달성하기 위해서는 인플레이션을 감수해야 하고, 물가안정을 위해서는 어느 정도의 실업을 감수해야 한다는 것이다. 즉, 완전고용과 물가안정이라는 두 마리의 토끼를

동시에 얻을 수는 없다는 것이다.

[그림 16-5] 필립스곡선

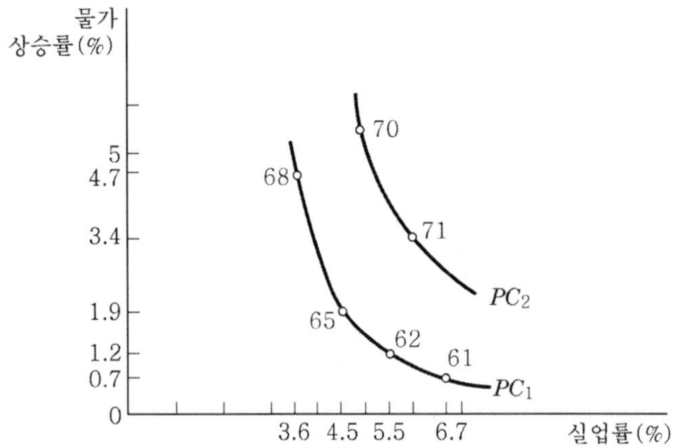

과다한 통화공급과 초과수요에 의해 인플레이션이 발생한다는 수요견인인플레이션의 대책으로는 긴축통화정책과 긴축재정정책을 들 수 있다. 그런데 이러한 긴축정책은 물가를 안정시키는 반면에, 실업을 증가시킨다. 따라서 정책당국은 당면한 경제상황에 따라 적절한 물가상승률과 실업률의 조합을 나타내는 필립스곡선의 한 점을 선택함과 더불어 케인즈학파가 주장해 온 재량적인 안정화정책으로 미세조정(fine-turning)을 하면 지나친 실업률을 발생시키지 않고 물가를 안정시킬 수 있다.

2. 스태그플레이션

(1) 스태그플레이션의 의의

1960년대까지만 해도 필립스곡선이 우하향하는 형태를 띠어 실업률과 물가상승률 사이에 안정적인 관계를 유지하였다. 그러나 1970년대에 들어 [그림 16-6]에서 보는 바와 같이 필립스곡선 자체가 오른쪽으로 이동하는 등 필립스곡선이 안정적이라고 생각했던 기존의 개념이 무너지고 새로운 형태의 필립스곡선이 등장하게 되었다.

[그림 16-6] 스태그플레이션하의 필립스곡선

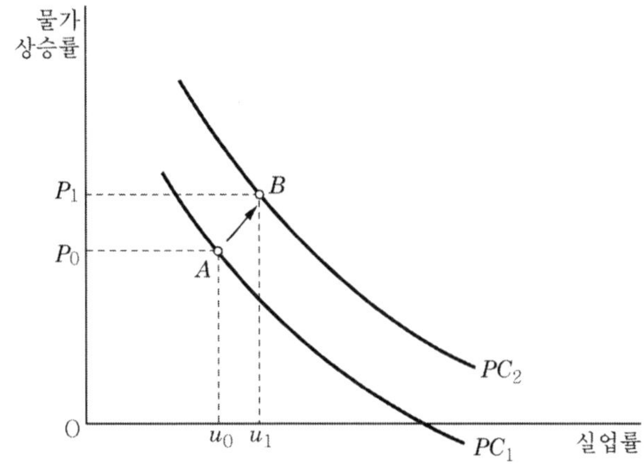

이러한 현상은 1970년대에 있어 세계경제가 두 차례의 석유위기(oil-shock)와 경기침체를 겪으면서 물가와 실업률이 동시에 상승하는 새로운 양성을 양상을 경험함으로써 발생하게 되었다. 이와 같이 물가상승률과 실업률이 동시에 상승하는 현상을 스태그플레이션(stagflation)이라고 하는 데, 이는 경제가 침체(stagnation)하여 생산활동이 위축되고 실업률이 상승함에도 불구하고 인플레이션(inflation)이 계속되고 있는 상태를 의미한다. 다시 말하면 스태그플레이션은 물가상승률과 실업률 사이에는 역(-)의 관계가 아니라 정(+)의 관계가 존재하며, 필립스곡선이 오른쪽으로 이동하는 현상을 말한다.

(2) 스태그플레이션의 원인과 대책

① 케인즈학파의 견해

케인즈학파는 70년대의 스태그플레이션의 현상은 석유 및 원자재가격 등의 상승, 그리고 임금상승과 같은 공급충격(supply shock)에 의해서 결과된 것으로 보고 생산성향상 및 원가절감을 실현함과 더불어 종래의 재정·금융정책과 같은 총수요관리정책을 추구함으로써 스태그플레이션을 대처할 수 있다고 주장하였다.

필립스곡선과 총공급곡선은 서로 표리의 관계가 있다. 따라서 [그림 16-7]과 [그림 16-8]에서 볼 수 있는 바와 같이 총공급곡선이 이동한다는 것은 필립스곡선자체가 이동하는 것과 같다. 즉, AS_0에서 AS_1으로 총공급곡선이 이동하고 균형점이 G'에서 J'로 이동하였다면, 필립스곡선도 PC_0에서 PC_1으로 이동하고 균형점이 G에서 J로 이동한 것과 같다. 이와 같은 관점에서 보면 스태그플레이션에 대한 대책은 AS_1에서 AS_0으로 총공급곡선을 이동시키는 동시에 재정·금융정책을 실시하면 유효하다는 것이다.

[그림 16-7] 총공급곡선의 이동

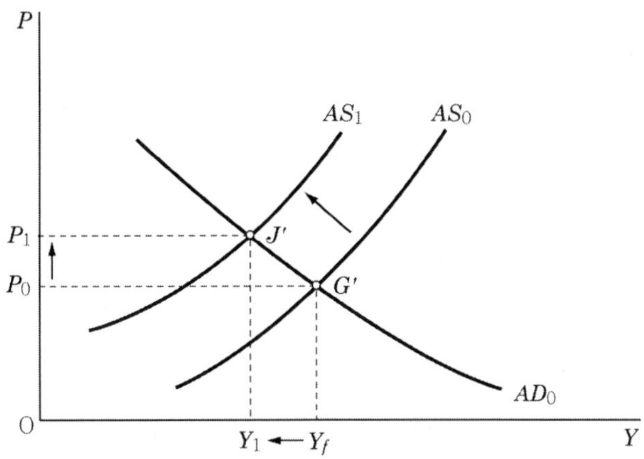

즉, 생산성향상을 통한 원가절감으로 총공급곡선을 오른쪽으로 이동시키는 동시에 확장적 재정·금융정책을 실시하면 스태그플레이션현상을 해결할 수 있다고 본다. 즉, 케인즈학파는 종래의 재정·금융정책과 같은 총수요관리정책이 여전히 필요하고 유효하다고 주장한다.

[그림 16-8] 필립스곡선과 비용상승인플레이션

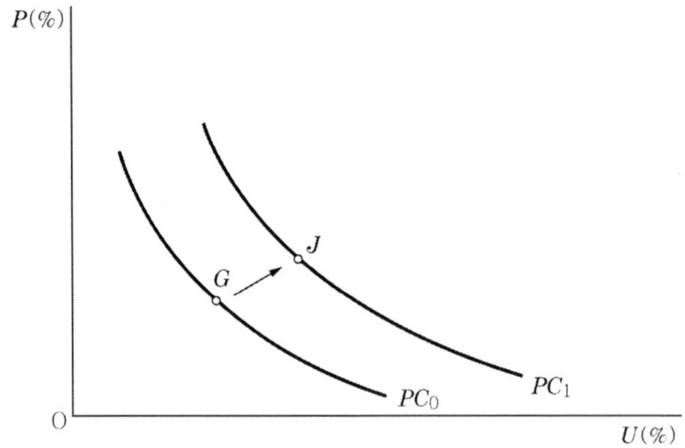

② 통화주의자의 견해 : 장기필립스곡선과 자연실업률

통화주의자들은 케인즈학파와는 달리 지속적인 총수요관리 정책에 따른 수요견인 인플레이션이 경제주체들로 하여금 인플레이션 기대심리를 유발시켜, 이에 따라 스태그플레이션이 발생했다고 주장한다. 이들은 프리드만-펠프스(Friedman-Phelps)의 자연실업률가설로 스태그플레이션의 원인을 규명하고자 했다. 즉, 필립스곡선은 단기에는 안정적이고 우하향인 듯이 보이지만 정책당국이 재량적으로 이와 같은 인플레이션과 실업 간의 역의 관계를 이용하고자 하면 필립스곡선 자체가 이동하여 재량적 정책이 성공하지 못하고, 장기적으로 필립스곡선이 자연실업률수준에서 수직선이 된다는 것이다. 이에 따라 재량적 총수요 관리정책이 필요 없다고 본다.

[그림 16-9]에서 보는 바와 같이 SPC_0는 물가상승이 없다는 예상하에서의 단기필립스곡선을 나타내고 있다. 이때 정부가 재정·금융정책의 확장적 정책을 실시하여 실업률을 감소시키고자 한다면, 단기균형점이 E에서 L로 이동하여 실업률을 낮추는 한편 물가상승률을 예전보다 더 크게 만드는 결과를 초래한다. 그런데 만약 물가상승률이 올라간 상태(예를 들면 5%)로 계속 지속된다면 노동자들은 이를 예상인플레이션으로 받아들

여 명목임금률도 같은 비율로 올려달라고 할 것이고 그렇게 되면 실질임금률이 원래의 수준으로 증가하게 되고 고용도 원래수준으로 감소하게 될 것이다. 이에 따라 필립스곡선도 SPC_1으로 이동하게 되어 결국 실업률이 원래의 수준으로 되돌아가게 되어 G점으로 이동하게 된다. 이와 같이 물가상승이 예상되는 상황 하에서는 장기적인 필립스곡선은 E, G를 연결하는 수직선이 된다.

[그림 16-9] 장기필립스곡선과 자연실업률

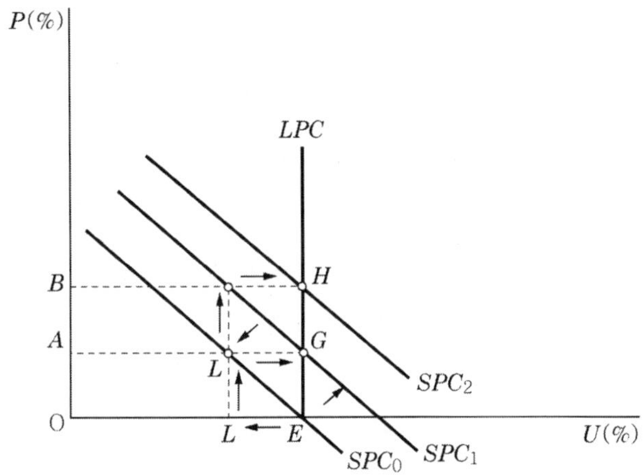

이상과 같은 내용은 물가상승에 대한 예상(expectation)을 전제로 하고 있다. 다시 말하면 미래의 물가수준예상은 과거의 물가수준의 경험에서 얻어진다는 것이다. 따라서 사람들이 예상인플레이션과 실질인플레이션에 대해서 완전한 정보를 입수하는 한 장기적으로 물가상승률과 실업률간의 역의 관계는 존재할 수 없다는 것이다.

이와 같이 물가상승률을 유발하면서 실업률을 감소시키고자 하는 확장적 총수요관리정책은 단기적으로 유효할지 모르나, 장기적으로는 효과가 없음을 나타내 주고 있다. 그리고 실업률은 장기적으로는 일정한 수준([그림 16-9]에서는 OE수준)을 유지하게 되는데, 이러한 실업률, 즉 확장적 재정·금융정책에 관계없이 장기적으로 변하지 않는 실업률을 자연실업률(natural rate of unemployment)이라고 한다.

③ 공급경제학

1970년대에 발생한 스태그플레이션 현상에 대한 해결책으로서 케인즈 학파의 총수요관리정책이 한계에 직면하자, 총수요보다는 총공급을 증대시킴으로써 실업과 인플레이션을 해결할 수 있다는 공급경제학(supply-side economics)이 대두되었다.

대표적인 공급경제학자인 레퍼(A. Laffer)는 세율인하가 경제활동을 촉진시키는 유인책이 될 수 있다고 주장하였는데, 이는 세율과 조세수입과의 관계를 나타내는 레퍼곡선((Laffer curve)을 통해 알 수 있다. [그림 16-10]에서 보는 것처럼, 세율이 올라갈수록 조세수입이 증가하지만 일정한 수준(t_0)을 넘어서면 오히려 조세수입이 감소하게 된다. 이는 세율이 너무 높으면 소비자의 처분가능소득을 감소시켜 소비를 감소시키는 등 경제활동을 저해할 뿐만 아니라 절세와 탈세를 조장한다는 것을 시사해 주고 있다. 따라서 세율을 인하함으로써 소비를 진작시키는 등 경제활동을 촉진시켜 증가하게 되면, 세율인하로 인한 조세수입 감소 이상으로 조세수입이 증가할 뿐만 아니라 실업과 인플레이션을 해결할 수 있다는 것이다.

[그림 16-10] 레퍼곡선

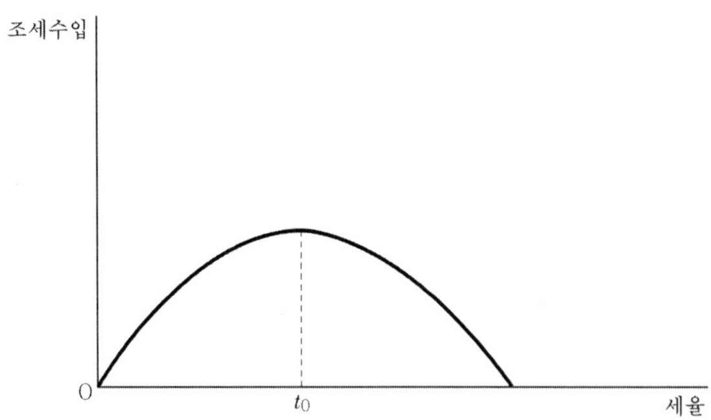

공급경제학자들은 세율인하를 통해 총수요곡선과 총공급곡선을 오른쪽

으로 이동시켜 국민소득증가와 물가안정을 동시에 달성할 수 있다고 주장한다([그림 16-11] 참조). 조세감면은 가계의 세후 실질소득을 증가시키므로 소비와 저축을 증가시킬 뿐만 아니라 노동공급을 증가시킨다. 한편 기업은 조세감면으로 투자를 촉진하게 된다. 이처럼 소비와 투자가 증가함에 따라 총수요곡선(AD_0)은 오른쪽으로 이동하여 AD_1이 되고, 노동공급의 증가 등으로 총공급곡선(AS_0)도 오른쪽으로 이동하여 AS_1이 된다. 그 결과 국민소득은 Y_0에서 Y_1으로 증가하고 물가는 P_0에서 P_1으로 하락하게 된다. 더욱이 국민소득이 증가하면 조세수입도 증가하므로 처음의 세율인하에 따른 재정적자도 해결할 수 있다는 것이다.

[그림 16-11] 공급경제학

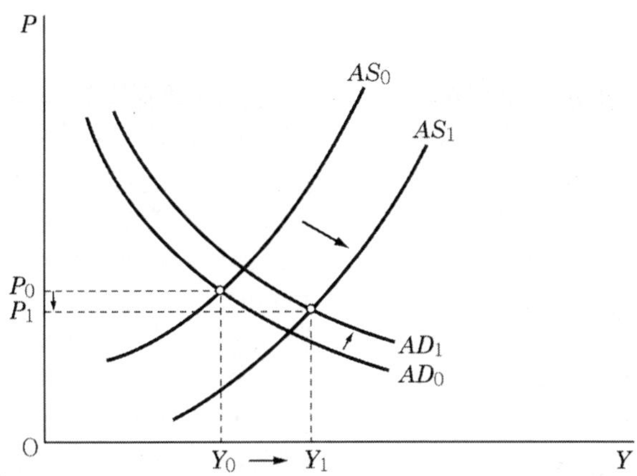

이러한 목적을 달성하기 위해 공급경제학은 구체적으로 ㉠ 가계저축을 장려하여 기업투자를 자극하기 위해 조세감면을 실시하고, ㉡ 근로소득자에 대한 조세수준 및 한계세율을 낮춰 여가대신에 노동에 전념하게 하여 생산량을 증대시키며, ㉢ 기업저축을 장려하여 활발한 투자활동을 모색하기 위해 감가상각 등을 통한 법인세부담을 덜고, ㉣ 정부규제의 조항수를 줄이며, ㉤ 정부재정적자지출을 줄인다는 대안을 제시하고 있다.

이와 같은 정책대안은 모두 조세감면을 통한 생산성향상과 직결되는 것으로 이러한 생산성향상을 통해 실업과 인플레이션을 해결하는 것이 공급경제학자들의 주장이다. 그러나 공급경제학자들의 주장에 회의를 느끼는 학자들은 조세감면이 근로의욕을 자극할 수 있으나, 그 반대의 효과를 가져올 수 있다는 점을 들어 조세가 생산성에 연결되어질 수 있는지에 대해 비관적으로 보고 있으며, 또한 정책의 시차를 고려하지 않아 정책의 효과를 예측할 수 없다는 등의 문제를 지적하고 있다.

◈ 경제이론과 현실경제

한국 노인, 72.9세까지 일해 OECD 중 은퇴 가장 늦어

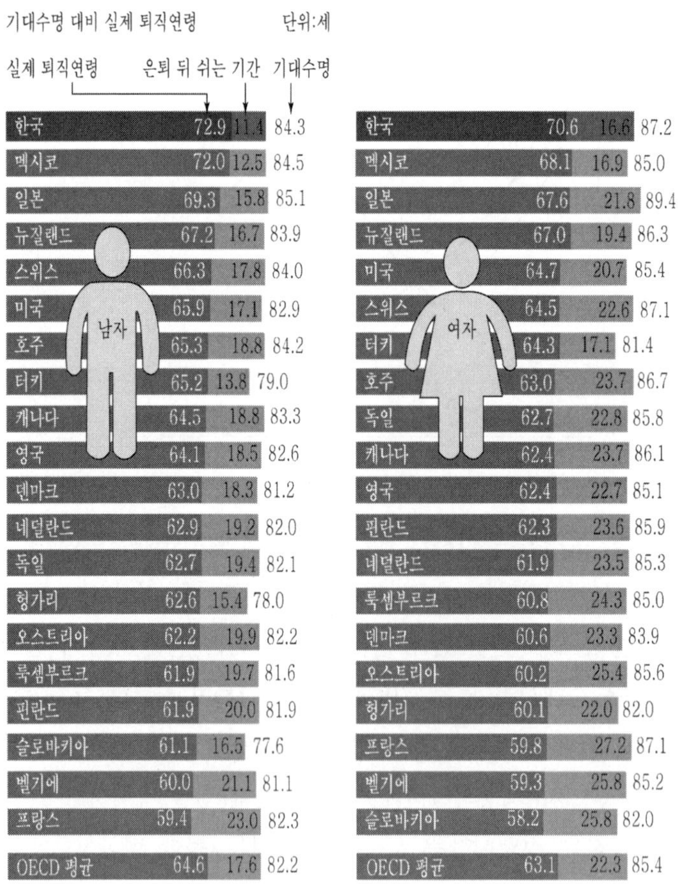

한국인은 경제협력개발기구(OECD) 34개 회원국 가운데 가장 늦은 나이까지 일하는 것으로 조사됐다. 그러나 오래 일하는데도 노인 두 명 중 한 명은 빈곤의 늪에서 헤어나지 못하고 있는 것으로 나타났다. 이러다 보니 구직시장에서 완전히 은퇴하고 여생을 보내는 기간도 OECD 회원국 고령자 가운데 가장 짧았다. 한국 노인의 평균 소득은 전체 근로자 평균의 60% 수준으로 ▶실제 퇴직연령 ▶은퇴 뒤 휴식기간 ▶노인빈곤율 ▶노인 평균소득 등 4개 항목 모두 OECD 꼴찌였다. 퇴직하고도 구직시장을 맴돌 수밖에 없는 한국 '반퇴세대'의 우울한 자화상이다. OECD는 최근 이런 내용을 담은 보고서(Pensions at a Glance 2015)를 발간했다.

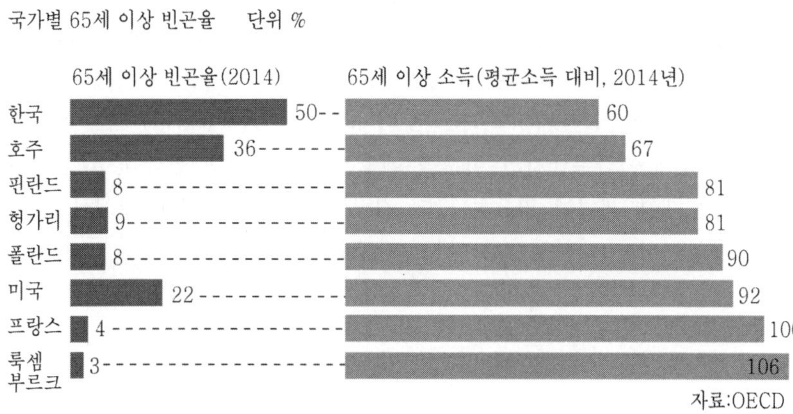

이에 따르면 2014년 기준으로 한국 남성이 구직시장에서 완전히 물러나는 '실질 은퇴연령'은 72.9세로 2년 전보다 1.8년 늘었다. 34개 OECD 회원국 가운데 가장 늦었다. 한국을 제외하고 70세 넘어서까지 일하는 국가는 멕시코(72세)뿐이다. 심지어 중국(63.3세)이나 남아프리카공화국(67.2세)보다 오래 일했다. 여성은 더 심각하다. 여성의 실제 은퇴시기는 70.6세로 처음으로 70대에 진입했다. 2년 전 69.8세보다 0.8세 늘었다. 2002~2007년 조사에선 여성의 실질 퇴직연령이 67.9세였다. 7년 새 2.7년 늦춰진 셈이다. 여성이 70세 넘어서까지 일하는 국가는 한국이 유일했다. 법정 은퇴시기(60세)를 지나고 나서도 남녀 모두 10년 이상 재취업해서 일한다는 얘기다.

OECD 회원국의 평균 실질 은퇴연령은 남성 64.6세, 여성 63.1세였다. 한국보다 각각 8.3년, 7.5년 짧다.

은퇴한 뒤 여생을 마칠 때까지 쉬는 기간도 한국은 턱없이 짧았다. OECD 회원국 노인들이 은퇴한 뒤 쉬는 기간은 남성이 17.6년, 여성이 22.3년이었다.

한국은 남성이 11.4년을 여생을 마무리하는 데 썼다. OECD 평균보다 6년 짧다. 여성도 16.6년으로 5.7년 적다. OECD 회원국 가운데 여생을 즐기는 기간이 한국보다 짧은 나라는 없었다. 심지어 기대수명이 한국보다 5세 정도 짧은 중국조차 남성은 한국에 비해 1.8년, 여성은 3.8년 더 쉬며 여생을 마무리했다.

살아서 일에 치이고, 죽기 전 여생을 즐길 시간이 이렇게 짧은데도 노인빈곤율은 OECD 국가 가운데 가장 높았다. 2000년대 중반 44.6%이던 65세 이상 노인빈곤율은 지난해 49.6%로 올랐다. 헝가리(9%), 폴란드(8%)의 5배가 넘는다. 비교적 노인빈곤율이 높은 멕시코도 31%에 머물렀다. 40%대를 기록한 국가는 한국뿐이다. OECD 회원국 평균은 12.6%에 불과하다.

고령자의 소득도 한국은 꼴찌였다. 근로자 평균임금 대비 60%에 머물렀다. 60%대인 국가는 호주(67%), 에스토니아(69%)뿐이었다. 70%대도 칠레·벨기에·덴마크가 고작이다. 나머지는 대부분 80% 이상 소득을 유지했다. 심지어 룩셈부르크 노인들은 근로자 평균소득보다 더 많은 돈(106%)으로 생활했다. OECD는 "국가가 연금수급자의 빈곤을 예방하기 위해서는 연금을 비롯한 사회안전망 지출에 대한 개혁이 필요하다"고 지적했다. 특히 한국에 대해선 "연금개혁과 함께 노동시장을 개혁해야 한다"고 강조했다.

〈출처: 김기찬 선임기자 중앙일보(2015.12.14.)〉

중요개념 및 용어

인플레이션
억압형 인플레이션
개방형인플레이션
서행성 인플레이션
초 인플레이션
진성 인플레이션
반 인플레이션
수요견인 인플레이션
비용상승 인플레이션
임금인상인플레이션
이윤인상인플레이션
소득정책
혼합형 인플레이션
실업
경제활동인구
경제활동참가율
취업자
실업자
실업률
자발적 실업
마찰적 실업
계절적 실업
비자발적 실업
경기적 실업
구조적 실업
노동구조적 실업
경제구조적 실업
기술적 실업
총수요관리정책
인력정책
실업보험
필립스곡선
스태그플레이션
공급충격
자연실업률
공급경제학
레퍼곡선

연 습 문 제

1. 인플레이션에 대해 정의하고, 인플레이션이 경제에 미치는 효과에 대해 설명하라.

2. 수요견인 인플레이션과 비용상승 인플레이션을 비교해서 설명하라.

3. 혼합형 인플레이션에 대하여 설명하라.

4. 실업에 대해 정의하고, 우리나라의 경우 왜 실업률이 실제 피부로 느끼는 것보다 낮게 측정되는 경향이 있는지를 설명하라.

5. 경기적 실업과 구조적 실업에 대하여 각각 설명하라.

6. 실업에 대한 대책의 하나인 총수요관리정책에 대해 설명하라.

7. 필립스곡선이 시사하는 정책적 의미에 대해 설명하라.

8. 스태그플레이션에 대한 케인즈학파의 견해를 설명하라.

9. 스태그플레이션의 원인을 규명하고자 한 이론인 자연실업률가설에 대해 설명하라.

10. 스태그플레이션에 대한 공급경제학자의 견해를 설명하라.

17
chapter

경기변동

학 습 목 표

국가경제의 총체적인 활동수준을 의미하는 경기는 GDP, 소비, 투자, 고용, 수출, 수입 등 거시경제변수지표들이 경제의 장기적 성장추세를 중심으로 상승과 하락을 반복하는 현상이라고 할 수 있다. 본 장을 학습하면 경기변동에 대한 기본적인 이해를 바탕으로 경기변동과 관련한 제반 이론과 여러 가지의 경기예측방법을 이해할 수 있다.

1. 경기변동의 의미와 경기변동의 국면 및 유형에 대하여 이해할 수 있다.
2. 경기변동과 관련한 제반이론에 대하여 이해할 수 있다.
3. 개별경제지표, 종합경기지표, 기업실사지수 등을 중심으로 경기예측 방법을 이해할 수 있다.

제 1 절 경기변동의 기본적인 이해

1. 경기변동의 의미

경제관련 용어 중에서 경기만큼 자주 사용하는 것도 드물 것이다. 어떤 가정이나 기업은 요즈음 경기가 좋아 '집을 새로 사야겠다' '투자를 늘려야겠다'고 말하는 반면에 다른 가정이나 기업은 '경기가 나빠 소비를 줄여야겠다' '투자를 줄여야겠다'고 말하는 것을 흔히 들을 수 있다. 이와 같이 같은 경기라는 용어라 하더라도 경제주체에 따라 느끼는 경기는 서로 다른 것이 일반적이다.

이처럼 각 경제주체가 느끼는 경기는 서로 다르고 그 판단기준도 다양하지만, 일반적으로 경기라고 할 때에는 국가경제와 관련한 총체적 경제활동수준을 의미한다. 여기서 총체적인 경제활동수준은 생산, 소비, 투자,

고용 등 실물부문과 화폐의 수요와 공급 등 금융부문, 그리고 수출과 수입 등 해외부문의 활동을 포함한 거시경제지표들의 종합적인 움직임이라고 할 수 있다. 이러한 개별경제지표 중에서 가장 대표적으로 것으로 GDP(gross domestic product : 국내총생산)를 들 수 있다. 그러나 일반적으로 개별경제지표들은 경제활동의 일 측면만을 나타내고 있기 때문에 국민경제전체의 경기동향을 파악하기 위해서는 각종 지표들을 종합하여 분석할 필요가 있다. 따라서 각국에서는 경기동향을 민감하게 반영하는 주요 개별경제지표를 합성한 경기종합지수(composite index : *CI*) 등과 같은 종합경기지표(composite business indicator)를 활용하고 있다.

그런데, 사업이나 장사가 잘 될 때와 안 될 때가 있는 것처럼 경기도 좋을 때와 나쁠 때가 있다. 마치 높낮이가 다른 산을 오르락 내리락하는 것처럼 경기는 계속적으로 변동한다. 이와 같이 경기의 오르고 내림, 보다 구체적으로 말하면 거시경제지표로 요약되는 총체적 경제활동이 경제의 성장추세를 중심으로 오르고 내림을 반복하는 현상을 경기변동 혹은 경기순환이라고 한다. 이와 같이 경기가 변동함에 따라 기업이나 정부는 물론, 일반국민들도 경기순환국면 및 향후의 동향에 대해 관심을 기울여야 한다. 기업들은 경기의 흐름에 따라 생산 및 시설투자계획을 수정해 나가기 때문에 만약에 경기가 좋아질 것이라고 예상하는 경우에는 생산시설을 미리 늘려 놓아야 증가하는 제품수요에 맞춰 나갈 수 있을 것이다. 한편 개인들의 경우에는 경기가 나빠지리라고 예상된다면 소비를 줄이고 저축을 늘려가는 등의 대비를 해 나갈 것이다. 또한 정부는 경기의 흐름을 미리 파악하여 경기변동의 진폭을 가능한 줄여 나감으로써 경기가 너무 과열되거나 수축되지 않도록 적절한 경기조절정책을 펴 나가려고 할 것이다.

2. 경기변동의 국면

경기변동의 국면을 분류하는 방법에는 여러 가지가 있으나, 여기서 가장 일반적으로 이용되고 있는 밋첼(W. Mitchell)의 2분법과 슘페터(J. Schumpeter)의 4분법에 대하여 알아본다.

(1) 밋첼의 2분법

이는 [그림 17-1]에서 보는 바와 같이 경기변동을 두개의 국면으로 규정하는 방법이다. 즉 하나의 경기변동의 주기(cycle)를 저점(trough)에서 정점(peak)까지의 확장국면과 정점에서 저점까지의 수축국면으로 구분한다.

일반적으로 확장과 수축의 경기국면에서 저점에서 다음 저점까지 또는 정점에서 다음 정점까지의 기간을 순환주기(cycle)라고 하고, 저점에서 정점까지의 높이를 순환진폭(amplitude)이라고 한다.

[그림 17-1] 밋첼의 2국면

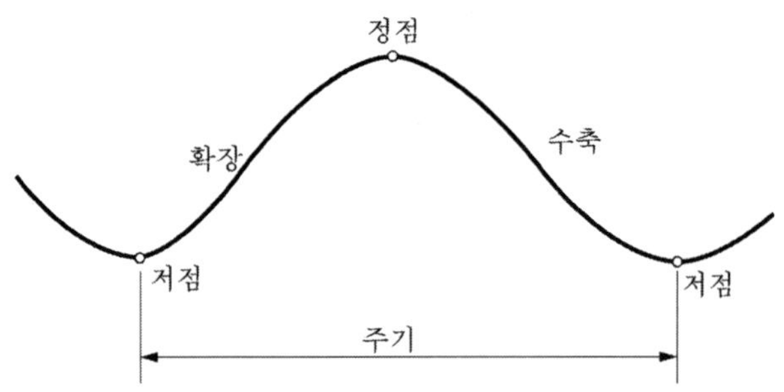

(2) 슘페터의 4국면

슘페터는 하나의 경기순환을 경제활동이 정상적인 수준을 유지하는 정상상태([그림 17-2]에서 A, C, E점이 이에 해당됨)를 기준으로 호황국면, 후퇴국면, 불황국면, 회복국면 등의 4국면으로 구분하고 있다([그림 17-2] 참조).

[그림 17-2] 슘페터의 4국면

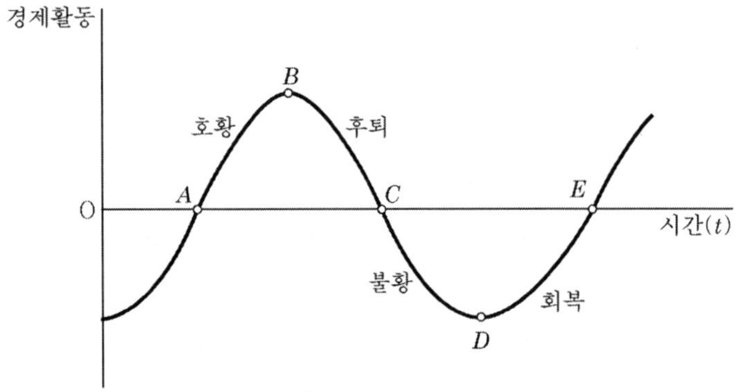

각 국면별로 일어나는 특징을 정리하면 〈표 17-1〉과 같다.

〈표 17-1〉 경기 4국면의 국면별 특징

국면	특 징
호황국면	- 전체적인 경제활동의 상승국면 - 투자증가, 소비증가, 고용 및 GDP상승 - 주가상승이 최고점에 도달 - 이윤증가, 물가 및 임금 상승
후퇴국면	- 전체적인 경제활동이 활기를 잃음 - 판매감소 및 이윤감퇴, 이자율상승 - 소비 및 투자의 감소, 고용 및 GDP감소
불황국면	- 소비감소 및 재고증가로 상품가격 하락 - 고용 및 GDP 급격히 감소 - 투자 및 자본형성의 감소 - 기업이윤 극도로 감소, 기업도산속출 - 이자율 하락
회복국면	- 평상시의 상태로의 경제회복 - 저 이자율에 기인한 주가상승, 기업활동 및 기업이윤의 회복 - 기업의 투자의욕왕성, 물가의 완만한 상승

3. 경기변동의 유형

경기변동의 순환성과 관련하여 순환주기가 일정한 규칙성 내지는 주기성을 지니고 있느냐의 여부는 경기변동현상을 파악하는데 매우 중요하다. 일반적으로 경기변동은 1회의 순환에 소요되는 주기의 장단에 따라서 소순환, 중기순환, 장기순환으로 구분된다.

(1) 소순환

이는 2~6년을 주기로 발생하는 단기순환으로서 주순환과 대비하여 소순환(minor cycle)이라고 한다. 소순환의 발생 원인으로는 통화공급이나 금리의 변동, 물가변동 등을 들 수 있으나 재고의 변동이 가장 직접적으로 영향을 미치는 것으로 알려져 있다. 만약 경기상승기에 상품의 수요가 증가하여 재고가 적정수준이하로 감소하게 되면 기업은 적정재고수준을 유지하기 위해 생산을 늘리게 될 것이다. 그러나 생산확대와 재고유지에 따른 비용문제로 인하여 재고에 대한 조정은 여러 기간을 통하여 이루어지기 때문에 일정한 기간 동안에는 생산수준이 지속적으로 증가할 것이다. 반면에 경기가 하락하는 경우에는 재고를 적정수준으로 낮추기 위해서 생산수준을 감소시키게 되며 그 과정은 여러 기간에 걸쳐 나타날 것이다. 이와 같이 소순환이 재고의 변동에 의하여 발생하기 때문에 재고순환이라고도 한다. 한편 소순환은 이를 규명한 키친(J. Kitchin)의 이름을 따서 키친순환(Kitchin cycle)이라고도 한다. 소순환은 다른 순환보다 비교적 뚜렷하게 인식되고 있는 관계로, 일반적으로 경기순환을 말할 때에는 소순환을 의미한다.

(2) 중기순환

중기순환은 10년 전후의 주기를 가진 대표적인 경기순환으로, 이를 발견한 사람의 이름을 빌려 쥬글라순환(Juglar cycle)이라고도 한다. 중기순환은 주로 기술혁신이나 설비투자의 내용년수와 관련해서 나타나는 순환인데, 특히 설비투자의 변동과 밀접한 관련을 갖고 있는 것으로 알려져 있어 설비투자순환이라고도 한다.

(3) 장기순환

15~20년의 주기를 갖는 장기순환은 발견자의 이름을 붙여 쿠츠네츠 순환(Kuznets cycle)이라고도 한다. 쿠츠네츠는 1869~1948년간 미국의 국민소득에 대한 시계열자료를 이용하여 장기순환을 발견하였는데, 쿠츠네츠순환은 주택이나 임대빌딩 등의 건축에 의해 유발되는 것이라고 인식되고 있어서 건축순환이라고도 한다.

50~60년을 주기로 하는 장기순환은 발견자의 이름을 붙여 콘드라티에프 순환(Kondrative cycle)이라고도 한다. 일반적으로 슘페터에 의해 주장된 기술혁신과 이에 따르는 구조변화가 콘드라티에프 순환을 주도한 것으로 여기고 있다. 즉, 제1순환은 산업혁명에 의해, 제2순환은 증기기관과 철강에 의한 철도건설에 의해, 제3순환은 전기, 자동차, 화학공업의 발전에 따른 대규모의 투자에 의해 주도되었다는 것이다. 이와 같이 슘페터는 제3순환까지의 장기순환을 설명하고 있는데, 그 이후도 같은 방식으로 적용시키면 제4순환은 전자, 석유화학, 기계, 건설업의 발달에 의해, 제5순환은 컴퓨터, 생명공학, 로봇, 신소재산업에 따른 대규모투자에 의해 각각 주도되었다고 말할 수 있다.

제 2 절 경기변동이론

1. 경기변동의 원인

경기변동을 일으키는 원인에 대해서는 다음과 같이 여러 가지의 주장이 제기되었다.

첫째, 민간기업의 투자지출변화에 의한 수요 충격(demand shock)이 경기변동을 촉발시킨다는 것이다. 즉, 민간기업의 장래에 대한 기대의 변화 등에 기인해 투자지출이 변화함으로써 경기변동이 일어난다는 것이다. 이와 관련한 대표적인 경제학자로는 케인즈를 들 수 있는데, 케인즈에 의하면 투자는 기업가의 미래수익에 대한 기대를 반영한다는 것이다. 그런데 기대는 기업가의 심리 내지는 야성적 충동에 크게 의존하므로 투자는 본질적으로 기업가의 불안정한 기대의 변화에 따라 불안정하게 변한다는 것이다. 이와 더불어 임금과 가격의 경직성 때문에 불안정한 투자 및 이에 따른 불안정한 총수요의 변화는 생산의 불안정한 변동을 유발하게 된다는 것이다.

둘째, 프리드만(M. Friedman)을 중심으로 한 통화주의자들은 경기변동의 원인으로 통화량 변화와 같은 화폐적 충격(monetary shock)을 강조한다. 통화주의자들은 추세변동을 제거한 통화량의 증감 또는 증감률 변화가 GDP의 증감 또는 증감률변화에 선행한다고 파악하여 경기순환의 원인을 화폐적 요인에서 도출해야 한다고 주장하였다. 즉, 이들의 주장에 의하면 자본주의경제는 본질적으로 안정적임에도 불구하고 통화당국이 자의적으로 조작하기 때문에 경기순환이 발생한다는 것이다.

셋째, 기술이나 생산성 변화와 같은 공급 충격(supply shock)에 의해 경기변동이 일어난다는 것이다. 이와 관련하여 슘페터(J. Schumpeter)는 경기순환과 경제발전의 원인이 생산요소의 새로운 결합 내지는 기술혁신에 있다고 주장하였으며, 최근 부각되고 있는 실물적 경기변동이론도 기술변화와 같은 실물적 충격이 경기변동의 주요인이라고 주장하고 있다.

넷째, 경기변동의 원인이 불완전 정보 상황에서의 경제주체들의 기대에 있다는 것이다. 루카스(R. Lucas) 등은 경제주체들이 합리적인 기대를 하더라도 불완전정보로 인해 물가변화와 같은 주요경제변수들의 움직임을 정확히 예측할 수 없다고 전제하면서, 이러한 상황에서는 경제주체들이 물가수준변화 등에 대한 판단오류 때문에 제품과 생산요소의 공급과 수요를 변화시켜 궁극적으로는 경기변동을 일으키게 된다고 주장하였다.

다섯째, 정치적 경기변동이론(political business cycle theory)으로서 정치적 변수가 경기변동을 유발시킬 수 있다는 것이다. 이 이론에 의하면 정부는 선거에서 이기기 위해 선거 전에는 경기부양책을, 선거 후에는 긴축정책을 시행하는데, 이에 따라 선거주기와 일치하는 경기순환이 발생한다는 것이다.

이외에도 세계 각국 경기순환의 상호관련성을 강조하여 외국의 경기변동이 국내의 경기변동으로 파급된다고 하는 경기변동의 국제적 전파이론(international transmission of business cycle theory)도 있다.

2. 경기변동이론

(1) 케인즈학파의 경기변동이론

케인즈학파의 일원인 새뮤얼슨(P. A. Samuelson)은 승수효과와 가속도원리의 상호작용을 결합하여 실질국민소득이 수렴 또는 발산하는 경기변동을 설명하였다.

새뮤얼슨에 의하면 먼저 독립투자가 발행하면 승수효과에 의해 실질국민소득이 증가하고 이에 따라 소비수요도 증가하게 된다는 것이다. 그런데 이러한 소비수요의 증가는 가속도원리에 의한 가속도효과가 적용되어 유발투자를 증가시키게 되고, 증가된 유발투자는 다시 승수효과를 통하여 실질국민소득을 증가시키게 된다는 것이다. 이와 같이 승수효과와 가속도원리의 상호작용에 의해 실질국민소득의 동태적 경로가 결정된다. 따라서 승수효과를 결정하는 한계소비성향과 가속도효과를 결정하는 가속도계수의 값에 따라 실질국민소득의 동태적 경로는 결정된다. 만약 가속도계수가 1보다 작은 경우 실질국민소득은 진동하면서 장기균형수준으로 수렴하고, 가속도계수가 1보다 큰 경우 실질국민소득은 시간이 경과함에 따라 진동하면서 발산하게 된다.

이와 같은 새뮤얼슨의 견해에 대해 이것만으로는 주기적이고 반복적인 경기순환을 설명하는데 한계가 있다는 지적이 있다. 먼저 가속도계수가 1보다 작은 경우에서는 한 번의 외부충격이 순환현상을 만들기는 하지만 시간이 지남에 따라 점차 소멸된다는 것이다. 따라서 한번의 외부충격만으로는 지속적으로 반복되는 경기순환을 설명할 수 없다는 것이다. 즉,

모형 내에서 외생적 충격이 체계적이고 반복적으로 발생하지 않는다면 지속적인 경기순환을 설명할 수 없다는 것이다. 한편, 가속도계수가 1보다 큰 경우에도 시간이 경과함에 따라 진폭이 점점 커지는 발산을 저지하는 제약 없이는 경기순환을 제대로 설명할 수 없다는 것이다.

(2) 통화주의자의 경기변동이론

경기조절을 위해서는 총수요관리가 필요하다고 하는 관점에서는 통화주의자와 케인즈학파의 견해가 일치하나, 불안정한 총수요의 원인을 진단한 결과는 케인즈학파와 근본적으로 다르다.

케인즈학파는 경기순환의 주 원인을 투자 및 내구소비재에 대한 불안정한 지출이라고 본 반면에, 통화주의자들은 지출요소들은 안정적인 반면에 통화공급이 불안정하기 때문에 경기변동이 발생한다고 보았다. 프리드만(M. Friedman)과 슈워츠(A. Schwartz)는 미국의 실질GDP와 통화량의 시계열자료 분석을 통해 통화량의 변동이 주요한 GDP변동에 선행함을 보였다. 이들에 따르면 통화량 증가는 주로 1년 정도의 시차를 가지면서 생산량증가로 이어지고 통화량 감소 역시 1년 정도 뒤에 생산량 감소로 연결된다는 것이다. 그들은 경제가 완전고용산출수준으로 회귀하려는 경향이 있기 때문에 정책당국은 통화공급량을 경제의 적정성장속도에 맞추어 해마다 일정한 비율로 증가시켜야 한다고 주장하였다. 그러면 생산은 시장원리에 따라 자연히 완전고용산출수준 근처에서 결정된다고 믿었다. 이와 같이 통화주의자들은 굳이 총통화관리를 할 필요가 없다고 주장하였다.

(3) 균형경기변동이론

1976년 루카스(R. Lucas)는 정부의 정책변화는 민간경제주체들의 기대를 변화시키고 이에 따라 경제행위의 행태를 변화시킴으로써 소비 및 투자가 변화하므로 소비 및 투자함수의 계수가 변화한다는 사실을 제시하여 케인즈학파의 경기변동이론에 대한 방법론적인 오류를 지적하였다. 루카스는 소비 및 투자함수를 임의적으로 설정해서는 안 되며, 불확실성하에서 합리적 기대를 하는 개인 혹은 기업의 최적화행동의 결과로서 도출해야한다고 주장했다. 이와 같은 주장에 의거 소비함수나 투자함수와 같은 행태방정식의 계수(예를 들어 한계소비성향이나 가속도계수)가 일정하다는 가정에 기반을 둔 케인즈학파의 전통적인 승수-가속도모형은 비판을 받았던 것이다. 이와 같은 루카스의 비판에 의거 최근의 경기변동이론은 소비 및 투자함수를 임의적으로 설정하지 않고, 개별주체의 최적화와 시장청산의 결과로서 경기변동을 설명한다. 이러한 경기변동이론이 시장균형을 가정한다는 점에서 균형경기변동이론(equilibrium business cycle theory)이라고 하는데, 이는 경기변동을 촉발시키는 원인에 따라 화폐적 경기변동이론과 실물적 경기변동이론으로 구분된다.

① 화폐적 경기변동이론

이 이론에서는 먼저 경제 내에 두 종류의 충격이 존재한다고 가정하고 있다. 하나는 모든 제품의 가격을 똑같이 상승시켜 일반물가에만 영향을 미치는 총체적 충격이고, 또 다른 하나는 특정개별기업 생산물의 상대가격수준에만 영향을 미치는 개별적 충격인데, 전자의 대표적인 예로는 통화량증가 등을 들 수 있고, 후자의 예로는 소비자의 기호변화나 특정부문의 기술발전 등을 들 수 있다.

루카스는 위의 두 가지 충격 중에서 개별기업에 때한 충격은 경제전체로 볼 때 서로 상쇄되므로 크게 고려할 필요가 없다고 본 반면에, 예상치 못한 통화량 변동은 각 기업에 동일한 방향으로 영향을 미치기 때문에 경제 전체에 커다란 영향을 미칠 수 있다고 보았다. 여기서 유의할 점은 루카스는 이러한 예상치 못한 통화량의 변동에 따른 경기순환국면을 균형상태의 연속선상에서 파악하고 있다는 것이다. 즉, 그의 이론에 의하면 기본적으로 가격변수의 신축성을 가정하기 때문에 외부충격에 대해 모든 시장은 즉각 청산된다. 따라서 예상치 못한 통화량의 증가가 있더라도 경제주체가 합리적 기대를 통해 예상물가상승률을 조정하면 경제는 다시 잠재적 GDP수준으로 회복하게 된다. 이처럼 루카스의 경기변동이론에서는 균형GDP자체가 잠재적 GDP수준으로부터 이탈과 회복을 반복하는 현상으로 이해한다. 이와 같은 관점에서 볼 때, 급격한 경기변동은 경제에 많은 비용을 지불하게 하므로 이를 막아야 한다는 케인즈학파의 관점과는 달리, 루카스는 모든 경기변동의 과정이 개별경제주체들의 최적화행동의 산물이므로 이에 따른 후생비용이 크지 않다는 관점을 갖고 있다.

이와 같은 루카스의 균형경기 변동이론은 케인즈학파의 가격경직성에 대한 가정 없이도 경기변동을 설명할 수 있다는 점에서 크게 각광을 받았으나, 통화량 변화와 같은 불규칙적인 충격에 따라 경제주체들이 상대가격에 대해 착오를 일으킬 수 있다는 사실만으로 대규모의 경기변동을 모두 설명할 수 있는가에 대해서는 상당한 의문을 야기시켰다.

② 실물적 경기변동이론

키들랜드(F. Kydland)와 프레스캇(E. Prescott)은 기술충격과 같은 실물적 요인이 경기변동의 가장 중요한 원인이라고 보는 실물적 경기변동이론을 주장하였다. 이와 같은 실물적 경기변동이론도 기본적으로 경기변동을 균형현상으로 파악하고 있는 점에서는 화폐적 경기변동이론과 일맥상통한다. 다만 경기변동을 유발하는 외부적 충격이 예상치 못한 통화량의 변화와 같은 화폐적 요인이 아닌 생산성 혹은 기술변화와 같은 실물적 요인에 있다는 점에서 화폐적 경기변동이론과 구별된다.

만약 어떤 특정부문에서 생산성을 높이는 기술충격이 있다고 가정하자. 이때 생산성이 증가하면 기업의 노동수요가 증대되고 실질임금이 상승하며, 이에 따라 현재의 노동공급이 증대하여 생산도 증가하게 된다. 이러한 생산증가는 실질소득의 증가를 가져와 소비도 증대하게 된다.

이와 같이 실물적 경기변동이론은 기술충격에 대한 여러 가지의 파급경로를 통해 경기변동의 지속성은 물론, 생산, 소비, 노동공급, 실질임금 등 거시경제변수들의 공통적인 움직임을 나타내는 경기변동의 공행성(comovement)의 설명을 가능하게 한다.

(4) 정치적 경기변동이론

정치적 경기변동이론은 노드하우스(W. Nordhaus)에 의해 최초로 체계적인 분석이 이루어진 경기변동이론으로서, 선거당선이라는 정치적 목적을 달성하기 위해 경제의 상충관계를 이용하고자 하는 집권여당의 경제정책에 의하여 실업률과 물가수준의 순환적 변동이 발생한다고 본다.

일반적으로 유권자들은 현재의 경제상황을 중요시하고 또한 낮은 실업률과 낮은 인플레이션을 선호한다는 가정에 입각하여, 집권여당은 선거직전에는 확장정책을 시행하여 실업률을 최대로 낮추고 선거 직후에는 강력한 긴축정책을 시행하여 인플레이션을 낮추고자 하는 정책을 추구하게 된다는 것이다. 따라서 집권후기에는 경기순환의 확장국면이, 집권초기에는 수축국면이 각각 나타날 가능성이 높다는 것이 정치적 경기변동이론의 특징이다.

이러한 정치적 경기변동이론은 유권자들이 지나치게 현재의 경제상태만 중요시한다고 보는 비현실적인 가정에 입각하고 있다는 한계성을 지니고 있다.

제 3 절 경기예측방법

경제가 안정적인 성장을 지속하기 위해서는 경기의 움직임을 사전에 보다 빠르고 정확하게 예측하여 조절정책을 적기에 실시하는 것이 대단히 중요하다. 경기예측방법은 여러 가지가 있으나, 본 절에서는 ① 개별 경제지표, ② 종합경기지표, ③ 기업실사지수를 중심으로 살펴보고자 한다.

1. 개별경제지표

경기의 움직임을 파악하는 개별경제지표 중 가장 대표적인 것으로는 실질국내총생산(real GDP)을 들 수 있다. 왜냐하면 실질GDP는 한 나라의 모든 경제주체의 생산활동은 물론 소비, 투자, 수출 등 수요동향까지도 파악할 수 있는 종합적인 지표로서의 특징을 지니고 있기 때문이다.

[그림 17-3] 우리나라 실질GDP의 경기변동 추이

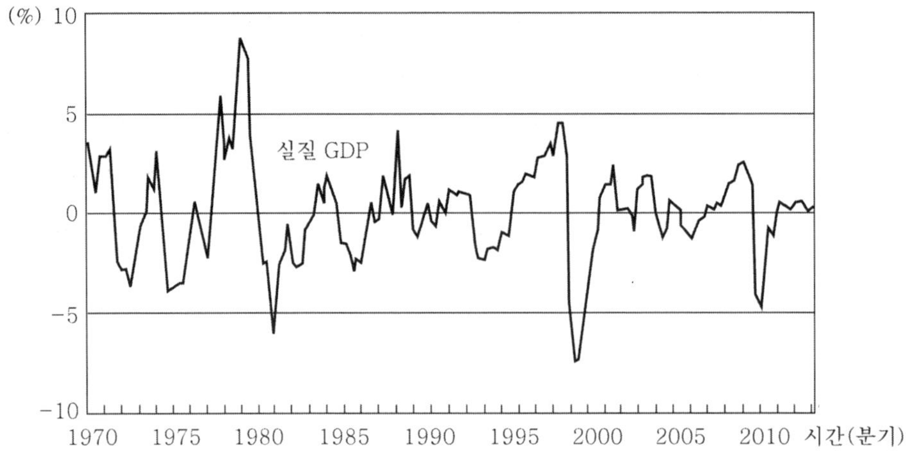

자료 : 한국은행 경제통계시스템

[그림 17-3]은 우리나라의 실질GDP의 경기변동추이를 나타낸 것이다. 이를 통해 우리나라의 실질GDP에서 장기추세선으로부터 벗어난 정도를 백분율로 나타낸 실질GDP의 경기변동은 진폭과 진동수가 불규칙하다는 특징을 파악할 수 있다. 또한 실질 GDP의 경기변동추이로부터 1970년대 이후 4차례 중요한 불황기, 즉 1974~75년, 1979~1981년, 1997~1998년, 2008~2009년의 불황기를 확인할 수 있다.

그런데 우리나라의 경우 실질GDP는 상향추세가 강해서 순환변동을 명확하게 추출하는데 어려움이 있다. 또한 GDP통계는 당해 연도 또는 분기가 끝난 후 상당기간이 지난 후에야 추계가 가능하기 때문에, 이를 통하여 현재의 경기상황이나 장래의 경기전망을 신속히 파악하기는 어렵다. 따라서 경기동향을 보다 신속히 파악하기 위해서는 가능하면 월별로 발표되는 각종 경제지표들을 이용하여 수요 및 생산의 움직임을 살펴보아야 한다.

산업생산지수도 경기동향을 파악할 때 실질GDP와 더불어 주요지표로 사용된다. 우리나라에서는 광업, 제조업, 전기·가스업을 대상으로 산업생산지수가 매월 작성되고 있다. 그러나 서비스업이 커다란 비중을 차지하고 점차로 증가하는 현 상황에서 서비스업이 제외되어 있는 산업생산지수만으로 경기동향을 정확하게 파악할 수 없는 한계가 있다.

생산자제품재고지수는 광업과 제조업을 대상으로 일정시점의 재고수준을 나타내는 지표이다. 기업이 적정재고 수준을 유지하는 과정에서 생산량조정이 이루어지므로 재고수준의 변동은 단기적인 경기순환을 일으키는 중요한 요인으로 작용한다. 그러나 생산자제품재고지수도 경제활동의 한 측면만을 나타내는 한계를 벗어나지 못하고 있다.

2. 종합경기지표

앞에서 언급한 것처럼, 개별경제지표들은 경제활동의 한 측면만을 나타내기 때문에 국민경제전체의 경기동향을 파악하기 위해서는 각종지표들을 종합하여 분석할 필요가 있다. 이에 따라 세계 각국은 경기동향을 민감하게 반영하는 주요 개별경제지표들을 선정한 후 이를 지표를 합성한 종합경기지표를 개발하여 활용하고 있다.

종합경기지표는 작성방법에 따라 여러 형태로 분류될 수 있는데, 현재 널리 이용되고 있는 것으로는 경기종합지수(composite index : *CI*)와 경기확산지수(diffusion index : *DI*)가 있다.

(1) 경기종합지수

경기종합지수(*CI*)는 경기에 민감한 대응성을 보이는 몇 개의 대표계열을 선정, 이들의 움직임을 종합하여 지수형태로 나타냄으로써 경기국면의 파악 및 경기수준의 측정에 이용하게 된다.

경기종합지수(*CI*)는 각종 경제지표들의 전월대비 증감률을 통계적으로 종합·가공하여 산출한다. 따라서 경기종합지수(*CI*)의 전월에 대한 증가율이 (+)인 경우는 경기상승을, (-)인 경우에는 경기하강을 나타내며 그 크기에 의해 경기변동의 진폭까지도 알 수 있다. 우리나라에서는 경기종합지수가 계절 및 불규칙 변동요인뿐만 아니라 추세변동까지 제거된 순환변동치로 작성되고 있는데, 경기전환점에 대한 시차정도에 따라 선행, 동행, 후행종합지수로 분류된다.

[그림 17-4]　선행 · 동행 · 후행지수의 관계

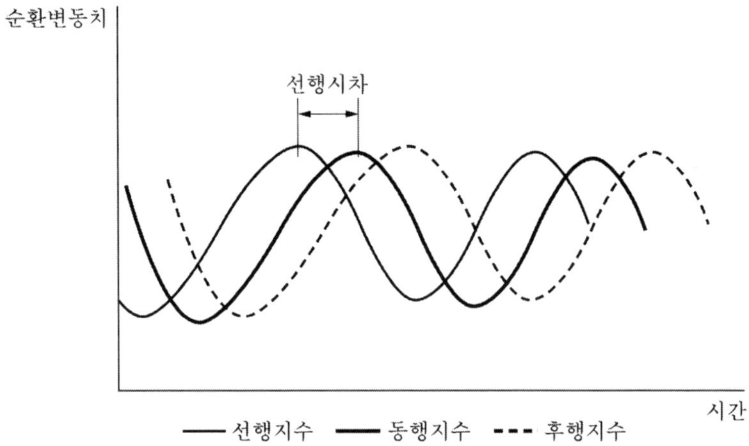

① 선행종합지수

선행종합지수는 비교적 가까운 앞으로의 경기변동을 예측하는 지표로서 금융기관유동성, 기계수주액, 건설수주액, 순상품 교역조건 등과 같이 미래의 경제활동수준에 크게 영향을 미치는 개별지표들로 구성된다.

〈표 17-2〉 선행종합지수 구성지표

<table>
<tr><th>경제부문</th><th>지표명</th><th>내용</th><th>작성기관</th></tr>
<tr><td>고용</td><td>구인구직비율</td><td></td><td>노동부</td></tr>
<tr><td>생산</td><td>재고순환지표(제조업)</td><td>출하증가율-재고증가율</td><td>통계청</td></tr>
<tr><td>소비</td><td>소비자 기대지수</td><td></td><td>통계청</td></tr>
<tr><td rowspan="3">투자</td><td>기계수주액(불변)</td><td></td><td>통계청</td></tr>
<tr><td>자본재수입액(실질)</td><td>자본재수입액/수입물가지수(자본재)</td><td>관세청</td></tr>
<tr><td>건설수주액(실질)</td><td></td><td>국토해양부</td></tr>
<tr><td rowspan="3">금융</td><td>종합주가지수</td><td>월평균</td><td>한국거래소</td></tr>
<tr><td>금융기관유동성(L_f, 실질, 말잔)</td><td></td><td>한국은행</td></tr>
<tr><td>장·단기금리차</td><td></td><td>한국은행</td></tr>
<tr><td>무역</td><td>순상품교역조건</td><td>(수출단가지수/수입단가지수)×100</td><td>한국은행</td></tr>
</table>

② 동행종합지수

동행종합지수는 공급측면의 산업생산지수, 비농가취업지수 등과 수요측면의 도소매판매지수, 수입액 등과 같이 실제 경기순환과 함께 변동하는 개별지표를 가공·종합하여 만든 지표로, 현재의 경기상황의 판단에 이용된다.

〈표 17-3〉 동행종합지수 구성지표

<table>
<tr><th>경제부문</th><th>작성기관</th><th>작성기관</th><th>작성기관</th></tr>
<tr><td>고용</td><td>비농가취업지수</td><td></td><td>통계청</td></tr>
<tr><td rowspan="4">생산</td><td>산업생산지수</td><td>광업, 제조업, 전기·가스업(647개 품목)</td><td>통계청</td></tr>
<tr><td>제조업가동률지수</td><td>제조업(265개 품목)</td><td>통계청</td></tr>
<tr><td>건설기성액(실질)</td><td>건설기성액/생산자물가지수</td><td>통계청</td></tr>
<tr><td>서비스업활동지수(도소매업 제외)</td><td></td><td>통계청</td></tr>
<tr><td rowspan="2">소비</td><td>도소매업판매액지수</td><td>2000년 불변가격</td><td>통계청</td></tr>
<tr><td>내수출하지수</td><td></td><td>통계청</td></tr>
<tr><td>무역</td><td>수입액(실질)</td><td>수입액/수입물가지수</td><td>관세청</td></tr>
</table>

③ 후행종합지수

생산자제품재고지수, 도시가계소비지출, 회사채유동수익률 등 실제 경기순환에 후행하여 변동하는 개별지표를 가공·종합하여 만든 지표로, 현재 경기의 사후 확인에 이용된다.

〈표 17-4〉 후행종합지수 구성지표

경제부문	작성기관	작성기관	작성기관
고용	상용근로지수		노동부
	이직자수		노동부
생산	생산자제품재고지수	광공업(540개 품목)	통계청
소비	도시가계소비지출(전가구)	도시가계소비지출(전가구)/소비자물가지수	통계청
	소비재수입액(실질)	소비재수입액/수입물가지수(소비재)	관세청
금융	회사채유통수익률	잔존기간 3년물의 보증부사채 단순평균수익률	한국은행

(2) 경기확산지수

경기확산지수(DI)는 경제의 특정부문에서 발생한 경기변동요인이 여타 부문으로 점차 확산·파급되어 가는 과정을 파악하기 위해서 경제통계지표 간의 변화방향만을 종합하여 지수화한 것으로서, 경기국면의 판단 및 예측과 경기전환점을 식별하기 위한 경기지표이다.

경기확산지수는 아래의 식 (17-1)과 같이 계산되는데 0~100의 수치로 표시된다.

$$\text{경기확산지수}(DI) = \frac{\text{전기에 비해 확대된 경제지표의 수}}{\text{선정된 경제지표의 총개수}} \times 100 \qquad (17\text{-}1)$$

식 (17-1)에 의하면 경기확산지수가 50%를 초과하면 경제활동은 확장국면에 있으며, 50% 미만이면 수축국면에 있음을 의미한다. 그리고 경기확산지수가 50%이면 경제활동수준은 전환점에 있는 것으로 간주된다. 한편 경기확산지수가 위로부터 아래로 50%선을 통과하는 경우는 지금까지 확장국면에 있던 경제가 더 이상 상승하지 않게 된다는 것을 의미한다. 따라서 경기확산지수가 50%일 때 경제활동수준은 정점에 이르게 된다. 이와 반대로 경기확산지수가 50%선을 아래로부터 위로 통과하는 경우는 지금까지 수축국면에 있던 경제가 더 이상 하강하지 않는다는 것을 의미하므로 경제활동수준은 저점에 이르게 된다([그림 17-4] 참조).

이와 같은 경기확산지수는 선정된 개별경제지표들의 변화비율을 사용하여 작성되기 때문에 경제활동의 변화방향을 비교적 쉽게 파악할 수 있으나, 그 변화의 정도를 파악하지 못하는 한계를 지니고 있다.

[그림 17-5] 경기확산지수와 경제활동

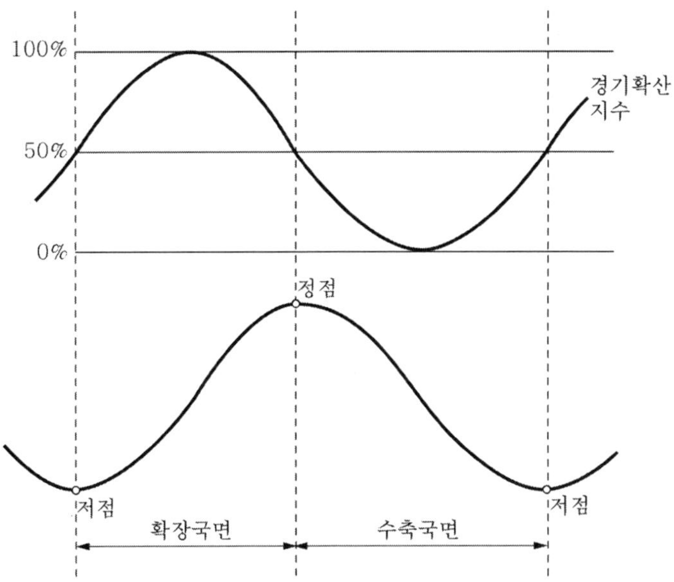

3. 기업실사지수

경기상황을 판단하고 장래의 경기흐름을 예측하기 위한 경기예측방법 중에는 설문조사방법이 있는데, 이 설문조사방법 중 대표적인 것이 기업실사지수이다. 기업실사지수(business survey index : *BSI*)는 경기에 대한 기업가들의 판단, 예측 및 계획 등이 단기적인 경기변동에 중요한 영향을 미친다는 경험적인 사실에 바탕을 두고 설문지를 통해 기업가의 경기동향 판단, 예측 등을 조사하여 지수한 것으로, 전반적인 경기동향을 파악하고자 하는 단기 경기예측수단으로 활용된다.

조사방법으로는 기업활동의 수준 및 변화방향만을 조사하는 방향조사와 매출액 등 영업결과의 실제금액을 조사하는 계수조사의 두 가지 형태가 있다. 계수조사는 실제금액의 증감률에 의하여 경기변동을 분석하는 데 반해, 방향조사는 조사결과의 전체 응답기업체 중에서 증가로 응답한 기업체수와 감소로 응답한 기업체수를 기초로 하여 아래의 식 (17-2)와 같은 방식으로 계산된다. 우리나라에서는 한국은행을 비롯하여 산업은행, 무역협회, 전국경제인연합회 등에서 분기 또는 월마다 기업실사지수를 작성하고 있는데, 방향조사가 많이 활용되고 있다.

$$\text{경기실사지수}(BSI) = \frac{\text{증가표시 기업체수} - \text{감소표시 기업체수}}{\text{전체 응답 기업체수}} \times 100 + 100 \tag{17-2}$$

기업실사지수는 0~200의 값을 갖는데, 기업실사지수가 100 이상인 경우 경제가 확장국면에 있는 것으로 보고, 100 이하인 경우는 수축국면에 있는 것으로 파악한다. 기업실사지수는 생산주체인 기업가의 경기판단을 중심으로 작성되기 때문에 경제현실을 잘 반영할 수 있다는 장점을 지닌 반면에, 조사대상으로 선정된 기업의 개인적인 주관이 강하게 작용할 여지가 많을 뿐만 아니라 선정된 기업의 상대적인 중요도도 반영되지 못하는 단점도 지니고 있다.

◈ 경제이론과 현실경제

경기변동과 IT전당포

사람이라면 누구나 자신이 일하고 있는 직업이 사회적으로 유망하기를 바란다. 구직자들도 마찬가지다. 자신이 목표로 하는 분야 또는 앞으로 종사하게 될 직업이 각광받기를 희망한다. 직업의 안정성을 고려할 때도 그러하거니와 벌이 면에서도 유망 직종이 유리할 것으로 기대되기 때문이다.

그렇다면 어떤 직업이 현재 유망하고 또 앞으로 각광받게 될까. 직업의 흥망성쇠는 우리 사회가 처한 현재의 상황과 미래의 전망에 크게 영향을 받는다. 2000년대 초반 정보보안 전문가가 각광받았던 것은 정보기술(IT) 발달로 개인정보의 보호가 과거와는 다르게 중요해졌기 때문이었다. 최근에는 사회복지사가 유망 직업의 하나로 거론되고 있는데, 이는 고령화가 급속히 진행되는 상황에서 1인 가구의 폭발적 증가로 복지 수요가 머지않은 미래에 확대될 것이라는 전망에서 비롯한 것이다. 이처럼 유망 직업은 현재의 시대상을 반영하는 동시에 미래 사회가 어떠할지를 예측하는 길라잡이로서의 역할도 수행한다.

그렇다면 어떻게 해야 보다 과학적이고 객관적으로 현재를 파악하고 미래를 예측할 수 있을까. 물론 여러 가지 방법들이 있겠지만 경제학에서 말하는 경기의 흐름, 즉 경기변동을 파악해보는 것도 하나의 대안이 될 수 있다. 경기변동(business fluctuation)이란 경제활동이 어떤 형태로 변화하고 또 이를 유발하는 사회적경제적 원인은 무엇인지를 고찰하는 경제학 이론을 말한다. 쉽게 말해 경제가 어떤 흐름으로 변모하는지, 그에 따른 원인과 결과는 무엇인지를 파악하는 것이 바로 경기변동인 것이다.

그렇다면 경기변동은 어떤 요인들에 의해 발생할까. 우선 수요의 측면에서 볼 때, 미래에 대한 사람들의 전망이 경기변동을 유발한다고 볼 수 있다. 기업이 미래를 예측해 투자를 늘리거나 줄여 경기가 변동하는 것이 여기에 해당한다. 공급 측면에서 보면 기술이나 생산성 변화가 경기변동의 원인이 되기도 한다. 그 밖에도 정부의 정책 변화가 실물시장과 경제주체의 심리에 영향을 미쳐 경기변동을 초래하기도 한다.

위와 같은 요인들이 경제에 발생하면 경제는 4단계의 움직임으로 순환하는 모습을 보인다. 우선 미래 경제가 장밋빛으로 예상되거나 또는 기술혁신으로 생산성이 향상된 경우를 가정해보자. 이렇게 되면 대부분의 경제활동이 상승 국면을 맞이한다. 이를 호황기라고 하는데, 이때는 생산과 소비가 증가하고 재고가 감소해 기업의 이윤이 늘고 투자도 활발해진다. 이와 같은 현상이 지속돼 경기가 최고조에 달하면 경제는 퇴보하기 시작한다. 이를 후퇴기라 하는데, 이 경우 소비와 투자가 감소하고 기업의 이윤이 줄어 임금이 하락하고 실업률이 차츰 높아지게 된다. 후퇴기에 들어선 경제는 불황기를 맞이하게 되는데, 불황기에는 투자와 생산이 극심한 침체를 보이고 도산하는 기업도 속출한다. 이때는 임금이 계속해서 하락하고 주가도 후퇴를 지속한다. 호황이 지속되면 경제가 최고조에 달하듯 불황도 계속되면 경제는 최저점을 맞는다. 하지만 최저점에 달한 경제는 일정 기간이 지나면 차츰 호전되는데, 이를 회복기라고 한다. 회복기의 경제는 생산과 소비가 차츰 회복세를 보이고 실업이 감소하며 다시 임금이 상승한다.

호황, 후퇴, 불황, 회복. 경제는 장기적으로 이런 네 가지 단계를 주기적으로 반복하는데, 이를 경기변동이라고 한다. 문제는 경제가 만사(everything)인 자본주의 체제에서는 대부분의 사회활동이 경기변동의 영향을 받을 수밖에 없다는 점이다. 이런 점에서는 직업도 예외가 될 수 없다. 직업과 창업활동은 대부분이 그러하듯 생산과 소비가 증가하고 기업의 이윤이 늘어나는 호황기에 대성황을 맞이한다. 반대로 투자와 생산이 침체를 보이고 기업의 줄도산이 발생하는 불황에는 직장을 구하기도 어렵거니와 창업을 해도 이윤을 남기기 어려워진다. 따라서 구직을 하든, 사업 전선에 뛰어들든 경기가 어떤 상황에 있는지를 정확히 파악하고 그에 맞게 대처하는 것이 무엇보다 중요하다. 하지만 그렇다고 해서 반드시 호황에 직장을 구하거나 창업해야 한다는 것은 아니다. 예외는 어디에나 있기 마련이다. 최근 주목 받고 있는 'IT전당포'가 바로 그런 경우에 해당한다.

전당포란 채무자가 맡긴 물건을 담보로 금전을 제공하는 일종의 사금융업자를 말한다. 유전(流典), 즉 전당 잡힌 물건에 대해 정해진 기간이 지나도록 변제가 이뤄지지 않으면 전당업자가 물건을 소유하고 이를 처분할 수 있는 것이 전당포다. 광복 이후 급하게 돈이 필요한 사람들에게 은행 역할을 수행하던 전당포는 1960~70년대 전성기를 구가했다. 당시에는 '전당포영업법'이 제정돼 허가제로 규제를 해야 할 정도로 호황을 누렸고, 1970년대에는 트로트가수 등과 더불어 유망한 직업으로 꼽혔을 정도로 성업했다. 하지만 그 후 고리대금업이라는 인식이 강해지면서 쇠퇴하기 시작했고 1990년대 신용카드가 일상화되면서 몰락의 길로 들어섰다. 이제는 전당포 하면 영화 '아저씨'에서 배우 원빈이 일하던 곳 정도로 인식되고 있을 뿐이다.

그러던 전당포가 최근 사람들의 입에 오르락내리락하고 있다. 물론 과거와는 취급하는 물건이 달라서, 예전에는 반지나 시계 등의 귀금속을 취급했다면 최근 유행하는 전당포는 최신의 전자제품을 주로 취급하는 IT전당포 형태를 띠고 있다. 더구나 어둡고 칙칙한 뒷골목 이미지가 강했던 과거와는 달리 IT전당포는 사무실도 깔끔하고 직원들도 친절한 기업형으로 운영되고 있다. 그러다 보니 젊은 층을 중심으로 스마트폰이나 노트북을 담보로 돈을 빌리는 사례가 늘어나고 있다. 문턱이 높은 은행보다 돈을 빌리기 편하고 누구나 하나쯤은 IT기기를 가지고 있는 요즘이기에 현재와 같은 불황에도 창업이 활발하게 이뤄지고 있는 것이다. 실제로 한국대부금융협회 자료에 따르면 전국의 1000여개에 달하는 전당포 중 절반 이상이 최근 2년 새 생겨난 것으로 나타났다. 불황 속에서도 나홀로 호황을 맞고 있다고 해도 과언이 아닐 정도다.

하지만 IT전당포가 호황을 누리고 있다고 해서 무조건 반길 수만은 없다. 그 속에 우리 사회가 현재 겪고 있는, 보다 정확히 말해 청년층이 느끼는 삶의 고단함이 묻어 있기 때문이다. 일반적으로 IT전당포는 매월 2~3% 정도의 이자를 받고 영업을 하는데, 이를 1년으로 계산하면 이자율이 30% 내외로 결코 낮다고 하기 어렵다. 그럼에도 사람들, 특히 청년층의 발길이 이어지고 있다는 것은 그만큼 그들이 겪고 있는 취업난과 생활고가 심각하다는 것을 방증하는 것이다. 결국 전당포계에 불고 있는 훈풍은 경기불황의 여파가 만들어낸 새로운 풍조라는 점에서 일면으로는 안타까운 것이 사실이다.

〈출처 : 정원식 KDI 전문연구원, 한국경제(2015.09.18.)〉

중요개념 및 용어

경기변동(경기순환)	밋첼의 2분법	순환주기
순환진폭	소순환	슘페터의 4국면
키친순환	중기순환	쥬글라순환
콘드라티에프순환	수요충격	공급충격
화폐적 충격	정치적 경기순환이론	국제적 전파이론
케인즈학파의 경기변동이론	통화주의자의 경기변동이론	균형경기변동이론
화폐적 경기변동이론	실물적 경기변동이론	산업생산지수
경기종합지수	선행종합지수	동행종합지수
후행종합지수	경기확산지수	기업실사지수

연 습 문 제

1. 경기변동에 관한 밋첼과 슘페터의 견해를 비교해서 설명하라.

2. 경기순환의 중기순환을 의미하는 쥬글라 순환에 대하여 설명하라.

3. 경기변동이론에 관한 케인즈학파와 통화주의자의 주장을 비교해서 설명하라.

4. 루카스의 균형경기변동이론에 대하여 설명하라.

5. 키들랜드와 프레스컷의 실물적 경기변동이론에 대하여 설명하라.

6. 정치적 경기변동이론에 대하여 설명하라.

7. 경기종합지수는 어떻게 산출되고, 이를 통해서 무엇을 파악할 수 있는지를 설명하라.

8. 경기종합지수의 하나인 동행종합지수는 어떠한 경우에 이용하는지를 설명하라.

9. 경기확산지수의 계산식을 나타내고, 계산식이 의미하는 바를 설명하라.

10. 기업실사지수의 의미 및 장·단점에 대하여 설명하라.

18
chapter

국제무역

학습목표

본 장을 학습하면 어떠한 이유에서 국제무역이 발생하고 무역에 참여하는 나라들은 어떠한 이득을 얻는가를 이해할 수 있다.

1. 국가 간에 왜 무역이 발생하는지를 이해할 수 있다.
2. 절대우위론에 입각해 어떻게 무역이 발생하는지를 이해할 수 있다.
3. 비교우위의 개념과 비교우위론에 입각한 교역조건과 무역의 이익을 이해할 수 있다.
4. 비교우위론에 입각한 이론인 헥셔-오린 정리와 립진스키 정리에 대하여 이해할 수 있다.
5. 보호무역의 근거와 무역규제 수단, 이에 따른 규제효과에 대하여 이해할 수 있다.
6. 자유무역의 근거와 WTO, FTA에 대하여 이해할 수 있다.

제 1 절 국제무역의 기본적인 이해

1. 국제경제의 개념

지금까지는 주로 외국과의 경제관계를 고려하지 않은 폐쇄경제(closed economy)하에서의 경제이론에 대하여 분석해 왔다. 오늘날과 같이 국가 간의 경제교류가 빈번해지고 이에 따른 영향력이 급격하게 파급되고 있는 개방경제(opened economy)하에서는 국가 간의 경제관계가 국내의 거시경제에 있어서 보다 중요한 변수로 작용하고 있다. 따라서 국내경제의 경쟁력을 향상시키기 위해서는 국제경제에 대한 이해가 전제되어야 할 것이다.

국제경제(international economy)란 국가 간에 재화와 서비스가 거래되는 경제관계를 총칭하는 의미로 사용되는데, 최근에는 글로벌 경제(global economy)라는 용어가 혼용되어 사용되고 있다. 일반적으로 국제경제와 글로벌 경제는 거의 유사한 개념으로 사용되고 있는데, 굳이 구별한다면 글로벌 경제는 국제경제가 보다 진전된 단계로서 국가 간의 무역장벽 및 자금이동이 보다 자유로워짐에 따라 국가 간의 경제관계가 더욱 긴밀해지고 국가의 역할과 비중이 점차로 약화됨으로써 전 세계가 하나의 경제권으로 통합되어 가는 현상을 의미한다고 말할 수 있다.

국내경제와 같이 국제경제도 실물경제부문과 화폐경제부문으로 구분할 수 있는데, 실물경제부문에서는 국제적인 실물경제의 흐름인 국제무역을, 화폐경제부문에서는 환율, 국제수지, 외환시장 등 국제금융을, 각각 다루고 있다.

2. 국제무역이론 및 무역의 발생원인

국제무역이론은 재화와 서비스의 국가 간의 거래를 설명하는 이론이다. 구체적으로는 무역이 발생하는 원인은 무엇이고, 어떤 상품이 어느 나라에서 각각 수출, 수입되는가를 알아보고, 각 상품의 가격은 어떻게 결정되며, 그 결과 무역의 이익은 교역에 참가한 국가에게 어떻게 배분되는가를 설명하고 있다.

무역은 국가 간의 상품을 교환하는 행위인데, 이러한 국가 간의 상품교환이 일어나는 원인은 국내에서 경제주체상호간에 교환이 일어나는 원인과 거의 똑같이 거래당사자인 국가쌍방에 이득을 주기 때문이다. 즉, 국가 간의 분업과 전문화에 의거하여 국가 간에 상품을 교환으로써 얻는 이득이 크기 때문에 무역이 발생한다는 것이다.

일반적으로 분업에 따라 생산된 상품은 시장을 통해 교환됨으로써 생산력의 증대를 가져온다. 국내시장에서의 교환경제가 개별경제주체간의 분업과 전문화에 의거하는 바와 같이 국제무역도 국제적인 분업에 의거하는데, 다만 국가 간에는 법과 제도, 언어와 문화, 기호와 상관습, 부존자원과 자연조건 등이 다르기 때문에 국내에서 이루어지는 분업과는 다른 발생원인과 차이점을 지니고 있다.

국가마다 노동, 자본, 기술 등 생산조건이 다를 뿐만 아니라 기후와 토지 등의 자연조건은 물론 부존자원도 다르기 때문에 각 국가가 생산할 수 있는 상품도 다르게 마련이다. 이와 같이 국가마다 서로 다른 자연조건이나 부존자원, 그리고 생산조건을 갖고 있기 때문에 각국이 자기나라에 유리한, 다시 말하면 경쟁력이 있는 생산하고 이를 서로 교환함으로써 무역이 발행하게 된다.

생산조건, 자연조건, 부존자원 이외에도 각국 소비자의 선호도 내지는 기호의 차에 의해서도 무역이 발생한다. 규모의 경제, 소득증가에 따른 선호도의 다양성 등 여러 가지의 사유에 기인해 같은 종류의 상품의 교환이 이루어지는 산업 내에서 기호 내지는 선호도의 차이에 의해서 무역이 발생하는 것이 대표적인 예이다.

또한 모든 국가에서 부존자원, 생산조건, 기호가 똑같다고 하더라도 규모의 경제에 의한 평균생산비의 하락으로 발생하는 경쟁력의 차이에 의해 무역이 발생할 수 있다. 각국은 나름대로의 규모의 경제를 실현할 수 있는 상품을 보유하고 있다. 규모의 경제가 작용하면 상품가격에서 경쟁력을 지닐 수 있으므로, 각국은 규모의 경제를 실현하고 있는 자국상품을 수출하고, 외국에서 규모의 경제를 실현하고 있는 상품을 수입한다. 이와 같이 국제간에 무역이 발생하는 원인은 여러 측면에서 살펴볼 수 있다.

제 2 절 국제무역이론과 무역의 이득

1. 절대우위론

일반적으로 상품에 대한 경쟁력은 가격경쟁력과 비가격경쟁력으로 나눌 수 있는데, 편의상 가격경쟁력만을 가정하자. 한 국가가 생산하는 상품에 대한 가격경쟁력은 주로 생산비의 차이에 의해서 결정된다. 그런데 이러한 생산비의 차이도 절대적 차이와 상대적 차이로 구분할 수 있는데, 스미스(Adam Smith)는 절대적 차이에 의해, 리카도(David Ricardo)는 상대적 차이에 의해, 무역이익이 발생할 수 있다고 주장하였다.

스미스의 절대우위론(절대비교설이라고도 함)에 의하면 한 국가가 어떤 한 재화생산에 절대우위를 갖고 있고, 다른 국가는 다른 한 재화생산에 절대우위를 갖고 있다면 두 국가간의 교역은 양국 모두에게 이익을 준다는 것이다. 이는 〈표 18-1〉을 이용하여 다음과 같이 설명할 수 있다.

A국과 B국간의 X재와 Y재의 생산에 있어서 유일한 생산요소는 노동뿐이라고 가정한다면 〈표 18-1〉에서 보는 것처럼 A국은 X재 1단위를 생산하는데 5명의 노동과 Y재 1단위를 생산하는데 6명의 노동이 필요한 반면에, B국은 X재와 Y재에 각각 7명과 3명의 노동이 필요함을 알 수 있다. 이와 같은 경우 스미스에 의하면, A국은 X재 1단위를 B국보다 2명이 적은 노동으로 생산할 수 있고 반면에 B국은 Y재 1단위를 A국보다 3명이 적은 노동으로 생산할 수 있다. 따라서 A국은 X재에 절대우위가 있고 B국은 Y재에 절대우위가 있다고 할 수 있다. 이 경우 스미스에 의하면 A국은 X재생산에 특화하고 B국은 Y재생산에 특화하여 두 국가간에 교역을 하면 두 국가 모두에 이익이 된다는 것이다.

〈표 18-1〉 두 국가의 생산비비교

	상품단위당 노동투입량	
	X재 1단위	Y재 1단위
A국	5	6
B국	7	3

절대우위에 따른 특화와 교역이 교역당사자들에게 이익을 가져오는지를 알려면, 국제무역없이 자급자족하던 상태보다 교역이 이루어진 후 더 많은 재화가 생산되고 소비된다는 것이 증명되어야 한다. 이와 같은 관점에 의거 〈표 18-1〉을 예를 들어 절대우위론에 따른 두 국가간의 무역에 따른 이익을 살펴보자.

먼저 A국은 X재에 특화하게 되므로 총 11명의 노동(전체노동력을 11명으로 가정)을 X재생산에 투입하면 X재 2.2단위를 생산할 수 있다. 왜냐하면 A국의 경우, 5명이 X재 1단위를 생산할 수 있으므로 X재 2단위생산에는 10명이 필요하다. 따라서 여분의 1명은 1/5단위의 X재를 더 생산할 수 있기 때문이다. 한편, B국의 경우 총노동력 10명(전체노동력을 10명으로 가정)을 Y재생산에만 투입하면 Y재 3과 1/3단위를 생산할 수 있다.

여기서 A국과 B국간에 X재 1단위와 Y재 1단위가 1: 1로 교역될 수 있다고 가정하고 두 상품의 교역에서 운송비는 발생하지 않는다고 가정하자. A국의 경우 B국과의 무역이전에는 11명의 노동을 X재와 Y재 생산에 투입하여 각각 1단위씩 생산한다. 따라서 국내소비도 X재 1단위와 Y재 1단위가 된다. B국의 경우도 10명의 노동으로 X재 1단위와 Y재 1단위를 생산하고 소비하게 된다. 이제 두 국가가 무역을 하게 되면 절대우위가 있는 상품에 특화하여 생산하게 되는데, 이때 A국은 X재생산 그리고 B국은 Y재 생산만 하게 된다.

A국의 경우는 11명의 노동으로 X재 생산에 투입할 때 2.2단위의 X재를 생산할 수 있다. 이 중 X재 1단위를 B국에 수출하고 대신에 Y재 1

단위를 수입한다. 이에 따라 A국의 국내소비는 X재 1.2단위와 Y재 1단위가 되는데, 이는 무역을 하기 전보다 X재 1/5단위를 더 소비할 수 있으므로 무역에 의해 이익이 발생하였음을 입증해 주고 있다. 마찬가지로 B국의 경우도 무역에 의해 Y재의 소비가 1과 1/3만큼 더 늘어나 무역의 이익이 발생하였음을 알 수 있다.

2. 비교우위론

(1) 비교우위의 개념

앞에서 언급한 절대우위론에 의하면 두 국가 간에 상품생산에 있어서 각각 절대우위가 있을 때만 무역이 이루어진다. 따라서 상품생산에 있어 어느 국가에 절대우위가 없으면 무역은 성립하지 않는다. 즉 한 국가가 두 상품생산에 있어서 절대우위를 갖고 있고 다른 국가는 절대열위에 있게 되면 두 국가 간에는 무역이 이루어지지 않는다는 것이다.

이에 대해 리카도는 비록 한 국가가 두 상품 생산에 절대우위를 갖고 있고 다른 국가가 절대열위에 있다고 하더라도 무역을 하면 두 국가 모두 이익을 볼 수 있다는 것을 그의 비교우위론(비교생산비설이라고도 함)에서 지적하였다. 비교우위론이란 생산비의 상대적 차이가 무역을 발생시킨다는 것으로 두 국가가 생산비에 있어서 비교우위에 있는 상품에 특화하여 생산하여 교역하면 두 국가 모두에게 이익이 된다는 이론이다.

이 이론은 첫째, 노동가치설에 근거를 두고 생산요소의 이동은 없으나, 생산물의 이동은 자유롭다. 둘째, 노동의 한계생산은 일정하며 교역에 따르는 거래비용은 존재하지 않는다. 셋째, 2국, 2재, 1생산요소가 존재하며, 노동만이 유일한 생산요소이고 노동의 질은 동일하다라고 하는 가정을 전제하고 있다.

리카도의 비교우위론을 이해하기 위해서는 첫째, 어느 국가가 어느 상품에 비교우위를 가지고 있는가, 둘째, 비교우위상품과 비교열위상품을 서로 교환하였을 경우 실제로 무역의 이익이 발생하는가를 확인하여야 한다. 이러한 관점에 의거 〈표 18-2〉를 이용하여 이를 확인해 보자.

〈표 18-2〉 두 국가의 생산비비교

	상품단위당 노동투입량	
	X재 1단위	Y재 1단위
A국	5	6
B국	4	3

〈표 18-2〉에서 A국과 B국간의 두 상품의 생산비 비율을 비교해 보면 다음과 같다. A국을 중심으로 생산비를 비교해 보면 A국의 X재 생산비는 B국의 생산비의 5/4(125%)이고 Y재 생산비는 B국의 생산비의 6/3(200%)이다. 따라서 A국의 X재 생산비가 B국에 비해 상대적으로 낮다. 즉, A국은 B국에 비하여 X재 생산에 비교우위를 갖고 있다고 할 수 있다.

한편, B국을 중심으로 생산비를 비교해 보면 B국의 X재 생산비는 A국의 생산비의 4/5(80%)이고 Y재 생산비는 A국의 생산비의 3/6(50%)에 불과하다. 따라서 B국은 A국에 비해 Y재를 생산하는 것이 상대적으로 생산비가 적게 든다. 이 경우 B국은 A국에 비하여 Y재 생산에 비교우위가 있다고 말한다.

(2) 교역조건과 무역의 이익

이번에는 비교우위론에 의한 두 국가의 교역이 양국 모두에게 이익이 된다는 것을 구체적으로 살펴보기로 한다. 먼저 A국과 B국에 있어서 A국은 X재 생산에 특화하고 B국은 Y재 생산에 특화하여 교역한다고 하자. 이때 X재 1단위와 Y재 1단위를 1:1로 교환한다는 것을 전제로 하고 있어 A국은 11명의 노동을 모두 X재 생산에 투입할 경우 X재 2와 1/5단위를 생산할 수 있다. 왜냐하면 11명의 노동이 모두 X재 생산에 투입되게 되면 X재 2단위생산에 10명이 필요하고 여분의 1명이 추가적으로 1/5단위의 X재를 더 생산할 수 있기 때문이다. 이 중 1단위는 B국에 수출하고 나머지 1과 1/5단위를 국내에서 소비하게 된다. A국의 경우 무역이 이루어지기 전에는 X재 1단위생산이 국내에서 소비할 수 있는 유일한 X재 소비량이지만 B국과의 교역이후에는 1과 1/5단위의 X재를 국내에서 소비할 수 있으므로 여분의 1/5단위가 국제무역을 통한 이익이 된다.

B국의 경우에도 7명의 노동을 모두 Y재 생산에 투입할 경우 Y재 2와 1/3단위를 생산할 수 있다. 왜냐하면 7명의 노동이 모두 Y재 생산에 투입되게 되면 Y재 2단위생산에 6명이 필요하고 여분의 1명이 추가적으로 1/3단위의 Y재를 더 생산할 수 있기 때문이다. 이 중 1단위는 A국에 수출하고 나머지 1과 1/3단위를 국내에서 소비하게 된다. 따라서 B국의 경우에도 무역이 이루어지기 전에는 Y재 1단위생산이 국내에서 소비할 수 있는 유일한 Y재 소비량이지만 A국과의 교역 이후에는 1과 1/3단위의 Y재를 국내에서 소비할 수 있어 여분의 1/3단위만큼의 국제무역을 통한 이익이 발생하게 된다.

(3) 생산가능곡선과 무역의 이익

앞에서 가정한 것처럼 노동의 한계생산물이 일정하다는 것은 생산가능곡선이 직선이 됨을 의미한다. 리카도의 비교우위설에 따른 생산가능곡선을 보다 구체적으로 살펴보기로 하자.

[그림 18-1] (a)에서 표시된 A국의 생산가능곡선은 X재 1단위를 더 생산하기 위하여 Y재 5/6단위의 생산을 포기해야 하며, Y재 1단위를 더 생산하기 위해서는 X재 6/5단위의 생산을 희생해야 함을 나타내 주고 있다. 즉, X재 1단위의 기회비용은 Y재 5/6단위이고, Y재 1단위의 기회비용은 X재 6/5단위이다. [그림 18-1]의 (a)에서 보듯이 생산가능곡선이 직선이기 때문에 X재와 Y재의 기회비용은 이 두상품의 생산량과 관계없이 일정하다. 리카도의 노동가치설을 적용하면 생산가능곡선은 두 상품의 상대가격 또는 교환비율을 표시할 수 있다. 여기서 상대가격이란 어떤 한 상품의 가격을 화폐단위가 아니라 다른 상품의 수량으로 나타낸 것으로, 이는 생산가능곡선의 기울기로도 나타낼 수 있다. 예를 들어 X재 1단위를 생산하기 위해서는 5/6단위의 Y재 생산을 줄여야 한다는 것은 X

재 1단위의 상대가격이 Y재 5/6단위라는 것을 의미한다.

[그림 18-1] A국과 B국의 생산가능곡선

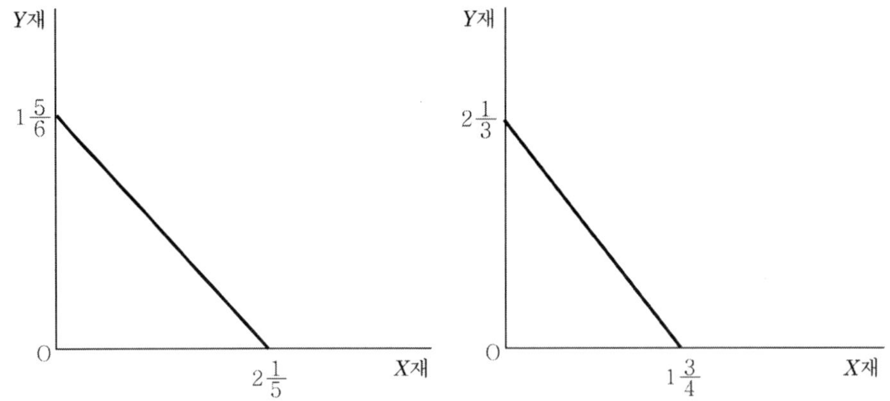

[그림 18-1] (b)에 표시된 B국의 생산가능곡선에 의하면 B국은 X재 1단위를 더 생산하기 위해 4/3단위의 Y재 생산을 희생해야 하며, Y재 1단위를 더 생산하기 위해서는 3/4단위의 X재 생산을 줄여야 한다. 따라서 B국의 경우에는 X재 1단위의 상대가격(기회비용)은 4/3단위의 Y재이며, Y재 1단위의 상대가격은 3/4단위의 X재가 된다. 이때 X재와 Y재의 상대가격비는 1:4/3이 되어 X재와 Y재가 B국에서 1:4/3로 교환된다.

A국의 경우 X재와 Y재간의 상대가격은 1:5/6로 거래된다. A국과 B국이 무역을 하면 X재 1단위의 국제가격은 Y재 5/6단위(A국의 국내가격)와 Y재 4/3단위 사이에서 결정된다. 국제적인 상대가격이 Y재 5/6단위와 4/3단위 사이에서 결정되는 한 무역은 두 국가에게 모두 이익이 된다. 어떻게 해서 무역이 두 국가 모두에게 이익이 되는지를 알아보자. 먼저 A국과 B국간에 무역이 이루어지고 X재와 Y재에 대한 교역비율이 1:1이 되었다고 하자. A국은 무역을 행하지 않을 때는 1단위의 X재를 덜 생산하면 Y재 5/6단위를 얻을 수 있는데, 무역을 하면 X재 1단위를 희생(수출)하여 Y재 1단위를 얻을(수입)수가 있게 된다.

이 경우 A국은 모든 생산요소를 전부 투입하여(즉 X재 생산에 완전

특화국제하여) 이를 B국에 수출하며 그 대가로 B국으로부터 Y재를 수입하면 무역전보다 이익을 얻게 된다. A국이 11명의 노동을 X재에 투입하면 2와 1/5단위의 X재를 생산할 수 있다. 이 중 1단위의 X재를 A국에 수출하고 그 대신 1단위의 Y재를 수입하면 A국의 X재와 Y재에 대한 소비는 각각 1.2단위와 1단위가 된다. 무역전과 비교하면 X재에 대한 소비가 늘어나서 사회전체의 효용이 증가한다. 같은 논리로 B국은 Y재 생산에 특화하여 Y재를 수출하고 X재를 수입하면 사회전체의 효용이 Y재의 소비의 증대에 따라 늘어나게 된다.

A국과 B국간에 무역이 이루어지면 Y재 1단위의 국제적인 상대가격은 3/4단위의 X재(B국의 국내가격)와 6/5단위의 X재(A국의 국내가격) 사이에서 결정된다. 앞에서 언급한 것처럼 X재와 Y재가 1:1로 교역되면 B국은 7명의 노동을 투입하여 Y재 2와 1/3단위를 생산한다. 이 중 Y재 1단위를 수출하여 X재 1단위를 수입하면 B국의 X재와 Y재에 대한 소비는 각각 1단위와 1과 1/3단위로서 무역전보다 Y재 소비수준이 높아지게 됨으로써 무역의 이익이 생기게 되는 것이다.

(4) 평가

리카도의 비교우위론은 19세기 자유무역주의 이론적 근거가 되었으나, 앞에서 언급한 것처럼 오직 노동만 상품가치의 척도이며 노동의 한계생산성이 일정하여 두 상품간의 생산가능곡선이 직선으로 나타나 상품생산의 기회비용이 일정하고, 비교열위에 있는 상품은 전혀 생산하지 않고 비교우위에 있는 상품만을 생산하게 된다는 것으로서 특징됨으로써 논리가 너무 단순하고 비현실적이라는 비판을 받았다.

(5) 비교우위론의 발전

① 헥셔-오린 정리(Heckscher-Ohlin Theorem)

앞에서 설명한 것처럼 비교우위론은 여러 가지의 문제점을 지니고 있으나 국제무역이 왜 일어나는지를 설명하는 이론으로서 오늘날까지 국제무역이론의 중심을 이루고 있다. 이에 따라 비교우위론에 기반을 둔 많은 이론들이 제시되었는데, 그 대표적인 예가 헥셔-오린 정리(Heckscher-Ohlin Theorem)이다. 스웨덴의 경제학자였던 헥셔(Eli Heckscher)와 오린(Bertil Ohlin)은 스웨덴이 풍부한 산림자원을 바탕으로 목재를 집약적으로 사용하는 상품을 수출하는 것에 착목하여, 비교우위의 원인이 되는 생산비차이가 요소부존도 또는 요소집약도의 차이에서 발생한다고 주장하였다.

생산요소가 자본과 노동만이 존재한다고 가정하면 자본이 노동에 비하여 풍부한 국가는 자본을 주로 사용하여 생산하는 상품, 즉 자본집약적 상품에 비교우위가 있어 이 상품을 수출하고, 노동집약적 상품에 비교열위가 있어 노동이 주로 사용되는 상품을 수입한다는 것이다. 이와 같이 국제무역은 국가 간에 존재하는 요소의 차이 때문에 발생하며, 국제무역을 통한 국제적 이동은 생산요소의 이동을 대체한다는 것이 헥셔-오린 정리의 골자이다.

국제무역은 생산요소의 상대가격이 국가 간에 같아질 때까지 일어난다. 예를 들어 노동이 풍부한 국가에서 노동집약적인 상품에 특화하면 노동에 대한 수요가 상대적으로 증가하기 때문에 임금이 상승할 것이다. 이에 반해 자본이 풍부한 국가에서 자본집약적 상품에 특화하면 자본의 가격이 상승할 것이다. 이와 같이 국제무역을 한 결과 국가경제에서 풍부하게 주어진 생산요소의 실질소득은 증가하고, 희소한 생산요소의 실질소득은 감소하여, 결국 두 국가의 생산요소의 상대가격은 균등하게 되는데 이를 요소가격 균등화 정리(factor price equalization theorem)라고 한다.

② 립진스키 정리(Rybczynski Theorem)

헥셔-오린 정리와 관련한 이론으로서 립진스키 정리가 있다. 립진스키 정리의 골자는 국제시장가격이 일정한 경우 어느 한 요소의 증가는 그 요소를 집약적으로 사용하는 상품의 절대생산량을 증가시킨다는 것이다. 예를 들어 한 국가에서 자본만 점차로 증가하는 경우 자본집약적 상품의 수출이 늘어나고 노동집약적 상품의 수입이 늘어난다는 것이다. 1960년대 후반 이후 노동집약적인 경공업제품을 수출하다가 1970년대 후반 이후

자본집약적인 중화학공업제품을 주로 수출한 우리나라의 예가 립진스키 정리의 대표적인 사례라고 말할 수 있다.

3. 기타 무역의 이득

지금까지의 설명에 의하면 무역에 따른 이득은 각 국이 비교적 효율적으로 생산할 수 있는 상품에 특화함으로써 발생하였다. 즉, 한 국가 안에 주어져 있는 생산자원과 생산기술에는 아무런 변화가 없는데, 여러 산업으로 분산되어 투입되던 자원을 비교우위가 있는 산업에 집중적으로 투입하여 다른 국가와 교역하는 과정에서 이득이 발생한다는 것이다. 그런데 이러한 무역의 이득은 다음과 같은 부수적인 이득을 발생시킨다.

첫째, 무역은 자원의 이용한계를 극복해 준다. 즉, 자국에 없는 원자재를 수입을 통해 입수함으로써 생활에 필요한 재화를 생산할 수 있도록 해준다.

둘째, 규모의 경제 실현을 가능하게 해준다. 현대의 생산기술에는 생산규모가 커질수록 평균비용이 더 낮아지는 규모의 경제가 나타나는 경우가 많은데, 한 국가가 모든 상품을 전부 생산하여 자급자족해야 한다면 규모의 경제를 충분히 활용할 수 없다. 특히 경제규모가 작은 국가의 경우에는 규모의 경제를 활용할 소지가 더욱 더 제한받게 된다. 그런데 무역이 이루어지면 아무리 작은 국가라도 세계시장을 상대로 대규모생산을 할 수 있기 때문에 국내시장의 작음에 제약을 받지 않는다. 이와 같이 무역은 규모의 경제를 활용할 수 있는 여지를 만들어 줌으로써 생산성증대에 기여한다.

셋째, 무역은 새로운 고용을 창출한다. 특히 수출의 경우 국내 상품에 대한 해외수요이므로 해외수요가 늘어날수록 생산이 늘고 이에 따라 새로운 고용이 창출된다.

넷째, 무역은 학습효과를 통해 선진기술과 새로운 경영기법의 도입을 촉진시킨다. 무역을 통해 터득한 학습효과에 의거해 선진기술과 합리적인 경영기법을 습득할 수 있다.

다섯째, 생활수준향상에 기여한다. 무역을 시행하면 한 국가 내에서 자급자족하는 경우보다 생활수준을 향상시킨다. 예컨대, 수출증가를 통하여 경제성장이 이루어지면 소득이 증가하며 수입은 소비자에게 다양한 선택의 기회를 제공한다.

그러나 무역을 통해 혜택만을 누리는 것은 아니다. 예를 들어 과다한 수입은 국내생산자에게는 경쟁자로써 시장의 잠식과 이에 따른 생산 및 고용의 감소를 초래하고 또한 소비자에게는 과소비를 부추긴다.

제 3 절 보호무역과 자유무역

1. 보호무역론의 근거

보호무역론은 국가가 적극적으로 무역활동에 개입하여 국내산업 등을 보호해야 한다는 논리이다. 이러한 보호무역론의 근거로는 유치산업의 보호, 실업방지, 국방상의 이유, 교역조건의 개선 등을 들 수 있다.

(1) 유치산업의 보호

유치산업이란 생성된 지 얼마 되지 않은 유아기에 있는 산업을 말한다. 보호무역론자들은 아직 공업화를 달성하지 못한 발전도상국은 초보단계에 있는 유치산업을 보호하기 위해 무역을 제한하면서 국내수요를 기반으로 그 유치산업이 성장하여 국제경쟁력을 갖출 수 있도록 하여야 한다고 주장한다. 즉, 유치산업이 국제경쟁력을 갖출 수 있는 동안 선진국으로부터 수입을 억제하는 보호무역이 필요하다는 것이다. 그런데, 보호무역론에서 주장하는 유치산업의 보호가 무한히 계속되어져야 한다는 것은 아니다. 다만 발전도상국의 유치산업이 경쟁력을 갖추어서 선진국과 대등한 경쟁력이 가능한 시점까지만 그 산업을 보호하자는 것이다.

유치산업 보호의 근거는 크게 두 가지의 측면에서 볼 수 있다. 첫째는 규모의 경제에 대한 대응이다. 앞에서 설명한 것처럼 규모의 경제는 대규모 생산체제를 갖추고 대량생산이 가능한 경우에 일어난다. 따라서 국내시장이 상대적으로 작은 발전도상국의 경우 규모의 경제를 통해 타국과 경쟁할 수 있을 때까지 타국 상품의 국내진입을 막으려 할 것이라는 것이다. 두 번째는 소위 학습효과라는 것이다. 기업은 생산초기에 시행착오를 거침으로써 단위당 생산비용을 낮게 함으로써 경쟁력을 확보할 수 있다는 학습효과를 터득하게 된다. 이러한 관점에 의거해 학습효과가 나타날 때까지 국내기업을 보호해야 한다는 것이다.

(2) 실업방지

자유로운 무역이 실업을 증가시키는 원인이 된다는 주장이다. 즉 자국의 사양화된 산업의 경우 자유로운 무역으로 인해 자국의 생산품이 경쟁력을 상실하게 되어 실업이 발생하므로 수입제한 등의 조치를 취해 자국산업을 보호해야 한다는 것이다. 이러한 주장은 주로 수입과 외국과의 경쟁으로 인해 피해를 보고 있는 생산자나 노동자들에 의해 제기되는데, 수입을 규제하여 실업을 막아야 한다는 것도 나름대로의 일리는 있지만 그렇다고 자유로운 무역을 막아야 할 정당한 논리적 근거가 되지는 않는다. 왜냐하면 비교우위의 원칙은 생산성이 낮은 부문을 축소하고 여기에서 나온 자원을 비교우위가 있는 부문에 재분배함을 요구하는 것으로서, 바로 이러한 자원의 재배분과정에서 효율성의 향상을 기대할 수 있는 것이기 때문이다.

(3) 국방상의 이유

보호무역은 유치산업의 보호 이외에도 국방과 관련한 산업에도 필요하다는 것이다. 만약 어떤 국가가 비교우위에 입각하여 서비스산업이나 오락산업에 특화하고 제조업 특히 중공업관련 산업을 등한시하면 국가위기가 발생시 필요한 물자를 제대로 공급받지 못할 경우 국가의 존립에 커다란 위협을 받을 수 있다. 따라서 중공업 등의 국방관련 산업이나 식량과 같은 국민생활에 필수적인 산업들은 비록 비교열위 산업일지라도 보호해야 한다는 것이다. 다만, 어떤 국가가 국방문제를 상당히 중시하여 비교우위의 원칙이 요구하는 바를 무시한다면 그것 나름대로 의미있는 선택일 수 있으나, 그 선택에는 적잖은 대가가 수반한다는 것을 간과해서는 안될 것이다.

(4) 교역조건의 개선

교역조건을 개선하기 위해서는 보호무역이 필요하다는 주장으로, 이는 세계시장에서 독점력을 행사할 수 있는 국가에게만 적용될 수 있다. 즉, 독점력을 이용하여 수출량을 제한한다면 수출가격이 상승하므로 교역조건을 자국에 유리하게 개선할 수 있다. 그러나 이와 같은 경우, 이에 대항하여 타국들이 보복관세를 부과함으로써 교역조건의 개선효과를 상쇄해 버리면 모두에게 바람직하지 않은 결과를 초래할 수 있다는 것도 함께 고려해야 할 것이다.

2. 무역규제의 수단과 규제효과

정부가 무역을 제한하기 위해 정책적으로 사용하는 규제수단에는 여러 가지가 있는데, 일반적으로 관세수단과 비관세수단으로 구분할 수 있다.

(1) 관세에 의한 수단

관세란 상품이 관세영역을 통과할 때 부과되는 조세로서, 수출관세와 수입관세로 구분되는데, 일반적으로 관세라고 하면 수입관세를 말한다. 각국이 관세를 부과하는 목적은 크게 두 가지로 나누어 볼 수 있는데, 재정수입을 증대하기 위해서 부과하는 경우와 국내산업을 보호하기 위한 경우이다. 전자를 재정관세라 하며 주로 저율관세인데 비하여, 후자를 보호관세라 하며 대체로 고율관세이다. 오늘날에도 일부의 발전도상국의 경우 관세수입이 국가재정에서 차지하는 비중이 적지 않아 재정관세가 주요한 역할을 하기도 하나, 일반적으로 관세는 국내산업보호를 목적으로 탄력적으로 부과된다고 보는 관점에 의거하여 보호관세의 역할을 하고 있다. 관세의 종류는 여러 가지로 나눌 수 있는데, 대표적인 관세를 살펴보면 다음과 같다.

① **상계관세** : 수출국에서 교부되는 보조금이나 수출장려금을 상쇄하기 위해서 부과되는 관세를 말한다. 이 관세는 장려금이나 보조금을 제거하기 위해 국내산업을 보호하기 위해서 부과하는 관세이다.

② **보호관세** : 국내의 유치산업을 보호·육성하기 위해서 수입품에 부과하는 관세로 수입품의 가격을 상승시켜 수입을 억제하고 자국의 산업을 보호하여 자본축적을 촉진시킬 수 있다. 그러나 국내기업의 독점권을 보장해 주는 결과를 초래하여 국제경쟁력의 약화와 자유경쟁을 저지하는 폐단을 초래할 수 있다.

③ **보복관세** : 상대국이 자국의 수출품에 대해서 불리한 차별대우를 할 때 자국의 이익을 위해서 상대국의 수출품에 대해서 보복적으로 부과하는 관세를 말한다.

④ **반덤핑관세** : 생산원가 이하로 수출되는 상품에 대해서 수입국이 부과하는 과세를 말한다.

⑤ **긴급관세** : 특정재화의 급속한 수입증가로 인하여 국내산업이 타격을 입었을 때, 입법절차를 거치지 않고 행정부의 권한으로 관세율을 조절하는 것으로 조세법률주의의 예외로 되어 있다.

관세를 부과하면 다음과 같이 여러 가지 경제적인 효과가 나타난다.

[그림 18-2]에서 보는 것처럼, 무관세가격(P_1)으로 수입되던 상품에 관세(d)를 부과하면 수입가격은 P_2로 상승한다. 따라서 관세부과만큼의 가격상승으로 국내의 소비가 Q_4에서 Q_3로 감소한다(소비억제효과).

또한 관세부과만큼의 수입상품 가격의 상승($P_1 \rightarrow P_2$)으로 국내에서 생산된 상품의 가격도 상승하고, 이는 국내 상품의 공급량증가($Q_1 \rightarrow Q_2$)로 연결되어 국내의 고용증대가 이루어진다(고용증대효과).

한편, 수입가격의 상승은 수입상품의 양적인 감소($Q_1Q_4 \rightarrow Q_2Q_3$)를 유발하므로 이는 무역수지에 긍정적으로 작용한다(무역수지효과).

그리고 관세는 수입량에 개당관세를 곱한 사각형 $BEFC$만큼의 재정수입을 증대시켜 준다(재정수입 증대효과).

[그림 18-2] 관세의 경제적 효과

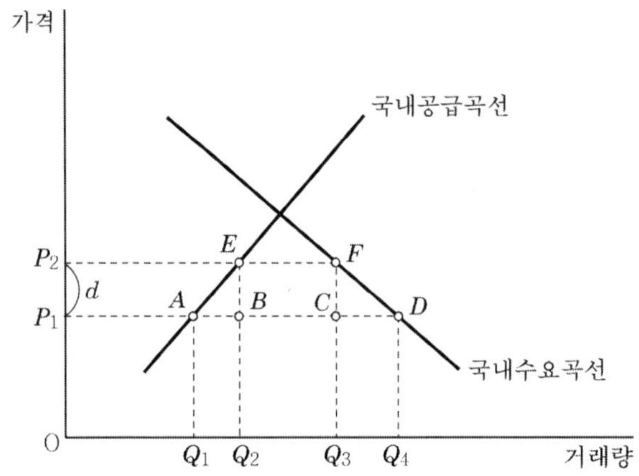

[그림 18-2]에서 보는 것처럼 삼각형 AEB와 CFD는 소비자잉여손실분에 해당하고, 사각형 $BEFC$은 소비자의 잉여가 정부의 관세수입으로 전환된 부분이며, 사다리꼴 P_1P_2EA은 소비자잉여가 국내생산자잉여로 전환된 부분이다. 따라서 관세부과는 국내생산을 증대시키고 정부의 조세수입을 증가시키지만, 국내소비자들은 전보다 비싼 가격으로 구매해야 하므로, 소비자로부터 정부와 국내 생산업자에게 소득이 재분배되는 효과가 있으며(소득재분배), 소비자잉여(삼각형 AEB와 CFD)손실분만큼의 사회적 후생 감소현상이 일어난다(사회후생 손실).

(2) 비관세에 의한 수단

비관세에 의한 수단은 관세를 사용하지 않고 무역을 제한하는 일체의 수단들을 총칭하는데, 이는 관세율의 변경보다 행정적으로 신축성이 있고 신속하게 실시할 수 있다는 장점을 지니고 있다.

① **수입할당제** : 수입하는 상품의 양을 일정한 범위 내에서 제한하는

것으로 수입상품의 가격은 직접 제한하지 않고 수입수량을 제한하면 그 결과에 따라 가격규제의 효과가 발생한다. 이는 수입품에 대해 차별적으로 제한하여 국내산업을 보호하고 국제수지의 균형과 환율의 안정, 물가안정 등을 추구하기 위해 실시한다.

② **수출자율규제** : 수입국의 요청에 의하여 수출국에서 자율적으로 수출을 규제하는 것으로 수량제한의 변형된 형태로 볼 수 있다. 이는 수입국에서 채택되는 관세나 수입할당과는 달리 수출국자체의 책임 하에서 실시되고 있다는 것이 특징이다.

③ **수출보조금** : 정부가 수출을 장려할 목적으로 수출업자에게 보조금을 지급하는 것을 말한다. 이는 수출국의 입장에서 볼 때 수출가격이 낮아지게 되어 해외시장에서 자국 상품의 경쟁력이 강화되어 무역확대효과를 추구할 수 있고, 또한 국내적으로는 수출산업을 보호·육성하는데 기여하나, 재정 부담이 가중되는 문제가 있다. 한편 수입국의 입장에서 보면 일종의 덤핑수출로 간주되어 보복관세나 상계관세를 부과하여 이에 대처하기도 한다.

④ **수입과징금** : 수입품에 대해서 관세 이외에 추가적으로 일정률을 부과하는 것으로 수입억제, 국제수지개선, 국내산업의 보호를 위해서 취하는 조치이다.

3. 자유무역론

자유무역론은 관세 또는 비과세장벽 등이 일체 존재하지 않는다는 전제하에서, 비교우위에 근거하여 생산비가 상대적으로 저렴한 재화에 생산을 특화하여 서로 교역을 하면, 이에 해당하는 국가의 국민이 보다 값싼 재화를 소비할 수 있으므로 후생이 증가한다는 논리에 의거하고 있다.

그러나 현실적으로는 자유무역이 교역당사국 모두에게 항상 이익을 준다고 말할 수는 없다. 예를 들어 선진국인 미국과 발전도상국인 인도네시아가 자유무역의 논리에 의거해 무역을 한다고 가정하자. 이 경우 선진국인 미국은 자동차나 전자기기 등과 같은 높은 부가가치를 창출하는 제품에, 발전도상국인 인도네시아는 원목 등 자국에 풍부하게 부존되어 있는 생산요소에 각각 비교우위가 있어 이들 제품에 특화하여 교역을 하게 될 것이다. 이에 따라 양국이 생산한 제품을 서로 저렴하게 소비할 수 있어 후생이 증가한다고 말할 수 있을 것이다. 그러나 교역이 장기화되면 될수록 부가가치가 높은 제품에 특화한 미국과 그렇지 못한 인도네시아와의 소득격차는 더욱더 확대될 것이다. 이와 같이 단지 저렴하게 생산할 수 있다는 이유만으로 특화하여 생산한다는 것은 선진국과 발전도상국간의 소득격차 해소에 아무런 도움을 주지 못한다는 것이다.

이와 같이 비교우위에 입각하여 자유롭게 교역을 하면 모든 나라의 이익증진에 기여한다는 주장은 현실적으로 타당성이 결여된 측면이 있다는 점을 유념해야 할 것이다.

4. 자유무역을 위한 협정

(1) 세계무역기구(WTO)

세계무역기구(World Trade Organization : WTO)는 GATT(General Agreement on Tariff and Trade : 관세 및 무역에 관한 일반협정)의 8차 회의인 우루과이라운드(Urguay Round : UR)가 타결되자 GATT를 대신해 세계무역질서를 효과적으로 규율하는 국제기구로서 1995년에 출범하였다.

GATT체제를 확대·개편한 WTO체제에서는 비교우위에 입각하여 모든 나라가 자유무역이 주는 이익을 향유할 수 있도록 자유롭게 교역하자는 것을 기본취지로 삼고 있다. 따라서 WTO체제에서는 각종 비관세장벽을 철폐함과 더불어 관세인하를 추구함으로써 국제무역의 확대를 꾀하고 있다.

이와 같은 WTO체제가 세계무역의 자유화라는 본래의 목적을 달성할 수 있도록 잘 운영된다면 세계경제의 활성화와 세계무역질서 확립에 크게 기여할 것이다. 그러나 앞에서 지적한 바와 같이 운영여하에 따라서는 선진국과 발전도상국간의 대립격화 등 자유무역론의 폐해가 보다 심화되는 계기로 작용할 수 있음도 간과해서는 안될 것이다.

(2) 자유무역협정(FTA)

자유무역협정(free trade agreement: FTA)은 가맹국 간 재화 및 서비스의 자유로운 이동을 위해 관세를 비롯한 모든 무역장벽을 완전히 철폐하고 역외국가에게는 각국이 개별적으로 관세를 매길 수 있게 하는 협정으로, 대개의 경우 국가 간 교역증대를 통한 상호이익을 도모하기 위해 추진된다.

최근 전 세계적으로 FTA체결이 250건이 넘는 등 활발히 행해짐에 따라 전 세계무역의 50%이상이 이들 FTA체결국 간에 이루어지고 있다. 우리나라의 경우도 FTA체결에 적극적으로 참여하여 2004년 칠레와의 FTA가 처음 발효된 이후 2015년 12월 1일 기준으로 총 15건의 FTA가 발효 또는 체결된 상태이다.

FTA의 긍정적 효과로는 ① 수출증가의 선순환구조를 통한 내수경기회복, ② 기업 간의 경쟁촉진 및 학습효과, ③ 비교우위산업의 특화, ④ 관세철폐에 따른 수입품가격 하락 등을 들 수 있는 데, 비교열위 산업의 도태 등 여러 가지의 부작용도 발생할 수 있음을 간과해서는 안 될 것이다.

◈ 경제이론과 현실경제

[한 · 중FTA 발효] 韓國 최대 수출국 中國과 FTA로 '상생의 길' 열다

협상타결 406일 만인 이달 20일 발효, 958개품목 관세 즉시 철폐
10년간 실질GDP 0.96% 추가 성장…국내 수출기업 시장선점 효과

13억 중국 시장을 겨냥한 한·중 자유무역협정(FTA)이 이달 20일 공식 발효된다. 지난해 양국 정상이 협상 타결을 선언한 지 406일 만이다. 한 · 중 FTA는 2012년 5월 협상 시작 이후 14차례 공식 협상을 거쳐 2014년 11월 10일 타결된 후 지난 6월 1일 서울에서 양측이 정식 서명했다. 지난 9일 한국과 중국 양국은 중국 베이징(北京)에서 한 · 중 FTA 발효를 공식 확정하는 외교 공한을 교환했다. 양국은 지난 10월 31일 정상회담에서 합의한 한·중 FTA 연내 발효 목표에 공감대를 갖고 조속한 발효를 위해 협의를 지속해 왔다. 우리 정부는 지난달 30일 한 · 중 FTA 비준동의안 국회 통과 후 이행법령 국무회의 의결 등 국내 절차를 완료했고 중국 측도 이달 초 국무원 승인 등 비준 절차를 마무리했다. 이로써 품목 수 기준으로 중국은 전체 중 90.7%인 7,428개, 한국은 전체 중 92.2%인 1만1,272개 품목에 대핸 관세를 없애 나간다.

우선 958개 품목에 대한 중국 측 관세가 20일 즉시 철폐된다. 주요 품목은 동괴, 폴리우레탄, 항공 등유, 견사, 미사, 모사, 밸브 부품, 플라스틱 금형, 고주파 의료기기, 건축용 목제품 등이다.

연내 발효가 이뤄지면서 관세가 연도별로 단계적으로 철폐되는 5,779개 품목은 20일부터 1차로 관세가 인하되고, 내년 1월에 다시 인하돼 관세 인하에 따른 효과가 배가된다. 5년에 걸쳐 중국 관세가 철폐되는 품목으로는 이온 교환 수지, 액화 프로판, 면 · 마, 전동기 부품, 이앙기, 지게차, 공업용 사파이어가 있다.

스테인리스 냉연강판, 중후판, 스테인리스 열연강판, 알루미늄 박, 에틸렌, 프로필렌, 유아복, 운동복, 농기계 세정기, 집진기, 편광재료판, 냉장고(550ℓ 이하), 세탁기(10㎏ 이하), 에어컨, 전기밥솥, 진공청소기, 주방유리용품 등에 대한 중국 관세는 10년 뒤에 철폐된다. LCD 패널은 9년차부터 감축돼 10년부터 관세가 철폐된다.

나프타, 석유아스팔트, 순면사, 디젤트럭, 안전벨트 등에 대한 중국 관세는 15

년 뒤, 유압식 원동기, 목재 가공기계, 디젤버스, 브레이크, 대형 냉장고, 콘택트렌즈 등에 대한 관세는 20년 뒤 철폐된다.

한 · 중 FTA 협상 시작서 발효까지

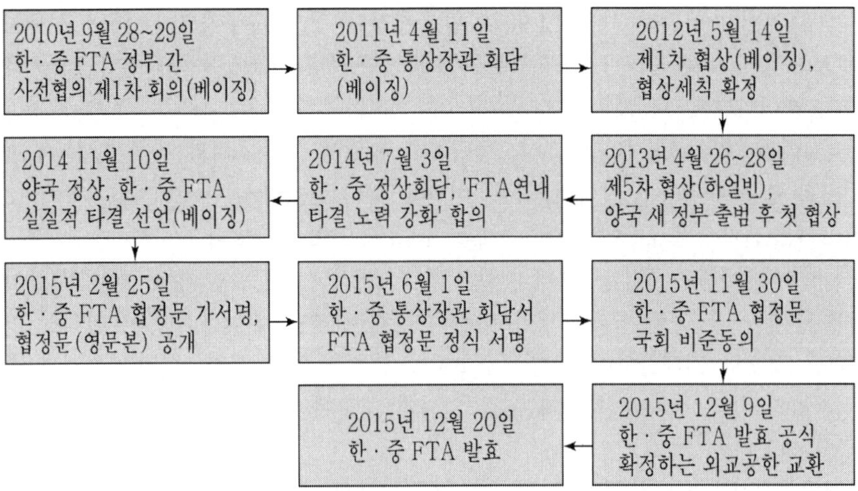

한 · 중 FTA 발효에 따른 중국 관세 철폐 품목

구분	품목
즉시 철폐	동괴, 폴리우레탄, 항공 등유, 견사, 미사, 모사, 밸브 부품, 플라스틱 금형, 고주파 의료기기, 건축용 목제품
5년 철폐	이온 교환 수지, 액화 프로판, 면 · 마, 전동기 부품, 이앙기, 지게차, 공업용 사파이어
10년 철폐	스테인리스 냉연강판, 중후판, 스테인리스 열연강판, 알루미늄 박, 에틸렌, 프로필렌, 유아복, 운동복, 농기계 세정기, 집진기, 편광재료판, 냉장고(550ℓ 이하), 세탁기(10㎏ 이하), 에어컨, 전기밥솥, 진공청소기, 주방유리용품, LCD 패널
15년 철폐	나프타, 석유아스팔트, 순면사, 디젤트럭, 안전벨트
20년 철폐	유압식 원동기, 목재 가공기계, 디젤버스, 브레이크, 대형 냉장고, 콘택트렌즈

우리나라 최대 수출시장인 중국 관세장벽이 낮아지면서 특히 수출 기업들에 엄청난 호재다. 중국 5대 수입국 가운데 FTA를 체결한 것은 우리나라가 처음이라 우리나라 수출기업으로서는 시장 선점 효과를 상당히 누리게 됐다. 무엇보다도 관세 철폐, 비관세장벽 완화, 국제 분업 같은 글로벌 밸류체인 활성화 효과 등 크게 세 분야에서 혜택을 볼 수 있다.

한 · 중 FTA 발효로 제조업 분야에서 예상되는 1년차 수출 증가액은 13억

5,000만달러(약 1조5,606억원)에 달한다. 발효 즉시 관세가 철폐되거나 관세가 점진적으로 인하되는 품목을 중심으로 한·중 FTA에 따른 1년차 무역증가 효과를 예측한 결과다.

관세 자유화가 최종적으로 달성됐을 때 중국에 대한 우리 기업 관세 비용은 연간 54억4,000만달러(약 6조1,907억원) 절감될 것으로 추정된다. 이는 한·미 FTA(9억3,000만달러) 대비 5.8배, 한·유럽(EU) FTA(13억8,000만달러) 대비 3.9배 규모다.

코트라가 지난 7월 발간한 '한·중 FTA 업종별 기대효과와 활용 방향'에 따르면 관세 분야에서는 화학과 의류, 비관세 장벽 분야에서는 소비재, 자동차 부품, 화학, 전자·전기, 농식품이 수혜를 누릴 것으로 전망됐다.

산업부 관계자는 "법률, 엔지니어링, 환경, 엔터테인먼트 등 유망 서비스 분야에서 중국 시장 진출이 확대되고 비관세 장벽 해결을 위한 양국 간 협의도 가속화할 것으로 기대한다"며 "한·중 FTA 활용을 위한 선진 글로벌 기업과 중국 기업의 한국 투자가 확대돼 고급 일자리 창출이 늘어날 것으로 예상하고 있다"고 말했다.

대외경제정책연구원 등 6개 연구기관이 발표한 FTA 영향평가 결과에 따르면 발효 시 10년간 실질 GDP가 0.96% 추가 성장하고 소비자 후생이 146억달러 개선되며, 일자리가 5만3,800여 개 창출될 것으로 전망된다.

중국 수출품 증가로 국내 시장에 피해가 미칠 것으로 염려되는 부분도 있다. 소형 공기청정기, 선풍기, 다리미 등 중소형 가전제품은 중국 업체 중저가 공세에 국내 업체들이 고전할 가능성이 큰 것으로 지적된다.

저가 농수산물 유입에 따른 피해도 불가피할 것으로 보인다. 신선 농산물은 대부분 관세 철폐 대상에서 빠졌지만 20년 이내에 관세가 철폐되는 농축수산물 품목이 전체 중 64%에 이르고, 현행 관세율 20%가 18%로 낮아져 중국산 김치 수입가격이 더 내려갈 전망이다.

FTA 영향평가에서도 FTA 발효 후 20년간 농림업과 수산업은 각각 연평균 생산이 77억원, 104억원 감소할 전망이다. 20년간 예상되는 피해액은 농림업 1540억원, 수산업 2,080억원 등 총 3,620억원이다.

〈출처: 서동철 기자, 매일경제(2015.12.17.)〉

중요개념 및 용어

국제경제	글로벌경제	절대우위
비교우위	특화	교역조건
헥셔-오린 정리	요소가격 균등화 정리	립진스키 정리
보호무역	유치산업	상계관세
반덤핑관세	보호관세	보복관세
긴급관세	수입할당제	수출자유규제
수출보조금	자유무역	세계무역기구(WTO)
자유무역협정(FTA)		

연 습 문 제

1. 미국에서는 노동자가 1주일 일하면 밀을 5kg 생산할 수도 있고 옷을 5벌 생산할 수도 있다고 하자. 한편 멕시코의 노동자가 1주일을 일하면 밀을 4kg 생산할 수도 있고 옷을 2벌 생산할 수도 있다고 하자. 그리고 미국에 부존되어 있는 노동은 6만 주일분인데, 멕시코에 부존되어 있는 부존되어 있는 노동은 4만 주일분이라고 하자.
   (1) 밀과 옷을 생산하는데 각각 어느 나라가 절대우위를 갖는가?
   (2) 비교우위는 어떠한지를 설명하라.
   (3) 두 나라 사이에 무역이 이루어진다면 교역조건은 어느 수준에서 결정되는가?

2. 비교우위론의 발전이론 중의 하나인 헥셔-오린 정리와 이와 관련한 요소가격 균등화 정리에 대하여 설명하라.

3. 립진스키 정리에 대하여 설명하라.

4. 보호무역론의 근거에 대하여 개괄적으로 설명하라.

5. 무역규제의 수단 중 관세에 의한 수단에 속하는 상계관세와 보호관세에 대하여 설명하라.

6. 수입할당제와 수출보조금에 대하여 설명하라.

7. 자유무역론의 논리를 개략적으로 설명하라.

8. WTO체제에 대하여 설명하라.

9. FTA에 대하여 설명하라.

19 chapter

국제수지와 환율

학습목표

본 장을 학습하면 국제수지가 어떻게 구성되고, 환율이 어떻게 결정되며, 어떠한 요인에 의해 변동하는지를 이해할 수 있다.

1. 국제수지의 구성과 내용에 대하여 이해할 수 있다.
2. 환율의 표시방법 및 종류, 환율제도에 대하여 이해할 수 있다.
3. 환율의 결정이론인 구매력평가설과 이자율평가설에 대하여 이해할 수 있다.
4. 환율이 어떻게 결정되는지를 이해할 수 있다.
5. 주요경제변수가 변화하면 환율이 어떻게 변동되는지를 이해할 수 있다.

제 1 절 국제수지와 국제수지표

1. 국제수지의 의의

개방경제체제에서는 한 국가가 여러 국가와 다양한 형태의 경제적 거래를 행하는데, 이를 화폐단위로 표시한 것이 국제수지이다. 보다 구체적으로 말하면 국제수지(balance of payments : BOP)란 일정기간동안(보통 1년)에 한 나라의 거주자와 다른 나라의 거주자 사이에서 발생한 모든 경제적 거래를 화폐단위로 표시한 것을 말하며, 이를 복식부기원리에 의하여 작성한 통계표를 국제수지표라고 한다. 이와 같은 국제수지는 다음과 같은 의미를 포함하고 있다.

첫째, 국제수지는 GDP, GNP와 같이 '일정기간 동안'이라는 의미를 포함하고 있으므로 유량(flow)의 개념이다. 따라서 국제수지는 분기별, 1년 등 일정한 기간을 기준으로 설정하여 발표한다. 한편 국제수지와 비교되는 개념인 국제대차(balance of international indebtness)는 특정시점에서 한 나라의 거주자가 다른 나라의 거주자에 대해서 갖고 있는 채권, 채무의 잔고를 의미하므로 저량(stock)의 개념이다.

둘째, '거주자'란 경제주체가 경제활동을 하는데 있어 이익의 중심을 어디에 두느냐를 기준으로 한 것으로 국적과는 무관하다. 이와 같은 관점에 의거 거주자는 국적에 관계없이 한 나라에 1년 이상 거주하며 경제활동에 참여한 경제주체를 말한다. 따라서 외국인이라도 1년 이상 한국에서 거주하면서 경제활동을 하면 거주자가 되지만, 우리나라 국적을 가진 교포가 일시 귀국하였으면 '비거주자'가 된다. 한편 정부기관은 거주지에 불문하고 소속국의 거주자로 분류하고, 법인의 경우에는 국내에 소재하고 있는 외국회사의 지점이나 자회사는 거주자로 분류한다. 다만 보험, 해운, 항공 등과 같은 서비스분야의 지점은 본사의 대리업무를 맡고 있다고 보아 본사의 소재지에 따라 거주자여부를 판단한다.

셋째, '모든 경제적 거래'란 재화와 서비스, 자본 및 국제간 증여 등 대가 지불여부와 관계없이 일체의 대외거래를 의미한다.

2. 국제수지의 구성과 내용

국제수지표는 〈표 19-1〉에서 보는 바와 같이 크게 경상계정(또는 경상수지), 자본금융계정(또는 자본수지)으로 구분할 수 있는데, 이에 오차 및 누락항목을 두어 통계작성과정 상의 오차와 불일치를 조정하여 차변과 대변이 일치되도록 하고 있다.

〈표 19-1〉 우리나라의 국제수지표(2014년)

(단위: 억 달러)

항목	대변(수입)	차변(지급)	차액	계
경상계정				892.2
상품수지	6,212.9	5,286.1	926.9	
서비스수지	1,068.5	1,150.1	-81.6	
본원소득수지	349.0	247.0	102.0	
이전소득수지	87.7	12.7	-55.0	
자본금융계정			-0.1	-903.9
자본계정				-0.1
금융계정				-903.8
직접투자	-305.5	98.9	-206.6	
증권투자	-428.6	92.6	-336.1	
파생금융상품	334.4	-297.4	37.0	
기타투자	-322.0	102.7	-219.4	
준비자산			-178.9	
오차 및 누락				11.7

자료: 한국은행

(1) 경상계정(current account 또는 경상수지)

경상계정에 포함된 수지로는 상품수지, 서비스수지, 본원소득수지, 이전소득수지를 들 수 있는데, 국제수지 구성항목에서 가장 중요한 요인으로 평가된다.

상품수지는 대외거래 중 가장 기본적인 거래로 재화의 수출과 수입을 나타내는데, 수출액과 수입액의 차이를 상품수지라고 한다. 만약 수출이 수입을 초과하면 상품수지 흑자라고 하고 반대인 경우에는 상품수지 적자라고 한다.

서비스수지는 서비스의 수출입관계를 나타내는데, 서비스수출이 서비스수입보다 많으면 서비스수지 흑자라고 하고, 반대인 경우에는 서비스수지 적자라고 한다. 서비스의 수출입에는 운송, 통신, 건설, 여행, 보험, 금융, 사업서비스, 정부서비스 및 지적재산권 사용료 등과 관련하여 받거나 지불한 대금이 포함된다.

본원소득수지는 임금이나 배당금, 이자처럼 투자의 결과로 발생한 소득의 수입과 지급의 차이를 나타낸다.

이전수지는 거주자와 비거주자 사이에 반대급부 없이 주고받은 거래의 수지차로 무상원조, 기부금, 수혜자에게 대가없이 제공되는 송금, 출연금 등을 나타낸다.

[그림 19-1] 최근 우리나라의 경상계정(경상수지) 변화추이

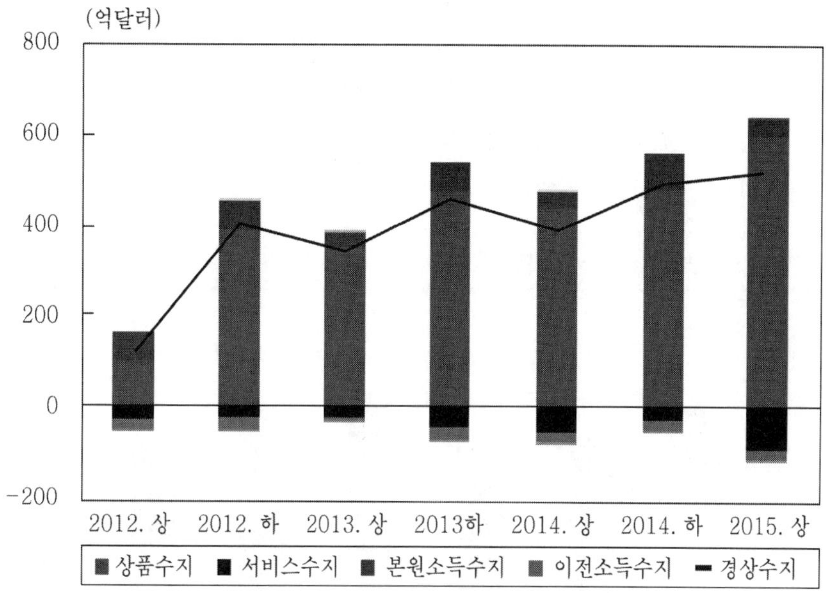

자료 : 한국은행

[그림 19-1]은 최근 우리나라의 경상수지의 변화추이를 나타낸 것인데, 보는 바와 경상수지 가운데 상품수지가 차지하는 비중이 가장 높음을 알 수 있다.

(2) 자본금융계정(capital and financial account 또는 자본수지)

자본금융계정은 자본계정과 금융계정으로 구분된다. 자본계정은 해외이주비와 같은 자본이전이 포함된다. 금융계정은 투자된 자본의 성격에 따라 직접투자, 증권투자, 파생금융상품, 기타투자 및 준비자산으로 구분된다. 자본금융계정(또는 자본수지)이 흑자라는 것은 금융거래결과 자금의

유입이 유출보다 많았다는 것을 의미하고, 자본금융계정(또는 자본수지)이 적자라는 것은 자금의 유출이 유입보다 많았다는 것을 의미한다.

직접투자의 예로는 외국인이 국내에 현지법인을 설립하여 영업활동을 행할 경우 이에 수반된 거래를 들 수 있다. 외국계 투자회사가 국내 증권시장에서 주식을 매입하게 되면 증권투자, 파생금융상품에 투자하면 파생금융상품 항목에 각각 기입된다. 기타투자에는 앞의 세 가지 거래에 포함되지 않는 모든 금융거래가 포함된다. 준비자산은 통화당국이 국제수지의 불균형을 직접 보전하거나 외환시장에 개입하여 국제수지 불균형을 간접적으로 조정하기 위해 사용할 수 있는 대외준비자산을 기록한 것으로 일반적으로 외환보유액과 같은 개념이다

[그림 19-2] 최근 우리나라의 자본금융계정(자본수지) 변화추이

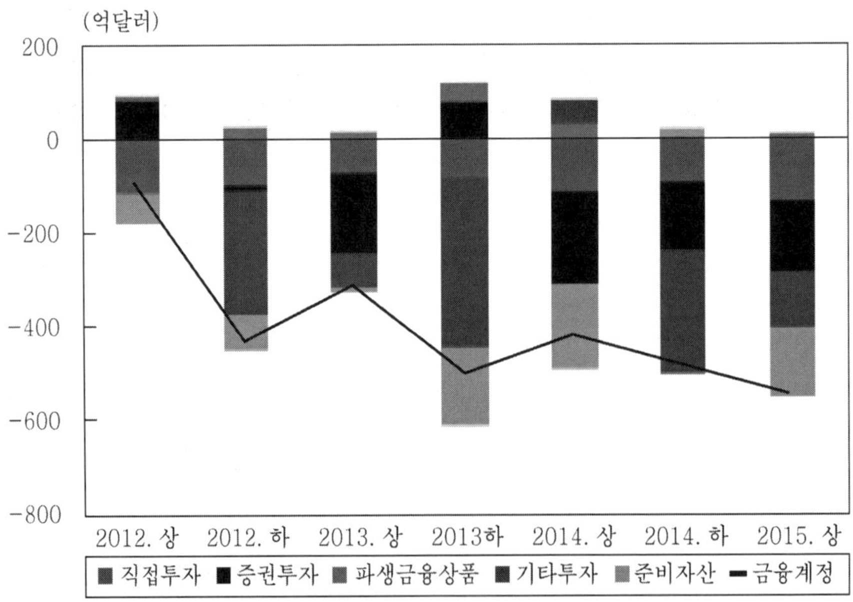

자료: 한국은행

[그림 19-2]는 최근 우리나라의 자본금융계정(자본수지)의 변화추이를 나타낸 것인데, 최근 들어 증권투자수지와 기타 투자수지의 비중이 확대되고 있음을 알 수 있다.

국제수지표 작성 후 경상계정과 자본금융계정의 합계는 0이 되어야 하는데, 실제로는 0이 되지 않는다. 이와 같이 국제수지표의 차변합계와 대변합계가 서로 일치하지 않을 경우, 이를 조정하기 위해 설정한 항목이 오차 및 누락이다.

제 2 절 환율의 기본적인 이해

1. 환율의 의의 및 표시방법

국가와 국가간의 거래에는 어느 국가의 화폐를 가지고 대금을 지불하며 어떤 비율로 한 화폐를 다른 화폐로 바꿔야 하는지의 문제가 발생한다. 이와 같이 자국화폐와 외국화폐를 교환할 때 두 국가 화폐 사이의 교환비율을 환율(exchange rate)이라고 한다.

환율은 어느 국가의 화폐를 기준으로 하느냐에 따라 자국통화표시와 외국통화표시의 두 가지의 표시방법으로 나타낼 수 있다. 먼저 자국통화표시는 외국화폐를 기준으로 하여 외국화폐 1단위를 바꾸기 위해서 자국화폐를 얼마나 지급하여야 하는가를 나타내는 방법이다. 세계의 대부분의 국가가 이 방법을 채택하고 있다. 한편, 외국통화표시는 자국통화 1단위로 외국화폐를 얼마나 받을 수 있는가를 표시하는 방법으로 현재 영국이 이 방법을 채택하고 있다.

환율의 변동은 일반적으로 일국의 통화의 대외가치가 변동하는 것을 의미하는데 환율이 올랐다든가 내렸다고 말할 때에는 환율표시방법에 따라 달라짐을 유의해야 할 것이다. 외국 통화표시환율의 경우에는 환율이 오르면(예를 들어 £1=US$2.5, 2.6로 변하면) 자국화폐의 가치도 올라가 별 문제가 없으나, 자국통화표시환율의 경우에는 그 의미가 반대로 나타나게 된다. 예를 들어 우리나라의 대미 달러환율이 US$1=₩1,150, 1,160으로 변동하였다면 환율이 올랐다고 말하는데 이 경우 미 달러에 대한 원화가치는 하락한 것이 된다.

2. 명목환율과 실질환율

명목환율(nominal exchange rate)은 한 국가의 화폐와 다른 국가의 화폐와의 교환비율을 말한다. 예를 들어 "오늘 국내 외환시장에서 대미달러 환율이 US$1=₩1,150로 끝났다"는 경제뉴스를 접하거나, 은행에서 일본 엔화의 대미 달러환율이 US$1=¥100이라고 고시된 것을 본 적이 있을 것이다. 이와 같이 일상적으로 접하는 환율은 대개의 경우 명목환율로 표시한다.

실질환율(real exchange rate)은 한 국가의 재화와 서비스가 다른 국가의 재화와 서비스와 교환되는 비율을 말한다. 예를 들어 중국 햄버거 1달러의 가격이 미국 햄버거 1달러의 가격의 2배라고 가정하면, 이 경우 실질환율은 미국 햄버거 1달러 당 중국 햄버거 1/2달러라고 한다. 명목환율의 경우와 마찬가지로 실질환율도 국내 상품 한 단위당 외국 상품 단위수로 표시된다. 다만 차이점은 실질환율은 교환대상이 통화가 아니라 재화나 서비스라는 점이다.

명목환율과 실질환율과의 관계를 이해하기 위하여 다음과 같은 경우를 가정해 보자. 예를 들어 미국 쌀 1가마(36리터)의 가격이 100달러이고, 한국 쌀 1가마(36리터)의 가격이 200,000원이라고 하자. 이 경우 미국 쌀과 한국 쌀의 실질환율을 얼마인가?라는 질문에 올바르게 답하기 위해서는 명목환율을 이용하여 양국의 쌀값을 같은 화폐단위로 표시해야 한다. 만약 명목환율이 US$1=₩1,000이라면 1가마당 100달러인 미국 쌀은 1가마당 100,000원이 되어, 미국의 쌀값이 한국의 쌀값의 1/2이 됨을 알 수 있다. 따라서 실질환율은 미국 쌀 1가마당 한국 쌀 1/2가마가 된다.

이와 같이 실질환율은 다음과 같이 도출할 수 있다.

$$\text{실질환율} = \frac{\text{명목환율} \times \text{국내가격}}{\text{해외가격}} \qquad (19\text{-}1)$$

앞에서 설명한 예를 식 (19-1)에 적용하면 다음과 같다.

$$\text{실질환율} = \frac{(1\text{달러당 } 1{,}000\text{원}) \times (\text{미국 쌀값 } 1\text{가마당 } 100\text{달러})}{\text{한국 쌀값 } 1\text{가마당 } 200{,}000\text{원}}$$

$$= \frac{\text{미국 쌀값 } 1\text{가마당 } 100{,}000\text{원}}{\text{한국 쌀값 } 1\text{가마당 } 200{,}000\text{원}}$$

$$= \text{미국 쌀 } 1\text{가마당 한국 쌀 } 1/2\text{가마}$$

이와 같이 실질환율은 명목환율과 자국통화표시로 표시된 두 국가의 상품값에 따라 결정된다는 것을 알 수 있다.

한편 거시경제 분석할 때 활용하는 실질환율은 소비자물가지수를 사용하여 구할 수 있다. 예를 들어 미국의 물가지수(P), 외국의 물가지수(P^*), 미국달러와 외국통화와의 명목환율(e)이라고 하면, 다음과 같은 공식을 통하여 미국과 외국의 전반적인 실질환율을 구할 수 있다.

$$\text{실질환율} = \frac{(e \times p)}{p^*} \qquad (19\text{-}2)$$

단, e : 미국달러와 외국통화의 명목환율
p : 미국의 물가지수
p^*: 외국의 물가지수

실질환율은 한 국가의 수출과 수입의 규모를 결정하는 중요한 변수로 활용되는데, 특히 한 국가의 실질환율은 순 수출을 결정하는 중요한 변수가 된다. 예를 들어 미국의 실질환율이 절하(하락)되면 외국상품에 비해 미국상품의 값이 싸지게 되므로 미국의 수출은 증가하고 수입은 감소하여 순 수출이 증가한다. 반면에 미국의 실질환율이 절상(상승)되면 외국상품에 비해 미국상품의 값이 비싸므로 미국의 순 수출은 감소한다.

3. 환율제도

환율제도는 환율이 어떤 방법에 의해 결정되느냐에 따라 크게 고정환율제도(fixed exchanged rate system)과 변동환율제도(floating exchanged rate system)로 구분할 수 있다.

(1) 고정환율제도

고정환율제도는 환율의 변동을 전혀 인정하지 않거나 그 변동폭을 상하 일정한 폭으로 고정시켜 놓은 환율제도를 말한다. 동 제도의 장점으로는 무역거래나 자본거래에 종사하는 사람들이 뜻하지 않은 환율변동으로 손해를 입을 염려가 없기 때문에 국제거래에 임할 수 있다는 점을 들 수 있다. 또한 환율변동을 예상한 투기적 단기자본이동의 폐해를 방지할 수 있다.

단점은 먼저 국제수지의 불균형을 환율변동을 통해 자동적으로 조정할 능력이 없다는 점을 들 수 있다. 따라서 환율이외의 다른 방법에 의하여 국제수지를 조정할 수밖에 없는데 수입을 줄이기 위해 각종의 통제를 가한다든지, 강력한 긴축정책을 사용하여 국민소득을 감소시키고 물가를 안정 또는 하락시킴으로써 수입수요를 감소시킨다든지 하는 경우 상당한 경제적 비용을 치르지 않으면 안 된다. 또한 고정환율제도하에서는 자국통화의 과대 또는 과소평가를 초래하기 쉬우므로 자원배분을 왜곡시키고 경제적 후생을 감소시킬 우려가 있다. 뿐만 아니라 고정된 환율을 갑작스럽게 대폭적으로 변경할 경우 경제에 큰 충격을 줄 위험이 있다.

(2) 변동환율제도

변동환율제도는 환율이 외환시장에서 외환의 수요와 공급에 따라 결정되는 제도를 말한다. 동 제도의 장점으로는 먼저 국제수지의 불균형을 환율변동을 통해 자동적으로 조정할 수 있기 때문에 국제수지의 불균형을 시정하기 위하여 물가·고용 등 국내정책목표를 해칠 수도 있는 가격 및 소득정책을 사용할 필요가 없다는 점이다. 또한 국제간에 이동하는 인플레이션과 디플레이션의 파급을 효과적으로 방지할 수 있어 대내경제정책을 우선적으로 그리고 독자적으로 수행할 수 있다. 그리고 국제수지의 조정책임이 국제수지 적자국뿐만 아니라 흑자국에도 공동으로 부담되므로 과도한 외환보유가 필요 없다.

반면에 환율변동에 대한 불확실성 때문에 국제교역이 저해될 뿐만 아니라 국내에서도 경영상의 불안이 초래될 수 있다는 단점을 지적할 수 있다. 또한 물가상승이 환율인상을, 환율인상이 물가상승을 초래하여 소위 물가와 환율의 악순환을 야기시킬 수 있다.

최근 대부분의 나라가 변동환율제도를 채택하고 있으나 현실적으로 완전한 자유변동환율제도를 채택하고 나라는 없으며, 대부분의 경우 환율결정을 외환시장의 수급에만 맡기지 않고 정부가 직접 또는 간접적으로 규제하는 관리변동환율제도(managed floating system)를 채택하고 있다.

제3절 환율의 결정과 환율의 변동

1. 환율의 결정이론

(1) 구매력평가설

구매력평가설(purchasing power parity theory: PPP theory)은 환율이 각국 화폐의 구매력, 즉 물가수준의 비율에 의해서 결정된다는 이론이다. 구매력평가설은 어디에서나 동일한 상품의 시장가격은 같아야 한다는 일물일가의 원칙을 전제로 한다. 예를 들어 우리나라와 미국에서 완전히 동일한 종류의 핸드폰 케이스를 생산하는데, 핸드폰케이스의 양국간 교역은 자유롭고 거래비용도 무시할 수 있을 정도로 적다고 가정하자. 그런데 우리나라에서 핸드폰케이스는 15,000원에 거래되고 미국에서는 개당 20달러에 거래된다고 하자. 이러할 경우 원화와 달러화의 구매력은 어떻게 결정되는가? 앞에서 설명한 일물일가의 원칙에 의하면 핸드폰케이스의 원화표시가격인 15,000원과 달러화표시 가격인 20달러는 동등해야 한다. 즉 15,000원의 구매력과 20달러의 구매력은 핸드폰케이스 1개로 동등하다는 것이다.

이와 같이 두 화폐의 구매력이 동등하다면 이를 교환하는 것은 교환자 어느 누구에게도 손해가 되지 않는다. 앞에서 설명한 예를 다시 들면 15,000원이든 20달러든 동일한 핸드폰케이스를 구매할 수 있기 때문이다. 따라서 외환시장에서 1 미달러화의 원화가격은 15,000/20=750, 750원이 되는데, 이를 구매력평가설에 의한 균형환율이라고 한다. 구매력평가설에 의한 환율은 식(19-3)과 같이 두 국가의 물가수준의 비율로 나타낼 수 있다.

$$e = \frac{p}{p^*} \qquad (19\text{-}3)$$

단, e : 균형환율
p: 국내물가수준
p^*: 외국물가수준

식(19-3)과 같이 구매력평가설에 의해 균형환율이 결정되면 균형환율 수준에서 차익거래의 수익은 0가 된다. 만약 환율이 균형환율에서 괴리되면 해외상품의 수입이나 국내 상품의 수출에 의해 일시적으로 차익을 얻을 수 있으나, 이러한 차익거래가 빠르게 진행되면 환율은 다시 균형수준을 회복하게 된다는 것이다. 예를 들어 실제환율이 균형환율보다 높으면 외국에서 상품을 구입할 때 지불하는 물가수준 ep^*가 국내에서 지불하는 국내물가 p보다 높다. 따라서 수입은 줄고 수출이 증가하게 된다. 즉 경상수지가 흑자가 되는데, 이에 따라 외환공급이 늘어나면서 환율은 하락하게 된다. 이러한 환율하락은 균형수준에 이를 때까지 계속된다. 실제환율이 균형환율보다 낮은 경우에도 마찬가지의 원리로 균형환율에 도달한다. 이러한 결과 구매력평가 또는 구매력평형이 성립된다는 것이다.

구매력평가설은 환율이 어떻게 결정되는지를 설명해주는 단순한 모형으로 장기적인 환율변화를 설명해주는 이론으로 여전히 주목받고 있다. 그러나 구매력평가설의 몇 가지 가정들이 현실에 부합하지 않아 현실적으로 반드시 성립한다고 말할 수 없다. 첫째, 상품의 교역이 자유롭다는 가정과 달리 현실적으로는 많은 국가들이 관세부과 등 무역장벽이 아직도 존재하고 있을 뿐만 아니라, 무역에 소요되는 거래비용이 무시할 수 없을 정도로 큰 것이 일반적이다라고 말할 수 있다. 둘째, 모든 상품이 교역재가 아니라는 것이다. 즉 비교역재가 존재한다는 것이다. 비교역재는 국가 간 이동이 쉽지 않은 상품을 말하는데, 주로 서비스가 이에 속한다. 비교역재를 포함한 물가수준으로는 구매력평가설의 환율결정이론을 설명할 수 없다는 것이다. 셋째, 각 국가가 생산하는 상품이 완전히 동질적일 수는 없다는 것이다. 앞에서 예를 들어 설명한 핸드폰케이스의 경우 같은 핸드폰케이스일지라도 미국에서 생산된 것과 우리나라에서 생산된 것은 품질이 똑 같지 않다. 따라서 일물일가의 법칙을 적용하는 데에는 무리가 따른다는 것이다.

(2) 이자율평가설

이자율평가설은 국가 간 자본이동에 아무런 제약이 없는 경우 국내통화로 국내에 투자하든 외국통화로 교환해서 외국에 투자하든 자본투자에 따른 수익률은 같아야 한다는 것을 골자로 하는 환율결정이론으로서, 환율은 두 국가 간의 이자율차이에 의해서 결정된다는 것이다.

앞에서 설명한 것처럼 이자율평가설의 기본전제는 국가 간 자본이동이 자유롭다는 것이다. 국가 간 자본이동에 정부가 아무런 제한을 가하지 않고 거래비용도 존재하지 않는다면, 두 국가의 금융시장은 하나의 금융시장처럼 단일화될 것이다. 이와 같은 경우 투자자는 위험도가 동일한 금융자산이라면 국내 또는 외국과 상관없이 가장 수익률이 높은 금융자산에 투자할 것이다. 따라서 금융시장의 수급조정과정을 거쳐 국내 금융자산은 해외 금융자산과 투자수익률이 동일해진다. 만약 수익률에 차이가 존재하다면 차익거래를 시행해 수익을 추구하려는 시도가 일어날 것이기 때문이다.

이자율평가설의 현실적 적용은 두 국가 간에 자본이동이 얼마나 자유로운지, 그리고 금융자산이 얼마나 동질적인지 여부에 따라 결정된다. 이와 같은 관점에서 볼 때 이자율평가설은 자본이동이 비교적 자유롭고 위험도 등이 비슷한 금융상품을 갖는 국가들 사이에서는 비교적 잘 적용되지만, 자본이동에 많은 제약이 있는 국가들에는 잘 적용되지 못한다고 말할 수 있다.

2. 환율의 결정

환율은 외환시장에서 결정되는 외국의 화폐, 즉 외환(foreign exchange)의 가격을 의미하는데, 이는 외환의 수요와 공급에 의해 결정된다. 따라서 외환수요와 외환공급의 성격을 파악한다면 환율의 결정과정을 이해할 수 있다.

외환에 대한 수요는 국내거주자가 외국으로부터 상품이나 금융자산 혹은 실물자산을 구입할 때 발생한다. 예를 들어 한국의 수입업자가 미국으로부터 영화를 수입하거나 미국뉴욕시장에 주식을 투자하기 위해서는 미 달러화가 필요하게 되어 원화가 공급되고 미 달러화에 대한 수요가 증가하게 된다. 한편 외환의 공급은 외국거주자가 우리나라의 상품이나 금융자산을 구입할 때 발생한다. 예를 들어 미국의 수입업자가 우리나라의 반도체나 자동차를 수입하거나 우리나라 주식시장에 투자하고자 하면 미달러화를 원화로 교환하여야 하기 때문에 미 달러화에 대한 공급이 증가한다.

[그림 19-3]을 보면 다른 수요곡선처럼 외환의 수요곡선도 우하향하는 모양을 갖고 있음을 알 수 있다. 이는 환율하락이 외환수요량의 증가를 야기하고 있음을 의미한다. 환율이 하락하면 수입상품의 국내가격은 하락

한다. 예를 들어 우리나라의 대미달러환율이 US$1=₩1,000, 800으로 하락하면 1달러짜리 미국산 햄버거를 사기 위해 종전에는 1,000원을 지불하였으나 이제는 800원만 지불하면 된다. 이와 같이 수입상품의 가격이 하락하면 수입상품에 대한 수요량은 증가한다. 다른 조건이 모두 일정하다고 하면 환율이 하락할수록 수입상품에 대한 수요량은 증가하여 외환수요량이 증가하게 된다. 이와는 반대로 환율상승은(예를 들어 US$1=₩800, 1,000으로 변할 경우) 수입상품의 국내가격상승을 야기시켜 수입상품의 수요를 감소시키고, 수입상품수요의 감소는 외환수요량의 감소로 나타난다. 이와 같이 환율과 외환의 수요량은 역(-)의 관계를 갖고 있어 외환의 수요곡선은 우하향한다.

[그림 19-3] 환율의 결정

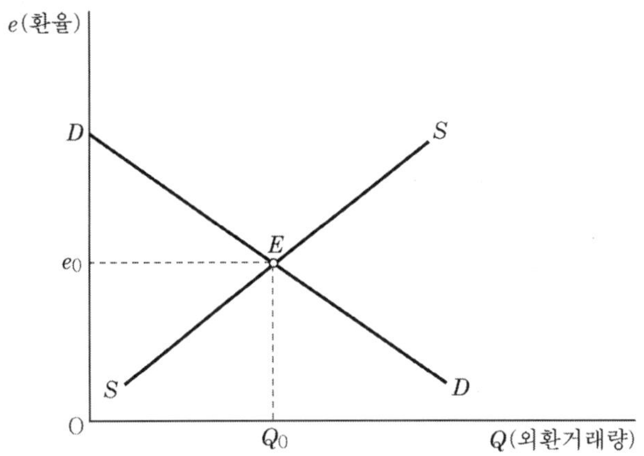

한편 외환의 공급곡선은 우상향하는 모양을 갖는다. 이는 환율상승이 외환의 공급량을 증가시킨다는 것을 의미한다. 예를 들어 우리나라의 대미달러환율이 US$1=₩800, 1,000으로 상승하고 미국 수입업자가 1개당 800원 하는 라면을 수입한다고 하자. 종전에는 한국산라면 1개를 수입하기위해 1달러를 지불하였으나, 이제는 80센트만 지불하면 된다. 이와 같이 한국의 수출상품가격이 하락(한국상품의 미국내 수입가격이 하락)하면, 수출수요량(미국의 한국상품에 대한 수입수요량)이 증가하게 된다.

다른 조건이 모두 일정하다고 하면 환율이 상승할수록 수출상품에 대한 수요량은 증가하여 외환의 공급량이 증가하게 된다. 같은 논리로 환율하락은 미달러화에 대한 공급량을 감소시킨다. 이와 같이 환율과 외환의 공급량은 정(+)의 관계를 갖고 있어 외환의 공급곡선은 우상향한다.

[그림 19-3]에서 보는 바와 같이 환율은 외환의 수요곡선(D)과 외환의 공급곡선(S)이 만나는 균형점 E점에서 결정되며, 이때 균형환율은 e_0, 균형외환거래량은 Q_0가 된다.

3. 환율의 변동

지금까지는 환율 이외에는 외환의 수요와 공급에 영향을 미치는 다른 요인들은 일정하다는 가정 하에서 논리를 전개하여 왔다. 그런데 일정하다고 가정한 다른 요인들이 변화하면 외환의 수요곡선과 공급곡선이 이동하여 환율이 변동하게 된다.

[그림 19-4] 환율과 주요 경제변수와의 관계

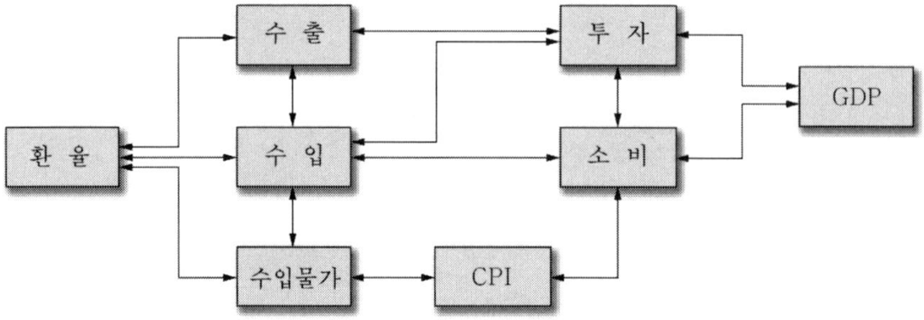

(1) 인플레이션

인플레이션은 환율을 변동시키는 중요한 요인 중의 하나이다. 국내물가가 오르면 수출품가격도 상승하게 된다. 그런데 이와 같은 우리나라 상품의 가격상승은 해외시장에서 우리나라 상품에 대한 수요를 감소시키는 요인으로 작용하여 우리나라의 상품의 수출이 감소하게 된다. 수출이 감소하면 외환공급도 감소한다. 이와 같이 국내물가가 상승하면 외환공급곡선이 왼쪽으로 이동한다. 한편 국내물가가 상승하면 우리나라 상품이 외국상품에 비해 비싸므로 우리나라 상품의 수요가 감소하고 상대적으로 싸진 외국상품의 수요가 증가하게 되어, 수입이 증가하게 된다. 수입이 증가하면 외환수요도 증가한다. 이와 같이 국내물가가 상승하면 외환수요곡선이 오른쪽으로 이동한다.

[그림 19-5]는 인플레이션의 결과로 환율이 어떻게 변화하는가를 나타내주고 있다. 국내물가가 외국보다 상대적으로 더 많이 상승하면 우리나라상품의 수출이 감소하여 외환의 공급곡선은 왼쪽으로 이동하게 된다($S^0 \rightarrow S^1$). 한편 외국상품의 가격이 상대적으로 싸짐에 따라 외국상품의 수입이 증가하여 외환의 수요곡선은 오른쪽으로 이동한다($D^0 \rightarrow D^1$). 이와 같이 외환의 수요곡선과 외환의 공급곡선이 이동하므로 환율은 상승하게 된다($e^0 \rightarrow e^1$).

[그림 19-5] 인플레이션과 환율

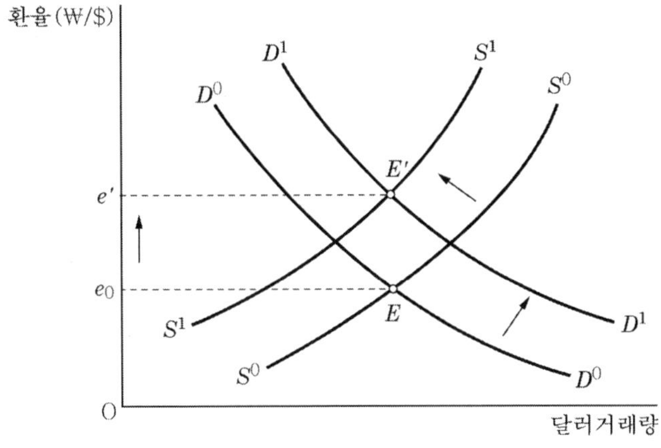

이와 같은 과정을 통하여 국내물가와 환율은 같은 방향으로 움직이고 있다는 사실을 도출할 수 있다. 즉, 국내물가가 상승하면 환율도 올라가고 국내물가가 하락하면 환율도 하락한다. 이때 외환거래량의 변화는 양곡선의 이동 폭에 따라 결정된다.

(2) 이자율의 변화

환율은 국내이자율의 변화에 의해서도 변동한다. 일반적으로 자본, 특히 단기자본은 다른 조건이 일정하다면 이자율이 낮은 나라에서 이자율이 높은 나라로 이동한다. 따라서 국내의 이자율이 다른 나라의 이자율보다 상승하면 단기자본이 유입되어, 외환의 공급이 증가하게 된다. 이는 [그림 19-6]에서 보는 바와 같이 외환의 공급곡선을 오른쪽으로 이동시키는 것과 같다($S^0 \rightarrow S^1$).

[그림 19-6] 이자율과 환율

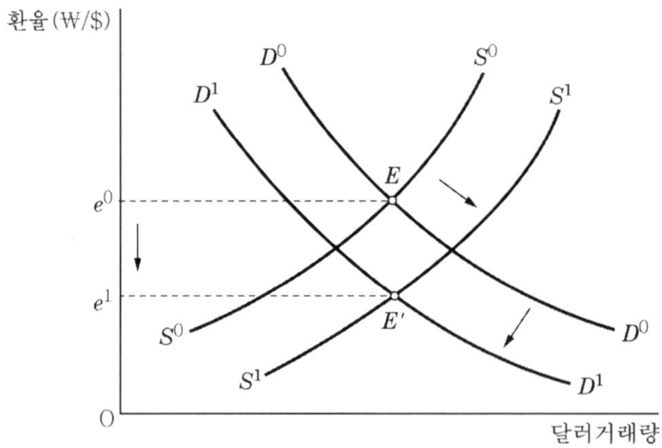

한편, 국내이자율이 상승하면 국내에서 소비 및 투자가 감소함은 물론 수입이 감소하는 등 국내경기가 위축된다. 이와 같이 국내경기가 위축되면 외환의 수요는 감소하게 되는데, 이에 따라 외환의 수요곡선은 왼쪽으로 이동한다($D^0 \rightarrow D^1$). 이와 같이 외환의 공급곡선과 외환의 수요곡선이 이동하므로 환율은 하락하게 된다($e^0 \rightarrow e^1$).

결론적으로 다른 조건이 일정하다는 가정 하에 국내이자율이 상승하면 국내통화가치가 상승하여 환율은 하락하게 된다는 사실을 알 수가 있다. 이와 같이 국내이자율의 변동방향과 환율의 변동방향은 서로 반대임을 도출할 수 있다.

(3) 수출 및 수입의 변화

환율은 한 나라의 수출과 수입의 변화에 따라서도 변동한다. 예를 들어 우리나라와 미국이 서로 교역하고 있다고 가정할 때, 우리나라의 수출의 증가는 원화에 대한 수요증가를 의미하는데, 이는 바꾸어 말하면 외환(미달러화)의 공급이 증가하는 것을 의미하므로 외환(미달러화)의 공급곡선이 오른쪽으로 이동하여 환율은 하락한다.

반면에, 우리나라의 미국상품에 대한 수입증가는 미달러화에 대한 수요증가를 의미하므로 외환(미달러화)의 수요곡선이 오른쪽으로 이동하여 환율은 상승한다.

(4) 국민소득의 변화

다른 조건이 일정하다면 국민소득이 증가하면 환율은 상승한다. 예를 들어 우리나라의 국민소득이 증가하면 소비자의 소비지출이 증가하여 국내소비재의 수요는 물론 해외소비재의 수요도 증가하게 된다. 이에 따라 수입이 증가하게 되는데, 수입이 증가하면 외환에 대한 수요가 증가하여 외환의 수요곡선이 오른쪽으로 이동하여 환율이 상승한다.

반면에 국민소득이 감소하면 수입수요도 줄어들어 외환에 대한 수요가 감소하게 되어 외환의 수요곡선이 왼쪽으로 이동하여 환율이 하락한다.

◈ 경제이론과 현실경제

[美 금리인상] 强달러 본격화…원 · 달러환율 어디까지 오르나

미국 금리인상으로 원·달러 환율이 강한 상승압력을 받을 전망이다. 미국이 금리를 올린만큼 신흥국을 포함한 전 세계에 흩어져 있던 돈들이 미국으로 쏠리면서 달러의 가치가 원화 대비해서도 높아질 가능성이 커졌다.

미국 중앙은행(Fed)은 17일(현지시간) 이틀간의 연방공개시장위원회(FOMC) 회의 후 "기준금리를 기존 연 0~0.25%에서 0.25~0.5%로 0.25%포인트 인상키로 결정했다"고 발표했다. 금리인상에는 FOMC에서 의결권을 가진 10명 전원이 찬성했다. 이날 금리인상과 같이 나온 11월 고용지표는 실업률 5.0%, 신규 일자리 21만1000개 등 시장 기대를 뛰어넘었다. 금리인상의 발목을 잡았던 물가상승률(소비자물가지수(CPI)기준)도 전월 동기 대비 0.5%로 올 들어 가장 높은 수치를 기록했다

이에 따라 강달러 기조가 더 심화될 것으로 관측된다. 금리인상 직전인 16일 서울외환시장에서 원·달러 환율은 7.2원 내린 1,176.2원에 마감했다. 국제유가 반등과 최근 환율이 급등한 데 따른 차익실현 매물 영향이 작용했다. 전문가들은 미국금리인상으로 불확실성이 해소되면서 강달러 압력이 심화될 수 있다고 보고 있다. 전승지 삼성선물 연구원은 "통상 미국금리인상 초기에 채권 금리 상승 압력이 강하다"면서 "내년부터 강달러 모멘텀이 집중될 수 있다"고 말했다. 박희찬 미래에셋증권 이코노미스트는 "미국의 첫번째 금리인상 후에도 달러 강세 기조는 지속될 것으로 보인다"면서 "다만 유로화와 엔화의 추가 약세가 제한돼 원화 고평가 부담도 덜해질 것으로 보인다"고 설명했다. 정성윤 현대선물 연구원은 "2년 반 이상 이어져온 연준의 금리인상 관련 불확실성이 해소됐다"면서 "1,172~1,173원선 매매공방 결과를 잘 살펴봐야 할 것"이라고 말했다.

한편 한국은행이 미국의 기준금리 인상에 대비해 14일 통화금융대책반 회의를 개최, 향후 24시간 모니터링 체제를 가동하고 관련 회의를 추가로 열기로 했다.

〈출처: 구채은 기자, 아시아경제(2015.12.17.)〉

중요개념 및 용어

국제수지	국제대차	국제수지표
경상계정	상품수지	서비스수지
본원소득수지	이전수지	자본금융계정
직접투자	준비자산	오차 및 누락
환율	자국통화표시방법	외국통화표시방법
명목환율	실질환율	고정환율제도
변동환율제도	구매력평가설	이자율평가설

연 습 문 제

1. 경상계정에 대하여 설명하라.

2. 자본금융계정에 대하여 설명하라.

3. 자국통화표시방법으로 원화의 대미 달러환율을 표시할 때, 환율의 변화와 원화 가치의 변화는 어떤 관계가 있는가?

4. 변동환율제도의 장·단점에 대하여 설명하라.

5. 구매력평가설에 대하여 설명하라.

6. 이자율평가설에 대하여 설명하라.

7. 균형환율의 결정원리에 대하여 설명하라.

8. 외환의 수요·공급곡선을 이용하여 다음과 같은 현상이 일어났을 때 환율에 어떠한 영향을 미치는지를 설명하라.
   (1) 국내물가의 상승
   (2) 국내이자율의 상승
   (3) 수출증가
   (4) 국민소득의 증가

20
chapter

개방경제하에서의 통화 · 재정정책

학 습 목 표

본 장을 학습하면 개방경제 모형의 변동환율제도와 고정환율제도 하에서 통화 및 재정정책이 국가경제에 어떠한 영향을 미치는지를 이해할 수 있다.

1. 변동환율제도 하에서의 통화정책의 효과에 대하여 이해할 수 있다.
2. 변동환율제도 하에서의 재정정책의 효과에 대하여 이해할 수 있다.
3. 고정환율제도 하에서의 통화정책의 효과에 대하여 이해할 수 있다.
4. 고정환율제도 하에서의 재정정책의 효과에 대하여 이해할 수 있다.

제 1 절 변동환율제도의 경우

여기서는 통화・재정정책의 단기효과만을 살펴보고자 한다. 앞에서 언급한 것처럼 단기에서 환율결정에 가장 큰 영향을 미치는 변수는 이자율이다. 만약 국내이자율이 상승하면 이자율 차이를 노린 외국자본의 국내유입이 증가함으로써 외환의 공급이 증가하고 환율이 내려가게 된다. 반대로 국내이자율이 하락하면 국내자본이 해외로 유출되어 환율이 올라가게 된다. 따라서 개방경제를 분석대상으로 할 경우에는 통화・재정정책이 이자율에 미치는 영향, 이자율의 변화가 환율에 미치는 영향, 환율이 총수요 및 총공급에 미치는 영향을 고려해야 한다.

1. 통화정책의 효과

[그림 20-1]에서와 같이 총수요곡선(AD_0)과 총공급곡선(AS_0)이 만나

는 균형점 E_0에서 국가경제의 물가 P_0와 국민소득 Y_0가 결정되어 있다고 하자. 이때 화폐공급량을 증가시키는 통화정책을 시행하면 총수요곡선은 오른쪽으로 이동하여 AD_1이 된다.[1] 이에 따라 물가는 P_1으로 상승하고 국민소득은 Y_1으로 증가한다.

여기서는 개방경제를 가정하고 있으므로 통화정책이 환율에 미치는 영향을 고려해야 한다. 통화량을 늘린 결과 이자율이 떨어지면 해외자본의 유입이 줄어들고, 이에 따라 환율이 올라간다. 환율이 올라가면 순수출이 증가하여 총수요곡선은 오른쪽으로 다시 이동하여 AD_2가 된다. 또한 환율의 상승은 해외에서 수입한 원자재의 가격상승을 야기시켜, 총공급곡선은 왼쪽으로 이동하여 AS_2가 된다.

[그림 20-1] 변동환율제도하의 통화정책

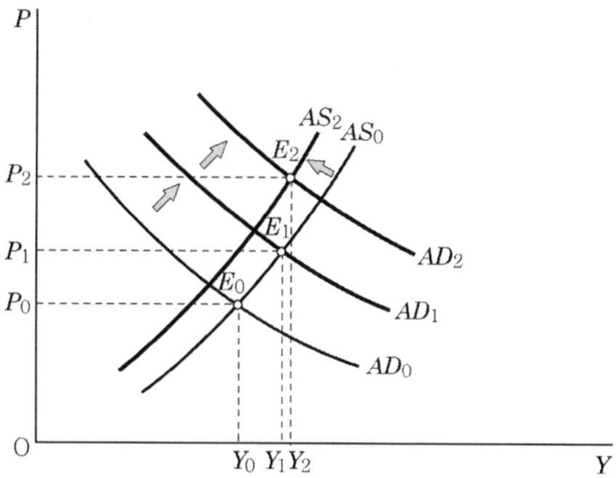

일반적으로 환율이 상승하면 총수요곡선의 이동 폭이 총공급곡선의 이동 폭보다 더 크다. 따라서 E_2점에서 새로운 균형점이 형성되는데, 이는 폐쇄경제의 균형점인 E_1과 비교해 국민소득과 물가가 한층 더 높은 수준이 된다는 것을 나타낸다. 이와 같이 개방경제하에서는 통화정책의 경기

1) 화폐공급량이 증가할 때 총수요곡선이 오른쪽으로 이동하는 이유에 대해서는 제15장 참조.

팽창효과가 더 크게 나타남을 알 수 있다.

2. 재정정책의 효과

[그림 20-2]는 변동환율제도하에서의 재정정책이 어떤 효과를 나타내는지를 나타내 주고 있다. 초기의 균형점이 E_0로 주어져 있다고 하자. 이때 정부지출이 증가하면 총수요곡선이 오른쪽으로 이동해 AD'이 되고, 이에 따라 국민소득은 Y'으로 증가하고 물가는 P'으로 상승한다.

[그림 20-2] 변동환율제도하의 재정정책

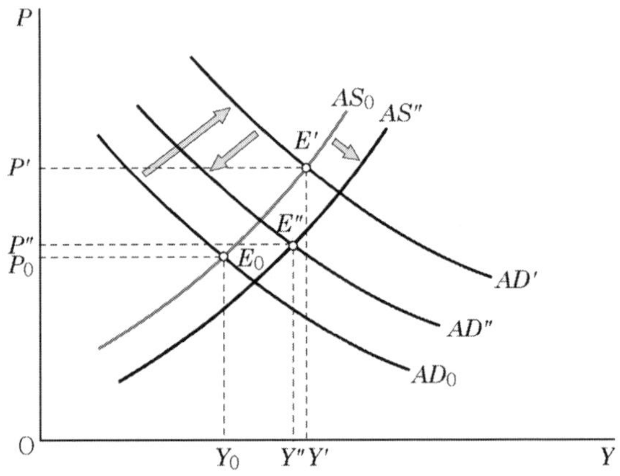

앞에서 언급한 것처럼 개방경제하에서는 이자율의 변화가 환율에 미치는 영향을 고려해야 한다. 정부지출이 증가하면 이자율이 상승하는데,[2] 이자율이 상승하면 해외자본이 국내로 유입되어 외환공급이 증가하고, 이에 따라 환율은 하락한다. 환율이 하락하면 순 수출이 감소하여 총수요곡선이 왼쪽으로, 그리고 해외에서 수입한 원자재의 가격하락을 야기시켜 총공급곡선은 오른쪽으로 이동하여 각각 AD'', AS''가 된다. 이에 따라 E''에서 개방경제에서의 균형을 이루게 되는데, 이때의 국민소득(Y'')과

2) 이에 대한 자세한 내용은 제15장 참조.

물가(P'')는 폐쇄경제하의 경우(Y', P')에 비해 모두 낮은 수준임을 알 수 있다. 이는 환율하락으로 인한 순수출의 감소가 재정정책의 경기팽창 효과를 상쇄하기 때문이다.

개방경제의 변동환율제도하에서의 통화정책과 재정정책의 효과는 다음과 같이 정리할 수 있다. 먼저 통화정책의 경우에는 환율이 상승하는데 반해, 재정정책의 경우에는 환율이 하락한다는 점에서 두 정책의 기본적인 차이가 있음을 알 수 있다. 따라서 통화정책은 경상수지를 호전시키는 데 비해, 재정정책은 경상수지를 악화시키는 결과를 야기시킨다. 결론적으로 환율변화가 총수요에 미치는 영향을 고려해 볼 때 변동환율제도하에서는 통화정책이 재정정책보다 더 효과적인 경기조절수단이라고 말할 수 있다.

제 2 절 고정환율제도의 경우

고정환율제도하의 제약 중의 하나는 정책당국이 화폐공급량을 자유로이 조절할 수 없다는 점이다. 왜냐하면 환율을 일정한 수준으로 억제하기 위해 중앙은행이 초과수요되거나 초과공급된 외환을 처리해 주어야 하고, 이러한 과정에서 국내화폐공급량이 자동적으로 결정되기 때문이다.

1. 통화정책의 효과

[그림 20-3]에서 보는 바와 같이 최초의 균형점이 E_0로 주어진 상황에서 화폐공급량을 증가시키는 통화정책을 시행하면 총수요곡선은 오른쪽으로 이동하여 AD_1이 된다. 그런데 개방경제의 경우에는 화폐공급량이 늘어 이자율이 하락하면 해외자본의 유입이 감소하고 국내자본의 해외투자가 증가하게 된다. 따라서 외환에 대한 초과수요가 발생하게 되는데,

여기서는 고정환율제도를 취하고 있으므로 환율을 일정한 수준으로 유지하기 위해 중앙은행이 외환을 공급하여 초과수요를 해소시켜야 한다. 이처럼 외환을 공급함에 따라 국내화폐공급량은 줄어드는데, 이는 AD_1이었던 총수요곡선을 왼쪽으로 이동시키는 요인으로 작용하여 총수요곡선이 AD_2가 된다.

한편 고정환율제도에서는 환율이 항상 일정한 수준에서 유지되어야 하기 때문에 총공급곡선은 원래의 자리에 그대로 머물게 된다.

따라서 개방경제하에서 고정환율제도를 채택하고 있는 상황에서 통화정책을 시행하면 E_2에서 새로운 균형점을 형성하게 된다. 이를 폐쇄경제의 균형점 E_1과 비교해 보면 개방경제하에서 통화정책의 경기팽창효과가 더 작다는 것을 알 수 있다. 이는 고정환율제도하에서는 정책당국이 화폐공급을 자유로이 조절할 수 없다는 사실을 감안해 볼 때, 당연한 결과라 여겨진다.

[그림 20-3] 고정환율제도하의 통화정책

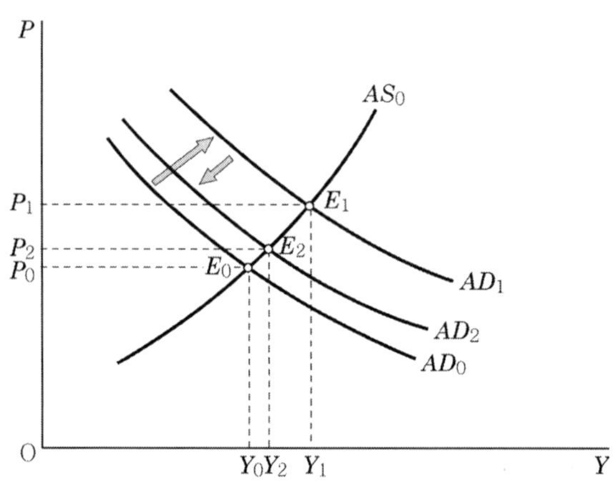

2. 재정정책의 효과

[그림 20-4]에서 보는 바와 같이 정부지출을 증가시키는 재정정책을

시행하면 총수요곡선이 오른쪽으로 이동해 AD'이 된다. 그런데 정부지출이 증가하면 이자율이 상승하고 이에 따라 해외자본의 국내유입이 증가되면서 외환의 초과공급이 발생한다. 이러한 상황에서 중앙은행은 환율의 하락을 막기 위하여 초과공급된 외환을 사들여야 하는데, 이러한 과정에서 화폐공급량이 증가하는데, 그 결과 AD'이었던 총수요곡선은 재차 오른쪽으로 이동하여 AD''이 된다.

결과적으로 E''이 개방경제하에서 고정환율제도를 채택하고 있는 상황에서의 균형점이 되는데, 이 경우 국민소득은 Y''로 증가하는 한편 물가는 P''로 상승한다. 이를 폐쇄경제의 균형점인 E'과 비교해 보면 국민소득과 물가가 더 큰 폭으로 상승하였음을 알 수 있다. 이는 환율을 방어하는 과정에서 화폐공급량을 증가시킬 수밖에 없었고 이것이 경기팽창효과를 더욱 더 크게 하는데 작용하였기 때문이다.

이와 같이 고정환율제도하에서는 재정정책이 통화정책보다 유효한 경기조절수단임을 도출할 수 있다.

[그림 20-4] 고정환율제도하의 재정정책

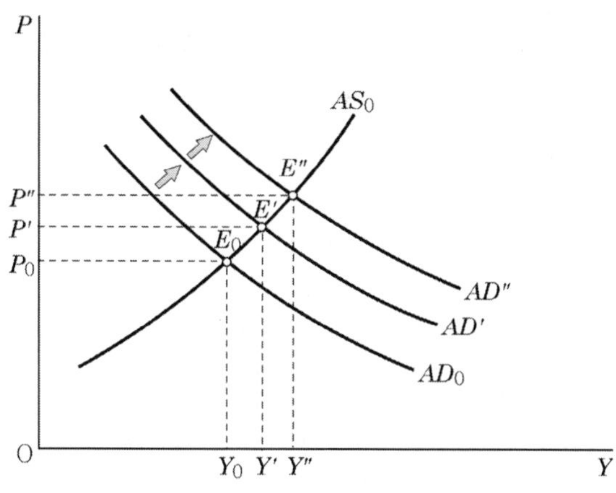

◈ 경제이론과 현실경제

재정이냐 vs 통화정책이냐…국가부채 부담으로 경기대응 재정역할 감소

수출 감소와 내수 위축 등 경기 부진이 지속되고 있는 가운데 향후 경기대응을 위한 방안으로 재정정책이 중심이 돼야 할 것인지, 아니면 금리조절을 통한 통화정책이 중심이 돼야 할 것인지에 대한 논란이 일고 있다.

물론 재정정책과 통화정책이 조화를 이루어야 하지만, 확장적 재정정책의 경우 재정적자와 국가부채가 문제로 크게 늘리기가 어렵고, 통화정책의 경우도 1130조원에 달한 가계부채와 미국 금리인상과의 충돌 문제가 있어 자유롭지 못하다.

전문가들의 의견도 엇갈리고 있으나 국가부채 부담으로 재정 확대에 대한 경계론이 점차 높아지는 양상이다. 재정과 통화 정책의 운용여력이 다소 남아 있지만, 미래세대에 대한 부담이나 정책 여력 측면에서 통화부문이 그나마 낫다는 분석이다.

재정정책의 경우 당장의 경기를 진작하거나 긴급한 부양 필요성이 있는 부문에 대한 지원의 효과가 크지만 눈덩이처럼 늘어나고 있는 재정적자와 국가부채가 부담이다. 재정적자는 지난해 30조원 가까이 늘어난 데 이어 올해엔 추가경정(추경) 예산에 따른 적자를 포함해 46조원이 넘을 것으로 예상된다. 이는 국가부채 증가로 이어져 올해 600조원에 육박하고 내년엔 50조원 늘어나 645조원에 달할 것으로 전망된다. 국내총생산(GDP) 대비 국가채무 비율도 내년엔 사상 처음으로 40%를 넘을 것으로 보인다.

이러한 재정적자와 국가부채는 내년 예산안을 마련하는 데에도 영향을 미쳐 내년도 예산 증가율이 2010년 이후 가장 낮은 3%에 머물렀다. 2010년의 경우 2008년에 발생한 글로벌 금융위기로 2010년 세입증가율이 소폭이나마 마이너스로 예상되던 상태에서 예산증가율이 2.9%에 머물렀다. 금융위기와 같은 예외적인 경우를 제외하면 내년 예산증가율은 역대 최저라 할 수 있다.

이것조차도 올해 11조6,000억원 규모의 추경을 감안하면 실질적으로 늘어나는 예산이 거의 없는 셈이다. 특히 복지 등 필요부문을 제외하면 경기진작을 위한 예산은 더욱 협소해진다. 기획재정부는 중장기 재정운용계획을 통해 오는

2019년까지 예산증가율을 2%대 중반으로 낮출 계획이라고 밝혔다. 따라서 재정투입으로 인한 경기진작 효과는 갈수록 감퇴할 것으로 보인다.

이에 비해 통화정책은 직접적인 경기진작 효과는 재정정책에 비해 다소 떨어지지만 경제 전반에 유동성 공급을 늘림으로써 경기에 활력을 가하는 역할을 한다. 문제는 늘어나는 가계부채와 연내 단행될 것으로 예상되는 미 금리인상과의 충돌이다.

가계부채의 경우 정부의 부동산 대출규제 완화와 금리인하로 눈덩이처럼 늘어나 이미 1,130조원에 육박하고 있다. 기준금리를 현재의 1.5%에서 추가로 낮출 경우 실질금리가 거의 제로 수준으로 떨어져 가계부채가 더욱 늘어날 가능성이 있다. 가계부채는 한국경제를 위협하는 가장 큰 위험요인이며, 향후 부채조정(디레버리징)이 나타날 경우 오히려 경제에 '독'이 될 수도 있다.

미국이 연내 금리 인상을 시작으로 향후 2~3년 동안 금리를 단계적으로 올리는 상황에서 한국이 초저금리를 지속할 경우 자금이탈에 따른 금융불안이 심화할 가능성이 있는 점도 문제다. 때문에 통화정책도 자유롭게 구사하기가 만만치 않다.

이런 가운데 해외투자은행(IB)을 중심으로 한은의 추가 금리인하론이 제기되고 있다. 한국의 기준금리가 1.5%인 반면, 미국은 사실상 제로금로 한국과 미국의 금리차이가 있어 아직은 통화정책을 펼 수 있는 여력이 남아 있다는 분석이다. 또 미국의 금리인상으로 신흥국들로부터의 자본유출 가능성이 있지만 한국은 차별화할 가능성이 있다는 점도 금리인하론에 무게를 싣고 있다. HSBC와 BNP파리바는 최근 내수 부진과 수출 감소에 따른 성장률 하락을 만회하기 위해 4분기 중 한은이 기준금리를 추가로 내릴 것이라고 전망했다. 국내 경제전문가들 사이에서도 최소한 내년 상반기까지는 금리인하 여력이 있다고 지적하고 있다.

일부 전문가들은 금리인하로 나타나는 가계부채 문제 등에 대해선 대출기준 강화 등 미시적인 정책으로 관리하면서 금리를 통한 경기조절에 나서는 것이 국가부채를 늘리는 확장재정보다 바람직하다는 견해를 보이고 있다. 국가부채의 경우 본격적인 저성장이 예상되는 시점에서 한번 늘어나면 줄이기가 쉽지 않아 정부는 물론 국가경제 전체의 발목을 잡을 수 있기 때문이다.

결국 재정이든 통화든 모두 부작용이 있지만, 아직 동원할 수 있는 카드는 통화정책이 그나마 여력이 있는 것으로 보인다.

〈출처: 이해준 기자, 해럴드 경제(2015.09.12.)〉

중요개념 및 용어

개방경제	경기팽창효과	폐쇄경제
경상수지	통화정책	재정정책
경제조절수단	고정환율제도	변동환율제도

연 습 문 제

1. 개방경제의 변동환율제도하에서 통화정책을 시행했을 때 경제팽창효과가 나타나는지를 그림을 이용하여 설명하라.

2. 개방경제하의 변동환율제도하에서 정부지출을 증가시키면 환율에 어떠한 영향을 미치는지를 설명하라.

3. 개방경제의 고정환율제도하에서 재정정책과 통화정책 중에서 어느 것이 더 유효한 경기조절수단인가를 설명하라.

참고문헌

권오철 외 4인, 『현대경제학입문-기본원리와 생활경제-』, 삼영사, 2009년.
김봉호 · 최영한 · 김재수, 『최신경제학의 이해,』 청목출판사, 2015년.
박유영 외 3인, 『경제원론』, 탑북스, 2013년.
송지영, 『현대경제학원론』, 청목출판사, 2007년.
안국신 · 김대식 · 노영기, 『현대경제학원론』, 박영사, 2012년.
이준구 · 이창용, 『경제학원론』, 문우사, 2015년.
장하준, 『장하준의 경제학 강의』, 부키, 2014년.
정진상 · 장민수 · 전상준 · 이순배, 『알기쉬운 경제학 강의』, 학문사, 2002년.
정운찬 · 김영식, 『거시경제론』, 율곡출판사, 2015년.
조순 · 정운찬 · 전성인 · 김영식, 『경제학원론(10판)』, 율곡출판사, 2014년.
한국은행 경제통계시스템

N. Gregory Mankiw(김경환 · 김종석 옮김), 『맨큐의 경제학(제5판)』, 교보문고, 2014년.
N. Gregory Mankiw(이병락 옮김), 『거시경제학(제7판)』, 시그마프레스, 2012년.

찾아보기

(ㄴ)

(ㄷ)

(ㅊ)

〈기타〉

[저자 약력]

•송지영
성균관대학교 졸업 (경제학사)
日本 同志社(DOSHISHA)大學 대학원 (상학석사)
日本 同志社(DOSHISHA)大學 대학원 (상학박사)
한국투자증권(구 동원증권)(주)근무
현재 수원과학대학교 유통경영계열 금융경영전공 교수

〈저서 및 주요논문〉
『아시아NIEs의 金融・證券市場(일본어판)』(晃洋書房, 共著, 1991년)
『금융기관론』(창민사, 2004년)
『증권시장과 증권투자의 이해』(청목출판사, 2005년)
『현대경제학원론』(청목출판사, 2007년)
『금융시장과 금융상품의 이해』(청목출판사, 2007년)
『금융제도와 금융기관의 이해』(청목출판사, 2008년)
『자본시장-금융투자와 금융투자업-』(청목출판사, 2009년)
『재무관리의 이해』(3인 공저, 청목출판사, 2009년)
『투자론』(2인 공저, 청목출판사, 2012년)
『글로벌시대의 금융시스템-금융제도와 금융기관-』(형지사, 2012년)
『현대인을 위한 생활경제』(청목출판사, 2012년)
『현대금융시장론』(청목출판사, 2013년)
『알기쉬운 재무관리』(3인 공저, 형지사, 2013년)
『현대일본경제론』(청목출판사, 2013년)
『현대금융제도론』(청목출판사, 2014년)
『현대한국자본시장론』(청목출판사, 2014년)
『100세시대의 재무설계와 자산관리』(2인 공저, 삼영사, 2015년)

한국에 있어서의 경제발전과 금융제도발전과정의 상호관계에 관한 연구(일본어판).
한국과 일본에 있어서의 금융위기와 금융구조개혁에 관한 일 고찰-그 특징과 과제(일본어판)
시장중심시스템으로의 전환과 금융개혁의 과제-한국과 일본의 케이스를 중심으로- 등 다수

경제학의 이해

2018년 2월 23일 중판인쇄
2018년 2월 28일 중판발행

저 자 송 지 영
발행인 유 성 열
발행처 **청목출판사**
서울특별시 영등포구 신길로 40길 20
전화 (02) 849-6157(代) · 2820 / 833-6090~1
FAX (02) 849-0817
등록 제318-1994-000090호

파본은 바꾸어 드립니다. 값 30,000원

http : //www.chongmok.co.kr

ISBN 978-89-5565-685-5